Backen ganz einfach

Hedwig Maria Stuber

400 Rezepte, die garantiert gelingen!

blv

Inhalt

Zu den Rezepten

- Hier und im Ratgeber ab Seite 264 finden Sie Hinweise für ein gutes Backergebnis.
- **Lesen** Sie die Rezepte genau durch, bevor Sie einkaufen. Frage: Was habe ich vorrätig, was muss ich besorgen?
- **Die Temperatur- und Zeitangaben für den Backofen sind Richtwerte und beziehen sich auf die Beheizungsart Ober-/Unterhitze. Bei der Beheizungsart Umluft ist die Temperatur in der Regel um 20 °C niedriger zu wählen, die Backzeiten bleiben gleich.** Die Temperatur- und Zeitangaben sind mehrfach erprobt. Sie können jedoch je nach Gerät schwanken und oft sogar abhängig vom Alter der Geräte sein. Orientieren Sie sich an den Anleitungen des Herstellers, die jedem Gerät beiliegen. Sie sind maßgebend für Ihren Backofen. Mit einem in den Backofen gehängten Backofenthermometer können Sie überprüfen, ob die Hitze mit der eingestellten Temperatur übereinstimmt.
- **Eier:** Für die Rezepte wurden frische Eier der **Gewichtsklasse M** verwendet.
- **Mehl:** Ist nichts anderes angegeben, wurde Weizenmehl der Type 405 verwendet.
- **Zucker:** Je feiner der Zucker ist, desto besser löst er sich auf, desto weniger lang muss man rühren. Für die Rezepte wurde feiner, weißer Zucker verwendet.
- **Zitronen- und Orangenschale:** Achten Sie auf unbehandelte Früchte; die Früchte trotzdem heiß abwaschen und trocknen.

Abkürzungen

EL = gestrichener Esslöffel
TL = gestrichener Teelöffel
g = Gramm
ml = Milliliter
l = Liter (1 l = 100 cl = 1000 ml)

Flüssigkeitsmaße

1 l = 1000 ml
½ l = 500 ml
¼ l = 250 ml
⅛ l = 125 ml

Löffelmaße siehe Seite 279.

Glutenfrei backen

Gluten – der Begriff sagt Ihnen nichts? Seien Sie froh, denn dann gehören Sie nicht zu der wachsenden Anzahl von Menschen, die an Zöliakie/Sprue leiden. Das ist eine Unverträglichkeit von Gluten, dem Bestandteil vieler Getreidearten.
Unsere Enkelin beziehungsweise Tochter Laura entwickelte mit Anfang 20 Sprue und musste ihre Ernährung komplett umstellen. Sie war diszipliniert, probierfreudig und fest entschlossen, sich ihre Freude am Essen und auch am Backen nicht nehmen zu lassen. Wir haben mit ihr alle Rezepte auf glutenfreies Backen durchgesehen und vieles ausprobiert. In diesem Buch sind die Backrezepte, die auch glutenfrei gelingen und gut schmecken, mit gekennzeichnet. So bekommen Sie mit diesem »normalen« Backbuch quasi im Doppelpack auch ein Backbuch »glutenfrei«.

Unsere Erfahrungen sind folgende:

- **Mehl:** Weizenmehl ist absolut tabu. Kombinieren Sie glutenfreies Spezialmehl mit Mais- oder Kartoffelstärke und Buchweizenmehl. Ersetzen Sie Weizengrieß durch Polenta (Maisgrieß), Haferflocken durch Hirseflocken und überhaupt einen Teil der Mehlmenge durch gemahlene Mandeln oder Nüsse. Und: Es gibt durchaus Kuchen, Teilchen und Torten, die von vornherein ohne Mehl und daher glutenfrei sind. Die größte Auswahl haben Sie bei Torten – sie schmecken auch glutenfrei »total normal«. Für Tee- und Weihnachtsgebäck gibt es in unserem Buch nicht wirklich viele Rezepte, die mit glutenfreiem Mehl gelingen oder ganz ohne Mehl sind, wie beispielsweise Makronen.
- Das **Backergebnis** mit glutenfreiem Mehl ist unterschiedlich gut. Biskuit, Mürbe- und Brandteig gelingen immer, Rühr- und Hefeteig weniger gut. Blätterteig gibt es inzwischen glutenfrei als Fertigprodukt und für Brot kann man spezielle Backmischungen kaufen.
- Achten Sie bei Cremes auf glutenfreies Puddingpulver und bei Keksboden auf glutenfreie Kekse, Zwieback o.Ä. Kontrollieren Sie **jede einzelne Zutat** auf ihre Zusammensetzung. Kuvertüre, Gelatine, Marmelade, Oblaten, gemahlener Zimt – überall lauert ein Getreidezusatz. Selbst bei Verwendung von Kartoffel-, Buchweizen- oder Maismehl müssen Sie auf die Einhaltung der Gluten-Reinheit achten.

Kontaktieren Sie in Zweifelsfällen die Deutsche Zöliakie-Gesellschaft e.V. Infos unter www.dzg-online.de oder Telefon 0711-459981-0.

Für glutenfreies Backen ist bei den Rezepten, die mit gekennzeichnet sind, Weizenmehl stets durch die bekannten Austauschprodukte – allen voran glutenfreies Spezialmehl – zu ersetzen. Die Rezepte sind nicht von vornherein glutenfrei.

Liebe Leserinnen, liebe Leser,

»Backen ganz einfach«: Aus der kleinen Schwester des Kochklassikers »Ich helf Dir kochen« ist ein neues Buch geworden; mehr Seiten (und Rezepte!), ein anderes Format, ein neuer Titel. Und ein Versprechen:

Wie in unserem Standardwerk legen wir Wert auf klare Formulierungen und nachvollziehbare Beschreibungen. Schritt-für-Schritt-Anleitungen und zahlreiche Arbeitsfotos erleichtern das Werkeln in der Backstube. Die Kenntnisse der Grundteigarten werden in einem eigenen Kapitel am Anfang des Buches ausführlich vermittelt. Die bewährte Gliederung nach Gebäckgruppen, also Kuchen, Torten, Stück- und Kleingebäck sowie Brot und Pikantes wurde um viele Doppelseiten angereichert. Für den Nachtisch werden Sie fündig im Kapitel mit den Dessertkuchen, und dem Trend der Zeit folgend bieten wir auch viele Anregungen für Fingerfood, Brunch und Büffet. Im liebevoll gepflegten Kapitel für Tee- und Weihnachtsgebäck finden Sie über 80 Plätzchenrezepte – Ihr Lieblingskeks ist bestimmt dabei.

Backen hat in Deutschland eine gewachsene Tradition. Im Haushalt war es lange die Domäne der Frauen. Es freut uns die Feststellung, dass Backen heute zum Versuchsfeld aller geworden ist und sich vor allem junge Leute an die ausgefallensten Rezepte und Dekorationen wagen. Die Industrie sorgt für moderne Backformen, Geräte, Hilfsmittel – und auch Convenience-Produkte. Dank des Internets kann man sich jederzeit und umfassend über das Angebot informieren.

Wir freuen uns, Ihnen ein Buch zu präsentieren, das allen Ansprüchen gerecht wird, für moderne und konventionelle, festliche und schnelle Bäckereien. Kurzum, dies ist ein Buch nicht für den Bücherschrank, sondern für den häufigen, vergnüglichen Gebrauch.

Denn eines ist klar: Backen macht Freude!

Hedwig Maria Stuber und Angela Ingianni

Teige und Massen

Mürbeteig – für knusprige Kuchenböden und zarte Plätzchen

WICHTIG

- 1–2 EL kaltes Wasser oder Eiswasser machen den Teig geschmeidiger, er lässt sich besser verarbeiten.
- Mit Puderzucker wird der Mürbeteig besonders zart und mürbe.
- Tipp: Den Teig zwischen zwei Lagen Klarsichtfolie ausrollen. So lässt er sich auch gut in die Form oder auf das Backblech transportieren.
- Die Formen oder Bleche sollen kalt sein. Sie müssen im Allgemeinen nicht gefettet werden; allenfalls reibt man sie mit Butterpapier ab. Bei zu stark gefettetem Formboden/Blech fließt der Teig an den Rändern aus.
- Mürbeteiggebäck backt man goldgelb; zu hell gebackenes schmeckt teigig, zu dunkles bitter. Backtemperatur 180–200 °C; für Gebäcke mit feuchtem Belag die höhere Einstellung wählen.
- Frisch gebackener Mürbeteig ist empfindlich weich und wird erst nach dem völligen Auskühlen knusprig. Den Kuchen auf dem Formboden auf einem Kuchengitter erkalten lassen und nur den Formrand lösen.
- Mürbeteiggebäck eignet sich gut zum Einfrieren. Auch den Teig können Sie einfrieren.

GLUTENFREI

Mürbeteigkuchenböden gelingen gut, wenn Sie Spezialmehl mit Stärke- und Buchweizenmehl mischen oder einen Teil der Mehlmenge durch Nüsse oder Mandeln ersetzen. Auch ein Esslöffel Sauerrahm oder Rum tut dem Teig gut. Den Teig sofort verwenden, nicht ruhen lassen. Legen Sie beim Ausrollen Klarsichtfolie auf den Teig.

Die drei Grundzutaten Mehl, Fett und Zucker bestimmen in ihrem Verhältnis zueinander die Qualität und die Beschaffenheit des Teiges. Für die Mengenberechnung kann man, ungeachtet zahlreicher Variationsmöglichkeiten, bei den Grundzutaten bestimmte Schemata anwenden.

EINFACHER MÜRBETEIG

Die Hälfte der Mehlmenge Butter, die Hälfte der Buttermenge Zucker.

Mehl	Butter	Zucker
300 g	150 g	75 g
250 g	125 g	65 g
200 g	100 g	50 g

FEINER MÜRBETEIG

Sogenannter Eins-Zwei-Drei-Teig, Mengenverhältnis 1:2:3.

Zucker	Butter	Mehl
100 g	200 g	300 g
80 g	160 g	240 g
60 g	120 g	180 g

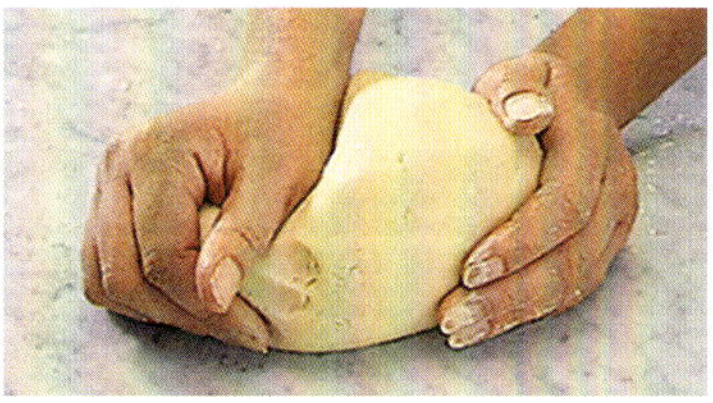

1 Den Teig auf der Arbeitsfläche zusammenkneten.

2 Den gekühlten Teig zügig ausrollen.

Mürbeteig klassisch

Hackteig, Knetteig

Traditionell wird der Mürbeteig auf der Arbeitsfläche mit **kalter Butter** und allen Zutaten zubereitet. Damit der fettreiche Teig bei der Bearbeitung nicht zu warm wird, vermischt und hackt man die Zutaten zuerst mit dem Messer oder der Palette und knetet sie anschließend mit der Hand nur kurz zu einem glatten Teig. Man nennt ihn deshalb auch Hack- oder Knetteig.

Mürbeteig gerührt

All-in-Teig

Heute wird der Mürbeteig überwiegend zeit- und kraftsparend mit den Knethaken des Rührgerätes (Küchenmaschine oder Handrührgerät) mit **weicher Butter** und allen Zutaten im All-in-Verfahren zuerst auf niedrigster, dann auf höchster Stufe in wenigen Minuten zusammengerührt. Auf der bemehlten Arbeitsfläche knetet man ihn anschließend rasch zu einem glatten Teig.

Mürbeteig

Die Mengen in Klammern gelten für einen einfachen Mürbeteig.

- 250 g Mehl
- 160 (125) g weiche, streichfähige Butter
- 80 (65) g Zucker
- 1 Prise Salz
- 1 ganzes Ei oder 2 Eigelb
- 1 EL Rum oder saure Sahne (nach Belieben)

1

Das Mehl in die Rührschüssel geben. Die übrigen Zutaten zufügen und alles mit der Küchenmaschine oder dem Handrührgerät (Knethaken) erst auf niedrigster, dann auf höchster Stufe rasch zu einem Teig verarbeiten.

2

Mit den Händen zur Kugel formen, in Folie wickeln und mindestens 30 Minuten kalt stellen.

WIE VIEL TEIG FÜR WELCHE FORM?

Die Rezeptmenge kann man teilen oder vervielfachen, je nach Formgröße und Rezept. Hier eine Faustregel für Kuchenboden mit Rand:

28 cm Ø – Mürbeteig aus 300 g Mehl
26 cm Ø – Mürbeteig aus 250 g Mehl
24 cm Ø – Mürbeteig aus 200 g Mehl

Alle übrigen Zutaten ändern sich entsprechend.

Mürbeteig-Unterboden

Profis setzen unter zarte Obstkuchen und Torten einen dünnen Unterboden, der gern mit etwas Konfitüre bestrichen wird. Dieser Unterboden gibt Halt – und schmeckt knusprig und mürbe zugleich. Wir empfehlen, den Teig für drei Böden auf einmal zu rühren und zwei davon zur Kugel geformt einzufrieren; siehe die Mengenangaben in Klammern.

- 70 g (210 g) Mehl
- 35 g (105 g) Zucker
- 55 g (165 g) weiche Butter
- 1 Eigelb (1 ganzes Ei)
- 1 Prise Salz

Backen: 10–15 Minuten bei 200 °C
Springform von 26 cm Ø

1

Das Mehl in eine Rührschüssel geben und die übrigen Zutaten hinzufügen. Mit dem Rührgerät (Knethaken) zunächst auf niedrigster, dann auf höchster Stufe rasch zu einem Teig verarbeiten. Den Teig zur Kugel formen, in Folie wickeln und mindestens 30 Minuten kalt stellen.

2

Den Ofen vorheizen. Den Teig ausrollen, in die Form legen, mit der Gabel mehrmals einstechen, auf der mittleren Schiene auf Sicht hell- bis goldgelb backen. Alternativ kann man den gerührten Teig auf den Formboden streichen und sofort backen.

Kuchenboden blind backen

Für Kuchen mit feuchtem Belag, z. B. Obst-, Käse- oder Gemüsekuchen, sollte der Teig (Mürbeteig oder Blätterteig) blind gebacken oder vorgebacken werden. So bleibt der Rand stabil und der Boden flach (wichtig für Blätterteig).

Backen: 15 Minuten bei 210 °C
Spring- oder Kuchenbodenform
Backpapier und Hülsenfrüchte

1

Den Ofen vorheizen. Die Backform mit Mürbeteig oder Blätterteig auslegen, einen Rand hochziehen, den Boden mehrmals einstechen. Die Form bis über den Rand mit Backpapier auslegen, mit getrockneten Hülsenfrüchten füllen und backen.

2

Die Hülsenfrüchte mit dem Backpapier herausnehmen. Sollte der Boden zu hell gebacken sein, geben Sie ihn noch einmal für wenige Minuten zum Nachbacken in den Ofen.

KUCHENBODEN VORBACKEN

Die Backform mit Mürbeteig auslegen, einen Rand hochziehen, den Boden mehrmals einstechen. Einen Streifen zerknitterte Alufolie an den Rand drücken und den Boden vorbacken. Den Folienstreifen entfernen, den Kuchen je nach Rezept belegen und fertig backen. Gut für Apfelkuchen und Zitronentarte.

Blind backen: Den Teig in der Form mit Backpapier auslegen, Hülsenfrüchte einfüllen und backen.

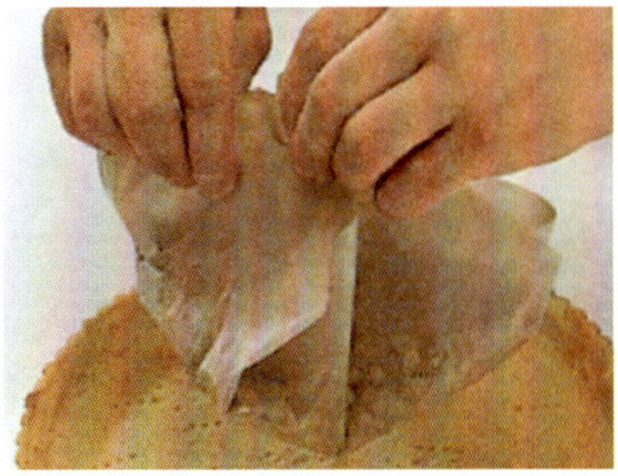

Die Hülsenfrüchte mit dem Papier wieder herausnehmen. Sie können erneut verwendet werden.

Vorbacken: Die Form mit dem Teig auslegen, überstehenden Teig abschneiden, den Boden mit der Gabel einstechen.

Den Teigboden mit der Gabel mehrmals einstechen und zerknitterte Alufolie gegen den Teigrand drücken.

Rührteig – der Klassiker für Kuchen aus der Form

Der klassische Rührteig aus der Zeit unserer Urgroßmütter war eine üppige Rezeptur. Der edle Teig bestand zu gleichen Teilen aus Butter, Zucker, Eiern und Mehl und musste 1 Stunde gerührt werden. Als Maß für den sogenannten »Pfundkuchen« wurde – wie schon der Name sagt – häufig das Pfund (= 500 g) gewählt oder das Ei (Eischwerteig).

BACKPULVERTEIG

Der moderne Rührteig enthält nur noch halb so viel Fett und weniger Eier. Dank der Erfindung des Backpulvers ergibt auch dieser weniger üppige Teig ein gutes Ergebnis und ein schmackhaftes Gebäck.

EISCHWERTEIG UND SANDMASSE

Beim Eischwerteig werden die Grundzutaten Ei, Butter, Zucker und Mehl nach dem Eigewicht berechnet. *Sandmasse* ist ein Eischwerteig, bei dem das Weizenmehl ganz oder teilweise durch Speisestärke ersetzt wird. (Eischwerteig ohne Fett besteht nur aus Ei, Zucker und Mehl.) Besteht ein Eischwerteig zu gleichen Teilen aus Butter, Zucker, Eiern und Mehl, spricht man vom *Gleichschwerteig* – dem edelsten aller Rührteige, der, vorausgesetzt er ist luftig aufgeschlagen, ohne Backpulver und ohne weitere Flüssigkeitszugabe auskommt. Eine Spur Backpulver unterstützt jedoch den Backprozess, vor allem bei Teigen mit reichlich Speisestärke und Geschmackszutaten wie Nüssen, Trockenfrüchten usw.

GLUTENFREI

Rührteig eignet sich für glutenfreies Backen nicht so gut; am ehesten gelingt glutenfrei der Eischwerteig mit Fett.

WICHTIG

- Die Zutaten müssen Raumtemperatur haben.
- Sobald das Mehl zugegeben wird, nicht mehr viel rühren. Der Teig wird sonst zäh und geht nicht richtig auf.
- »All-in-Teig« oder Schüsselkuchen: Alle Zutaten in die Rührschüssel füllen und auf niedrigster Stufe in 2 Minuten zu einem glatten Teig rühren.
- Die Backform fetten und mehlen oder mit Semmelbröseln ausstreuen. Backtemperatur 180–190 °C.
- Unglasiertes Gebäck kann man einfrieren.

Weicher Rührteig

Für Formkuchen aller Art, vor allem für Kasten- und Napfkuchen. Für einen feinporigeren Kuchen kann die Mehlmenge bis zu einem Drittel durch Speisestärke ersetzt werden.

- 250 g weiche Butter
- 250 g Zucker
- 1 Päckchen Vanillezucker (oder abgeriebene Zitronenschale)
- 1 Prise Salz
- 4 Eier
- 500 g Mehl (oder 375 g Mehl und 125 g Speisestärke)
- 1 Päckchen Backpulver
- etwa 100 ml Milch

1

Die Butter mit dem Zucker, Vanillezucker und Salz mit dem Handrührgerät (Rührbesen) auf höchster Stufe rühren, bis sich der Zucker gelöst hat. Nach und nach die Eier zugeben und jedes Ei ½ Minute rühren.

2

Das Mehl mit dem Backpulver sieben und auf mittlerer Stufe (oder mit dem Rührlöffel) abwechselnd mit etwas Milch nur kurz unterrühren; der Teig soll weich vom Löffel fallen. Den Teig in die Form füllen und backen.

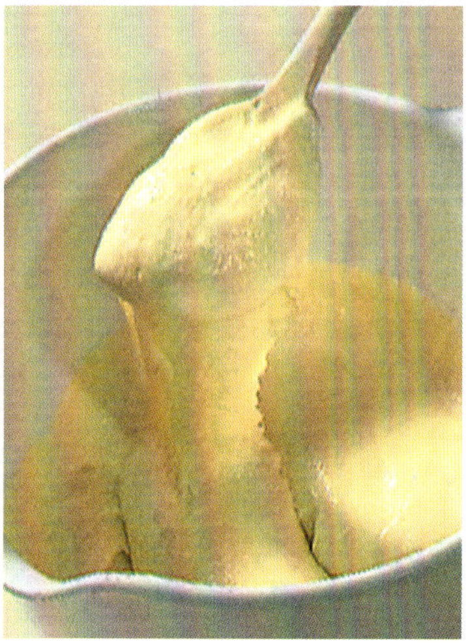

Löffelprobe weicher Rührteig:
Er soll weich vom Löffel fallen.

Löffelprobe mittelfester Rührteig:
Er soll schwer reißend vom Löffel fallen.

Mittelfester Rührteig

Für einen Kuchen in der Springform (Obst-, Käse-, Streuselkuchen). Für Blechkuchen brauchen Sie die doppelte Rezeptmenge.

- 80 g weiche Butter
- 80 g Zucker, 1 Prise Salz
- 1 EL Vanillezucker oder abgeriebene Zitronenschale
- 2 Eier
- 200 g Mehl
- 1 TL Backpulver
- einige EL Milch (bei Bedarf)
- 1 EL Rum (nach Belieben)

1

Die Zubereitung ist die gleiche wie bei weichem Rührteig (siehe links). Der Teig soll schwer reißend vom Löffel fallen.

2

Den Teig in die vorbereitete Form füllen und backen.

Eischwerteig ohne Fett

Grundmasse für würzige Kuchen (Aniskuchen, Aniszwieback) und für Formkuchen mit Trockenfrüchten (Bischofsbrot). Beliebt für Obstkuchen mit säuerlichen Früchten (Rhabarber-, Sauerkirschkuchen); dafür genügt die halbe Rezeptmenge.

- 4 Eier
- 4 eischwer Zucker
- abgeriebene Zitronenschale
- 4 eischwer Mehl

1

Die Eier abwiegen, gleich viel Zucker und Mehl abwiegen.

2

Die Eier mit dem Zucker auf höchster Schaltstufe zu einer sehr lockeren, weißschaumigen Masse rühren, die Zitronenschale zugeben. Das Mehl auf die Schaummasse sieben und mit dem Rührlöffel untermischen.

3

Den Teig in die vorbereitete Form füllen und sofort backen.

HINWEIS

Gebäck aus fettfreiem Eischwerteig im Mengenverhältnis Ei : Zucker : Mehl von 1 : 1 : 1 wird oft als zu süß empfunden. Dann reduziert man die Zuckermenge entsprechend.

Eischwerteig mit Fett

Gleichschwerteig, Sandmasse

Grundmasse für Formkuchen wie Zitronen-, Orangenkuchen oder solche mit reichlich Trockenfrüchten wie Königskuchen, Englischer Kuchen.

- 4 Eier
- 4 eischwer Zucker
- 4 eischwer Butter
- 4 eischwer Mehl, davon 1/3–1/2 Speisestärke
- 1 TL Backpulver
- abgeriebene Zitronenschale
- 2 EL Rum (nach Belieben)

1

Die Eier wiegen, gleich viel Zucker, Butter und Mehl (vermischt mit der Speisestärke) abwiegen. Die Mehlmischung mit dem Backpulver sieben.

2

Zubereitung mit weicher Butter:
Die Butter mit dem Handrührgerät (Rührbesen) geschmeidig rühren. Nach und nach den Zucker und die Eier, eines nach dem anderen, bei laufendem Gerät zugeben und zu einer lockeren, weißschaumigen Masse rühren; die Zitronenschale und den Rum zugeben. Die Mehlmischung mit dem Rührlöffel unterrühren.

Zubereitung mit zerlassener Butter:
Die Eier mit dem Zucker schaumig rühren, die Zitronenschale und den Rum zugeben. Mit dem Rührlöffel einige Esslöffel der Mehlmischung unterrühren. Die restliche Mehlmischung abwechselnd mit der lauwarm zerlassenen Butter nach und nach unterziehen und jeweils gut verrühren.

3

Die Masse in die vorbereitete Form füllen und sofort backen.

1 Die Eier wiegen, eischwer Zucker, Butter und Mehl abwiegen.

2 Zucker und Eier in die **weiche,** geschmeidig gerührte Butter rühren.

3 Oder: Die **zerlassene Butter** mit dem Mehl in die Schaummasse rühren.

4 Den Teig in die vorbereitete Form füllen.

Hefeteig und Plunderteig

Hefeteig ist ein elastischer, gut ausrollbarer Teig, der aus den drei Grundzutaten Hefe, Mehl und Flüssigkeit besteht. Die Flüssigkeit, meist Milch, ist notwendig zum Quellen des Klebers im Mehl. Eier, Fett und vielerlei Geschmackszutaten geben ihm seinen speziellen Charakter.
Voraussetzung für das Gelingen von Hefeteig ist es, den Pilzzellen günstige Bedingungen zu schaffen, damit sie sich vermehren können.
Finden sie das richtige Milieu vor – nämlich Wärme, Feuchtigkeit und Nahrung – und darüber hinaus auch noch Zeit zum »Gehen«, vermehren sie sich lebhaft. Dabei verwandeln sie den Zucker in Alkohol und Kohlendioxid, es entstehen zahllose gasgefüllte Bläschen, der Teig gärt und vergrößert sein Volumen, er »geht auf«.

WICHTIG

- Alle Zutaten, auch das Mehl, sollen Raumtemperatur haben. Milch verwendet man lauwarm (nicht heiß!), und die Butter soll weich oder lauwarm zerlassen sein.
- Die Flüssigkeitsmenge gleicht man dem Gebäck an. Ein Hefeteig mit mehr Eiern und reichlich Fett braucht etwas weniger Milch.
- Für geformtes Gebäck, z. B. Hefezopf, Kleingebäck, darf der Teig etwas fester sein, damit er seine Form behält.
- Die Backform oder das Backblech fetten. Für Kleingebäck das Blech mit Backpapier auslegen.
- Backtemperatur 180–200 °C.
- Gebäck aus Hefeteig schmeckt frisch am besten. Es lässt sich gut einfrieren.

KLASSISCH ODER MODERN

Traditionell wird der Hefeteig mit einem Vorteig (Dämpferl) zubereitet und muss dreimal gehen, bevor das Gebäck in den Ofen kommt. Mit den heutigen leistungsfähigen Rührgeräten – Küchenmaschine und Handrührgerät – kann man auf den Vorteig verzichten. Der Hefeteig kann in einem Arbeitsgang gerührt werden und muss nur zweimal gehen, bevor das Gebäck in den Ofen kommt.

Hefeteig mit Vorteig

Das Mehl in die Rührschüssel füllen, in die Mitte eine Mulde drücken, die Hefe hineinbröckeln. Mit etwas Zucker und lauwarmer Milch in der Mehlmulde verrühren. Im warmen Raum gehen lassen (1. Ruhephase).
Anschließend die restlichen Rezeptzutaten einarbeiten und mit den Knethaken des Rührgerätes zu einem glatten, gut ausrollbaren Teig rühren und kneten. Zugedeckt gehen lassen (2. Ruhephase).
Den Teig auf der Arbeitsfläche kräftig durchkneten, je nach Rezept ausrollen oder formen und vor dem Backen noch einmal gehen lassen (3. Ruhephase).

Hefeteig ohne Vorteig

Die Hefe über das Mehl bröckeln und untermischen. Die übrigen Rezeptzutaten zufügen und mit den Knethaken des Rührgerätes zu einem glatten, geschmeidigen Teig verkneten. Zugedeckt gehen lassen (1. Ruhephase).
Den Teig auf der Arbeitsfläche kräftig durchkneten. Je nach Rezept ausrollen oder formen und vor dem Backen noch einmal gehen lassen (2. Ruhephase).

Hefeteig

- 500 g Mehl
- 1 Würfel frische Hefe
- 2 Eier
- ½ TL Salz, 50 g Zucker
- 50 g zerlassene Butter
- etwa 200 ml lauwarme Milch

1

Das Mehl in die Rührschüssel geben, die Hefe darüber verteilen und untermischen. Die Eier, das Salz, den Zucker, die Butter und die Milch hinzufügen. Alles mit dem Handrührgerät (Knethaken) zu einem glatten, geschmeidigen Teig verkneten, bis er sich vom Schüsselboden löst. Den Teig zugedeckt bei Raumtemperatur gehen lassen, bis er das Doppelte seines Volumens erreicht hat (1. Ruhephase).

2

Den Teig zusammendrücken und auf der bemehlten Arbeitsfläche einige Minuten kräftig durchkneten. Zu dem gewünschten Gebäck ausrollen oder ausformen und vor dem Backen noch einmal gehen lassen (2. Ruhephase).

Feiner Hefeteig

- 500 g Mehl
- 1 Würfel frische Hefe
- 1 Ei, 2–3 Eigelb
- ½ TL Salz, 125 g Zucker
- 150 g weiche Butter
- etwa 200 ml lauwarme Milch

GESCHMACKSZUTATEN NACH WAHL

- abgeriebene Zitronenschale
- Sultaninen
- Zitronat und Orangeat, gewürfelt
- Mandeln oder Nüsse, klein gehackt

1

Das Mehl in die Rührschüssel geben, die Hefe darüber verteilen und untermischen. Ei und Eigelbe, das Salz, den Zucker, die Butter und die Milch hinzufügen. Alles mit dem Handrührgerät (Knethaken) zu einem glatten, geschmeidigen Teig verkneten. Geschmackszutaten (falls verwendet) am Schluss zugeben. Den Teig zugedeckt bei Raumtemperatur gehen lassen, bis er das Doppelte seines Volumens erreicht hat (1. Ruhephase).

2

Den Teig zusammendrücken und auf der bemehlten Arbeitsfläche einige Minuten kräftig durchkneten. Zu dem gewünschten Gebäck ausrollen oder ausformen und vor dem Backen noch einmal gehen lassen (2. Ruhephase).

1 Den Teig verkneten, bis er sich glatt vom Schüsselboden löst.

2 Den Teig gehen lassen, bis er das Doppelte seines Volumens erreicht hat.

3 Den Teig zusammendrücken und nach Rezept weiterverarbeiten.

Plunderteig

Plunderteig ist eine Kombination aus Hefe- und Blätterteig. Grundteig ist ein kalt geführter Hefeteig, in den – wie beim echten Blätterteig – in mehreren Touren Butter eingearbeitet wird. Die Butter darf nicht zu hart, aber auch nicht zu weich sein. Beide Teige sollen sich gut ausrollen lassen, aber nicht miteinander verbinden. Der Teig soll vor der weiteren Verarbeitung nicht aufgehen, man lässt ihn deshalb im Kühlschrank ruhen und arbeitet am besten in einem kalten Raum. Die Hefe verleiht dem Plunderteig Volumen und die feine Krume; die Butter schmilzt beim Backen und macht das Gebäck knusprig-zart.
Plunderteig gibt es in der Kühltheke als Fertigprodukt in guter Qualität.

HEFETEIG

- 500 g Mehl
- 1 Würfel frische Hefe
- 1 TL Salz
- 40 g Zucker
- 2 Eier
- 40 g weiche Butter
- 200 ml Milch, raumtemperiert

BUTTERPLATTE

- 250 g kalte Butter, in Stückchen

1

Hefeteig: Das Mehl in die Rührschüssel geben, die Hefe darüber bröckeln und untermischen. Das Salz, den Zucker, Eier, Butter und die Milch dazugeben. Alles mit dem Handrührgerät (Knethaken) erst auf niedrigster, dann auf höchster Stufe zu einem glatten, geschmeidigen Teig verarbeiten. Den Teig mit der Hand kräftig durchkneten, zur Kugel formen, in Folie wickeln und 2 Stunden kalt stellen.

2

Butterplatte: Die kalten Butterstücke zwischen Backpapier oder Klarsichtfolie zu einem Rechteck von 10 × 15 cm legen. Mit der Hand etwas flach drücken und mit dem Rollholz auf etwa 1 cm Stärke ausrollen. Im Kühlschrank 20 Minuten anziehen lassen.

WICHTIG

- **Arbeiten Sie in einem kühlen Raum.**
- **Nehmen Sie die Butter 10 Minuten vorher aus dem Kühlschrank.**
- **Der Hefeteig und die Butterplatte sollen sich nicht miteinander verbinden, sondern Schichten bilden.**
- **Die Arbeitsfläche und das Rollholz gut mehlen.**
- **Den fertigen Plunderteig können Sie vor der weiteren Verarbeitung in einem Plastikbeutel oder in Folie verpackt 2 Tage im Kühlschrank lagern – oder vorher einfrieren.**
- **Das Backblech mit Backpapier auslegen.**
- **Backhitze 200–220 °C.**

3

Den Hefeteig auf der bemehlten Arbeitsfläche zu einem Rechteck von etwa 25 × 40 cm ausrollen, die Butterplatte in die Mitte legen und darin einschlagen.
Touren schlagen: Das Teigpaket auf der bemehlten Arbeitsfläche zu einer 1 cm dicken, langen Bahn ausrollen. Ein Drittel des Teiges zur Mitte hin falten und das andere Drittel darüber schlagen. Den gefalteten Teig 30 Minuten kalt stellen. Diese Tour mit Ausrollen und Falten noch zweimal wiederholen, dazwischen jeweils im Kühlschrank ruhen lassen.

Kalte Butterstücke zwischen Backpapier zu einer Platte ausrollen.

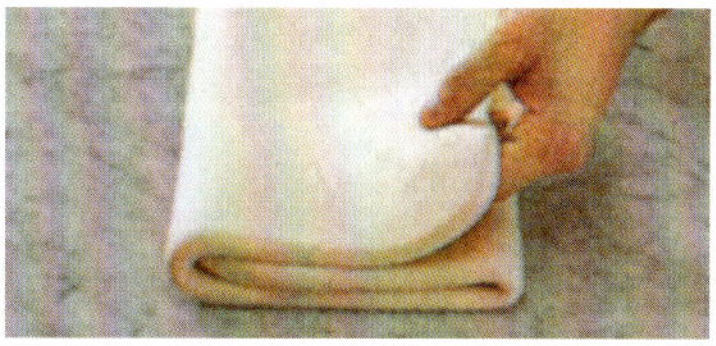

Touren schlagen: So zusammenklappen, dass 3 Schichten übereinanderliegen.

Quark-Öl-Teig – der Schnelle und Vielseitige

Sie möchten einen Obstkuchen backen, haben nicht viel Zeit und Hefeteig ist nicht Ihr Ding? Da ist der Quark-Öl-Teig erste Wahl. Er ist im Nu gemacht, muss nicht gehen und verlangt keine langen Ruhezeiten. In der Konsistenz und im Geschmack ist er dem Hefeteig ähnlich. Er ist elastisch und lässt sich wie dieser gut ausrollen. Wichtig ist, dass Sie den Quark gut abtropfen lassen oder im Tuch auspressen. Zu feuchter Quark würde den Teig zäh und trocken machen.
Der Quark-Öl-Teig ist gut geeignet für flache Kuchen wie Streuselkuchen, Butterkuchen, Nusskranz, Apfel- und Zwetschgenkuchen, Schnecken, Apfel- und Quarktaschen, Zwiebelkuchen, Quiche und Pizza. Für pikante Kuchen lassen Sie den Zucker einfach weg.
Ganz wichtig: Gebäcke aus Quark-Öl-Teig schmecken ofenfrisch am besten.

Quark-Öl-Teig

Die Grundzutaten sind Mehl, Salz, Speisequark, Öl und Milch. Zucker sowie Ei gehören nicht unbedingt dazu. Die Beschaffenheit des Teiges (weich oder fest) bestimmen Sie mit der Milchmenge, ebenso wird ein Ei im Teig durch eine etwas geringere Milchmenge ausgeglichen.

Rezeptmenge für Kleingebäck wie Hörnchen, Schnecken, Apfeltaschen, Quarktaschen

- 400 g Mehl
- 1 Päckchen Backpulver
- 200 g Magerquark, im Sieb abgetropft oder im Tuch ausgedrückt
- 100 ml neutrales Speiseöl, z. B. Rapsöl, Sonnenblumenöl
- etwa 100 ml Milch (je nach Bedarf)
- ½ TL Salz
- 80 g Zucker (für salziges Gebäck ohne Zucker)
- Vanillezucker und/oder abgeriebene Zitronenschale (nach Belieben)

Rezeptmenge für einen Blechkuchen (Streuselkuchen, Apfelkuchen, Zwetschgendatschi)

- 300 g Mehl
- 3 TL Backpulver
- 150 g Magerquark, im Sieb abgetropft oder im Tuch ausgedrückt
- 7 EL neutrales Speiseöl, z. B. Rapsöl, Sonnenblumenöl
- etwa 7 EL Milch (je nach Bedarf)
- knapp ½ TL Salz
- 50 g Zucker (für salziges Gebäck ohne Zucker)

Rezeptmenge für eine Springform von 26–28 cm Ø

- 200 g Mehl
- 2 TL Backpulver
- 100 g Magerquark, im Sieb abgetropft oder im Tuch ausgedrückt
- 5 EL neutrales Speiseöl, z. B. Rapsöl, Sonnenblumenöl
- etwa 5 EL Milch (je nach Bedarf)
- 1 Prise Salz
- 1 EL Zucker (für salziges Gebäck ohne Zucker)

1

Das Mehl mit dem Backpulver mischen und in die Rührschüssel sieben. Die übrigen Zutaten zufügen und mit dem Handrührgerät (Knethaken) kurz auf niedrigster, dann auf höchster Stufe rasch zu einem glatten, mittelfesten Teig verarbeiten (wie Hefeteig, Seite 14). Die Teigbeschaffenheit bestimmen Sie mit der Milchmenge. Nicht zu lange kneten, sonst klebt der Teig.

2

Den Teig auf der Arbeitsfläche mit den Händen zu einem glatten Teig zusammendrücken. Den Quark-Öl-Teig je nach Rezept ausformen und backen.

WICHTIG

- Das Öl für den Teig sollte nicht durch ein festes Fett ersetzt werden.
- Verwenden Sie zum Ausrollen des Teiges nur wenig Mehl, der Teig wird sonst zu fest und das Gebäck trocken.
- Der Teig muss nicht ruhen, er kann sofort verarbeitet werden.
- Gebäcke aus Quark-Öl-Teig kann man gut einfrieren.
- Das Backblech fetten.
- Backen bei 180–200 °C.

Brandteig – für Hohlgebäcke

Brandteig oder Brühteig ist die Masse für ein leichtes Hohlgebäck. Er wird in Fett ausgebacken oder bei guter Ofenhitze gebacken. Brandteig leitet seinen Namen von der Zubereitung ab; denn er wird nicht wie andere Teige gerührt oder geknetet, sondern auf dem Herd im Topf gegart, »abgebrannt«. Die Grundzutaten sind Flüssigkeit (Wasser oder Milch), Butter, Mehl und reichlich frische (!) Eier. Zucker kommt nicht dazu. Das Grundrezept erlaubt nur geringe Abweichungen. Die Fettmenge darf nicht gekürzt werden, denn das Fett verhindert das Klumpen des Mehles beim »Abbrennen«. Reichlich frische Eier sind als Lockerungs- und Bindemittel nötig. Sie sollen erst beim Backen gerinnen. Die Eier rührt man deshalb in den abgebrannten, nicht aber unter den kochend heißen Teig. Das enthaltene Wasser verdunstet während des Garprozesses bei gleichzeitiger Volumenvergrößerung. Dabei entstehen die gewünschten Hohlräume.

GLUTENFREI

Sowohl mit Spezialmehl als auch mit Stärkemehl gelingt Brandteiggebäck hervorragend.

Brandteig

Grundmasse für gefülltes und ungefülltes Hohlgebäck, das schwimmend in reichlich heißem Fett oder auf dem Blech im Ofen gebacken wird.

- 250 ml Wasser
- 1 Prise Salz
- 50 g Butter
- 150 g Mehl
- 4 frische (!) Eier

WICHTIG

- Brandteig braucht zum Backen im Ofen feuchte Hitze. Machen Sie Dampf und stellen Sie in die hintere Ecke des vorgeheizten Ofens ein Gefäß mit heißem Wasser. Heißes Wasser auf den Boden des Backofens zu gießen ist nicht zu empfehlen. Das könnte die Emailleschicht beschädigen.
- Die Backbleche werden mit Backpapier ausgelegt oder gefettet.
- Brandteig geht beim Backen auf. Bestücken Sie das Blech nicht zu dicht.
- Brandteig braucht gute Backhitze, etwa 220 °C. Zu schwache Hitze verhindert die rechtzeitige Gerüstbildung, das Gebäck fällt zusammen; zu starke Hitze verhindert durch vorzeitige Krustenbildung das Aufgehen. Während der Backzeit den Ofen nicht öffnen. Erschütterungen vermeiden.
- Das Gebäck erst kurz vor dem Verzehr füllen, damit es nicht durchweicht.
- Ungefülltes Brandteiggebäck lässt sich gut einfrieren.

1

In einem Topf das Wasser mit dem Salz und der Butter aufkochen. Das Mehl auf einmal (»im Sturz«) hineinschütten und mit dem Rührlöffel glatt rühren. Kräftig abrühren (»abbrennen«), bis sich ein Kloß bildet und der Topfboden von einer weißen Haut überzogen ist. Vom Herd nehmen, den Teig in eine Schüssel füllen und leicht auskühlen lassen.

2

Die Eier einzeln, eines nach dem anderen, unter den Teig rühren und jeweils vollständig einarbeiten. So lange rühren, bis ein geschmeidiger Teig entstanden ist.

1 Das Mehl »im Sturz« einrühren.

2 Auf dem Herd zum Kloß abrühren.

3 Die Eier einzeln einarbeiten.

4 Einen geschmeidigen Teig rühren.

Biskuit – für Torten, Rouladen und Schnitten

Lockerer Biskuit besteht aus nur drei Zutaten, nämlich Eiern, Zucker und Mehl. Einziges Lockerungsmittel ist Luft, die beim Schlagen der Eigelb-Zucker-Masse und des Eischnees eingearbeitet wird.
Am besten schlagen Sie Eigelb und Eiweiß getrennt auf, dann können Sie ganz viel Luft einschlagen, und das Gebäck wird besonders locker. Wollen Sie die Masse mit den ganzen Eiern zubereiten, brauchen Sie schon ein leistungsfähiges Handrührgerät oder die Küchenmaschine, damit in die Schaummasse auch genügend Luft eingearbeitet wird. Das Gebäck wird etwas weniger porös und elastischer als mit getrennt aufgeschlagenen Eiern.

GLUTENFREI

Biskuit ist sehr gut geeignet für glutenfreies Backen – Wiener Biskuit mit reiner Butter schmeckt am besten. Der Biskuit wird lockerer, wenn Sie einen Teil des Mehls durch Nüsse ersetzen.

WICHTIG

- Für alle Zubereitungsarten gilt: viel Luft einrühren, damit das Gebäck schön locker wird!
- Den Boden der Springform oder das Backblech leicht fetten und mehlen oder mit Backpapier auslegen. Bei der Springform keinesfalls den Rand fetten; die schmelzende Butter würde die beim Backen aufgehende Masse an den Rändern herunterziehen, es entsteht keine flache Oberfläche.
- Backtemperatur für Formgebäck 180 °C, für Rouladen 220 °C.
- Ungefülltes Gebäck aus Biskuit lässt sich gut einfrieren.

Biskuit

Für Rouladen, Torten, Obstkuchen und Schnitten.

- 5 Eier, getrennt oder ganz
- 125 g feiner Zucker
- 1 EL Vanillezucker oder/und abgeriebene Zitronenschale
- 125 g Mehl

1

Für die Zubereitung der Biskuitmasse sind unterschiedliche Verfahren möglich:
Zubereitung 1 (getrennte Eier, Schnellbiskuit)
Die Eiweiße mit dem Handrührgerät (Rührbesen) steif, aber nicht schnittfest schlagen, dabei den Zucker einrieseln lassen. Die verrührten Eigelbe mit dem Vanillezucker oder der Zitronenschale unterheben. Das Mehl darübersieben, mit dem Spatel oder Rührlöffel locker unterheben.
Zubereitung 2 (getrennte Eier, für größere Teigmengen)
Die Eigelbe mit zwei Dritteln des Zuckers mit dem Handrührgerät (Rührbesen) schaumig rühren. Den Vanillezucker oder die Zitronenschale untermischen. Die Eiweiße mit dem restlichen Zucker steif, aber nicht schnittfest schlagen. Ein Drittel des Eischnees unter den Eigelbschaum rühren. Den restlichen Eischnee dazugeben, das Mehl darübersieben und beides mit dem Spatel oder Rührlöffel locker unterheben.
Zubereitung 3 (ganze Eier)
Die ganzen Eier und den Zucker mit dem Handrührgerät (Rührbesen) zu einer sehr guten Schaummasse rühren. Den Vanillezucker oder die Zitronenschale zugeben. Das Mehl darübersieben und mit dem Spatel oder Rührlöffel untermischen.

2

Die Masse in die vorbereitete Form füllen (Springform nur am Boden fetten und mehlen oder mit Backpapier auslegen), glatt streichen und sofort backen.

1 Die Eigelbe und den Zucker mit dem Handrührgerät dickschaumig rühren.

2 Den Eischnee daraufgleiten lassen, das Mehl darübersieben, unterheben.

MENGENBERECHNUNG BISKUIT

- **Roulade – Masse aus 5 Eiern**
- **Torte mit 22–24 cm Ø – Masse aus 4 Eiern**
- **Torte mit 26 cm Ø – Masse aus 5–6 Eiern**
- **Torte mit 28 cm Ø – Masse aus 7–8 Eiern**
- **Obstkuchenboden mit 26–28 cm Ø – Masse aus 3 Eiern**

Wasserbiskuit ⊗

Für Torten und Obstkuchen.

- **4 Eier, getrennt oder ganz**
- **200 g Zucker**
- **1 EL Vanillezucker oder/und abgeriebene Zitronenschale**
- **4 EL kaltes oder warmes Wasser**
- **200 g Mehl, 1–2 TL Backpulver**

1

Für die Zubereitung der Biskuitmasse sind verschiedene Verfahren möglich:
Zubereitung 1 (getrennte Eier, kaltes Wasser; Schnellbiskuit)
Die Eiweiße mit dem *kalten* Wasser mit dem Handrührgerät steif, aber nicht schnittfest schlagen, dabei den Zucker einrieseln lassen. Die verrührten Eigelbe mit dem Vanillezucker oder der Zitronenschale untermischen. Das Mehl mit dem Backpulver darübersieben und mit dem Spatel oder Rührlöffel locker unterheben.
Zubereitung 2 (getrennte Eier, warmes Wasser; für größere Teigmengen)
Die Eigelbe mit dem *warmen* Wasser (gut warm bis heiß, jedoch nicht kochend) und zwei Dritteln des Zuckers mit dem Handrührgerät schaumig rühren. Den Vanillezucker oder die Zitronenschale untermischen.
Die Eiweiße steif, aber nicht schnittfest schlagen, dabei den restlichen Zucker einrieseln lassen. Ein Drittel des Eischnees unter den Eigelbschaum rühren, den restlichen Eischnee unterheben. Das Mehl mit dem Backpulver darübersieben und beides mit dem Spatel oder Rührlöffel locker unterheben.
Zubereitung 3 (ganze Eier, warmes Wasser)
Die Eier mit dem *warmen* Wasser (gut warm bis heiß, jedoch nicht kochend) und dem Zucker mit dem Handrührgerät zu einer sehr guten Schaummasse rühren. Den Vanillezucker oder die Zitronenschale untermischen. Das Mehl mit dem Backpulver darübersieben und mit dem Spatel oder Rührlöffel nach und nach unterziehen.

2

Die Masse in die vorbereitete Form füllen (Springform nur am Boden fetten und mehlen oder mit Backpapier auslegen), glatt streichen und sofort backen.

MENGENBERECHNUNG WASSERBISKUIT

- **Torte mit 22–24 cm Ø – Masse aus 3 Eiern**
- **Torte mit 26 cm Ø – Masse aus 4 Eiern**
- **Torte mit 28 cm Ø – Masse aus 6 Eiern**
- **Obstkuchenboden mit 26–28 cm Ø – Masse aus 2 Eiern**

Wiener Biskuit ⊗

Wiener Masse

Für Obstkuchen, Torten und feine Formkuchen wie Osterlämmchen.

- **5 Eier, getrennt**
- **150 g feiner Zucker**
- **1 EL Vanillezucker oder/und abgeriebene Zitronenschale**
- **100 g Mehl**
- **50 g Speisestärke**
- **75 g Butter, lauwarm zerlassen**

1

Die Eiweiße mit dem Handrührgerät steif, aber nicht schnittfest schlagen, dabei den Zucker einrieseln lassen. Die verrührten Eigelbe mit dem Vanillezucker oder/und der Zitronenschale untermischen.

2

Das Mehl mit der Speisestärke vermischen, auf den Eischaum sieben und abwechselnd mit der zerlassenen Butter unterziehen.

3

Die Masse in die vorbereitete Form füllen, glatt streichen und sofort backen.

Biskuitvariationen

Biskuitvariationen sind besonders für Torten und feine Rouladen beliebt. Dafür können Sie das Grundrezept Biskuit oder Wasserbiskuit durch leicht veränderte Zutaten zu Schokoladen-, Nuss- oder Mandelbiskuit abwandeln. Zum Beispiel: Für Schokoladenbiskuit 30 g Mehl durch etwa 30 g gesiebtes Kakaopulver ersetzen (bei Wasserbiskuit entsprechend mehr). Für Nussbiskuit ein bis zwei Drittel des Mehles durch gemahlene Haselnüsse ersetzen. Für Mandelbiskuit ein bis zwei Drittel des Mehles durch gemahlene Mandeln ersetzen. Hier drei Vorschläge:

Schokoladenbiskuit

- **5 Eier, getrennt**
- **130 g Zucker**
- **1 EL Vanillezucker**
- **100 g Mehl**
- **etwa 30 g Kakaopulver**

Nussbiskuit

- **5 Eier, getrennt**
- **125 g Zucker**
- **60 g Mehl**
- **etwa 70 g gemahlene Haselnüsse**

Mandelbiskuit

- **5 Eier, getrennt**
- **125 g Zucker**
- **1 EL Vanillezucker**
- **80 g Mehl**
- **50 g gemahlene Mandeln**

Blätterteig – der Zarte für Süßes und Salziges

Knuspriges und zugleich zartes Blätterteiggebäck mit dem ausgeprägten Geschmack von frischer Butter gehört zum Feinsten einer Kaffeetafel. Blätterteig besteht nur aus Mehl, Wasser, Salz und Butter. Er enthält weder Zucker noch aromatische Zutaten. Das Geheimnis ist seine spezielle Zubereitungsart. Ein einfacher Wasserteig und ein geformter Butterziegel müssen als hauchdünne Schichten zusammengebracht werden. Das erreicht man durch mehrmaliges Ausrollen und Zusammenfalten des Wasserteiges mit der darin eingeschlagenen Butter nach einem bestimmten Schema, in der Fachsprache »tourieren« oder »Touren schlagen« genannt. Je mehr Touren geschlagen werden, desto blättriger wird der Teig. Das erfordert Genauigkeit, Sorgfalt und natürlich eine Menge Zeit. Heutzutage greift man auf fertige Produkte zurück.

GLUTENFREI

Im Spezialhandel gibt es glutenfreie Blätterteigrollen.

Neben dem TK-Blätterteig finden Sie rund und rechteckig ausgerollten Blätterteig in der Kühltheke der Lebensmittelabteilung.

Fertig-Blätterteig

Im Handel gibt es fertigen Blätterteig in guter Qualität zu kaufen. Damit spart man sich eine Menge Zeit. Blätterteigrezepte sind somit Schnellrezepte geworden. In diesem Buch wird deshalb bei den Rezepten Fertig-Blätterteig empfohlen.

TK-Blätterteig wird in Packungen mit einzeln entnehmbaren Platten angeboten. Man kann sie, je nach Rezept, ausrollen oder auch unausgerollt verwenden:

Die Blätterteigplatten nebeneinander auf die Arbeitsfläche legen und nach Packungsanweisung auftauen lassen.

Für eine Kuchenform oder einen Strudel braucht man mehrere Platten. Dafür die benötigte Anzahl Platten aufeinander legen und auf der bemehlten Arbeitsfläche zur gewünschten Größe ausrollen.

Für eine runde Form (28–30 cm Ø) braucht man meist 3 Platten. Diese legt man versetzt aufeinander, klappt die Ecken leicht ein und rollt den Teig kreisrund aus.

Blätterteig aus der Kühltheke ist backfertig auf Backpapier ausgerollt. Die verpackte Rolle lässt sich sogar auf Vorrat einfrieren – ideal für plötzlich aufkommende Backlust.

WICHTIG

- **Blätterteig nicht kneten!**
- **Eigelb nicht über die Teigkante streichen, sonst verklebt der Teig und kann nicht aufblättern.**
- **Die Backbleche mit Backpapier auslegen.**
- **Der dünn ausgerollte Teig braucht gute Backhitze, 210–220 °C.**
- **Unglasiertes Blätterteiggebäck kann man gut einfrieren.**

Quark- und Rahmblätterteig

Abarten des klassischen Blätterteiges sind der Quarkblätterteig und der Rahmblätterteig, sogenannte Halbblätterteige. Sie unterscheiden sich vom echten Blätterteig sowohl durch eine geringere Buttermenge und spezielle Zutaten als auch durch die Art der Zubereitung. Sie sind eine gute Alternative zum Blätterteig.

Aus Quark- und Rahmblätterteig backt man Kleingebäck wie Kümmel- und Käsestangen. Mürbe Plätzchen aus Quark- oder Rahmblätterteig, mit Eigelb bestrichen und mit Hagelzucker bestreut, sind eine süße, zarte Versuchung.

QUARKBLÄTTERTEIG

- **250 g Mehl, ½ TL Backpulver**
- **250 g kalte Butter, blättrig geschnitten**
- **250 g Magerquark, im Sieb abgetropft**
- **½ TL Salz**

RAHMBLÄTTERTEIG

- **250 g Mehl, ½ TL Backpulver**
- **175 g kalte Butter, blättrig geschnitten**
- **125 g saure Sahne**
- **½ TL Salz**

1

Das Mehl mit dem Backpulver vermischen und mit allen Zutaten auf der Arbeitsfläche zu einem glatten Teig kneten. Zur Kugel formen, in Folie wickeln und mindestens 1 Stunde kalt stellen.

2

Den Teig zu dem gewünschten Gebäck ausformen und backen.

Baisermasse – für luftiges Schaumgebäck und Überzüge

Baiser- oder Meringenmasse besteht aus steif geschlagenem Eiweiß und Zucker. Sie ist die Grundmasse für knusprige Torteletts, Meringenschalen, Schaumkonfekt und Obsttortenüberzüge. Gibt man Nüsse, Mandeln oder Schokolade dazu, erhält man eine zarte Makronenmasse.
Für die Zubereitung gibt es zwei Methoden: kalt geschlagen und warm geschlagen. Der kalt geschlagenen Masse kann für eine bessere Standfestigkeit etwas Speisestärke zugesetzt werden. Sie ist die Basis für die meisten Baiserrezepte sowie für Tortenböden und Torteletts. Bei der warm geschlagenen Masse ist keine Speisestärke nötig. Durch das Aufschlagen von Eiweiß und Zucker auf dem heißen Wasserbad erhält die Masse Standfestigkeit. Beim Spritzen reißt der Faden auch bei einer dünnen Tülle nicht ab, das Gebäck wird schaumiger und trockener.

GLUTENFREI
Baisermasse ist glutenfrei.

WICHTIG

- Die Geräte (Schlagschüssel und Schneebesen) müssen absolut fettfrei sein. Das Eiweiß darf keine Spur von Eigelb enthalten.
- Sofort verarbeiten. Nach längerem Stehen verliert die Baisermasse ihre Festigkeit und kann nicht wieder aufgeschlagen werden.
- Backen: Bei schwacher Hitze (100–150 °C) auf Backpapier mehr trocknen als backen. Lediglich luftige Hauben für Obsttorten werden bei starker Hitze überbacken.

Baisermasse

Kalt geschlagen

Grundmasse für Kleingebäck und Torteletts.

- 4 Eiweiß
- 200 g feiner Zucker
- 15 g Speisestärke (nach Belieben)

1
Die Eiweiße mit dem Handrührgerät locker aufschlagen. Den Zucker einrieseln lassen und weiterschlagen, bis eine steife, glänzende Masse entstanden ist. Die Speisestärke (falls verwendet) darübersieben und mit dem Spatel unterziehen.

2
Die Baisermasse je nach Rezept sofort ausformen oder mit dem Spritzbeutel auf ein mit Backpapier ausgelegtes Blech spritzen und backen.

Baisermasse

Warm geschlagen

Grundmasse für Überzüge, Schaumgebäck und Schaumkonfekt.

- 4 Eiweiß
- 200 g feiner Zucker

1
Die Eiweiße mit dem Zucker auf dem heißen Wasserbad mit dem Handrührgerät zu einer cremig-schaumigen Masse aufschlagen. Vom Wasserbad nehmen und kalt schlagen. Dabei wird die Masse fester, ohne an Volumen zu verlieren.

2
Für Schaumgebäck (Baiserschalen, Torteletts usw.) oder Schaumkonfekt die Masse in den Spritzbeutel füllen, auf das mit Backpapier ausgelegte Blech spritzen und mehr trocknen als backen. Als Überzugsmasse für Torten (Obsttorten) die Masse aufspritzen oder aufstreichen und je nach Rezept fertig backen.

Kalt: Die Eiweiße locker aufschlagen, den Zucker nach und nach einrieseln lassen.

Warm: Die Eiweiße mit dem Zucker auf dem Wasserbad aufschlagen.

Kuchen, Zöpfe und Stollen

Die Klassiker aus der Kastenform

Feiner Sandkuchen

Die Kastenform für den Sandkuchen muss sorgfältig mit weicher Butter ausgestrichen und anschließend bemehlt werden. Noch besser ist es, sie mit Pergamentpapier oder Backpapier auszulegen (Seite 264). Machen Sie kurz vor Ende der Garzeit die Stäbchenprobe (Seite 265).

SANDTEIG

- 250 g weiche Butter
- 250 g Zucker
- 4 Eier
- abgeriebene Zitronenschale
- 2 EL Rum (nach Belieben)
- 125 g Mehl
- 125 g Speisestärke
- 1 TL Backpulver

- Puderzucker zum Besieben

Backen: Etwa 50 Minuten bei 190 °C
Kastenform von 30 cm Länge, gefettet und bemehlt

1

Den Ofen vorheizen. Die Butter mit dem Zucker mit dem Handrührgerät (Rührbesen) auf höchster Stufe rühren, bis sich der Zucker gelöst hat. Nach und nach die Eier zugeben und jedes Ei ½ Minute rühren. Den Zitronenabrieb und den Rum unterrühren. Das Mehl mit der Speisestärke und dem Backpulver darübersieben und auf mittlerer Stufe nur kurz unterrühren.

Sandkuchen

2

Den Teig in die Backform füllen und backen. Sobald der Kuchen etwas gebräunt ist – das ist nach etwa 15 Minuten der Fall – der Länge nach in der Mitte einritzen (siehe Foto rechts) und fertig backen.

3

Den Kuchen in der Form abdämpfen lassen, aus der Form lösen und auf einem Kuchengitter auskühlen lassen. Vor dem Servieren mit Puderzucker besieben.

Zitronen-Sandkuchen

Barbara-Kuchen

- 200 g weiche Butter
- 200–250 g Zucker
- 4 Eier
- abgeriebene Schale und Saft von 1 Zitrone
- 125 g Mehl
- 125 g Speisestärke
- 1 TL Backpulver

ZITRONENGLASUR

- 150 g Puderzucker
- 4 EL Zitronensaft, durchgeseiht

Backen: 50–60 Minuten bei 180 °C
Kastenform von 26–30 cm Länge, mit Backpapier ausgelegt

1

Den Ofen vorheizen. Die Butter mit dem Zucker mit dem Handrührgerät (Rührbesen) auf höchster Stufe rühren, bis sich der Zucker gelöst hat. Nach und nach die Eier zugeben und jedes Ei ½ Minute rühren. Zitronenabrieb und -saft zugeben. Das Mehl mit der Speisestärke und dem Backpulver darübersieben und auf mittlerer Stufe (oder mit dem Rührlöffel) kurz unterrühren.

2

Den Teig in die Backform füllen und backen. Nach etwa 15 Minuten den Kuchen in der Mitte einritzen und fertig backen.

3

Den Kuchen abdämpfen lassen, dann das Papier von den Rändern nur lösen, jedoch in der Form lassen. Mit einem Holzstäbchen mehrmals einstechen.

4

Für die Glasur den Puderzucker mit dem Zitronensaft glatt rühren, den heißen Kuchen damit bestreichen. Gleich nach dem Erkalten mit dem Papier aus der Form heben.

Orangen-Sandkuchen

Statt Zitronenschale und -saft die abgeriebene Schale von 2 Orangen und den Saft von 1 Orange in den Teig geben. Den frisch gebackenen Kuchen mit einem spitzen Hölzchen mehrmals einstechen und mit dem durchgeseihten Saft von 1–2 Orangen tränken und erkalten lassen. Den Kuchen mit Orangenglasur (150 g Puderzucker und 3–4 EL durchgeseihter Orangensaft) bestreichen.

Mandelkuchen

RÜHRTEIG

- 250 g Butter
- 180 g Zucker
- 4 Eier
- 150 g Mehl
- 1 TL Backpulver
- 100 g Speisestärke
- 50 g gemahlene Mandeln
- 1 EL Zitronensaft
- abgeriebene Zitronenschale

SCHOKOLADENGLASUR

- 150 g Zartbitterschokolade
- 1½ TL neutrales Öl (oder 1 Becher Schokoladenguss)

Backen: etwa 50 Minuten bei 180 °C
Kastenform von 26–30 cm Länge, gefettet

1

Den Ofen vorheizen. Die Butter mit dem Zucker mit dem Handrührgerät (Rührbesen) auf höchster Stufe rühren, bis sich der Zucker gelöst hat. Nach und nach die Eier zugeben und jedes Ei ½ Minute rühren. Das Mehl mit dem Backpulver und der Speisestärke sieben und auf mittlerer Stufe mit den Mandeln, dem Zitronensaft und -abrieb nur kurz unterrühren. Den Teig in die Form füllen und backen. Nach dem Abdämpfen aus der Form lösen, auf ein Kuchengitter stürzen und auskühlen lassen.

2

Für die Schokoladenglasur die Schokolade zerkleinern und mit dem Öl auf dem heißen Wasserbad schmelzen. Den Kuchen damit bestreichen.

Königskuchen

Englischer Kuchen

Der feine Kuchen aus zartem Rührteig mit Trockenfrüchten erinnert an die Fruit Cakes, die man in England zum Tee serviert. Gut in Folie verpackt, bleibt er über Tage saftig und frisch.

Nach etwa 15 Minuten Backzeit den Kuchen der Länge nach einritzen.

RÜHRTEIG

- 200 g Mehl
- 50 g Speisestärke
- 1 TL Backpulver
- 120 g Sultaninen, 1 Stunde in 2 EL Rum mariniert
- je 40 g Zitronat und Orangeat, gewürfelt
- 250 g weiche Butter
- 150 + 50 g Zucker
- abgeriebene Zitronenschale
- 6 Eier, getrennt

- Puderzucker zum Besieben

Anbacken: 15 Minuten bei 200 °C
Fertig backen: 45–50 Minuten bei 180 °C
Kastenform von 30 cm Länge, gefettet und mit Semmelbröseln ausgestreut

1

Das Mehl mit der Speisestärke und dem Backpulver vermischen. Die Trockenfrüchte mit der Mehlmischung vermengen, damit sie beim Backen nicht auf den Boden sinken.

2

Den Ofen vorheizen. Die Butter geschmeidig rühren. Nach und nach 150 g Zucker, Zitronenschale und die Eigelbe, eines nach dem anderen, zugeben und zu einer guten Schaummasse rühren. Die Eiweiße mit 50 g Zucker zu steifem Schnee schlagen, ein Drittel davon unter die Schaummasse mischen. Den restlichen Eischnee und die Mehl-Früchte-Mischung nach und nach vorsichtig unterziehen. Den Teig in die Backform füllen, glatt streichen und backen.

3

Den Kuchen 15 Minuten abdämpfen lassen, auf ein Kuchengitter stürzen und auskühlen lassen. Mit Puderzucker besieben.

Die Klassiker aus der Gugelhupfform

Marmorkuchen

Nicht umsonst kennt man ihn als Deutschlands beliebtesten Geburtstagskuchen – das Loch in der Mitte eignet sich wunderbar für die Geburtstagskerze. Mit Eiern und Butter wird nicht gespart, das macht ihn so unvergleichlich gut und zart.

RÜHRTEIG

- 250 g weiche Butter
- 250 g Zucker
- 6 Eier
- 1 Prise Salz
- 2 EL Rum (oder saure Sahne)
- 1 Päckchen Vanillezucker (oder abgeriebene Zitronenschale)
- 300 g Mehl
- 75 g Speisestärke
- 1 Päckchen Backpulver
- etwa 100 ml Milch, je nach Bedarf
- 3 EL Kakaopulver und 1–2 EL Milch für den dunklen Teig

- Puderzucker zum Besieben

Backen: 60 Minuten bei 190 °C
Gugelhupfform, gefettet und bemehlt

1

Den Ofen vorheizen. Die Butter mit dem Zucker mit dem Handrührgerät (Rührbesen) auf höchster Stufe rühren, bis sich der Zucker gelöst hat. Nach und nach die Eier zugeben und jedes Ei ½ Minute rühren. Das Salz, den Rum und den Vanillezucker unterrühren. Das Mehl mit der Speisestärke und dem Backpulver sieben. Ein Drittel davon unter die Schaummasse rühren. Die restliche Mehlmischung mit dem Teigspatel untermischen. Bei Bedarf etwas Milch zum Teig geben, er soll schwer und breit vom Löffel fallen.

2

Gut die Hälfte des Teiges in die Backform füllen. Den restlichen Teig mit dem Kakaopulver dunkel färben und mit etwas Milch verrühren. Den dunklen auf den hellen Teig in die Backform füllen und mit einer Gabel spiralförmig locker durchziehen, um beide Teile zu vermischen. Hellbraun backen.

3

Den Kuchen nach dem Abdämpfen auf ein Kuchengitter stürzen und auskühlen lassen. Mit Puderzucker besieben.

Den hellen und dunklen Teig einfüllen,

mit der Gabel spiralförmig durchziehen.

Gugelhupf

Die spezielle Gugelhupfform können Sie nutzen, um dem Kuchen optisch noch ein Extra mitzugeben: Legen Sie in jede Rille der gefetteten Form eine ganze, enthäutete Mandel und füllen Sie dann den Teig darauf.

HEFETEIG

- 500 g Mehl
- 1 Würfel frische Hefe
- 2 Eier
- ½ TL Salz
- 125 g Zucker
- 150 g weiche Butter
- abgeriebene Zitronenschale
- 200–250 ml lauwarme Milch
- 75 g Sultaninen
- 75 g gehackte Mandeln

- Puderzucker zum Besieben

Backen: 50 Minuten bei 190 °C
Gugelhupfform, üppig mit Butter ausgestrichen

1

Das Mehl in die Rührschüssel geben, die Hefe darüberbröckeln und untermischen. Die Eier, das Salz, den Zucker, die Butter, den Zitronenabrieb und die Milch zugeben. Alles mit dem Handrührgerät (Knethaken) zu einem etwas weicheren, mittelfesten Teig verarbeiten. Zum Schluss die Sultaninen und die Mandeln untermischen.

2

Den Teig auf der bemehlten Arbeitsfläche kräftig durchkneten, in die Form legen und zugedeckt gehen lassen, bis er sein Volumen deutlich vergrößert hat.

3

Den Ofen vorheizen. Den Gugelhupf goldbraun backen. Nach dem

Abdämpfen vom Formrand lösen, auf eine Unterlage stürzen und auskühlen lassen. Mit Puderzucker besieben.

Quarkgugelhupf

Der schlichte Gugelhupf überrascht durch die saftige Konsistenz und seinen vollen Geschmack. Durch den Quarkanteil bleibt er lange frisch.

RÜHRTEIG

- **150 g weiche Butter**
- **200 g Zucker**
- **2 Eier**
- **2 Päckchen Vanillezucker**
- **abgeriebene Orangen- oder Zitronenschale**
- **250 g Magerquark, im Sieb abgetropft**
- **40 g gemahlene Haselnüsse**
- **40 g gehackte Mandeln**
- **70 g Sultaninen, in 1–2 EL Rum mariniert**
- **300 g Mehl, mit 1 Päckchen Backpulver vermischt**

Backen: 45 Minuten bei 190 °C Gugelhupfform, gefettet und mit Semmelbröseln ausgestreut

1

Den Ofen vorheizen. Die Butter geschmeidig rühren. Nach und nach den Zucker und die Eier, eines nach dem anderen, zugeben und zu einer guten Schaummasse rühren. Vanillezucker, Orangen- oder Zitronenschale, Quark, Haselnüsse, Mandeln und Sultaninen unterrühren. Das Mehl mit dem Backpulver darübersieben und mit dem Spatel oder Holzlöffel unterziehen. Den Teig in die Form füllen, backen.

2

Den Kuchen nach dem Abdämpfen auf ein Kuchengitter stürzen und auskühlen lassen.

Dunkle Kuchen mit Nuss und Mohn

Tiroler Nuss-Schokokuchen

RÜHRTEIG

- 6 Eier, getrennt
- 200 g weiche Butter
- 180 g Zucker
- 125 g Mehl
- 1 TL Backpulver
- 150 g Kuvertüre, geraspelt
- 200 g gemahlene Haselnüsse
- 2 EL Rum

- 1 Päckchen Schokoladenglasur zum Überziehen

Backen: etwa 45 Minuten bei 180 °C
Kastenform von 30 cm Länge, gefettet und mit Semmelbröseln ausgestreut

1

Den Ofen vorheizen. Die Eiweiße steif schlagen. In einer anderen Schüssel die Butter mit dem Zucker mit dem Handrührgerät (Rührbesen) auf höchster Stufe rühren, bis sich der Zucker gelöst hat. Nach und nach die Eigelbe zugeben und jeweils ½ Minute rühren. Das Mehl mit dem Backpulver sieben und mit der Schokolade, den Nüssen und dem Rum mit dem Teigspatel untermischen. Den Eischnee unter den Teig ziehen. In die Form füllen, glatt streichen und backen. Nach dem Abdämpfen auf ein Kuchengitter stürzen und erkalten lassen.

2

Die Schokoladenglasur nach Packungsanweisung schmelzen und den Kuchen damit überziehen.

Mohnkuchen mit Mandeln

Lassen Sie den frisch gebackenen Kuchen einen Tag durchziehen, dann schmeckt er besonders fein. Man kann ihn auch gut einfrieren.

RÜHRTEIG

- 250 g Butter
- 150 g Zucker
- 5 Eigelb
- 200 g gemahlener Mohn
- 100 g gemahlene Mandeln
- 2 EL Speisestärke
- 2 TL Backpulver
- 4 EL Milch

- 100 g Aprikosenkonfitüre zum Bestreichen
- 50 g Mandelblättchen, trocken geröstet, zum Bestreuen

Backen: 30–40 Minuten bei 180 °C
Springform von 26 cm Ø, gefettet und bemehlt

1

Für den Rührteig die Butter mit dem Zucker mit dem Handrührgerät (Rührbesen) auf höchster Stufe schaumig rühren, bis sich der Zucker gelöst hat. Nach und nach die Eigelbe zugeben und jedes Eigelb ½ Minute rühren. Den Mohn und die Mandeln zugeben. Die Speisestärke mit dem Backpulver darübersieben und mit der Milch kurz unterrühren. Den Teig in die Form füllen und backen. Den Kuchen nach dem Abdämpfen aus der Form nehmen und auf ein mit Backpapier belegtes Kuchengitter stürzen. Lauwarm abkühlen lassen.

2

Die Aprikosenkonfitüre mit 2 EL Wasser (oder Zitronensaft) erhitzen und durchpassieren. Die Oberfläche dünn mit der Konfitüre bestreichen. Die gerösteten Mandelblättchen darüberstreuen und die Glasur trocknen lassen. Reichen Sie Schlagsahne dazu.

Mohngugelhupf

Das Rezept kommt aus dem Egerland. Der Mohnkuchen sollte erst am nächsten Tag aufgeschnitten werden; er bleibt dafür mehrere Tage frisch.

HEFETEIG

- 300 g Mehl, 1 Würfel frische Hefe
- etwa 100 ml lauwarme Milch
- 200 g Zucker
- 125 g zerlassene Butter
- 3 Eier, 1 Prise Salz
- ½ TL Zimt, 4 EL Rum
- 1 Päckchen Vanillezucker
- abgeriebene Schale von 1 Zitrone
- 100 g gemahlene Mandeln
- 200 g gemahlener Mohn
- 100 g Rosinen

PUNSCHGLASUR

- 150 g Puderzucker
- 1 EL Weißwein
- 1 EL Zitronensaft
- 1 EL Rum

Backen: etwa 60 Minuten bei 190 °C
Gugelhupfform, gefettet und mit Semmelbröseln ausgestreut

1

Für den Hefeteig das Mehl in die Rührschüssel geben und in die Mitte eine Mulde drücken. Die Hefe hineinbröckeln, mit 1 EL Zucker, einigen Löffeln von der Milch und etwas Mehl vom Rand zu einem weichen Vorteig anrühren. Leicht mit Mehl bestauben und zugedeckt an einem warmen Ort gehen lassen, bis die Oberfläche Risse zeigt.

2

Alle Zutaten von Zucker bis Zitronenschale zugeben und mit dem Handrührgerät (Knethaken) auf niedrigster Stufe verrühren. Die Mandeln und den Mohn zugeben und auf höchster Stufe zu einem weichen Teig rühren, die Rosinen untermischen. Den Teig in die Form füllen und an einem warmen Ort etwa 30 Minuten gehen lassen. Den Ofen vorheizen.

3

Den Kuchen backen. Nach dem Abdämpfen auf ein Kuchengitter stürzen und auskühlen lassen.

4

Für die Punschglasur den Puderzucker mit dem Wein, dem Zitronensaft und dem Rum glatt rühren und den Kuchen damit überziehen.

Würziger Schoko-Nusskuchen

RÜHRTEIG

- 250 g weiche Butter
- 250 g Zucker, 1 EL Vanillezucker
- 5 Eier
- 250 g Mehl, 2 TL Backpulver
- 1–2 EL Kakaopulver
- je 1 Prise Salz, Zimt, Nelken und geriebene Muskatnuss
- 125 g gehackte Haselnüsse
- 1–2 EL Rum
- 50 g kandierter Ingwer, klein gewürfelt

- Puderzucker zum Besieben

Backen: 50 Minuten bei 180 °C
Springform von 26 cm Ø, gefettet und bemehlt

1

Den Ofen vorheizen. Die Butter mit dem Zucker mit dem Handrührgerät (Rührbesen) auf höchster Stufe rühren, bis sich der Zucker gelöst hat. Nach und nach die Eier zugeben und jedes Ei ½ Minute rühren. Das Mehl mit allen anderen Zutaten untermischen. Bei Bedarf etwas Milch zugeben, der Teig soll weich vom Löffel fallen. Den Teig in die Form füllen, glatt streichen und backen.

2

Den Kuchen nach dem Abdämpfen auf ein Kuchengitter stürzen und auskühlen lassen. Mit Puderzucker besieben. Reichen Sie Schlagsahne dazu.

Schokolade innen und außen

Schokoladenkuchen

Mit einem Teelöffel Spekulatiusgewürz im Teig wird dieser Kuchen zum würzigen Adventskuchen.

- 200 g Butter
- 200 g dunkle Kuvertüre, zerkleinert
- 200 g Zucker
- 1 Päckchen Vanillezucker
- 1 Prise Salz
- 4 Eier
- 100 g gemahlene Mandeln
- 100 g gehackte Mandeln
- 75 g Mehl, mit 1/2 Päckchen Backpulver vermischt

- Puderzucker zum Besieben

Backen: 30–35 Minuten bei 180 °C
Springform von 26 cm Ø, mit Backpapier ausgelegt

1

Den Ofen vorheizen. Die Butter mit der Kuvertüre in einen Topf füllen und bei mittlerer Temperatur unter häufigem Rühren schmelzen. Den Zucker, Vanillezucker und das Salz einrühren, bis der Zucker vollständig gelöst ist. Den Topf vom Herd nehmen. Die Eier einzeln zugeben und gut unterrühren. Alle anderen Zutaten untermischen. Die Masse sofort in die Backform füllen, glatt streichen und backen.

2

Den Kuchen nach dem Abdämpfen auf ein Kuchengitter stürzen, das Backpapier abziehen, auskühlen lassen. Dick mit Puderzucker besieben.

VARIATIONEN

- Wer mag, kann den Kuchen durchschneiden und den Boden mit Preiselbeeren aus dem Glas (gut durchrühren!) füllen. Dazu passt eine Sahnehaube statt des Besiebens mit Puderzucker.
- Noch besser ist es, den Kuchen schon am Vortag zu backen. Nach dem Auskühlen auf die Tortenplatte legen und mit dem Springformrand umschließen. Ein Glas verrührte Preiselbeeren aufstreichen und über Nacht an einem kühlen Ort durchziehen lassen. Vor dem Servieren dick mit Schlagsahne bestreichen und nach Belieben mit Raspelschokolade bestreuen.

Amerikanischer Schokokuchen

Hundert-Prozent-Kuchen

Dieser Kuchen hat eine besondere Glasur, im Amerikanischen »Fudge« genannt. Sie ist ganz einfach herzustellen, braucht aber einige Stunden – oder auch über Nacht – zum Trocknen. In flüssiger Form wird Fudge auch gern als Sauce auf Eiscreme angerichtet.

RÜHRTEIG

- 100 g weiche Butter
- 300 g Zucker
- 2 TL Vanillezucker
- 2 Eier
- 100 g Zartbitter-Schokolade, geschmolzen
- 200 g Mehl
- 2 TL Backpulver
- 300 ml Milch
- 100 g Pekannüsse, gehackt

SCHOKOLADENGLASUR (FUDGE)

- 50 g Butter
- 50 g Zartbitter-Schokolade, zerkleinert
- 1 Ei
- 150 g Zucker
- 1 TL Vanillezucker

- 50 g halbierte Pekannüsse

Backen: 50–60 Minuten bei 180 °C
Springform von 26–28 cm Ø, mit Backpapier ausgelegt

1

Den Ofen vorheizen. Die Butter geschmeidig rühren. Nach und nach den Zucker, Vanillezucker und die Eier, eines nach dem anderen, zugeben und schaumig rühren. Die geschmolzene Schokolade unter die Schaummasse rühren. Das Mehl mit dem Backpulver vermischen, sieben und abwechselnd mit der Milch unterrühren. Die Pekannüsse untermischen, den Teig in die Backform füllen, glatt streichen und backen. Nach dem Abdämpfen auf ein Kuchengitter stürzen, das Backpapier abziehen, auskühlen lassen.

2

Für die Schokoladenglasur in einem Topf die Butter mit der Schokolade schmelzen, den Topf vom Herd nehmen. Das Ei, den Zucker und Vanillezucker unterrühren. Den Kuchen mit der Glasur bestreichen und mit den halbierten Pekannüssen garnieren. Gut trocknen lassen.

Schokoladengugelhupf

Ein zarter, feiner Kuchen, der besonders gut mit Schlagsahne schmeckt.

- 150 g dunkle Kuvertüre, zerkleinert
- 100 g Butter
- 100 g Puderzucker
- 5 Eier, getrennt
- 100 g Zucker
- 100 g Mehl
- 100 g Haselnüsse, geröstet, gehackt

GLASUR

- 3–4 EL Aprikosenkonfitüre, mit 1–2 EL Wasser erwärmt, durchpassiert
- 200 g dunkle Kuvertüre, zerkleinert
- 50 g Kokosfett

Backen: 60 Minuten bei 170 °C
Gugelhupfform, gefettet und bemehlt

1

Den Ofen vorheizen. In einer Schüssel auf dem Wasserbad die Kuvertüre mit der Butter und dem Puderzucker schmelzen. Vom Wasserbad nehmen, nach und nach die Eigelbe unterrühren.

2

Die Eiweiße mit dem Zucker steif schlagen und auf die Schokoladenmasse gleiten lassen. Das Mehl darübersieben und die Haselnüsse zugeben. Alles leicht und locker vermischen.

3

Die Masse in die Backform füllen und backen. Nach dem Abdämpfen auf ein Kuchengitter stürzen und auskühlen lassen.

4

Für die Glasur den Kuchen sehr dünn mit der Aprikosenkonfitüre bestreichen und mindestens 1 Stunde antrocknen lassen. Die Kuvertüre mit dem Kokosfett auf dem Wasserbad schmelzen und den Gugelhupf damit überziehen.

Kuchen vom Blech – beliebte Familienrezepte

Streuselkuchen

Traditionell bereitet man den Streuselkuchen aus einem Hefeteig wie für den Sächsischen Butterkuchen (rechts) zu. Dieser Streuselkuchen aus Quark-Öl-Teig braucht keine Ruhezeiten zum Gehen – ein Vorschlag, wenn Sie es besonders eilig haben.

QUARK-ÖL-TEIG

- 300 g Mehl
- 1 Päckchen Backpulver
- 80 g Zucker
- 1 Messerspitze Salz
- 200 g Magerquark, im Sieb abgetropft
- 100 ml Milch
- 100 ml neutrales Öl

STREUSEL

- 300 g Mehl
- 200 g Zucker, 1 TL Zimt
- 200 g zerlassene Butter oder kalte Butter in Stückchen

- 3 EL Milch zum Bestreichen

Backen: 20 Minuten bei 200 °C
Backblech, gefettet

1

Das Mehl mit dem Backpulver mischen und in die Rührschüssel sieben. Die übrigen Zutaten zufügen und mit dem Handrührgerät (Knethaken) kurz auf niedrigster, dann auf höchster Stufe rasch zu einem glatten, mittelfesten Teig verarbeiten.

2

Den Teig auf der bemehlten Arbeitsfläche in Blechgröße ausrollen und auf das Backblech legen, die Ränder egalisieren. Den Teig mit der Gabel mehrmals einstechen. Den Ofen vorheizen.

3

Streusel mit zerlassener Butter: Das Mehl mit dem Zucker und Zimt vermischen. Die lauwarm zerlassene Butter hineinträufeln und mit der Gabel vermengen. Mit den Händen krümelig reiben.
Streusel mit Butterstückchen: Das Mehl mit allen Zutaten vermengen und zwischen den Händen krümelig reiben.

4

Den Quark-Öl-Teig mit der Milch bestreichen (damit die Streusel besser haften) und gleichmäßig mit den Streuseln bedecken. Den Kuchen goldgelb backen.

5

Das Blech auf einen Backrost stellen und den Kuchen auskühlen lassen. Frisch gebacken schmeckt er am besten.

Dresdner Eierschecke

HEFETEIG

- 350 g Mehl, 30 g frische Hefe
- 50 g Zucker
- 70 g Butter, zerlassen
- 1 Ei, 1/4 TL Salz
- etwa 125 ml lauwarme Milch

QUARKBELAG

- 750 g Magerquark, im Sieb abgetropft
- 3 Eier, 120 g Zucker
- abgeriebene Zitronenschale
- 50 g Rosinen (nach Belieben)

EIERCREME

- 250 ml Milch
- 1 Päckchen Vanillepuddingpulver
- 120 g Zucker, 150 g Butter
- 4 Eier, getrennt
- 1 Prise Salz

Anbacken: 15 Minuten bei 210 °C
Fertig backen: 70 Minuten bei 150–160 °C
Backblech, gefettet

1

Für den Hefeteig das Mehl in die Rührschüssel geben, die Hefe darüber verteilen. Die übrigen Zutaten und die lauwarme Milch zufügen. Mit dem Handrührgerät (Knethaken) kurz auf niedriger, dann auf höchster Stufe rühren, bis sich der Teig vom Schüsselboden löst und gleichmäßig glatt ist. Den Teig bei Raumtemperatur zugedeckt gehen lassen, bis er das Doppelte seines Volumens erreicht hat.

2

Den Teig kräftig durchkneten, in Blechgröße ausrollen, auf das Backblech legen und die Ränder egalisieren. Mit einem Tuch bedecken und erneut gehen lassen.

3

Für den Quarkbelag den Quark mit allen Zutaten zu einer cremigen Masse verrühren.

4

Für die Eiercreme aus Milch, Puddingpulver und Zucker nach Packungsanweisung einen Pudding kochen. Den Topf vom Herd nehmen und den Pudding kurz abkühlen lassen. Die Butter und nach und nach die Eigelbe unterrühren. Die Eiweiße mit dem Salz steif schlagen und unter die Creme heben.

5

Den Ofen vorheizen. Die Quarkmasse auf den Teigboden streichen. Die Eiercreme darübergeben und glatt streichen. Den Kuchen anbacken und bei verminderter Temperatur hell fertig backen. Nimmt er zu früh Farbe an, mit Alufolie abdecken.

Sächsischer Butterkuchen

Schneiden Sie den Butterkuchen in nicht zu große Stücke und servieren Sie ihn frisch gebacken zum Kaffee.

HEFETEIG

- 400 g Mehl, 30 g frische Hefe
- 50 g Zucker
- 70 g zerlassene Butter
- 2 Eier, 1/2 TL Salz
- etwa 150 ml lauwarme Milch

BELAG

- 150 g Butterflöckchen
- 80 g Mandelblättchen
- 75 g Zucker, mit Zimt vermischt

Anbacken: 5 Minuten bei 220 °C
Fertig backen: 12–15 Minuten bei 200 °C
Backblech, gefettet

1

Für den Hefeteig das Mehl in die Rührschüssel geben, die Hefe darüber verteilen. Die übrigen Zutaten und die lauwarme Milch zufügen. Mit dem Handrührgerät (Knethaken) kurz auf niedriger, dann auf höchster Stufe rühren, bis sich der Teig vom Schüsselboden löst und gleichmäßig glatt ist. Den Teig bei Raumtemperatur zugedeckt gehen lassen, bis er das Doppelte seines Volumens erreicht hat.

2

Den Teig durchkneten, in Blechgröße ausrollen, auf das Backblech legen und die Ränder egalisieren. Mit einem Tuch bedecken und erneut gehen lassen.

3

Den Ofen vorheizen. Für den Belag mit zwei Fingern in geringen Abständen Vertiefungen bis zum Boden in den Teig drücken, die Butterflöckchen hineinsetzen, die Mandeln auf dem Teig verteilen, mit Zimtzucker bestreuen.

Die Butterflöckchen oder -stückchen in die Teigmulden drücken.

4

Den Kuchen bei starker Hitze anbacken und bei verminderter Hitze fertig backen. Er soll oben knusprig braun, aber innen nicht zu trocken sein. Das Blech auf einen Backrost stellen und den Kuchen auskühlen lassen.

Zwei Kuchen mit Mandelbelag

Bienenstich mit Kirschen

Dieses Rezept können Sie nach Herzenslust verändern – ein anderer Teig, eine andere Creme, ein anderes oder gar kein Obst. Der Mandelbelag ist es, der diesen Kuchen zum Bienenstich macht.

HEFETEIG

- _ 400 g Mehl
- _ 30 g frische Hefe
- _ 60 g Zucker
- _ 120 g weiche Butter
- _ 2 Eier
- _ ½ TL Salz
- _ etwa 125 ml lauwarme Milch

MANDELBELAG

- _ 100 g Butter
- _ 150 g Zucker
- _ 1 EL Honig
- _ 3 EL Milch
- _ 150 g Mandelblättchen

FÜLLUNG

- _ ½ l Milch
- _ 1 Päckchen Vanillepuddingpulver
- _ 40 g Zucker
- _ 4 Blatt Gelatine, kalt eingeweicht
- _ 500 g Sahne, steif geschlagen
- _ etwa 700 g entsteinte Kirschen aus dem Glas, abgetropft (nach Belieben mehr)

Backen: 30–40 Minuten bei 190 °C
Backblech, gefettet

1

Für den Hefeteig das Mehl in die Rührschüssel geben, die Hefe darüber verteilen. Die übrigen Zutaten und die lauwarme Milch zufügen. Mit dem Handrührgerät (Knethaken) kurz auf niedriger, dann auf höchster Stufe rühren, bis sich der Teig vom Schüsselboden löst und gleichmäßig glatt ist. Den Teig bei Raumtemperatur zugedeckt gehen lassen, bis er das Doppelte seines Volumens erreicht hat.

2

Für den Belag die Butter mit dem Zucker, Honig und der Milch aufkochen. Vom Herd nehmen, die Mandelblättchen unterrühren und etwas abkühlen lassen.

1 Für den Belag die Mandelblättchen unter die Buttermischung rühren.

2 Das Blech mit dem Hefeteig auslegen und den Belag aufstreichen.

3 Den gebackenen Kuchen durchschneiden, die Mandeldecke abheben.

4 Die Mandeldecke in Streifen und diese in gleich große Stücke schneiden.

5 Auf dem Kuchenboden die Kirschen möglichst gleichmäßig verteilen.

6 Darauf die Creme streichen, die Mandeldeckel auflegen, durchschneiden.

3

Den Teig auf der bemehlten Arbeitsfläche kräftig durchkneten, in Blechgröße ausrollen, auf das Backblech legen und die Ränder egalisieren. Mit der Gabel mehrmals in den Teig stechen. Den Mandelbelag aufstreichen und nochmals kurz gehen lassen.

4

Den Ofen vorheizen. Den Kuchen goldbraun backen. Das Blech auf einen Backrost stellen und den Kuchen auskühlen lassen.

5

Für die Füllung aus Milch, Puddingpulver und Zucker nach Packungsanweisung einen Pudding kochen. Die Gelatine ausdrücken und in dem heißen Pudding auflösen. Abkühlen lassen und die Schlagsahne unterziehen.

6

Zum Fertigstellen den Kuchen der Länge nach in zwei Hälften teilen, das Halbieren erleichtert das weitere Schneiden. Mit einem langen Messer die Mandel-Deckplatte abschneiden und abheben. Die beiden Mandeldecken in Bahnen und diese in gleich große Deckelstücke schneiden. Auf den beiden Bodenplatten die Kirschen verteilen und die Creme darauf glatt streichen. Die Mandeldeckel aufsetzen und den Kuchen einige Stunden kalt stellen, bis die Creme steif ist. Vor dem Servieren den Kuchen in Stücke schneiden.

Schneller Mandelkuchen

Der Teig wird im All-in-Verfahren in der Schüssel gerührt.
Mit Früchten der Saison wie Rhabarber, Äpfel, Zwetschgen, Kirschen oder Mirabellen können Sie daraus auch einen Obstkuchen backen. Dafür belegen Sie den vorgebackenen Boden mit den Früchten, verteilen den Belag darüber und backen den Kuchen fertig.

RÜHRTEIG

- 280 g Mehl
- 1½ TL Backpulver
- 150 g Zucker
- 1 EL Vanillezucker
- 1 Prise Salz
- abgeriebene Zitronenschale
- 4 Eier
- 200 g Sahne

BELAG

- 125 g Butter, zerlassen
- 150 g Zucker
- 1 EL Vanillezucker
- 200 g Mandelstifte (alternativ Kürbis- oder Sonnenblumenkerne)
- 4 EL Milch oder Sahne

Vorbacken: 10–15 Minuten bei 200 °C
Fertig backen: 15 Minuten bei 200 °C
Backblech, mit Backpapier ausgelegt

1

Für den Teig alle Zutaten in eine Rührschüssel füllen und mit dem Handrührgerät glatt rühren. Den Teig auf das Backblech streichen und hellgelb vorbacken.

2

Für den Belag alle Zutaten miteinander vermischen und gleichmäßig auf dem Teig verteilen. Den Kuchen goldgelb fertig backen.

3

Das Blech auf einen Backrost stellen und den Kuchen auskühlen lassen.

Alles Käse – mit Mürbeteig und magerem Quark

Die Favoriten auf deutschen Kaffeetafeln sind zweifellos die Käsekuchen. Für den Belag können Sie Quark jeder Fettstufe verwenden, auch Schichtkäse. Lassen Sie ihn immer gut abtropfen. Entscheidend für ein gutes Ergebnis ist das langsame Backen bei milder Hitze. Bei zu hoher Temperatur würde der Kuchen zunächst sehr stark aufgehen und auch aufreißen, um nachher wieder zusammenzufallen. Bei niedriger Temperatur geht er nur wenig auf, die Quarkmasse bindet ab, der Kuchen bleibt locker und saftig.

Käsekuchen

Käsekuchen ist nicht gleich Käsekuchen. Diese Version hat einen süßen, sahnigen Belag, dafür aber keinen Zucker im Teig.

MÜRBETEIG

- 220 g Mehl
- 1 Prise Salz
- 150 g weiche Butter
- 1 Ei

BELAG

- 500 g Magerquark, im Sieb abgetropft
- 1–2 EL Zitronensaft
- 150 g Zucker
- 200 g Sahne
- 4 Eier
- 1 EL Speisestärke

Vorbacken: 15 Minuten bei 210 °C
Fertig backen: 80 Minuten bei 150–160 °C
Springform von 26 cm Ø, leicht gefettet

Käsekuchen mit Kirschen

1

Für den Mürbeteig das Mehl in die Rührschüssel geben, die übrigen Zutaten zufügen. Mit dem Handrührgerät (Knethaken) kurz auf niedrigster, dann auf höchster Stufe rasch zu einem glatten Teig verarbeiten. Mit den Händen zur Kugel formen, in Folie wickeln und mindestens 30 Minuten kalt stellen.

2

Den Ofen vorheizen. Den Teig größer als die Backform rund ausrollen, in die Form legen und dabei einen Rand hochziehen. Zerknitterte Alufolie an den Rand drücken, damit er nicht zusammenfällt. Den Boden mit einer Gabel mehrmals einstechen, den Teig vorbacken. Die Alufolie entfernen. Die Ofentemperatur reduzieren.

3

Inzwischen für den Belag alle Zutaten glatt rühren. Die Masse auf den vorgebackenen Teigboden füllen und glatt streichen. Fertig backen. Im ausgeschalteten Ofen bei offener Backofentür kurz abdämpfen lassen. Den Kuchen in der Form auf einem Kuchengitter auskühlen lassen.

VARIATION

Käsekuchen mit Kirschen: Gut abgetropfte Kirschen unter den Belag mischen. Den Kuchen mit Puderzucker besieben.

Käse-Mohn-Kuchen mit Birnen ⊗

MÜRBETEIG

- 200 g Mehl
- 120 g weiche Butter
- 60 g Zucker
- 1 Ei, 1 Prise Salz

KÄSEMASSE

- 500 g Magerquark, im Sieb abgetropft
- 60 ml saure Sahne
- 2 Eigelb
- 100 g Zucker, 1 EL Speisestärke
- 1 EL Rum
- 2 Eiweiß, mit 1 Prise Salz steif geschlagen

MOHNMASSE

- 150 ml Wasser, 100 g Zucker
- 200 g Mohn, gemahlen
- 300 g Birnen, frisch oder aus der Dose, gewürfelt, in Zitronensaft mariniert

- Puderzucker zum Besieben

Backen: 60 Minuten bei 170 °C
Springform von 26 cm Ø, leicht gefettet

1

Für den Mürbeteig das Mehl in die Rührschüssel geben, die übrigen Zutaten zufügen. Mit dem Handrührgerät (Knethaken) kurz auf niedrigster, dann auf höchster Stufe rasch zu einem glatten Teig verarbeiten. Mit den Händen zur Kugel formen, in Folie wickeln und mindestens 30 Minuten kalt stellen.

2

Für die Käsemasse den Quark mit allen Zutaten verrühren, zuletzt den Eischnee unterheben.

3

Für die Mohnmasse das Wasser mit dem Zucker aufkochen, den Mohn einrühren, vom Herd nehmen und kurz quellen lassen. Die Birnenstückchen untermischen.

4

Den Ofen vorheizen. Zwei Drittel des Teiges rund ausrollen und auf den Formboden legen. Den Rest des Teiges zu einer Rolle formen und zu einem 4 cm hohen Rand in die Form drücken. Den Boden mit der Gabel mehrmals einstechen. Die Mohnmasse einfüllen und glatt streichen. Darauf die Käsemasse verteilen und ebenfalls glatt streichen. Den Kuchen goldgelb backen.

5

Nach dem Abdämpfen den Kuchen in der Form auf einem Kuchengitter auskühlen lassen. Mit Puderzucker besieben.

Besondere Käsekuchen – auch mit Streuseln

Käsekuchen ohne Boden

- 200 g weiche Butter
- 250 g Zucker
- 1 Päckchen Vanillezucker
- 6 Eier
- 1 kg Magerquark oder Schichtkäse, im Sieb abgetropft
- 100 g Grieß
- ½ Päckchen Backpulver

- Puderzucker zum Besieben

Backen: 50 Minuten bei 200 °C
Springform von 26 cm Ø, gut gefettet und mit Semmelbröseln ausgestreut

1

Den Ofen vorheizen. Die Butter mit dem Zucker, Vanillezucker und den Eiern schaumig rühren. Den Quark glatt rühren oder durchpassieren und unter die Schaummasse mischen. Den Grieß mit dem Backpulver vermischen und unterrühren. Die Masse in die Backform füllen, glatt streichen und backen.

2

Nach dem Abdämpfen den Kuchen in der Form auf einem Kuchengitter auskühlen lassen. Vor dem Servieren mit Puderzucker besieben.

Käsekuchen ohne Boden

Amerikanischer Käsekuchen

Cheesecake

Für den amerikanischen Cheesecake wird Doppelrahmfrischkäse verwendet, wodurch der Belag fest, aber nicht trocken wird. Für den Bröselboden können Sie auch Löffelbiskuits nehmen; in den USA werden gern Vollkornkekse verwendet.

BRÖSELBODEN

- 10 Stück Zwieback
- 40 g Butter, zerlassen
- 2 EL Zucker
- 1 EL Vanillezucker

BELAG

- 5 Eigelb
- 100 g Zucker
- abgeriebene Zitronenschale
- 1 EL Zitronensaft
- 500 g Doppelrahmfrischkäse
- 5 Eiweiß
- 1 Prise Salz

- Puderzucker zum Besieben

Backen: 70 Minuten bei 150 °C
Springform von 26 cm Ø, Boden mit Backpapier ausgelegt

1

Für den Bröselboden den Zwieback in einem Gefrierbeutel mit dem Teigroller zu gleichmäßigen Bröseln zerdrücken. In einer Schüssel die Brösel mit der Butter, dem Zucker und Vanillezucker vermischen. Die Masse in die Backform füllen, zu einem glatten Boden drücken und kurz kalt stellen.

2

Den Ofen vorheizen. Für den Belag die Eigelbe mit dem Zucker, der Zitronenschale, dem Zitronensaft und dem Frischkäse cremig rühren. Die Eiweiße mit dem Salz steif schlagen und unter die Käsecreme heben. Die Masse auf den Kuchenboden füllen, glatt streichen und goldgelb backen.

3

Nach dem Abdämpfen den Kuchen in der Form auf einem Kuchengitter auskühlen lassen. Vor dem Verzehr 3 Stunden ruhen lassen. Mit Puderzucker besieben.

VARIATION

Wenn Sie vor dem Backen einige Esslöffel Zitronen-, Granatapfel- oder Himbeersirup auf die Käsemasse träufeln und mit der Gabel spiralförmig locker durchziehen, bekommt der Kuchen eine feine Marmorierung und wird zum Zitronen-, Granatapfel- oder Himbeer-Käsekuchen.

Amerikanischer Käsekuchen

Käse-Streuselkuchen

Unten und oben mürbe Streusel, dazwischen eine lockere Quarkschicht – so entsteht ein Käsekuchen, der auf der Zunge zergeht.

STREUSEL

- 250 g Mehl
- 1/2 TL Backpulver
- 1 Prise Salz
- 150 g kalte Butter, in Stückchen
- 1 Eigelb
- 120 g Zucker

QUARKBELAG

- 120 g weiche Butter
- 80 + 40 g Zucker
- 3 Eigelb
- 500 g Magerquark, im Sieb abgetropft
- 2 EL Zitronensaft
- 4 Eiweiß

Vorbacken: 25 Minuten bei 200 °C
Fertig backen: 25 Minuten bei 180 °C
Springform von 26 cm Ø, leicht gefettet

1

Für die Streusel alle Zutaten auf der Arbeitsfläche vermischen und zwischen den Fingern krümelig verreiben. Zwei Drittel davon in die Backform füllen und leicht andrücken. Den Ofen vorheizen.

2

Für den Belag die Butter mit 80 g Zucker und den Eigelben schaumig rühren. Den Quark und Zitronensaft untermischen. Die Eiweiße mit 40 g Zucker steif schlagen und unterziehen. Den Quarkbelag auf den Krümelboden streichen, mit den restlichen Streuseln bedecken und vorbacken. Bei reduzierter Hitze fertig backen.

3

Nach dem Abdämpfen den Kuchen in der Form auf einem Kuchengitter auskühlen lassen. Mithilfe des Kuchenhebers auf eine Kuchenplatte setzen. Frisch gebacken schmeckt er am besten.

Saftige Rührkuchen

Apfel-Mohn-Kuchen

Diesen feinen, dekorativen Kuchen können Sie gut 1–2 Tage im Voraus backen. Die Sahneschicht tragen Sie erst kurz vor dem Verzehr auf.

RÜHRTEIG
- 100 g weiche Butter
- 60 g Zucker
- 1 Päckchen Vanillezucker
- 2 Eier
- 100 g Mehl
- 1 TL Backpulver
- 2 EL Mohn, geröstet und gemahlen

APFELFÜLLUNG
- 400 ml Apfelsaft
- 1 Päckchen Vanillepuddingpulver
- 350 g feste, säuerliche Äpfel, geschält, Kerngehäuse entfernt, klein gewürfelt

ZUM FERTIGSTELLEN
- 300 g Sahne
- Schokostreusel zum Garnieren

Backen: 15–20 Minuten bei 180 °C
Springform von 26 cm Ø, mit Backpapier ausgelegt

1

Den Ofen vorheizen. Für den Rührteig die Butter geschmeidig rühren. Nach und nach den Zucker, Vanillezucker und die Eier, eines nach dem anderen, zugeben und schaumig rühren. Das Mehl mit dem Backpulver sieben und mit dem Mohn unter die Schaummasse rühren. In die Backform füllen, glatt streichen, hellbraun backen. Nach dem Abdämpfen den Formrand lösen, abnehmen und den Kuchen auf einem Kuchengitter auskühlen lassen.

2

Für die Apfelfüllung aus dem Apfelsaft und dem Puddingpulver nach Packungsanweisung einen Pudding kochen. Die Apfelwürfel unterrühren und 2 Minuten mitkochen.

3

Den Kuchenboden auf eine Unterlage in einen Tortenring legen, die Apfelfüllung darauf verstreichen. Erkalten lassen.

4

Vor dem Servieren den Tortenring entfernen. Die Sahne steif schlagen und aufstreichen. Mit Schokostreuseln garnieren.

Bananenkuchen

Sollten Sie überreife Bananen zu Hause haben, die schon unansehnlich geworden sind und die niemand mehr essen möchte – für Bananenkuchen sind sie geradezu ideal zu gebrauchen. Vor allem in Amerika ist »Banana Cake« ein beliebter Dauerbrenner.

- 400 g reife Bananen
- Saft von 1 Zitrone
- 100 ml Milch

Bananenkuchen

RÜHRTEIG

- 220 g weiche Butter
- 280 g Zucker
- 1 Prise Salz
- 4 Eier
- 380 g Mehl
- 2 TL Backpulver

Backen: 50 Minuten bei 200 °C
Kastenform von 30 cm Länge, gefettet und bemehlt

1

Den Ofen vorheizen. Die Bananen schälen, mit einer Gabel zerdrücken und mit dem Zitronensaft und der Milch glatt rühren.

2

Für den Rührteig die Butter geschmeidig rühren. Nach und nach den Zucker, das Salz und die Eier, eines nach dem anderen, zugeben und schaumig rühren. Das Mehl mit dem Backpulver darübersieben, die Bananenmilch einrühren und alles gut vermischen. Den Teig in die Backform füllen und backen; sollte die Oberseite zu braun werden, mit Alufolie abdecken.

3

Den Kuchen nach dem Abdämpfen auf ein Gitter stürzen und auskühlen lassen.

Bananen-Kokos-Kuchen

RÜHRTEIG

- 200 g weiche Butter
- 150 g Zucker
- 6 Eier
- 100 g Zartbitter-Schokolade, geschmolzen
- 300 g Bananen, gewürfelt
- 200 g Kokosraspel, trocken geröstet
- 3 EL Zitronensaft
- 1 EL Rum, 1 TL Zimt
- 125 g Mehl
- 1 TL Backpulver

ZUM FERTIGSTELLEN

- 100 g Himbeerkonfitüre
- 200 g Sahne, steif geschlagen
- Schokoraspel zum Bestreuen

Backen: 40 Minuten bei 170 °C
Springform von 28–30 cm Ø, gefettet

1

Den Ofen vorheizen. Für den Teig die Butter geschmeidig rühren. Nach und nach den Zucker und die Eier, eines nach dem anderen, zugeben und schaumig rühren. Die geschmolzene Schokolade, Bananenwürfel, Kokosraspel, Zitronensaft, Rum und Zimt untermischen. Das Mehl mit dem Backpulver vermischen, darübersieben und unterrühren. Den Teig in die Backform füllen und backen.

2

Nach dem Abdämpfen auf ein Kuchengitter stürzen und auskühlen lassen. Den Kuchen auf eine Tortenunterlage legen, für 2 Böden einmal durchschneiden, den Boden mit der Himbeerkonfitüre bestreichen und wieder zusammensetzen. Die Tortenoberfläche und den Rand mit Schlagsahne bestreichen und mit Schokoraspeln bestreuen.

Zucchinikuchen

Dieses Rezept kommt aus Amerika und nennt sich dort »Zucchinibrot«, obwohl es ein süßer Kuchen ist.

- 2 Eier
- 125 g weißer Zucker
- 125 g brauner Zucker
- 1 Päckchen Vanillezucker
- 250 ml neutrales Öl
- 200 g Zucchini, grob geraspelt
- ½ TL Salz
- 250 g Mehl, 1 TL Backpulver
- ½ TL Zimt
- 100 g Walnusskerne, sehr fein gehackt

- Puderzucker zum Besieben

Backen: 50 Minuten bei 180 °C
Kastenform von 30 cm Länge, gefettet

1

Den Ofen vorheizen. Die Eier mit dem gesamten Zucker, Vanillezucker und Öl verrühren. Alle übrigen Zutaten zugeben und untermischen. In die Backform füllen und goldbraun backen.

2

Nach dem Abdämpfen aus der Form nehmen und auf einem Kuchengitter auskühlen lassen. Mit Puderzucker besieben.

Kartoffel, Nuss und Mandelkern

Kartoffel-Nusskuchen ⊗

- 200 g festkochende Kartoffeln

NUSSBISKUIT

- 4 Eier
- 150 g Zucker
- 200 g gemahlene Haselnüsse
- 1 TL Backpulver
- abgeriebene Zitronenschale
- 1 EL Kirschwasser
- 70 g Grieß

ZUM FERTIGSTELLEN

- 200 g Himbeerkonfitüre oder Preiselbeerkompott
- 50 g Johannisbeergelee
- 125 g Puderzucker
- etwa 2 EL Flüssigkeit (Zitronensaft, Rum, Wasser)
- 12 Haselnusskerne, trocken geröstet, die Haut abgerieben

Backen: 20 Minuten bei 200 °C
Springform von 26 cm Ø, mit Backpapier ausgelegt

1

Die Kartoffeln in der Schale weich kochen, pellen, noch heiß durch die Kartoffelpresse drücken und erkalten lassen.

2

Den Ofen vorheizen. Für den Nussbiskuit die Eier mit dem Zucker zu einer sehr guten Schaummasse rühren. Alle übrigen Zutaten unterrühren. Zuletzt die Kartoffeln untermischen. Die Masse in die Backform füllen, glatt streichen und goldbraun backen. Nach dem Abdämpfen auf ein Kuchengitter stürzen, das Backpapier entfernen, auskühlen lassen.

3

Zum Fertigstellen den Kuchen auf eine Tortenunterlage legen, für 2 Böden einmal durchschneiden. Den Kuchenboden mit Himbeerkonfitüre oder Preiselbeerkompott bestreichen, die Deckplatte auflegen und leicht andrücken.

4

Das Johannisbeergelee erwärmen und die Deckplatte sowie den Rand dünn damit bestreichen. Antrocknen lassen. Den Puderzucker mit der Flüssigkeit glatt rühren und den Kuchen damit überziehen. 12 Kuchenstücke markieren und auf jedes einen gerösteten Haselnusskern setzen.

Nussbrot

- 500 g Mehl
- 1 Päckchen Backpulver
- 200 g Zucker
- 125 g halbierte Walnusskerne
- je 50 g Zitronat und Orangeat, fein geschnitten
- je 7 getrocknete Datteln und Feigen, klein geschnitten
- 75 g Zartbitter-Schokolade, klein gehackt
- 1 Ei
- 250 ml Milch

Backen: 75 Minuten bei 180 °C
Kastenform von 34 cm Länge, gefettet und mit Semmelbröseln ausgestreut

1

Das Mehl mit dem Backpulver in eine Rührschüssel sieben. Alle Zutaten von Zucker bis einschließlich Schokolade mit dem Mehl vermischen. Das Ei und die Milch dazugeben und mit den Knethaken des Rührgerätes zu einem festen Teig verarbeiten. 20 Minuten ruhen lassen.

2

Den Ofen vorheizen. Den Teig in die Backform füllen und goldbraun backen.

3

Den Kuchen nach dem Abdämpfen auf ein Kuchengitter stürzen und auskühlen lassen. In Folie verpackt, kann man das Nussbrot 3–4 Wochen aufbewahren.

Engadiner Walnusskuchen ⊗

MÜRBETEIG

- 300 g Mehl
- 150 g weiche Butter
- 25 g Zucker, 1 Ei

NUSSFÜLLUNG

- 50 g Butter, 200 g Zucker
- 250 g Walnusskerne, grob gehackt
- 150 g Sahne

- 1 Eigelb, mit ½ EL Sahne verrührt, zum Bestreichen

Backen: 30–40 Minuten bei 180 °C
Springform von 26 cm Ø

1

Für den Mürbeteig das Mehl in die Rührschüssel geben, die übrigen Zutaten zufügen. Mit dem Handrührgerät (Knethaken) kurz auf niedrigster, dann auf höchster Stufe rasch zu einem glatten Teig verarbeiten. Mit den Händen zur Kugel formen, in Folie wickeln und mindestens 30 Minuten kalt stellen.

2

Für die Nussfüllung die Butter mit dem Zucker zerlassen. Nach und nach die Walnüsse und die Sahne zugeben und unter Rühren leicht karamellisieren. Abkühlen lassen.

3

Den Ofen vorheizen. Gut die Hälfte des Mürbeteiges etwas größer als die Form ausrollen, in die Backform legen und einen Rand hochziehen. Die Nussfüllung auf den Kuchenboden streichen. Den Rest des Teiges rund ausrollen und die Füllung damit abdecken. Den Rand andrücken und die Deckplatte mit der Gabel mehrmals einstechen. Mit der Eigelbsahne bestreichen und backen.

4

Nach dem Abdämpfen den Kuchen aus der Form nehmen und auf einem Kuchengitter auskühlen lassen.

Die kalten, gepellten Kartoffeln für den Kartoffelkuchen auf der Rohkostreibe reiben.

Eine Schablone auf die Oberfläche legen und den Kuchen mit Puderzucker besieben.

Kartoffelkuchen

- 250 g festkochende Kartoffeln, am Vortag gekocht
- 6 Eier, getrennt
- 80 + 40 g Zucker, 1 Prise Salz
- abgeriebene Orangenschale
- 150 g gemahlene Mandeln
- 50 g Sultaninen, in Orangenlikör mariniert

- Puderzucker zum Besieben

Backen: 40 Minuten bei 190 °C
Springform von 26 cm Ø, gefettet und mit Semmelbröseln ausgestreut

1

Vorab die Kartoffeln pellen und fein reiben. Den Ofen vorheizen.

2

Die Eigelbe mit 80 g Zucker und dem Salz mit dem Handrührgerät dickschaumig rühren. Orangenschale, Mandeln, die Kartoffeln und die Sultaninen untermischen. Die Eiweiße mit 40 g Zucker steif schlagen und unterziehen. Die Masse in die Backform füllen, glatt streichen und goldbraun backen.

3

Den Kuchen abdämpfen lassen und auf ein Kuchengitter stürzen. Nach dem Auskühlen mit Puderzucker besieben. Mithilfe einer Schablone entsteht ein hübsches Muster.

Kartoffelkuchen

Zöpfe – geflochten oder gedreht

Hefezopf

HEFETEIG
- _ 500 g Mehl
- _ 1 Würfel frische Hefe
- _ 2 Eier
- _ ½ TL Salz
- _ 50 g Zucker
- _ 60 g zerlassene Butter
- _ 150–200 ml lauwarme Milch
- _ etwa 100 g Sultaninen

- _ 1 Eigelb, mit 2 EL Milch verrührt, zum Bestreichen
- _ etwa 50 g Mandelblättchen zum Bestreuen

Backen: 15 Minuten bei 200 °C
Fertig backen: 25 Minuten bei 180 °C
Backblech, gefettet

1

Für den Hefeteig das Mehl in die Rührschüssel geben, die Hefe darüber verteilen. Die übrigen Zutaten (ohne die Sultaninen) und die lauwarme Milch zufügen. Mit dem Handrührgerät (Knethaken) kurz auf niedriger, dann auf höchster Stufe rühren, dabei die Sultaninen einarbeiten. Den Teig bei Raumtemperatur zugedeckt gehen lassen, bis er das Doppelte seines Volumens erreicht hat (1. Ruhephase).

2

Den Teig zusammendrücken und auf der bemehlten Arbeitsfläche 5 Minuten kräftig durchkneten, in 3 Portionen teilen. Jede Portion mit den Händen zu einer gleichmäßig dicken Rolle von 50 cm Länge formen. Die Rollen nebeneinander legen. Von der Mitte aus einen Zopf flechten, drehen und die andere Hälfte flechten. Die Enden jeweils flach drücken und unterschieben. Den Zopf auf das Backblech legen, mit einem Tuch bedecken und erneut gehen lassen (2. Ruhephase). Sie können aus dem Teig auch drei kleine Zöpfe flechten.

3

Den Ofen vorheizen. Den Hefezopf mit dem verrührten Eigelb bestreichen und mit den Mandelblättchen bestreuen. Hellbraun backen. Vom Blech nehmen und auf einem Gitter auskühlen lassen.

1 Die Teigstränge nebeneinander auslegen und von der Mitte aus zu flechten beginnen.

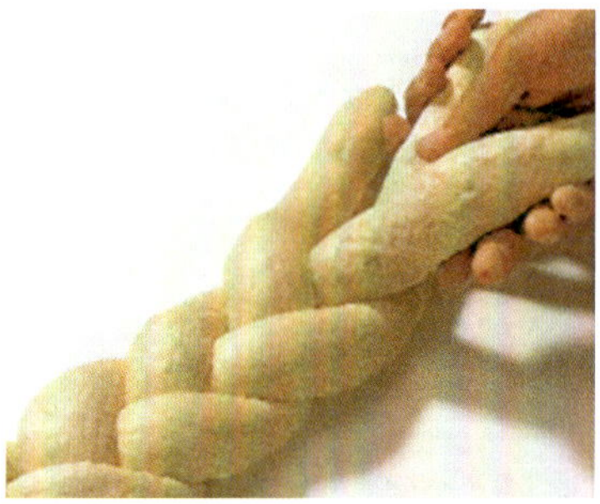

2 Das geflochtene Teil drehen und mit den offenen Strängen den Zopf fertig flechten.

Nusszopf

Beim verschlungenen Nusszopf karamellisiert die zuckrige Nussfüllung und gibt dem Gebäck seinen einzigartigen Geschmack. Sie können ihn auf dem Backblech, in der Kastenform oder als Kranz in einer Ringform backen; in der Backform bleibt er besser in Form.

- 1 Rezept Hefe- oder Plunderteig (Seite 14/15)

NUSSFÜLLUNG
- 150 g Haselnüsse, trocken geröstet und gemahlen
- 1 EL Biskuit- oder Semmelbrösel
- 1 Eiweiß
- 5 EL Sahne
- 1 EL Vanillezucker
- 75 g Zucker

GLASUR
- 150 g Puderzucker
- 1 EL Zitronensaft, durchgeseiht
- etwa 2 EL Wasser

Backen: 50–60 Minuten bei 180 °C
Backblech, leicht gefettet

1
Einen Plunder- oder Hefeteig zubereiten und gehen lassen.

2
Für die Nussfüllung alle Zutaten in einer Schüssel vermischen und zu einer streichfähigen Masse rühren.

3
Den Teig auf der bemehlten Arbeitsfläche etwa 3 mm dick zu einem Rechteck ausrollen. Mit der Nussfüllung bestreichen und der Länge nach zusammenrollen. Die gefüllte Teigrolle bis auf 2 cm längs durchschneiden, die beiden Hälften mit der Schnittfläche nach oben miteinander verschlingen; so kann die Nussfüllung beim Backen gut karamellisieren. Den Zopf auf das Backblech (oder in eine gefettete Kasten- oder Ringform) legen. Zugedeckt gehen lassen.

1 Die Füllung glatt streichen, das Rechteck der Länge nach zusammenrollen.

2 Die gefüllte Teigrolle bis auf die letzten 2 cm längs durchschneiden.

3 Den gedrehten Nusszopf auf dem Blech oder in einer Ringform backen.

4
Den Ofen vorheizen. Das Gebäck hellbraun backen. Auf einem Kuchengitter auskühlen lassen.

5
Für die Glasur den Puderzucker mit Zitronensaft und Wasser zu einer streichfähigen Glasur verrühren und das Gebäck warm oder kalt damit bestreichen.

Mohnzopf

Für eine selbst gemachte Mohnfüllung 375 ml Milch mit 100 g Zucker, 1 EL Honig und 30 g Butter aufkochen. 250 g gemahlenen Mohn zugeben und dicksämig einkochen. 1 Messerspitze Zimt, 1 EL Rum und 3 EL Semmelbrösel untermischen. Die Teigplatte mit der Mohnfüllung bestreichen. Einfacher ist es, eine backfertige Mohnfüllung zu verwenden, die man in guter Qualität kaufen kann.

Das Osterfrühstück

Osterfladen

Osterbrot

Das Traditionsgebäck zu Ostern ist – neben den Osterlämmchen, die in einer speziellen Form gebacken werden – der Osterfladen. Aus einem einfachen Hefeteig hergestellt, in Scheiben geschnitten und mit Butter bestrichen, gehört er zum Osterfrühstück. In katholischen Gegenden wird er zusammen mit anderen Speisen in der Kirche gesegnet.

HEFETEIG

- 500 g Weizenmehl Type 405
- 1 Würfel frische Hefe
- 2–3 EL Zucker
- 1 Ei
- 1 TL Salz
- 60–80 g Butter, zerlassen
- abgeriebene Zitronenschale
- etwa 250 ml lauwarme Milch

SPEZIELLE ZUTATEN

- Mandelstifte und klein gewürfeltes Zitronat/Orangeat (nach Belieben)
- etwa 100 g Rosinen

- 1 Eigelb, mit etwas Milch verrührt, zum Bestreichen

Backen: 30–35 Minuten bei 190 °C
Backblech, gefettet

1

Für den Hefeteig das Mehl in die Rührschüssel geben, die Hefe darüber verteilen. Die übrigen Zutaten und die lauwarme Milch zufügen. Mit dem Handrührgerät (Knethaken) kurz auf niedriger, dann auf höchster Stufe rühren; die speziellen Zutaten erst zum Schluss einarbeiten. Den Teig bei Raumtemperatur zugedeckt gehen lassen, bis er das Doppelte seines Volumens erreicht hat.

2

Den Teig zusammendrücken, auf der bemehlten Arbeitsfläche durchkneten und zu 2 runden Fladen formen. Auf das Backblech setzen, mit einem Tuch bedecken und 10 Minuten gehen lassen.

Aus dem Hefeteig einen Zopf flechten und zu einem Kranz schließen. Als Nest für gefärbte Eier verwenden.

3

Die Fladen mit dem Eigelb bestreichen, mit einem sehr scharfen Messer 1 cm tief kreuzweise einschneiden (als österliches Symbol) und weitere 10 Minuten gehen lassen.

4

Den Ofen vorheizen. Die Fladen goldbraun backen.

Osterlämmchen

Osterlämmchen werden meist aus einem feinen Rührteig oder luftigen Biskuit gebacken. Sie können jedoch auch eine Portion Teig vom Osterfladen in die Lämmchenform füllen; der Hefeteig soll dafür allerdings nicht zu fest sein. Füllen Sie die Form nicht ganz voll, damit der Teig beim Backen aufgehen kann.

RÜHRTEIG
FÜR 1 LÄMMCHEN

- **100 g weiche Butter**
- **80 g Zucker**
- **1 EL Vanillezucker**
- **abgeriebene Zitronenschale**
- **2 Eier**
- **130 g Mehl**
- **50 g Speisestärke**
- **1 TL Backpulver**

- **Puderzucker zum Besieben**

Backen: 40–50 Minuten bei 190 °C
Lämmchenform, gefettet und bemehlt

1

Den Ofen vorheizen. Die Butter geschmeidig rühren. Nach und nach den Zucker, Vanillezucker, Zitronenschale und die Eier zugeben und zu einer guten Schaummasse rühren. Das Mehl mit der Speisestärke und dem Backpulver darübersieben und unterziehen.

2

Die Lämmchenform-Teile gut mit weicher Butter ausstreichen und mit Mehl ausstreuen. Die Form schließen. Den Teig einfüllen, die Lämmchen goldgelb backen.

3

Das Lämmchen abdämpfen lassen und aus der Form nehmen. Nach dem Auskühlen mit Puderzucker besieben. (Oder mit Zuckerguss bestreichen und mit Kokosflocken bestreuen, dann sieht es besonders flauschig aus).

Christstollen und Weihnachtskuchen

Christstollen

Für 2 große Stollen

Zum typischen Weihnachtsgebäck gehört in allen Regionen der unterschiedlich geformte Stollen – immer länglich, mal geflochten als Zopf, mal wickelkindartig zusammengeschlagen. In Hamburg und Bremen heißt er Klöben, im Süden Christstollen. Der Dresdner Christstollen mit seinen reichlichen Zutaten ist zum Inbegriff für Weihnachtsstollen geworden.

HEFETEIG
- 1 kg Mehl
- 2½ Würfel frische Hefe
- 150 g Zucker
- 250–350 ml lauwarme Milch
- 250 g zerlassene Butter
- 1½ TL Salz
- abgeriebene Zitronenschale

TROCKENFRÜCHTE
- je 50 g Zitronat und Orangeat, gewürfelt
- 250 g Mandelstifte
- 300 g Sultaninen, über Nacht in 3 EL Rum mariniert

- 50 g zerlassene Butter zum Bestreichen
- Puderzucker zum Besieben

Backen: 60–75 Minuten bei 180 °C
2 Backbleche, mit Backpapier ausgelegt (Stollenhauben empfehlenswert)

1

Für den Hefeteig das Mehl in die Rührschüssel geben und in die Mitte eine Mulde drücken. Die Hefe hineinbröckeln, mit 1 EL Zucker, einigen Löffeln Milch und etwas Mehl vom Rand zu einem weichen Vorteig anrühren. Leicht mit Mehl bestauben und zugedeckt an einem warmen Ort gehen lassen, bis die Oberfläche Risse zeigt.

2

Den Zucker, die Milch, die Butter, das Salz und den Zitronenabrieb zugeben und mit den Knethaken der Küchenmaschine verrühren. Dann erst die Trockenfrüchte einarbeiten. Achten Sie darauf, dass der Motor nicht überhitzt wird. Den Teig auf der bemehlten Arbeitsfläche kräftig durchkneten und zu einem festen, jedoch geschmeidigen Teig kneten. Mit einem Tuch bedecken und am besten an einem kühlen Ort gehen lassen, bis der Teig sein Volumen verdoppelt hat; langsames Gehen macht das Gebäck feinporiger.

3

Aus dem Teig zwei längliche Stollen formen. Dafür den Teig so ausrollen, dass an den Längsseiten dicke Würste entstehen. Mit dem Rollholz in der Mitte den Teig flach drücken und die eine Hälfte über die andere schlagen (oder gefettete Stollenhauben verwenden). Die Stollen auf das Backblech setzen, mit einem Tuch bedecken und ein letztes Mal gehen lassen, bis sie ihr Volumen deutlich vergrößert haben.

4

Den Ofen vorheizen. Die Stollen goldbraun backen. Falls das Gebäck zu schnell bräunt, bedecken Sie es mit Alufolie. Die Stollen gut ausbacken; machen Sie die Stäbchenprobe. Die Stollen mit dem Backpapier vom Blech ziehen und sofort mit der zerlassenen Butter bestreichen. Üppig mit Puderzucker besieben. Nach vollständigem Auskühlen in Alufolie einschlagen und kühl lagern. Die Stollen erst nach 3–4 Tagen anschneiden, gut verpackt bleiben sie einige Wochen frisch.

Christstollen

1 Den Teig so ausrollen, dass an den Seiten Wülste entstehen.

2 Einen Wulst einschlagen, dabei ein dünnes Rollholz zu Hilfe nehmen.

3 Die Stollen auf das Backblech heben und gehen lassen.

Marzipanstollen

300 g Marzipanrohmasse mit 100 g Puderzucker und 2 EL Rum verkneten, zu 2 Rollen in der Länge der Stollen formen. Die Stollen beim Ausformen mit den Marzipanrollen füllen, dann erst die eine Teighälfte über die andere schlagen.

Mini-Weihnachtsstollen

Sie sind eine Attraktion zu Tee, Punsch und Glühwein. Stechen Sie dafür von dem Teig mit einem Löffel 30–40 g schwere Portionen ab und formen Sie daraus ovale Ministollen. Zugedeckt auf dem Backblech gehen lassen. Etwa 30 Minuten backen und noch heiß mit Puderzucker besieben.

Quarkstollen

HEFETEIG MIT QUARK

- 500 g Mehl, 1 Würfel frische Hefe
- 150 g Zucker
- etwa 125 ml lauwarme Milch
- 100 g zerlassene Butter
- 2 Eier, ½ TL Salz
- abgeriebene Zitronenschale
- 500 g trockener Magerquark
- 100 g Sultaninen
- 100 g Orangeat, gewürfelt
- 50 g zerlassene Butter zum Bestreichen

- Puderzucker zum Besieben

Backen: 60–75 Minuten bei 180 °C
Backblech, mit Backpapier ausgelegt (Stollenhaube empfehlenswert)

1

Das Mehl in die Rührschüssel geben und in die Mitte eine Mulde drücken. Die Hefe hineinbröckeln, mit 1 EL Zucker, einigen Löffeln Milch und etwas Mehl vom Rand zu einem weichen Vorteig anrühren. Leicht mit Mehl bestauben und zugedeckt an einem warmen Ort gehen lassen, bis die Oberfläche Risse zeigt.

2

Den Zucker, die Milch, die Butter, die Eier, das Salz, den Zitronenabrieb und den Quark zugeben und mit den Knethaken der Küchenmaschine zu einem Teig verarbeiten. Dann erst die Sultaninen und das Orangeat einarbeiten und auf der bemehlten Arbeitsfläche zu einem festen, jedoch geschmeidigen Teig kneten. Mit einem Tuch bedecken und gehen lassen, bis er das Doppelte seines Volumens erreicht hat.

3

Den Teig auf der bemehlten Arbeitsfläche kräftig durchkneten. Zu einem Stollen formen und gehen lassen.

4

Den Ofen vorheizen. Den Stollen goldbraun backen. Falls er zu schnell braun wird, backen Sie ihn mit Alufolie bedeckt fertig. Er soll gut ausgebacken sein. Den Stollen nach dem Backen mit dem Backpapier vom Blech ziehen und sofort mit der zerlassenen Butter bestreichen. Üppig mit Puderzucker besieben.

Wachauer Weihnachtskuchen

- 400 g gemischte Trockenfrüchte (Aprikosen, Feigen, Datteln und Pflaumen), klein gewürfelt
- 100–125 ml Marillen(Aprikosen)likör
- 250 ml Weißwein
- 100 g ganze Haselnusskerne

RÜHRTEIG

- 150 g weiche Butter
- 150 g Zucker, 3 Eier
- 150 g Mehl, 1 Päckchen Backpulver

- 3–4 EL Aprikosenkonfitüre zum Bestreichen

Backen: 50–60 Minuten bei 180 °C
Kastenform von 36 cm Länge oder 2 kleine Kastenformen, mit Backpapier ausgelegt

1

Die Trockenfrüchte mit Marillenlikör und Wein übergießen und aufkochen. Die Flüssigkeit einziehen und erkalten lassen. Die Haselnusskerne untermischen.

2

Den Ofen vorheizen. Für den Rührteig die Butter geschmeidig rühren. Nach und nach den Zucker und die Eier, eines nach dem anderen, zugeben und schaumig rühren. Das Mehl mit dem Backpulver darübersieben und unterrühren. Die Trockenfrüchte mit den Nüssen zugeben und alles gut vermischen. Den Teig in die Backform füllen und backen.

3

Den Kuchen nach dem Abdämpfen mit dem Papier aus der Form heben und auskühlen lassen. Die Konfitüre erhitzen, durchpassieren, den Kuchen sehr dünn damit bestreichen und trocknen lassen.

Früchtebrote – adventliches Traditionsgebäck

Früchtebrot

Das Früchtebrot schneidet man wie Brot in Scheiben und bestreicht es mit Butter.

- 600 g Brotteig vom Bäcker
- 500 g getrocknete Feigen
- 125 g getrocknete Datteln
- 200 g getrocknete Aprikosen
- je 200 g Zitronat und Orangeat, ganze Stücke
- je 500 g Sultaninen und Korinthen
- 125 g Haselnüsse, halbiert
- 250 g Mandelstifte
- 70 g Pinienkerne
- 2 EL Zucker
- Saft und abgeriebene Schale von 1 Orange
- 250 ml Weinbrand
- 125 ml Rum
- 1 TL Zimt
- je ½ TL gemahlene Nelken, Piment und Anis

- enthäutete, halbierte Mandeln zum Verzieren
- Zuckerlösung aus 200 ml Wasser und 100 g Zucker zum Bestreichen

Backen: 80 Minuten bei 180 °C
Backblech, mit Backpapier ausgelegt

1

Am Vortag: Den Brotteig beim Bäcker bestellen. Die Trockenfrüchte vorbereiten. Dafür die Feigen, Datteln und Aprikosen grob schneiden, das Zitronat und Orangeat in dünne Scheibchen schneiden. Die Trockenfrüchte mit allen weiteren Zutaten von Sultaninen bis einschließlich Orangenschale in einer großen Schüssel vermischen. Den Weinbrand mit dem Rum verrühren und darübergießen. Zugedeckt über Nacht einziehen lassen.

2

Am nächsten Tag: Die Gewürze unter die marinierten Früchte mischen. Den Brotteig auf der Arbeitsfläche durchkneten und die Früchte einarbeiten.

3

Aus dem Teig auf der bemehlten Arbeitsfläche ovale Laibchen von je 500 g formen und mit den Mandeln verzieren. Für die Zuckerlösung das Wasser mit dem Zucker 5 Minuten kochen, die Wecken damit bestreichen und kurz gehen lassen.

4

Den Ofen vorheizen. Die Früchtebrote goldbraun backen. In Klarsichtfolie gewickelt, bleiben sie etwa 3 Wochen frisch.

Saftiger Früchtekuchen

Dieser Kuchen ist ein ideales Geschenk zu einer Einladung im Advent.

- 5 Eier
- 200 g Zucker
- 1 Prise Salz, 4 EL Rum
- 200 g zarte Haferflocken
- 1 Päckchen Backpulver
- 175 g Trockenpflaumen ohne Stein, klein geschnitten
- 175 g getrocknete Aprikosen, klein geschnitten
- 175 g Haselnüsse, gehackt
- 100 g Mandeln, gehackt
- 300 g Rosinen

GLASUR

- 200 g Puderzucker
- 3 EL Rum
- etwa 1 EL Wasser

Backen: 1½ Stunden bei 180 °C
Kastenform von 30 cm Länge, gefettet und bemehlt

1

Den Ofen vorheizen. Für die Früchtemasse die Eier mit dem Zucker schaumig rühren, Salz und Rum zugeben. Die Haferflocken, mit dem Backpulver vermischt, unter die Schaummasse rühren. Alle übrigen Zutaten dazugeben und gründlich untermischen. Die Masse in die Backform füllen und backen.

2

Den Kuchen nach dem Abdämpfen auf ein Kuchengitter stürzen und auskühlen lassen.

3

Für die Glasur den Puderzucker mit dem Rum und etwas Wasser zu einer dickflüssigen Masse verrühren und den Kuchen damit bestreichen. Trocknen lassen.

Tiroler Früchtebrot

Das Tiroler Früchtebrot kennt man weit über Österreichs Grenzen hinaus als traditionelles Gebäck während der Advents- und Weihnachtszeit. Es muss rechtzeitig vor dem 1. Advent gebacken werden, denn die Brote müssen einige Zeit ruhen, damit sich die Früchtemischung ausreichend verfestigen kann.

FRÜCHTEMISCHUNG

- je 100 g getrocknete Birnen (Kletzen), Feigen, Aprikosen, entsteinte Pflaumen und Datteln
- 100 g Rosinen
- je 50 g Mandeln und Walnusskerne, grob gehackt
- je 50 g Orangeat und Zitronat, klein gewürfelt
- abgeriebene Schale und Saft von 1 Orange
- ½ TL Zimt
- je ¼ TL gemahlene Nelken, Piment und Anis
- 150–200 ml Rum zum Marinieren

HEFETEIG

- _ 250 g Mehl
- _ 1/2 Würfel frische Hefe
- _ 1 EL Zucker
- _ 1/2 TL Salz
- _ 70 g weiche Butter
- _ 1 Ei
- _ etwa 125 ml lauwarme Milch

AUSSERDEM

- _ 1 Eigelb mit 1/2 EL Milch verrührt, zum Bestreichen
- _ geschälte, halbierte Mandeln und Pistazien
- _ Belegkirschen

Backen: 45–55 Minuten bei 160 °C
Backblech, mit Backpapier ausgelegt

1

Vorab die Früchtemischung zubereiten. Dafür die Birnen (nur sehr trockene Früchte vorher einweichen und kochen) und alle übrigen Trockenfrüchte kleinwürfelig schneiden, die Rosinen ganz lassen. In einem gut schließenden Gefäß mit allen übrigen Zutaten und den Gewürzen vermischen und mit dem Rum übergießen. 2–3 Tage durchziehen lassen, dabei jeden Tag einmal umrühren; bei Bedarf Rum nachgießen. Der Rum soll sich nicht am Boden absetzen, sondern von den Früchten vollständig aufgenommen werden.

2

Für den Hefeteig das Mehl in die Rührschüssel geben, die Hefe darüberverteilen. Die übrigen Zutaten und die lauwarme Milch zufügen. Mit dem Handrührgerät (Knethaken) kurz auf niedriger, dann auf höchster Stufe rühren, bis sich der Teig vom Schüsselboden löst und gleichmäßig glatt ist. Den Teig bei Raumtemperatur zugedeckt gehen lassen, bis er das Doppelte seines Volumens erreicht hat.

3

In der Zwischenzeit die Früchtemasse zu rechteckigen, kompakten Wecken in gewünschter Größe formen, dabei die Masse gut zusammendrücken.

4

Den Ofen vorheizen. Den Hefeteig 2 mm dick ausrollen und in der Größe und Anzahl der Früchtewecken zuschneiden. Mit Wasser bestreichen, die Früchtewecken auflegen und sorgfältig in den Teig einschlagen. Mit der »Naht« nach unten auf das Backblech legen. Die Brote rundum mit der Gabel dicht einstechen und mit dem verrührten Eigelb bestreichen. Mit halbierten Mandeln, Pistazien und kandierten Kirschen hübsch verzieren. Goldgelb backen.

5

Die Brote mit dem Backpapier vom Blech ziehen und auskühlen lassen. Werden sie in Klarsichtfolie verpackt, bleiben sie über Wochen frisch.

1 Die kompakt geformte Früchtemasse in den Teig einschlagen.

2 Die Brote mit Eigelb bestreichen und dann hübsch verzieren.

Tiroler Früchtebrot

Kleine Kuchen – auch ein beliebtes Mitbringsel

Sie würden lieber einen anderen kleinen Kuchen backen als hier aufgeführt? Kein Problem. Für eine Springform von 18 cm Ø genügt die halbe »normale« Rezeptmenge; für eine Kastenform von 20 cm Länge nehmen Sie zwei Drittel. Die Backtemperatur bleibt gleich – aber machen Sie schon 10 Minuten vor Ende der Backzeit die Stäbchenprobe.

GROSSE REZEPTE »KLEINRECHNEN«

- Für Schmuck- und andere kleine Formen hilft ein Trick: Die kleine Form mit Wasser füllen, in die große Form gießen und abschätzen, ob man ein Drittel, die Hälfte oder zwei Drittel der Rezeptmenge benötigt.
- ½ Ei? Verwenden Sie nur das Eigelb und gleichen Sie evtl. mit etwas Flüssigkeit aus (Milch, Rahm, Wasser).
- Backzeit: Wenn überhaupt, verringert sie sich nur gering. Stellen Sie die Küchenuhr lieber zweimal ein …

Apulischer Zitronenkuchen

RÜHRTEIG

- 125 g weiche Butter
- 100 g Zucker
- 1 Päckchen Vanillezucker
- 2 Eier
- abgeriebene Schale und Saft von 1 Zitrone
- 1 EL Zitronenlikör
- 120 g Mehl
- 30 g Speisestärke
- 1 TL Backpulver

- 6 EL Zitronensaft zum Tränken
- Puderzucker zum Bestreuen

Backen: 25–30 Minuten bei 180 °C
Springform von 16–18 cm Ø, Boden mit Backpapier ausgelegt

1

Den Ofen vorheizen. Die Butter mit dem Zucker und Vanillezucker mit dem Handrührgerät (Rührbesen) weißschaumig rühren. Die Eier einzeln zugeben und jedes Ei ½ Minute rühren. Zitronensaft und -abrieb und den Likör zugeben. Das Mehl mit der Speisestärke und dem Backpulver sieben und unterheben. Den Teig in die Form füllen, glatt streichen und backen.

2

Den Kuchen nach dem Abdämpfen auf ein Kuchengitter stürzen. Noch heiß mehrmals mit einem Holzstäbchen einstechen und mit der Hälfte des Zitronensaftes tränken. Den Kuchen erneut stürzen und auch die andere Seite einstechen und tränken. Auskühlen lassen. Vor dem Servieren mit Puderzucker besieben.

Ingwerkuchen

Sie können den Ingwerkuchen auch mit Puderzucker besieben oder mit einer Schokoladenglasur überziehen. Wir mögen ihn einfach so, am liebsten zu einer Tasse Tee.

- 2 Eier, getrennt
- 1 Prise Salz
- 125 g weiche Butter
- 120 g Zucker
- 120 g Mehl
- ½ TL Backpulver
- 50 g kandierter Ingwer, klein gewürfelt

- Puderzucker oder Schokoladenglasur (nach Belieben)

Backen: 40 Minuten bei 180 °C
Kastenform von 20 cm Länge, gefettet

1

Den Ofen vorheizen. Die Eiweiße mit dem Salz steif schlagen. In einer anderen Schüssel mit dem Handrührgerät (Rührbesen) die Butter mit dem Zucker und den Eigelben schaumig rühren. Den Eischnee darübergleiten lassen. Das Mehl mit dem Backpulver darübersieben, den Ingwer zugeben und alles gut vermischen. Die Masse in die Form füllen, glatt streichen und backen.

2

Nach dem Abdämpfen auf ein Kuchengitter stürzen. Nach Belieben mit Puderzucker besieben oder mit einer Schokoladenglasur überziehen.

Minihupf

Die Menge ist ausreichend für vier Minikuchenförmchen von 10 cm Ø.

RÜHRTEIG

- 100 g weiche Butter
- 50 g Zucker
- 1 Prise Salz
- 1 Päckchen Vanillezucker
- 2 Eier
- 90 g Mehl
- 20 g Speisestärke
- 1 TL Backpulver
- 50 g gemahlene Mandeln
- 40 g Schokostreusel

- Puderzucker zum Bestreuen

Backen: 20–25 Minuten bei 180 °C
Gugelhupfförmchen von 10 cm Ø und 3,5 cm Höhe, gefettet

1

Den Ofen vorheizen. Die Butter mit dem Zucker, Salz und Vanillezucker mit dem Handrührgerät (Rührbesen) auf höchster Stufe rühren, bis sich der Zucker gelöst hat. Die Eier einzeln zugeben und jedes Ei ½ Minute rühren. Das Mehl mit der Speisestärke und dem Backpulver darübersieben und unterrühren, ebenso die Mandeln und die Schokostreusel. Den Teig in die Förmchen füllen und backen. Machen Sie die Stäbchenprobe.

2

Die Kuchen nach dem Abdämpfen auf ein Kuchengitter stürzen und auskühlen lassen. Bei Bedarf die Unterseite abflachen, die Kuchen mit Puderzucker besieben.

Stückgebäck

Die guten »Teilchen« – Schnecken, Hörnchen und Co.

Plundergebäck

Der Begriff Plunder hat nichts mit altem Gerümpel zu tun, sondern kommt von pludern, also lockern, aufgehen. Plundergebäck ist zart, kross und locker wie kein zweites! Wer die Mühe der Zubereitung scheut, kann im Kühlregal zu aufgerolltem Fertig-Plunderteig greifen. Oder die Teilchen aus Hefeteig oder Blätterteig zubereiten (letzterer braucht stärkere Hitze).

_ 1 Rezept Plunderteig (Seite 15)

Die Teilchen aus dem Plunderteig je nach Rezept formen und füllen. Vor dem Backen auf dem Blech gehen lassen, bis sie ihre Größe etwa verdoppelt haben. Nach dem Backen mit dem Papier vom Blech ziehen und auskühlen lassen. Je nach Gebäckart glasieren. Für eine Zuckerglasur 150 g Puderzucker mit 3–4 EL Zitronensaft glatt rühren und auf dem noch warmen Gebäck verstreichen.

Anbacken: 5 Minuten bei 210 °C
Fertig backen: 10–20 Minuten bei 180 °C, je nach Gebäckstück
Backblech, mit Backpapier ausgelegt

Nussschleifchen

- 150 g geröstete, gemahlene Haselnüsse, 1 Prise Zimt
- 75 g Zucker, 1 EL Vanillezucker
- 1–2 EL Semmel- oder Biskuitbrösel
- 1 Eiweiß, 4 EL Sahne
- 1 Eigelb zum Bestreichen

1

Für die Füllung alle Zutaten vermischen. Den Plunderteig 3 mm dick zu einem Rechteck von 30 cm Breite und beliebiger Länge ausrollen. Eine Längshälfte der Teigplatte mit der Füllung bestreichen, dabei beiderseits einen 1 cm breiten Rand frei lassen und diesen mit dem Eigelb bestreichen. Die andere Teighälfte darüberklappen und quer in 5 cm breite Streifen schneiden. Jedes Stück in der Mitte bis jeweils 1 cm vor dem Rand einschneiden. Ein Ende des Teigstücks von oben nach unten durch den Einschnitt ziehen (siehe Stepfotos Seite 58).

Nuss-Marzipan-Plunder

- 300 g geröstete, gemahlene Haselnüsse
- 100 g Marzipanrohmasse
- 50 g Puderzucker
- 1 Ei, 1 EL Rum, etwas Milch

1

Die Haselnüsse mit der Marzipanrohmasse, dem Puderzucker, dem Ei, dem Rum und so viel Milch verrühren, dass eine streichfähige Masse entsteht.

2

Den Plunderteig 3 mm dick zu einem Rechteck von 30 cm Breite ausrollen, die Füllung gleichmäßig auf dem Teig verstreichen. Den Teig von der langen Seite aus aufrollen und in 5 cm breite Stücke schneiden. Auf jedes Stück mit dem Kochlöffelstiel eine Rille eindrücken (siehe Foto links).

Vanille-Marzipan-Schnecken

- 1 Päckchen Vanillepuddingpulver
- 400 ml Milch
- 120 g Marzipanrohmasse, zerkleinert
- 2 EL Zucker

1

Das Puddingpulver mit etwas Milch glatt rühren. Die restliche Milch in einem Topf mit der Marzipanrohmasse und dem Zucker verrühren und aufkochen. Vom Herd nehmen, abkühlen lassen und dabei gelegentlich umrühren.

2

Den Plunderteig 3 mm dick zu einem Rechteck von 40 cm Breite und beliebiger Länge ausrollen. Die Creme gleichmäßig auf dem Teig verstreichen. Für doppelte Schnecken den Teig von den beiden Schmalseiten her jeweils bis zur Mitte hin aufrollen; oder für einfache Schnecken den Teig von der Längsseite her aufrollen. Die Rolle in 2,5 cm breite Streifen schneiden, dabei nicht zu stark auf das Messer drücken, damit die Füllung nicht austritt.

Rosinenschnecken

- 200 g Aprikosenkonfitüre
- 150 g Rosinen (Sultaninen und Korinthen gemischt)
- 40 g gehackte Mandeln, trocken geröstet

- 1 Eigelb, mit 2 EL Milch verrührt, zum Bestreichen
- 3–4 EL Zimtzucker zum Bestreuen

1

Den Plunderteig 3–5 mm dick zu einem Rechteck von etwa 40 cm Breite und beliebiger Länge ausrollen. Die Konfitüre mit 2 EL Wasser erhitzen, durchpassieren und auf den ausgerollten Teig streichen. Die Rosinen und die Mandeln gleichmäßig daraufverteilen. Von der Längsseite her aufrollen und straff in Alufolie wickeln, die beiden Enden abdrehen. Die Teigrolle etwa 2 Stunden im Gefrierfach kühlen, das erleichtert das Schneiden der Teigstücke.

2

Die Teigrolle auspacken und in 2 cm breite Stücke schneiden. Mit Abstand auf das Backblech setzen, mit einem Tuch bedecken und bei Raumtemperatur gehen lassen, bis sich ihre Größe etwa verdoppelt hat. Das Eigelb mit der Milch verquirlen und die Rosinenschnecken damit bepinseln. Mit dem Zimtzucker bestreuen. Auf der mittleren Schiene goldbraun backen.

Nusshörnchen

- 150 g Haselnüsse, trocken geröstet und gemahlen
- 75 g Zucker, 1 EL Vanillezucker
- 1 Prise Zimt
- 1–2 EL Semmel- oder Biskuitbrösel
- 1 Eiweiß, etwa 3 EL Sahne

1

Für die Füllung alle Zutaten vermischen.

2

Den Plunderteig 3 mm dick zu einem Rechteck von 40 cm Breite und beliebiger Länge ausrollen. Längs halbieren, sodass zwei Streifen von je 20 cm Breite entstehen. Aus den beiden Teigstreifen spitze Dreiecke schneiden (siehe Fotos). Die Basis 1 cm tief einschneiden und je 1 TL Füllung darauf setzen. Zur Spitze hin aufrollen, dabei in die Länge ziehen (die Spitze soll am Schluss unten liegen) und zu Hörnchen formen.

Nusshörnchen: Spitze Dreiecke schneiden, am besten mit Lineal und glattem Teigrädchen.

Die Basis einschneiden, ein Häufchen Füllung aufsetzen und zur Spitze hin aufrollen.

Schleifchen und Kringel – schnell aus Blätterteig

Blätterteigschleifchen

Das grenzt an Zauberei. In weniger als einer halben Stunde bringen Sie diese Schleifchen fix und fertig gebacken auf den Tisch.

- 275 g aufgerollter Blätterteig (Kühltheke)
- 100 g Nuss-Nugat-Creme (Glas)

- 1 Eigelb mit 1 EL Milch verrührt, zum Bestreichen

ZUCKERGLASUR (NACH BELIEBEN)

- 75 g Puderzucker, mit 1½ EL Wasser glatt gerührt
- Smarties zum Dekorieren

Backen: 15 Minuten bei 220 °C
Backblech, mit Backpapier ausgelegt

1

Den Ofen vorheizen. Den Blätterteig entrollen, die Nuss-Nugat-Creme auf die eine Längshälfte streichen, dabei am Rand etwa 1 cm frei lassen. Die Ränder an den Seiten mit dem verrührten Eigelb bestreichen und die andere Teighälfte darüberklappen.

2

Den Teig quer in 5 cm breite Streifen schneiden. Jeden Streifen längs bis jeweils 1 cm vor dem Rand einschneiden. Ein Ende des Teigstücks von oben nach unten durch den Einschnitt ziehen.

3

Die Schleifchen auf das Backblech legen. Entweder mit dem restlichen Eigelb bestreichen und goldgelb backen. Oder nach dem Backen die Schleifchen mit der Zuckerglasur bestreichen und mit Smarties dekorieren.

1 Eine Teighälfte mit Nuss-Nugat-Creme bestreichen, die andere Teighälfte darüberklappen.

2 Den Teig leicht andrücken, mit dem Teigrädchen quer in 5 cm breite Streifen schneiden.

3 Jeden Streifen längs durch die Mitte einschneiden, ein Ende von oben nach unten durch den Einschnitt ziehen.

Orangenkringel

_ 275 g Blätterteig (Kühltheke)

FÜLLUNG

_ 30–50 g Orangeat
_ 100 g Marzipanrohmasse
_ 50 g geschälte, gemahlene Mandeln
_ 50 g Zucker, 1 EL brauner Rum
_ 2 Eigelbe
_ abgeriebene Schale und Saft von 1 Orange
_ 1 Eiweiß zum Bestreichen
_ 40 g geschälte, gehackte Mandeln zum Bestreuen
_ Puderzucker zum Besieben

Backen: 15 Minuten bei 220 °C
Backblech, mit Backpapier belegt und leicht mit Wasser benetzt

1

Für die Füllung das Orangeat sehr fein hacken. Das Marzipan in kleine Würfel schneiden und zusammen mit dem Orangeat, den Mandeln, dem Zucker, dem Rum, den Eigelben, dem Orangenabrieb und dem Orangensaft zu einer streichfähigen Masse verrühren.

2

Den Ofen vorheizen. Den Blätterteig entrollen. Eine Längshälfte mit der Orangenmasse bestreichen, die andere Teighälfte darüberklappen und mit dem Rollholz mehrmals darüberrollen, damit sich die Füllung mit dem Teig verbindet. Die Platte quer halbieren, mit dem Teigrädchen 2 cm breite Streifen schneiden. An den Enden mit den Händen fassen und vorsichtig mehrmals in sich drehen. Zum Kringel formen, an den Enden zusammendrücken und auf das Backblech legen. Die Kringel mit dem Eiweiß bestreichen und mit den Mandeln bestreuen. 30 Minuten kalt stellen, damit sich der Blätterteig entspannen kann.

3

Die Kringel auf der mittleren Schiene goldgelb backen. Nach dem Abkühlen mit Puderzucker besieben.

Orangenkringel

Muffins und Cupcakes 1

Johannisbeermuffins

RÜHRTEIG

- 2 Eier, 130 g brauner Zucker
- 1 Päckchen Vanillezucker
- 80 ml neutrales Öl
- 100 ml Eierlikör
- 100 g saure Sahne
- 300 g Mehl
- 1 Päckchen Backpulver
- abgeriebene Zitronenschale
- 100 g gehackte Mandeln
- 125 g Johannisbeeren, von den Rispen gestreift, frisch oder TK-Ware

- Puderzucker zum Besieben (nach Belieben)

Backen: 20 Minuten bei 200 °C
Papierbackförmchen (oder Muffinblech, gefettet)

1

Den Ofen vorheizen. Die Eier mit dem braunen Zucker und Vanillezucker schaumig rühren. Das Öl, den Eierlikör und die saure Sahne einrühren. Das Mehl mit dem Backpulver vermischen und darübersieben, Zitronenschale, Mandeln und die Johannisbeeren dazugeben und alles untermischen.

2

Die Förmchen in großem Abstand auf ein Backblech setzen. Mit dem Teig ¾ voll füllen und goldbraun backen. Im ausgeschalteten Ofen noch 5 Minuten ruhen und dann auskühlen lassen. Nach Wunsch mit Puderzucker besieben.

Johannisbeermuffins

Schokomuffins

Die edlen, dunklen Muffins schmecken auch gut mit Macadamianüssen.
Ein Schnellrezept – denn der Teig wird im Kochtopf gerührt. Wer mag, kann die Muffins mit Puderzucker besieben oder mit einer Glasur dekorieren.

RÜHRTEIG

- 200 g Butter
- je 100 g dunkle und helle Kuvertüre, zerkleinert
- 200 g Zucker
- 1 Päckchen Vanillezucker
- 1 Messerspitze Salz
- 4 Eier
- 100 g Walnüsse, gemahlen
- 100 g Walnüsse, gehackt
- 80 g Mehl, mit 2 TL Backpulver vermischt

Backen: 20 Minuten bei 200 °C
Papierbackförmchen (oder Muffinblech, gefettet)

1

Den Ofen vorheizen. Die Butter mit der Kuvertüre in einem Topf auf dem Herd unter häufigem Rühren schmelzen. Den Zucker, Vanillezucker und das Salz zugeben und rühren, bis sich der Zucker aufgelöst hat. Den Topf zurückziehen. Die Eier einzeln unterrühren. Alle anderen Zutaten untermischen.

2

Die Förmchen in großem Abstand auf ein Backblech setzen. Mit dem Teig ¾ voll füllen und backen. Im ausgeschalteten Ofen noch 5 Minuten ruhen und dann auskühlen lassen.

Schoko-Orangen-Muffins

RÜHRTEIG

_ 250 g weiche Butter
_ 200 g Zucker
_ 4 Eier
_ 1 Päckchen Vanillezucker
_ abgeriebene Schale und Saft von 1 Orange
_ 200 g Mehl
_ 50 g Speisestärke
_ 3 TL Backpulver
_ 50 g gemahlene Mandeln
_ 75 g Vollmilch-Schokostreusel

ORANGENGLASUR

_ 100 g Puderzucker
_ etwa 2 EL Orangensaft, durchgeseiht

_ Orangenzesten zum Garnieren

Backen: 20 Minuten bei 200 °C
Papierbackförmchen (oder Muffinblech, gefettet)

1

Den Ofen vorheizen. Für den Teig die Butter geschmeidig rühren. Nach und nach den Zucker, Vanillezucker und die Eier, eines nach dem anderen, zugeben und zu einer guten Schaummasse rühren. Vanillezucker, Orangenschale und -saft unterrühren. Das Mehl mit der Speisestärke und dem Backpulver darübersieben und unterrühren. Zuletzt die Mandeln und die Schokostreusel untermischen.

2

Die Förmchen in großem Abstand auf ein Backblech setzen. Mit dem Teig 3/4 voll füllen und goldbraun backen. Im ausgeschalteten Ofen noch 5 Minuten ruhen und dann auskühlen lassen.

3

Für die Glasur den Puderzucker mit dem Orangensaft zu einer streichfähigen Masse rühren. Die Muffins damit bestreichen und sofort mit Orangenzesten bestreuen.

Weihnachtsmuffins

_ 2 Eier
_ 50 g Zucker
_ 1 Prise Salz
_ 70 g Honig
_ 150 ml Buttermilch
_ ½ TL Lebkuchengewürz
_ 2 EL Mandel- oder Nusslikör
_ 200 g Mehl
_ 1½ TL Backpulver
_ 75 g Butter, zerlassen
_ 75 g Walnüsse, gehackt
_ 30 g getrocknete Cranberries

_ Puderzucker zum Besieben

Backen: etwa 20 Minuten bei 200 °C
Papierbackförmchen (oder Muffinblech, gefettet)

1

Den Ofen vorheizen. Die Eier mit dem Zucker und dem Salz mit dem Handrührgerät (Rührbesen) auf höchster Stufe rühren, bis sich der Zucker gelöst hat. Den Honig, die Buttermilch, das Lebkuchengewürz und den Likör zugeben. Das Mehl mit dem Backpulver sieben und abwechselnd mit der zerlassenen Butter einrühren. Die Walnüsse und die Cranberries unterheben. Den Teig in die Förmchen füllen und backen.

2

Die Muffins nach dem Abdämpfen auf einem Kuchengitter auskühlen lassen und vor dem Servieren mit Puderzucker besieben.

WICHTIG

- Muffinbleche und -formen gibt es mit 6, 12 und 24 Vertiefungen und mittlerweile auch als Einzelförmchen. Unsere Rezepte sind für die 12er-Version berechnet.
- Die Mulden des Muffinbleches fetten und kühlen oder gleich mit Papierbackförmchen auskleiden; die Minikuchen lassen sich dann problemlos aus der Form heben und haben ihr »Kleid«.
- Bei Verwendung eines normalen Backbleches setzen Sie zum Backen zwei Papierbackförmchen ineinander, so behalten Muffins/Cupcakes besser ihre Form.
- Das Gebäck geht beim Backen auf. Deshalb die gut mit Butter ausgestrichenen und anschließend gekühlten Formen nur halb oder dreiviertel voll füllen.
- Die Finger bleiben sauber und es sieht auch hübscher aus, wenn Sie die Minikuchen aus den Papierbackförmchen lösen und sie zum Servieren in ein frisches Papierkleid setzen.
- Die Spezialität von Cupcakes ist die Verzierung, das Topping/Icing. Dekomaterial wie bunte Perlen oder Ornamente gibt es im Backregal und im Internet. Anregungen für Butter- oder Sahnecremes finden Sie auch auf Seite 116–118 im Tortenkapitel. Da die Zutaten empfindlich sind, müssen die Häubchen immer frisch zubereitet werden. Gern wird für die Garnitur ein Einmal-Spritzbeutel mit Sterntülle für Rosetten oder Lochtülle für Tupfer verwendet. Man kann die Cremes jedoch auch mit einem Löffel aufsetzen.
- Muffins/Cupcakes ohne Garnitur bleiben in einer Box im Kühlschrank einige Tage frisch. Oder Sie frieren die Minis ohne Glasur oder Topping ein. Unaufgetaut für 10 Minuten bei 180 °C aufbacken und frisch verzieren.

Muffins und Cupcakes 2

Für die Briten sind Muffins meist ein runder Frühstückstoast aus Hefeteig. Bei uns hat sich die amerikanische Version durchgesetzt, nämlich kleine Kuchen »für in die Hand«. Früher hat man sie einfach in kleinen Tassen gebacken, denn Muffinbleche gab es noch nicht. Cupcakes (Tassenkuchen) sind demnach nichts Neues, im Gegenteil. Und was ist heute der Unterschied zwischen Muffins und Cupcakes? Das eine entspricht eher einer Art Kuchen, das andere der Torte. Ein Muffin ist schlicht, meist aus Rührteig, oft mit Früchten und Nüssen oder Mandeln im Teig. Die Garnitur ist einfach: Puderzucker oder eine Zuckerglasur. Beim Cupcake bleibt der Teig meist ohne Zusätze, durchaus auch ein neutraler, einfacher Biskuit; dagegen ist die Verzierung – das Topping oder Icing – das Wichtigste: reichhaltig und aufwendig, eben kreativ.

Himbeer-Nuss-Muffins

- 4 Eier
- 160 g Zucker
- 120 g Mehl
- 2 TL Backpulver
- 150 g Butter, lauwarm zerlassen
- 2 cl Rum
- abgeriebene Zitronenschale
- 100 g gemahlene Haselnüsse
- 50 g grob gehackte Haselnüsse
- 150 g Himbeeren, frisch oder tiefgefroren

GLASUR

- 100 g Puderzucker
- etwa 2 EL Himbeersaft oder -sirup

Backen: 30 Minuten bei 180 °C
Papierbackförmchen (oder Muffinblech, gefettet)

1

Den Ofen vorheizen. Die Eier mit dem Zucker weißschaumig schlagen. Das Mehl mit dem Backpulver vermischen, sieben und abwechselnd mit der lauwarmen Butter unterrühren. Den Rum und die Zitronenschale untermischen. Die Haselnüsse mit den Himbeeren vorsichtig unterheben.

2

Die Förmchen in großem Abstand auf ein Backblech setzen. Mit dem Teig füllen und goldbraun backen. Im ausgeschalteten Ofen noch 5 Minuten ruhen und dann auskühlen lassen.

3

Für die Glasur den Puderzucker mit dem Himbeersaft oder -sirup zu einer dickflüssigen Masse rühren und die Muffins damit bestreichen.

Basis-Cupcake

Unser Basisrezept ist schlicht, denn das A & O ist die Haube. Selbstverständlich können Sie den Teig veredeln (und mit der Mehl- und Milchmenge variieren). Infrage kommen z. B.: geschmolzene Kuvertüre, kandierte Früchte oder Ingwer, frische oder TK-Beeren, gemahlene Nüsse, Mandeln, Kerne, Rum, Likör, frische Zitrussäfte.

RÜHRTEIG

- 150 g Butter, 125 g Zucker
- 1 EL Vanillezucker oder/und abgeriebene Zitronenschale
- 2 Eier
- 150 g Mehl, 50 g Speisestärke
- 1½ TL Backpulver
- 1 Prise Salz
- etwa 3 EL Milch

Backen: etwa 30 Minuten bei 180 °C
Papierbackförmchen (oder Muffinblech, gefettet)

1

Den Ofen vorheizen. Die Butter mit dem Zucker und Vanillezucker mit dem Handrührgerät (Rührbesen) auf höchster Stufe rühren, bis sich der Zucker gelöst hat. Nach und nach die Eier zugeben und jedes Ei ½ Minute rühren. Das Mehl mit der Speisestärke und dem Backpulver darübersieben und mit dem Salz und der Milch zügig unterrühren. Die Konsistenz bestimmen Sie mit der Milch; der Teig soll weich und breit vom Löffel fallen. Den Teig in die Förmchen füllen und goldgelb backen.

2

Die Cupcakes nach dem Abdämpfen aus der Form nehmen und auf einem Gitter auskühlen lassen. Vor dem Verzehr mit einem Topping Ihrer Wahl versehen (siehe Vorschläge rechts).

Toppings

Gern wird ein Topping mit Alkohol, Sirup oder frisch gepresstem Orangen- oder Zitronensaft aromatisiert. Neben essbarer Fertigdeko aus dem Backregal kann man auch Nüsse, Kerne, Beeren verwenden sowie nicht essbare Artikel wie Schirmchen oder kleine Kerzen.

FRISCHKÄSE-SAHNE-TOPPING

- 300 g Doppelrahmfrischkäse
- 80 g Zucker
- 80 g Sahne, steif geschlagen

Den Frischkäse mit dem Zucker glatt rühren und die Schlagsahne unterheben.

FRISCHKÄSE-BUTTERCREME-TOPPING

- 80 g weiche Butter
- 80 g Puderzucker
- 100 g Doppelrahmfrischkäse
- 70 g Ricotta

Die Butter mit dem Puderzucker cremig rühren. Den Frischkäse und Ricotta glatt rühren und löffelweise mit dem Teigspatel unterheben.

QUARK-LIMETTEN-TOPPING

- 200 g Sahnequark
- 75 g Zucker
- ausgeschabtes Mark von 1 Vanilleschote
- Saft und abgeriebene Schale von 1 Limette
- 150 g Sahne, steif geschlagen
- 2 Blatt Gelatine, kalt eingeweicht

Den Quark mit dem Zucker, dem Vanillemark und dem Limettensaft glatt rühren. Die Schlagsahne unterheben. Die Gelatine tropfnass in einem Topf oder in der Mikrowelle erwärmen und auflösen. Mit einigen Löffeln der Quarkmasse vermischen, dann unter die restliche Masse rühren. Kalt stellen, bis sie zu stocken beginnt. Das Topping aufspritzen und mit dem Limettenabrieb bestreuen.

Schokocupcakes New York

New York und Schokokuchen gehören zusammen wie Wien und Sachertorte. Die Variationen sind zahlreich. Unsere zarten Cupcakes sind im Original kleiner als auf dem Foto. Beim Topping können Sie beliebig variieren – am einfachsten ist frisch aufgespritzte Schlagsahne.

SCHOKOMISCHUNG

- 25 g Kakaopulver
- 5 TL lösliches Kaffeepulver
- 90 g Zucker
- 170 ml heißes Wasser
- 80 ml Buttermilch
- ausgeschabtes Mark von 1 Vanilleschote

RÜHRTEIG

- 80 g weiche Butter
- 70 g Puderzucker
- 1 Ei, 1 Eigelb
- 140 g Mehl, 1 TL Backpulver

- Topping (siehe links)
- Chiliflöckchen zum Bestreuen (nach Belieben)

Backen: 15–20 Minuten bei 180 °C
Papierbackförmchen (oder Muffinblech, gefettet)

1

Für die Schokomischung in einer Schüssel das Kakao- und Kaffeepulver mit dem Zucker in dem heißen Wasser auflösen; auf Raumtemperatur abkühlen lassen. Die Buttermilch und das Vanillemark einrühren. Beiseite stellen.

2

Den Ofen vorheizen. Für den Rührteig die Butter mit dem Puderzucker mit dem Handrührgerät (Rührbesen) weißschaumig rühren. Das Ei und das Eigelb ½ Minute unterrühren. Das Mehl mit dem Backpulver sieben und abwechselnd mit der Schokomischung unterheben. Den Teig in die Förmchen gießen und backen. Die Küchlein nach dem Abdämpfen auf einem Kuchengitter erkalten lassen.

3

Ein Topping Ihrer Wahl zubereiten (auch einfache Schlagsahne ist geeignet). In einen Spritzbeutel mit Sterntülle füllen und je 1 Rosette auf die Cakes spritzen, nach Belieben mit Chiliflöckchen bestreuen.

Waffeln – schnelles Gebäck für viele Gelegenheiten

WICHTIG

- Stellen Sie das Waffeleisen auf eine dicke Schicht Zeitung, dann wird die Arbeitsfläche nicht von herabtropfendem Fett beschmutzt.
- Das Waffeleisen immer vorheizen und nur dünn mit Fett (Öl, Butterschmalz, zerlassene Butter) bepinseln.
- Den Teig am besten mit einer kleinen Schöpfkelle einfüllen.
- Die gebackenen Waffeln einzeln auf einem Kuchengitter abdämpfen lassen; nicht stapeln, sonst werden sie feucht.
- Waffeln frisch gebacken servieren, solange sie noch rösch und warm sind. Mit Puderzucker bestauben. Kein Muss, schmeckt aber gut dazu: Schlagsahne, gezuckerte Beeren, Ahornsirup oder eine Kugel Eis.

Sahnewaffeln

RÜHRTEIG

_ 125 g weiche Butter
_ 100 g Zucker
_ 1 Päckchen Vanillezucker
_ abgeriebene Zitronenschale
_ 4 Eigelb
_ 200 g Mehl
_ 50 g Speisestärke
_ ½ TL Backpulver
_ 250 g Sahne
_ 4 Eiweiß
_ 1 Prise Salz

_ Fett zum Einpinseln

1

Für den Teig die Butter geschmeidig rühren. Nach und nach den Zucker, Vanillezucker, die Zitronenschale und die Eigelbe, eines nach dem anderen, zugeben und schaumig rühren. Das Mehl mit der Speisestärke und dem Backpulver vermischen, sieben und abwechselnd mit der Sahne unterziehen. Die Eiweiße mit dem Salz steif schlagen und vorsichtig unterheben.

2

Das Waffeleisen vorheizen und fetten. Eine Portion Teig in das Waffeleisen füllen, das Eisen schließen und die Waffeln nacheinander goldgelb backen. Einzeln auf einem Kuchengitter abdämpfen lassen und noch warm mit Puderzucker besieben.

Nusswaffeln

Ersetzen Sie die Hälfte des Mehles durch geröstete, gemahlene Haselnüsse. Gesüßte und mit Zimt aromatisierte Schlagsahne passt gut dazu.

Zimtwaffeln

Würzen Sie den Teig mit 2 TL Zimt und servieren Sie die sehr feinen Waffeln mit Schlagsahne.

Apfelwaffeln

2 geschälte Äpfel grob raspeln, mit Zitronensaft marinieren. Unter den Teig mischen und sofort goldgelbe Waffeln backen. Servieren Sie die noch warmen, saftigen Waffeln mit Zimtzucker oder mit Zimtschlagsahne.

Sandwaffeln

- _ 4 Eier
- _ 150 g Zucker
- _ 1 Päckchen Vanillezucker
- _ 1 Prise Salz
- _ 1 EL Rum (nach Belieben)
- _ 2 EL Schmand
- _ 100 g Mehl, 100 g Speisestärke
- _ ½ TL Backpulver
- _ 175 g Kokosfett, lauwarm zerlassen

- _ Fett zum Einpinseln

1

Die Eier mit dem Zucker und Vanillezucker schaumig rühren. Salz, Rum (falls verwendet) und Schmand untermischen. Das Mehl mit der Speisestärke und dem Backpulver vermischen, sieben und abwechselnd mit dem lauwarmen Kokosfett untermischen.

2

Das Waffeleisen vorheizen und fetten. Eine Portion Teig in das Waffeleisen füllen, das Eisen schließen und die Waffeln nacheinander goldgelb backen. Einzeln auf einem Kuchengitter abdämpfen lassen. Frische, eingezuckerte Beeren schmecken gut dazu.

Ein Waffeleisen mit Mickymaus-Motiv, da freuen sich die Kinder.

Hefewaffeln

FLÜSSIGER HEFETEIG

- _ 250 g Mehl
- _ ½ Würfel frische Hefe
- _ 30 g Zucker
- _ 250 ml lauwarme Milch
- _ 80 g Butter, zerlassen
- _ 3 Eier
- _ 1 Prise Salz
- _ abgeriebene Zitronenschale

- _ Fett zum Einpinseln
- _ Zucker zum Bestreuen

1

Das Mehl in die Rührschüssel geben und in die Mitte eine Mulde drücken. Die Hefe mit 1 TL Zucker und 100 ml Milch in der Mulde auflösen und mit etwas Mehl vom Rand zu einem Vorteig anrühren. Zugedeckt etwa 15 Minuten gehen lassen, bis die Oberfläche Risse zeigt. Die restlichen Zutaten zugeben und zu einem weichen, dickflüssigen Teig rühren. Erneut im warmen Raum gehen lassen; der weiche Teig geht sehr rasch. Nach dem zweiten Gehen muss er sofort verarbeitet werden.

2

Das Waffeleisen vorheizen und mit Fett bepinseln. Mit einer kleinen Schöpfkelle eine Portion Teig in das Waffeleisen füllen, das Eisen schließen und die Waffeln nacheinander goldgelb backen. Einzeln auf einem Kuchengitter lauwarm abkühlen lassen. Mit Zucker bestreuen.

Quarkwaffeln

- _ 200 g Mehl
- _ 250 g Sahnequark, im Sieb abgetropft
- _ 3 Eier, 1 Prise Salz
- _ 100 ml Milch
- _ 100 g gemahlene Mandeln
- _ 5 EL Ahornsirup oder 100 g Zucker

ZUM ANRICHTEN

- _ 200 g Himbeeren oder Brombeeren
- _ 2 EL Zucker, 200 g Sahne
- _ 1 EL Zimtzucker

- _ Fett zum Einpinseln

1

Für den Teig das Mehl in einer Schüssel mit allen Zutaten glatt rühren.

2

Das Waffeleisen vorheizen und fetten. Eine Portion Teig in das Waffeleisen füllen, das Eisen schließen und die Waffeln nacheinander goldgelb backen. Einzeln auf einem Kuchengitter abdämpfen lassen.

3

Die Beeren mit dem Zucker vermischen. Die Sahne mit dem Zimtzucker steif schlagen. Die warmen Waffeln mit der Zimtsahne und den Beeren servieren.

Luftiges Brandteiggebäck

Windbeutel mit Vanillesahne ⊗

BRANDTEIG

- _ 250 ml Wasser
- _ 1 Prise Salz
- _ 50 g Butter
- _ 150 g Mehl
- _ 4 frische (!) Eier

SAHNEFÜLLUNG

- _ 400 g Sahne
- _ 1 EL Zucker
- _ 1 Päckchen Vanillezucker

- _ Puderzucker zum Besieben

Backen: 25 Minuten bei 220 °C
Backblech, mit Backpapier ausgelegt

1

Für den Teig das Wasser mit dem Salz und der Butter aufkochen. Das Mehl auf einmal (»im Sturz«) hineinschütten und mit dem Rührlöffel glatt rühren. So lange kräftig abbrühren, bis sich ein Kloß bildet und der Topfboden mit einer weißen Haut überzogen ist. Vom Herd nehmen, kurz abkühlen lassen. Die Eier einzeln, eines nach dem anderen, unter den Teig rühren und jeweils vollständig einarbeiten. So lange rühren, bis ein geschmeidiger, glänzender Teig entsteht. (Siehe Stepfotos Seite 17).

2

Den Ofen vorheizen und ein Gefäß mit heißem Wasser in die hintere Ecke stellen, um Dampf zu erzeugen. Brandteig braucht zum Aufgehen des Gebäcks feuchte Hitze.

3

Den Teig in einen Spritzbeutel mit großer Sterntülle füllen und Rosetten auf das Blech spritzen, dabei genügend Abstand halten (oder mit zwei Löffeln eigroße Häufchen auf das Backpapier setzen). Goldgelb backen. Während der Backzeit den Ofen nicht öffnen, sonst entweicht Wasserdampf, und das Gebäck fällt zusammen. Erst öffnen, wenn es aufgegangen ist und sich ein stabiles Gerüst gebildet hat. Beobachten Sie den Vorgang durch die Glastür des Ofens.

4

Die Windbeutel mit dem Backpapier vom Blech ziehen. Noch warm mit der Schere oder dem Sägemesser einen Deckel abschneiden. Das Gebäck vor dem Füllen auskühlen lassen.

5

Füllen Sie die Windbeutel erst kurz vor dem Servieren, damit sie nicht weich werden. Für die Füllung die Sahne mit dem Zucker und Vanillezucker steif schlagen. Mit dem Spritzbeutel und großer Sterntülle dicke Rosetten auf die unteren Hälften spritzen (oder mit dem Löffel Sahnehäufchen aufsetzen). Die Deckelchen auflegen und die Windbeutel mit Puderzucker besieben.

Mit zwei Löffeln Häufchen auf das Backblech setzen.

Die gebackenen Windbeutel noch warm aufschneiden und auskühlen lassen.

Die Sahne auf die unteren Hälften spritzen und die Deckelchen auflegen.

Himbeer-Eclairs

Die französischen Eclairs (»Blitze«) sind bei uns auch als Liebesknochen, Hasenpfote oder Kaffeestange bekannt. Mit wenig Teig, aber viel Füllung sind sie trotzdem ein leichtes Gebäck.

- Brandteig wie Windbeutel (links)

GLASUR

- 50 g Puderzucker
- 1 EL Zitronensaft, durchgeseiht

FÜLLUNG

- 150 g Himbeeren
- 400 g Sahne
- 1 EL Zucker

Backen: 25 Minuten bei 220 °C Backblech, gefettet oder mit Backpapier ausgelegt

1

Den Brandteig zubereiten. Den Ofen vorheizen. Ein Gefäß mit heißem Wasser in die hintere Ecke stellen, um Dampf zu erzeugen.

2

Den Teig in einen Spritzbeutel mit großer Sterntülle füllen und Teigstreifen von 9 cm Länge auf das Backblech spritzen. Die Eclairs goldgelb backen. Die Eclairs vom Blech nehmen und noch warm mit einem Sägemesser oder der Schere quer in zwei gleich starke Hälften teilen.

3

Für die Glasur den Puderzucker mit dem Zitronensaft glatt rühren und die oberen Eclairhälften glasieren.

4

Füllen Sie die Eclairs erst kurz vor dem Servieren, damit sie nicht weich werden. Für die Füllung 60 g Himbeeren pürieren und durch ein Sieb streichen. Die Sahne mit dem Zucker steif schlagen, das Himbeerpüree unterziehen. In einen Spritzbeutel mit großer Sterntülle füllen und die untere Hälfte der Eclairs damit füllen. Mit den restlichen Himbeeren belegen. Die Eclairdeckel auf die Himbeermasse setzen.

Schmalzgebackenes – Kringel und Krapfen

WICHTIG

- Verwenden Sie wasserfreies, hitzebeständiges Fett wie Plattenfett, Öl oder Butterschmalz.
- Die optimale Ausbacktemperatur liegt bei 175–180 °C. Ist das Fett nicht heiß genug, saugt sich das Backgut voll Fett und ist schwer verdaulich; ist es zu heiß, bräunt das Gebäck zu schnell, während es innen noch nicht gar ist. Beides ist gesundheitsschädlich.
- Unglasiertes Gebäck können Sie einfrieren und im Backofen oder in der Mikrowelle auftauen und erwärmen.

Spritzkuchen

Strauben

_ 1 Rezept Brandteig wie für Windbeutel (siehe Seite 66)
_ 750 g Pflanzenfett zum Ausbacken

GLASUR

_ 200 g Puderzucker
_ 1 EL Rum oder Zitronensaft
_ etwa 3 EL Wasser

Pergamentpapier, mit Pflanzenfett bestrichen
Topf von 22 cm Ø oder Fritteuse

1

Einen Brandteig zubereiten, wie bei Windbeutel auf Seite 66 unter Schritt 1 beschrieben. Einige Bögen Pergamentpapier mit zerlassenem Pflanzenfett bestreichen. Im Kühlschrank kurz erstarren lassen, dann haftet der Teig besser daran.

2

Das Backfett auf 175–180 °C erhitzen. Den Brandteig in einen Spritzbeutel mit großer Sterntülle füllen. In gutem Abstand Ringe von 6–7 cm Durchmesser auf das Pergamentpapier spritzen.

3

Das Pergamentpapier um die Teigringe großzügig ausschneiden, vorsichtig hochheben, kopfüber auf das Backfett senken, sodass die Ringe eintauchen, und das Papier sich langsam ablöst. Die Spritzkuchen auf beiden Seiten goldgelb backen. Mit der Schaumkelle herausheben, auf Küchenpapier abtropfen lassen.

4

Für die Glasur den Puderzucker mit dem Rum oder Zitronensaft und Wasser zu einer streichfähigen Masse rühren. Die Spritzkuchen eintauchen und abtropfen lassen oder die Glasur aufstreichen. Auf einem Gitter trocknen lassen.

Churros

Spanische Spritzkuchen

BRANDTEIG

_ 250 ml Wasser, 1 Prise Salz
_ 1 Prise Safran, 60 g Butter
_ 150 g Mehl
_ 3 Eier, 1 EL Brandy

_ 750 ml Olivenöl zum Ausbacken
_ Puder-/Kristallzucker zum Bestreuen

Pergamentpapier, mit Pflanzenfett bestrichen
Topf von 22 cm Ø oder Fritteuse

1

Einen Brandteig zubereiten, wie bei Windbeutel auf Seite 66 unter Schritt 1 beschrieben. Dabei den Safran mit dem Salz und nach den Eiern den Brandy zufügen.

2

Einige Bögen Pergamentpapier mit zerlassenem Pflanzenfett bestreichen. Im Kühlschrank erstarren lassen.

3

Das Olivenöl auf 175–180 °C erhitzen. Den Brandteig in einen Spritzbeutel mit großer Sterntülle füllen. In gutem Abstand Kringel auf das Pergamentpapier spritzen.

1 Die Teigringe kopfüber vom Papier in das heiße Backfett senken.

2 Goldgelb ausbacken, wenden und auch die andere Seite ausbacken.

3 Die Spritzkuchen in die Glasur tauchen, abtropfen und trocknen lassen.

4

Das Pergamentpapier um die Teigkringel großzügig ausschneiden, vorsichtig hochheben, kopfüber auf das Backfett senken und das Papier langsam ablösen. Die Kringel auf der einen Seite goldgelb ausbacken, wenden und auch die andere Seite ausbacken. Mit der Schaumkelle herausheben, auf Küchenpapier abtropfen lassen.

5

Die Churros mit Kristallzucker oder Puderzucker bestreuen und noch warm servieren.

Schmalzküchlein

HEFETEIG

- 500 g Mehl
- 1 Würfel frische Hefe
- 50 g Zucker
- etwa 250 ml lauwarme Milch
- 2 Eier
- 60 g Butter, lauwarm zerlassen
- ½ TL Salz
- abgeriebene Zitronenschale

- etwa 750 g Fett zum Ausbacken
- Puderzucker zum Besieben

Topf von 22 cm Ø oder Fritteuse

1

Für den Hefeteig das Mehl in die Rührschüssel geben, die Hefe darüber verteilen. Die übrigen Zutaten und die lauwarme Milch zufügen. Mit dem Handrührgerät (Knethaken) kurz auf niedriger, dann auf höchster Stufe rühren, bis sich der Teig vom Schüsselboden löst und gleichmäßig glatt ist. Den Teig bei Raumtemperatur zugedeckt gehen lassen, bis er das Doppelte seines Volumens erreicht hat.

2

Den Teig auf der bemehlten Arbeitsfläche ½ cm dick ausrollen und Rauten von 5 cm Seitenlänge ausradeln. Zugedeckt noch einmal gehen lassen.

3

Das Backfett auf 175–180 °C erhitzen. Die Schmalzküchlein behutsam einlegen und auf beiden Seiten goldbraun ausbacken. Mit dem Schaumlöffel herausnehmen und auf Küchenpapier abtropfen lassen. Vor dem Servieren mit Puderzucker besieben.

Apfelkrapfen

HEFETEIG

- 500 g Mehl
- 1 Würfel frische Hefe
- 50 g Zucker
- etwa 200 ml lauwarme Milch
- 2 Eier
- 80 g Butter, lauwarm zerlassen, ½ TL Salz
- 300 g säuerliche Äpfel, geschält, klein gewürfelt
- je 30 g Korinthen und Sultaninen

- etwa 750 g Fett zum Ausbacken
- Zucker zum Wälzen

Topf von 22 cm Ø oder Fritteuse

1

Für den Hefeteig das Mehl in die Rührschüssel geben, die Hefe darüber verteilen. Die übrigen Zutaten und die lauwarme Milch zufügen. Mit dem Handrührgerät (Knethaken) kurz auf niedriger, dann auf höchster Stufe rühren, bis sich der Teig vom Schüsselboden löst und gleichmäßig glatt ist. Die Äpfel, Sultaninen und Korinthen untermischen. Den Teig bei Raumtemperatur zugedeckt gehen lassen, bis er das Doppelte seines Volumens erreicht hat.

2

Das Backfett auf 175–180 °C erhitzen. Mit einem in das heiße Fett getauchten Esslöffel kleine Krapfen abstechen und portionsweise auf beiden Seiten goldbraun ausbacken. Mit dem Schaumlöffel herausnehmen und auf Küchenpapier abtropfen lassen. Die noch warmen Krapfen in Zucker wälzen, frisch verzehren.

Donuts (Doughnuts)

HEFETEIG

- 500 g Mehl
- 1 Würfel frische Hefe
- 50 g Zucker
- etwa 250 ml lauwarme Milch
- 1 Ei
- 60 g Butter, lauwarm zerlassen
- ½ TL Salz

- etwa 750 g Fett zum Ausbacken

Topf von 22 cm Ø oder Fritteuse

1

Aus den angegebenen Zutaten einen Hefeteig zubereiten, wie bei Schmalzküchlein (links) beschrieben.

2

Den Teig auf der bemehlten Arbeitsfläche kurz durchkneten und etwa 1 cm dick ausrollen. Zunächst mit einem Ausstecher Kreise von 9 cm Ø ausstechen. Dann die Mitte der Kreise mit einem etwas kleineren Ausstecher ausstechen, sodass 2½ cm breite Ringe entstehen. Zugedeckt gehen lassen, bis die Ringe sich deutlich vergrößert haben.

3

Das Backfett auf 175–180 °C erhitzen. Die Ringe portionsweise goldbraun ausbacken, dabei einmal wenden. Mit dem Schaumlöffel herausnehmen und auf Küchenpapier abtropfen lassen.

Donuts

Süße Kleinigkeiten

Amerikaner

Ein traditionelles Gebäck, das nicht nur Kindern schmeckt. Die Glasur können Sie auch mit Speisefarbe bunt oder mit Kakaopulver dunkel färben und mit Liebesperlen oder Smarties verzieren.

RÜHRTEIG
- 100 g weiche Butter
- 100 g Zucker
- 1 Prise Salz
- abgeriebene Zitronenschale
- 2 Eier
- 250 g Mehl
- 1 Päckchen Vanillepuddingpulver
- 2 TL Backpulver
- etwa 3 EL Milch

GLASUR
- 200 g Puderzucker
- 2 EL Zitronensaft, durchgeseiht
- etwa 2 EL lauwarmes Wasser

Backen: 15–20 Minuten bei 180 °C
Backblech, mit Backpapier ausgelegt

1
Den Ofen vorheizen. Für den Teig die Butter geschmeidig rühren. Nach und nach den Zucker, Salz, Zitronenschale und die Eier, eines nach dem anderen, zugeben und schaumig rühren. Das Mehl mit dem Puddingpulver und dem Backpulver vermischen, darübersieben und abwechselnd mit der Milch untermischen. Der Teig soll geschmeidig weich sein.

2
Mit zwei Löffeln kleine Häufchen mit genügend großem Abstand auf das Backblech setzen (etwa 3 × 3 cm Häufchen) und goldgelb backen. Auf einem Gitter auskühlen lassen.

3
Für die Glasur den Puderzucker mit dem Zitronensaft und Wasser zu einer streichfähigen, zäh fließenden Masse rühren und die flache Seite des Gebäcks damit bestreichen.

Marzipanschnitten

Diese Schnitten sind im Handumdrehen fertig. Frisch gebacken schmecken sie am besten.

- 275 g aufgerollter Blätterteig (Kühltheke)
- 1 Eigelb, mit 1 TL Wasser verrührt, zum Bestreichen

MARZIPANFÜLLUNG
- 100 g Marzipanrohmasse
- 25 g weiche Butter
- 40 g Puderzucker
- 1 Päckchen Vanillezucker
- 1 Ei
- 1 EL Rum

Backen: 20 Minuten bei 220 °C
Backblech, mit Backpapier ausgelegt

1
Den Ofen vorheizen. Für die Füllung die Marzipanrohmasse mit allen Zutaten gut verrühren.

2
Den Blätterteig entrollen. Eine Längshälfte der Teigplatte mit der Marzipanmasse bestreichen, die andere Teighälfte darüberklappen. Mit einem Messer in etwa 6 × 8 cm große Stücke schneiden und auf das Backblech legen. Mit dem Eigelb bestreichen und goldgelb backen.

Mandelecken

MÜRBETEIG
- 200 g Mehl
- 60 g gemahlene Mandeln
- 70 g Zucker
- 1 Ei
- 120 g weiche Butter

- 3 EL Sahne zum Bestreichen

MANDELMASSE
- 150 g Butter
- 150 g Zucker, 3 EL Honig
- 300 g Mandelblättchen

- 200 g dunkle Kuvertüre, mit 50 g Kokosfett geschmolzen

Backen: 15–20 Minuten bei 190 °C
Backblech, mit Fett betupft und mit Backpapier ausgelegt

1
Für den Mürbeteig das Mehl in die Rührschüssel geben, die übrigen Zutaten zufügen und mit dem Handrührgerät (Knethaken) erst auf niedrigster, dann auf höchster Stufe rasch zu einem glatten Teig verarbeiten. Mit der Hand zur Kugel formen, in Folie wickeln und 1 Stunde kalt stellen.

2
Für die Mandelmasse die Butter in einem Topf mit dem Zucker und dem Honig erwärmen. Die Mandelblättchen unterrühren. Kurz abkühlen lassen.

3
Den Ofen vorheizen. Den Teig in Blechgröße ausrollen, die Ränder begradigen. Den Teig mit dem Rollholz aufnehmen und auf dem Backblech ablegen. Mit der Sahne bestreichen. Die Mandelmasse darauf verteilen. Goldgelb backen.

4

Nach dem Backen die Platte sofort auf eine glatte Unterlage ziehen (Backbrett, Schneidebrett) und in Rechtecke und diese schräg in jeweils 2 spitze Dreiecke schneiden, erkalten lassen. Eine Ecke in die lauwarme Kuvertüre tauchen und auf einem Rost trocknen lassen.

Nuss-Marzipan-Ecken

MÜRBETEIG

- 300 g Mehl
- ½ TL Backpulver
- 125 g weiche Butter
- 60 g Zucker
- 1 Prise Salz
- 1 Eigelb

NUSS-MARZIPAN-BELAG

- 400 g gemahlene Haselnüsse
- 200 g Marzipanrohmasse
- 2 EL Cognac
- 150 g Butter, zerlassen
- 250 g Zucker
- 2 Päckchen Vanillezucker
- 100 g Crème fraîche

- 200 g dunkle Kuvertüre, mit 50 g Kokosfett geschmolzen

Backen: 20–25 Minuten bei 180 °C
Backblech, gefettet

Nuss-Marzipan-Ecken

1

Für den Mürbeteig das Mehl in die Rührschüssel geben, die übrigen Zutaten zufügen. Mit dem Handrührgerät (Knethaken) kurz auf niedrigster, dann auf höchster Stufe rasch zu einem glatten Teig verarbeiten. Mit den Händen zur Kugel formen, in Folie wickeln und mindestens 30 Minuten kalt stellen.

2

Für den Belag die Nüsse mit der Marzipanrohmasse und dem Cognac vermischen. Die anderen Zutaten dazugeben und alles zu einer glatten Masse rühren.

3

Den Ofen vorheizen. Den Teig aus dem Kühlschrank nehmen, kurz durchkneten und in Blechgröße ausrollen. Die Teigplatte mit dem Teigroller aufnehmen und auf dem Backblech wieder abrollen. Die Ränder egalisieren. Die Nuss-Marzipan-Masse gleichmäßig auf den Teig streichen. Goldgelb backen.

4

Das Backblech auf ein Kuchengitter setzen und das Gebäck auskühlen lassen. In 6 × 6 cm große Quadrate und diese diagonal in Dreiecke schneiden.

5

Die beiden spitzen Ecken des Gebäcks in die Kuvertüre tauchen und auf Backpapier fest werden lassen.

Mehlspeisen für die Kaffeetafel

Rohrnudeln

HEFETEIG
- 500 g Mehl
- 1 Würfel frische Hefe
- 50 g Zucker
- 2 Eier
- 50 g Butter, zerlassen
- ½ TL Salz
- Vanillezucker und/oder abgeriebene Zitronenschale (nach Belieben)
- 250 ml lauwarme Milch

- 80 g zerlassene Butter für die Form
- Zucker zum Bestreuen (nach Belieben)

Backen: 40 Minuten bei 180 °C
Bratraine oder Auflaufform

1

Für den Hefeteig das Mehl in die Rührschüssel geben, die Hefe darüber verteilen und untermischen. Den Zucker, die Eier, die zerlassene Butter und das Salz zugeben und mit dem Mehl vermischen. Die lauwarme Milch einrühren und mit dem Handrührgerät (Knethaken) zunächst auf niedrigster, dann auf höchster Stufe zu einem mittelfesten, glatten Teig rühren. Mit einem Tuch bedecken und gehen lassen, bis er das Doppelte seines Volumens erreicht hat.

2

Die zerlassene Butter in die Form geben. Den Hefeteig auf der Arbeitsfläche noch einmal kräftig durchkneten. Mit einem Esslöffel gleich große Nudeln abstechen und diese in der hohlen Hand oder auf der Arbeitsfläche glatt und rund »schleifen«. Die Nudeln in der flüssigen Butter drehen und nicht zu dicht aneinander in die Form setzen. Gehen lassen. Den Ofen vorheizen.

3

Die Nudeln goldbraun backen. Aus dem Ofen nehmen und in der Form etwa 20 Minuten ruhen lassen. Dann auf eine Unterlage stürzen und – falls gewünscht – mit Zucker bestreuen. Die Nudeln voneinander lösen und noch warm servieren. Gerne reicht man dazu eine Vanillesauce oder Kompott, z. B. Zwetschgenkompott, Dörrobstkompott.

Rohrnudeln

Zwetschgennudeln

- Hefeteig wie Rohrnudeln (links)
- 80 g zerlassene Butter für die Form
- 500 g Zwetschgen, entsteint
- Würfelzucker zum Füllen
- Zucker zum Bestreuen

Backen: 40 Minuten bei 180 °C
Bratraine oder Auflaufform

1

Mittelfesten Hefeteig zubereiten wie für Rohrnudeln, gehen lassen.

2

Die zerlassene Butter in die Form geben. Den Hefeteig noch einmal kräftig durchkneten. Mit einem Esslöffel gleich große Nudeln abstechen und diese in der hohlen Hand glatt und rund »schleifen«. Die Nudeln ein wenig ausziehen, in die Mitte eine mit einem Zuckerstückchen gefüllte Zwetschge setzen. Die Teigränder zusammendrücken und in der hohlen Hand rund formen. Die Nudeln in der zerlassenen Butter wenden und mit dem Schluss nach unten nicht zu dicht aneinander in die Form setzen. Gehen lassen. Den Ofen vorheizen.

3

Die Zwetschgennudeln goldbraun backen. In der Form etwa 20 Minuten abkühlen lassen. Dann auf eine Unterlage stürzen und mit Zucker bestreuen. Man serviert die Zwetschgennudeln lauwarm mit Vanillesauce oder Kompott; sie sind auch ein feines Kaffeegebäck.

Zimtnudeln

- _ Hefeteig wie Rohrnudeln (links)
- _ 80 g zerlassene Butter für die Form
- _ etwa 75 g Zucker, mit Zimt vermischt

Backen: 40 Minuten bei 180 °C
Bratraine oder Auflaufform

1

Mittelfesten Hefeteig zubereiten wie für Rohrnudeln, gehen lassen.

2

Die zerlassene Butter in die Form geben. Den Hefeteig noch einmal kräftig durchkneten. Mit einem kleinen Löffel walnussgroße Nudeln abstechen und in der hohlen Hand rund »schleifen«. Die Nudeln in der flüssigen Butter wälzen, dann in dem Zimtzucker wenden. Nicht zu dicht aneinander in die Form setzen. Gehen lassen. Den Ofen vorheizen.

3

Die Zimtnudeln goldbraun backen. In der Form etwa 20 Minuten abkühlen lassen. Dann auf eine Unterlage stürzen. Die Nudeln voneinander lösen. Noch warm mit Vanillesauce oder Weinschaumsauce servieren.

Kakaonudeln

Kinder lieben die Kakaonudeln. Die dunklen Schnecken sind das ideale Gebäck für eine Geburtstagseinladung.

- _ Hefeteig wie Rohrnudeln (links)
- _ 80 g zerlassene Butter für die Form
- _ 40 g zerlassene Butter zum Bestreichen
- _ etwa 50 g Zucker mit 2–3 TL Kakaopulver vermischt, zum Bestreuen

Backen: 30–40 Minuten bei 180 °C
Bratraine oder Auflaufform

1

Einen mittelfesten Hefeteig wie für Rohrnudeln zubereiten, gehen lassen.

2

Die zerlassene Butter in die Form geben. Den Hefeteig auf der bemehlten Arbeitsfläche noch einmal kräftig durchkneten. Mit dem Rollholz 2–3 mm dick zu einem Rechteck von 30 × 50 cm ausrollen. Den Teig mit der zerlassenen Butter bestreichen und mit dem Kakaozucker bestreuen. Von der Längsseite her zu einer langen Rolle aufrollen und davon 34 1 cm breite Stücke schneiden. Diese aufgestellt (mit der Kakaoseite nach oben) nicht zu dicht aneinander in die Form setzen, mit Butter bestreichen und gehen lassen. Den Ofen vorheizen.

3

Die Kakaonudeln goldbraun backen. In der Form 20 Minuten abkühlen lassen. Dann auf eine Unterlage stürzen und die Kakaonudeln voneinander lösen.

Dukatenbuchteln

- _ Hefeteig wie Rohrnudeln (links)
- _ 80 g zerlassene Butter für die Form
- _ Puderzucker zum Besieben

Backen: 40 Minuten bei 180 °C
Bratraine oder Auflaufform

1

Einen mittelfesten Hefeteig zubereiten wie für Rohrnudeln, gehen lassen.

2

Die zerlassene Butter in die Form geben. Den Hefeteig noch einmal kräftig durchkneten. Mit einem kleinen Löffel walnussgroße Teigportionen abstechen und diese in der hohlen Hand glatt und rund »schleifen«. Die Buchteln in der flüssigen Butter wenden und nicht zu dicht aneinander in die Form setzen. Gehen lassen. Den Ofen vorheizen.

3

Die Buchteln goldbraun backen. In der Form etwa 20 Minuten abkühlen lassen. Dann auf eine Unterlage stürzen und mit Puderzucker besieben. Die Buchteln voneinander lösen und noch warm mit Weinschaumsauce oder Vanillesauce servieren.

Gefüllte Buchteln

Füllung nach Wahl: Aprikosenkonfitüre, Powidl oder eine Mohn-, Nuss- oder Quarkfüllung.
Einen etwas weicheren, mittelfesten Hefeteig herstellen. Davon walnussgroße Portionen abstechen, diese etwas ausziehen. Einen Klecks Füllung in die Mitte geben. Die Ränder zusammendrücken, rund formen und mit dem Schluss nach unten nicht zu dicht aneinander in die gefettete Form setzen. Jede einzelne Buchtel gut mit Butter bestreichen, gehen lassen und backen. Die Buchteln aus der Form stürzen, mit Puderzucker besieben und auseinander nehmen.

Mit den Händen walnussgroße Buchteln formen und in die Form setzen.

Obstkuchen und Obsttorten

Obstkuchenböden – auf einen Blick

Sie wollen ganz schnell einen Obstkuchen backen? Damit Sie nicht in verschiedenen Kapiteln nachschlagen müssen, haben wir alle gängigen Teigarten für einen Obstkuchenboden zusammengefasst. Die angegebenen Mengen gelten für einen Boden mit Rand von 26–28 cm Ø. Für einen Blechkuchen benötigen Sie die doppelte Rezeptmenge. Vorschläge für Güsse und Beläge finden Sie auf der nächsten Doppelseite.

Mürbeteig für Obstkuchen ⊗

- 250 g Mehl
- 80 (65) g Zucker
- 1 Prise Salz
- 160 (125) g weiche Butter
- 1 Ei
- 1 EL saure Sahne oder Rum

1

Für einen einfachen Mürbeteig gelten die Mengen in Klammern.

2

Für den Mürbeteig das Mehl in die Rührschüssel geben, die übrigen Zutaten zufügen. Mit dem Handrührgerät (Knethaken) kurz auf niedrigster, dann auf höchster Stufe rasch zu einem glatten Teig verarbeiten. Mit den Händen zur Kugel formen, in Folie wickeln und mindestens 30 Minuten kalt stellen. Backtemperatur 180 °C.

1 Den gekühlten Mürbeteig etwas größer als die Form ausrollen.

2 Den Formrand oder Tortenring aufdrücken, den Teig ausschneiden.

Quarkmürbeteig für Obstkuchen ⊗

- 200 g Mehl, ½ TL Backpulver
- 1 Messerspitze Salz
- 100 g weiche Butter
- 100 g Magerquark, abgetropft

1

Für den Mürbeteig das Mehl in die Rührschüssel geben, die übrigen Zutaten zufügen. Mit dem Handrührgerät (Knethaken) kurz auf niedrigster, dann auf höchster Stufe rasch zu einem glatten Teig verarbeiten. Mit den Händen zur Kugel formen, in Folie wickeln und mindestens 30 Minuten kalt stellen. Backtemperatur 180 °C.

Quark-Öl-Teig für Obstkuchen

- 100 g Magerquark, im Sieb abgetropft
- 5 EL neutrales Speiseöl
- 5 EL Milch
- 50 g Zucker, 1 Prise Salz
- abgeriebene Zitronenschale oder ½ EL Vanillezucker
- 200 g Mehl
- ½ Päckchen Backpulver

1

Den Quark mit dem Öl, der Milch, Zucker, Salz und Zitronenschale oder Vanillezucker glatt rühren. Das Mehl mit dem Backpulver vermischen, sieben, die Hälfte unterrühren, den Rest auf der bemehlten Arbeitsfläche darunterkneten.

2

Der Teig kann nach Rezept sofort weiterverarbeitet werden. Backtemperatur 180 °C.

Wasserbiskuit für Obstkuchen ⊗

- 2 Eier, getrennt
- 2 EL kaltes Wasser
- 100 g Zucker
- abgeriebene Zitronenschale
- 100 g Mehl
- ½ TL Backpulver

1

Die Eiweiße mit dem kalten Wasser steif, aber nicht schnittfest schlagen, dabei den Zucker einrieseln lassen. Die verrührten Eigelbe und die Zitronenschale zugeben. Das Mehl mit dem Backpulver darübersieben und locker unterheben. Backtemperatur 180 °C.

Biskuit für Obstkuchen ⊗

- 3 Eier, getrennt
- 75 g Zucker
- abgeriebene Zitronenschale
- 75 g Mehl

1

Die Eiweiße steif, aber nicht schnittfest schlagen, dabei den Zucker einrieseln lassen. Die verrührten Eigelbe und die Zitronenschale zugeben. Das Mehl darübersieben und locker unterheben. Backtemperatur 180 °C.

Rührteig für Obstkuchen

- 80 g weiche Butter
- 80 g Zucker
- 1 Prise Salz
- abgeriebene Zitronenschale
- 2 Eier
- 200 g Mehl
- 1 TL Backpulver
- etwas Milch bei Bedarf

1

Die Butter geschmeidig rühren. Nach und nach den Zucker, Salz, Zitronenschale und die Eier, eines nach dem anderen, zugeben und schaumig rühren. Das Mehl mit dem Backpulver vermischen, sieben und abwechselnd mit der Milch unterrühren. Der Teig soll schwer reißend vom Löffel fallen.

2

Sie können statt einer Schaummasse den Teig auch als All-in-Teig rühren. Dafür das mit dem Backpulver vermischte Mehl in die Rührschüssel sieben. Alle übrigen Zutaten zugeben und zunächst auf niedriger, dann auf höchster Schaltstufe in 1–2 Minuten zu einem glatten Teig rühren. Backtemperatur 180 °C.

Keksboden – ohne Backen ⊗

- 200 g Kekse (Löffelbiskuits, Butterkekse, Zwieback)
- 100 g Butter, zerlassen

1

Die Kekse in einen Gefrierbeutel krümeln, den Beutel verschließen und die Kekse mit dem Teigroller gleichmäßig zerdrücken.

2

Die Brösel in einer Schüssel mit der Butter vermischen. In die Backform drücken und kurz kalt stellen.

Torteletttböden

Backen Sie die »leeren« Portionstörtchen auf Vorrat zum Einfrieren. Sie sehen nicht nur appetitlich aus, sondern sind auch ideal für Überraschungsgäste oder bei plötzlicher Lust auf Kuchen. Torteletts können Sie auch aus Biskuitmasse backen.
Zaubern Sie beim Belag: Frische Beeren, auch Obst aus dem Glas, kombiniert mit frischem Obst wie Bananen und Kiwis, mit etwas Zitronensaft beträufelt, sieht unter Tortenguss hübsch aus. Sie können das Obst auch auf Vanillepudding oder Crème fraîche legen.

MÜRBETEIG

- 300 g Mehl
- 100 g Zucker
- 1 Prise Salz
- 200 g weiche Butter
- 1 Ei
- 1 EL saure Sahne (oder Rum)

Backen: 20 Minuten bei 190 °C
6 Tortelettförmchen von 10 cm Ø, mit Butter dünn bepinselt

1

Für den Mürbeteig das Mehl in die Rührschüssel geben, die übrigen Zutaten zufügen. Mit dem Handrührgerät (Knethaken) kurz auf niedrigster, dann auf höchster Stufe rasch zu einem glatten Teig verarbeiten. Mit den Händen zur Kugel formen, in Folie wickeln und mindestens 30 Minuten kalt stellen.

2

Den Ofen vorheizen. Die Förmchen mit dem Teig auslegen, mehrmals mit der Gabel einstechen und hellbraun backen. Nach dem Abdämpfen auf ein Kuchengitter stürzen und auskühlen lassen.

1 Die Förmchen mit dem Teig auslegen und leicht andrücken.

2 Die Ränder andrücken, den überstehenden Teig entfernen.

Güsse und Beläge – auf einen Blick

Ein gebackener oder vorgebackener Kuchen soll mit einem Überzug vervollständigt werden? Hier sind die meist verwendeten Güsse und Beläge zusammengefasst, damit Sie sich leicht entscheiden können und nicht in verschiedenen Kapiteln nachschlagen müssen. Die Rezeptmengen gelten für einen Kuchenboden mit Rand von 26–28 cm Ø. Für einen Blechkuchen benötigen Sie etwa die doppelte Rezeptmenge.

Rahmguss mit saurer Sahne

Für Apfel-, Zwetschgen-, Rhabarber-, Stachelbeerkuchen.

- 3 Eier, getrennt, 70 g Zucker
- 125 g saure Sahne
- 1 EL Rum (nach Belieben)

1
Die Eiweiße mit dem Zucker steif schlagen. Die Eigelbe mit der sauren Sahne und dem Rum glatt rühren und unter den Eischnee ziehen.

2
Den etwa 20 Minuten vorgebackenen Kuchen mit dem Rahmguss überziehen, bei 180 °C in 25 Minuten fertig backen.

Rahmguss mit süßer Sahne

Für Obstkuchen aller Art, speziell Apfelkuchen.

- 3 Eier, 100 g Zucker
- 125 g Sahne
- Mark von ½ Vanilleschote

1
Eier und Zucker schaumig rühren. Sahne und Vanillemark unterrühren.

2
Den etwa 20 Minuten vorgebackenen Kuchen mit dem Rahmguss überziehen und bei 180 °C in 25 Minuten fertig backen.

Schmandguss

Für Apfel-, Aprikosen-, Kirschkuchen.

- 3 Eier, getrennt
- 90 g Zucker
- 2 EL Zitronensaft, 200 g Schmand

1
Die Eiweiße mit dem Zucker steif schlagen, nach und nach die Eigelbe, den Zitronensaft und den Schmand untermischen.

2
Den Schmandguss auf den vorgebackenen Kuchen streichen und bei 190 °C in 15–20 Minuten fertig backen.

Royal

Für Aprikosen-, Rhabarber-, Johannisbeer-, Heidelbeerkuchen.

- 2 Eier, 75 g Zucker
- ausgeschabtes Mark von ½ Vanilleschote (oder abgeriebene Zitronenschale)
- 200 g Sahne

1
Eier, Zucker und Vanillemark glatt rühren, Sahne untermischen.

2
Den vorgebackenen Kuchenboden mit den Früchten belegen und die Royal darübergießen. Bei 170 °C in etwa 40 Minuten stocken lassen.

Mandelrahmguss

Für Rhabarber-, Kirsch-, Stachelbeerkuchen.

- 125 g saure Sahne
- 2 Eier
- 75 g Zucker, 1 TL Zimt
- 50 g gemahlene Mandeln

1
Die saure Sahne mit allen Zutaten gründlich verrühren und auf dem vorgebackenen Kuchen verteilen. Bei 180 °C in 20 Minuten fertig backen.

Makronenguss

Für Rhabarber-, Stachelbeer-, Apfelkuchen.

- 2 Eier, getrennt
- 100 g Zucker
- 100 g gemahlene Haselnüsse

1
Die Eiweiße mit dem Zucker steif schlagen, die Eigelbe und die Haselnüsse untermischen.

2
Den fertig gebackenen Obstkuchen mit dem Guss überziehen und bei 190 °C in 20 Minuten goldgelb überbacken.

Marzipanguss

Für Apfel-, Kirsch-, Aprikosenkuchen.

- 100 g Marzipanrohmasse
- 250 ml Milch
- 80 g Zucker
- 1 Päckchen Vanillezucker
- 20 g Speisestärke
- 2 Eier

1

Die Marzipanrohmasse in einem kleinen Topf mit gut der Hälfte der Milch cremig rühren, mit dem Zucker und dem Vanillezucker aufkochen. Die Speisestärke mit der restlichen Milch glatt rühren, in die Marzipanmilch einlaufen und einmal aufpuffen lassen. Kurz beiseitestellen und die Eier einrühren.

2

Den mit Obst belegten Kuchen mit dem Marzipanguss bedecken. Im vorgeheizten Ofen bei 200 °C in etwa 40 Minuten goldbraun backen.

Saftguss

Für Kuchen mit Beeren, Kirschen, Aprikosen, Kompottfrüchten.

Der Saftguss kommt auf den schon fertig gebackenen, mit Früchten belegten Kuchen. Er hält die Früchte zusammen.

250 ml Fruchtsaft, mit Zitronensaft, Wein und Zucker kräftig abgeschmeckt, wird mit einem Steifmittel gebunden. Belegen Sie den kalten, besser gekühlten Kuchenboden mit gekühltem Obst. Sobald der Saftguss eine leicht sulzige Beschaffenheit erreicht hat, gibt man ihn über den belegten Kuchen und stellt ihn kalt.

Saftguss mit Tortengusspulver (klar oder rot): Er wird ganz fix nach Packungsanweisung zubereitet und sofort aufgetragen.
Saftguss mit Gelatine: 4–5 Blatt Gelatine kalt einweichen, ausdrücken, in 250 ml erhitztem Fruchtsaft auflösen, sulzartig abkühlen lassen und auftragen.
Saftguss mit Speisestärke: 15 g (3 TL) Speisestärke mit 250 ml Fruchtsaft kalt anrühren, unter beständigem Rühren aufkochen, bis die Masse gebunden ist, und sofort auftragen. Dieser Guss ist nicht klar, schmeckt aber gut.

Quarkbelag

Für Apfel-, Zwetschgen-, Aprikosen-, Kirsch-, Rhabarberkuchen.

- 40 g weiche Butter
- 75 g Zucker, 3 Eier
- 500 g Magerquark, abgetropft
- 3 EL Sahne
- 20 g Sultaninen
- abgeriebene Zitronenschale

1

Die Zutaten sind reichlich bemessen. Für einen fruchtigeren Kuchen genügt die halbe Rezeptmenge. Der Kuchen wird nicht vorgebacken.

2

Butter, Zucker und Eier schaumig rühren. Die restlichen Zutaten untermischen.

3

Den Quark auf dem mit Obst belegten Kuchen verteilen und glatt streichen. Im vorgeheizten Ofen bei 200 °C etwa 45 Minuten backen.

Streusel

Für Apfel-, Zwetschgen-, Rhabarberkuchen.

- 120 g Mehl, 80 g Zucker
- 80 g weiche oder kalte Butter
- ½ TL Zimt

1

Die Zutaten sind reichlich bemessen. Für einen fruchtigeren Kuchen genügt die halbe Rezeptmenge. Der Kuchen wird nicht vorgebacken.

2

Mit weicher Butter: Das Mehl in die Rührschüssel geben und die übrigen Zutaten zufügen. Mit dem Handrührgerät (Rührbesen) zu Streuseln verarbeiten.
Mit kalter Butter: Alle Zutaten mit den Händen krümelig verreiben.

3

Die Streusel auf dem Kuchen verteilen. Bei 200 °C im vorgeheizten Ofen 35–45 Minuten backen.

Mohnstreusel

Für Apfel-, Birnenkuchen.

- 80 g Mehl, 80 g Zucker
- 30 g Mohn, gemahlen
- 80 g kalte Butter, in Flöckchen

1

Das Mehl mit allen Zutaten vermischen und mit den Händen krümelig verreiben. Auf dem nicht vorgebackenen Obstkuchen verteilen. Im vorgeheizten Ofen bei 190 °C etwa 40 Minuten backen.

Mandelkruste

Für Apfel-, Kirsch-, Rhabarberkuchen.

- 4 Eier, 150 g Zucker
- abgeriebene Zitronenschale
- 50 g Speisestärke
- 150 g gemahlene Mandeln

1

Die Eier mit dem Zucker schaumig rühren, die restlichen Zutaten untermischen. Gleichmäßig auf dem 15 Minuten vorgebackenen Kuchen verteilen und bei 160 °C in etwa 60 Minuten fertig backen.

Baiser

Für Rhabarber-, Johannisbeerkuchen.

- 3 Eiweiß
- 1 EL Zitronensaft
- 150 g feiner Zucker
- 2 TL Speisestärke, 1 EL Puderzucker

1

Die Eiweiße steif schlagen, Zitronensaft und Zucker nach und nach zugeben. Die Speisestärke mit dem Puderzucker darübersieben und untermischen. Auf den vorgebackenen Kuchen streichen und im vorgeheizten Ofen bei 180 °C in etwa 25 Minuten goldgelb überbacken.

Royal – der feine Sahneguss

Aprikosenwähe ⊗

Alternativ können Sie die Wähe auch mit Aprikosen aus der Dose backen, diese dann aber nicht mit Zucker bestreuen.

MÜRBETEIG

- _ 250 g Mehl
- _ 100 g weiche Butter
- _ 100 ml kaltes Wasser
- _ 1 TL Essig
- _ ½ TL Salz

BELAG

- _ 750 g Aprikosen, halbiert und entsteint
- _ 1–2 EL Zucker

SAHNEGUSS (ROYAL)

- _ 250 g Sahne
- _ 2 Eier
- _ 1 EL Zucker, mit 1 Päckchen Vanillezucker vermischt

Aprikosenwähe

Vorbacken: 10–15 Minuten bei 200 °C
Fertig backen: 25 Minuten bei 200 °C
Tortenbodenform mit herausnehmbarem Boden von 28 cm Ø, leicht gefettet

1

Für den Mürbeteig das Mehl in die Rührschüssel geben, die übrigen Zutaten zufügen und mit dem Handrührgerät (Knethaken) erst auf niedrigster, dann auf höchster Stufe rasch zu einem Teig verarbeiten. Mit den Händen zur Kugel formen, in Folie wickeln und mindestens 30 Minuten kalt stellen.

2

Den Ofen vorheizen. Den Mürbeteig auf der bemehlten Arbeitsfläche etwas größer als die Form ausrollen, die Form damit auslegen und einen Rand hochziehen, den Boden mehrmals einstechen. Zerdrückte Alufolie an den Rand drücken (siehe Foto Seite 11) und den Boden vorbacken. Die Alufolie entfernen.

3

Die Aprikosen mit der Rundung nach unten auf den Kuchenboden legen und mit dem Zucker bestreuen.

4

Für den Sahneguss die Sahne mit den Eiern und der Zucker-Vanillezucker-Mischung mit dem Schneebesen verrühren und gleichmäßig auf den Aprikosen verteilen. Die Wähe goldgelb fertig backen. Nach dem Abdämpfen den Kuchen aus der Form heben und auf einem Kuchengitter auskühlen lassen.

Schneller Aprikosenkuchen aus Blätterteig

- **300 g TK-Blätterteig, aufgetaut**
- **500 g Aprikosenhälften aus der Dose, abgetropft**
- **Sahneguss wie Aprikosenwähe (links)**

Blind backen: 25 Minuten bei 220 °C
Fertig backen: 40 Minuten bei 170 °C
Tortenbodenform mit herausnehmbarem Boden von 28 cm Ø, leicht gefettet
Hülsenfrüchte zum Blindbacken

1
Den Ofen vorheizen. Die Blätterteigplatten aufeinander legen und rund ausrollen. Die Backform bis über den Rand mit dem Blätterteig auslegen, überstehenden Rand abschneiden. Den Boden mehrmals einstechen, mit Backpapier auslegen und mit Hülsenfrüchten füllen. Blind backen (siehe Foto Seite 11). Die Hülsenfrüchte mit dem Papier entfernen, die Ofentemperatur reduzieren.

2
Den Kuchenboden überlappend mit den Aprikosen belegen, die Rundung nach unten.

Die Aprikosenhälften in Kreisen überlappend auf den vorgebackenen Boden legen.

3
Für den Sahneguss alle Zutaten mit dem Schneebesen verrühren, gleichmäßig über die Früchte gießen und den Kuchen fertig backen. Der Guss soll gleichmäßig stocken und möglichst wenig Farbe annehmen. (Prüfen Sie mit einem spitzen Messer, ob der Guss in der Mitte gestockt ist.)

Heidelbeer- oder Johannisbeerkuchen mit Sahneguss ⊗

Servieren Sie den zarten Beerenkuchen mit dem feinen, mit Vanille aromatisierten Sahneguss frisch gebacken und schneiden Sie den attraktiven Kuchen erst bei Tisch in kleine Stücke.

MÜRBETEIG

- **250 g Mehl**
- **50 g Zucker**
- **1 EL Vanillezucker**
- **1 Prise Salz**
- **150 g weiche Butter**
- **4 EL Eiswasser**

BELAG

- **150 g Heidelbeeren verlesen, oder 100 g Johannisbeeren, von den Rispen gestreift**

SAHNEGUSS (ROYAL)

- **250 g Sahne**
- **3 Eier**
- **75 g Zucker**
- **ausgeschabtes Mark von 1 Vanilleschote**

Vorbacken: etwa 15 Minuten bei 200 °C
Stocken lassen: 5 Minuten bei 170 °C
Fertig backen: 30 Minuten bei 170 °C
Tortenbodenform mit herausnehmbarem Boden von 28 cm Ø, leicht gefettet

1
Das Mehl in die Rührschüssel geben. Die übrigen Zutaten zufügen und alles mit dem Handrührgerät (Knethaken) erst auf niedrigster, dann auf höchster Stufe rasch zu einem Teig verarbeiten. Mit den Händen zur Kugel formen, in Folie wickeln und 30 Minuten kalt stellen.

2
Den Ofen vorheizen. Den Mürbeteig etwas größer als die Backform rund ausrollen, die Form damit auslegen und bis über den Rand hochziehen. Überstehenden Teig abschneiden. Den Boden mit der Gabel mehrmals einstechen. Zerknitterte Alufolie an den Rand drücken (siehe Foto Seite 11) und den Boden vorbacken. Die Alufolie entfernen. Die Ofentemperatur reduzieren.

3
Für den Guss die Eier mit dem Zucker glatt rühren, die Sahne und das Vanillemark untermischen. Etwa ein Drittel der Eiersahne auf den Tortenboden gießen und im Ofen stocken lassen.

4
Die Beeren darauf verteilen, den restlichen Guss gleichmäßig darübergießen und fertig backen; auf diese Weise bleiben die Beeren auf dem Kuchen in dem Guss sichtbar und sinken nicht zu Boden. Der Guss soll nach dem Backen über die gesamte Fläche glatt gestockt sein und möglichst wenig Farbe nehmen. (Prüfen Sie mit einem spitzen Messer, ob der Guss in der Mitte gestockt ist.)

5
Den Kuchen nach dem Abdämpfen mit dem Formboden aus der Form nehmen und auskühlen lassen.

Schmand- und Rahmguss – für saftige Kuchen

Mandarinenkuchen mit Schmand ⊗

MÜRBETEIG

- 200 g Mehl
- 1 TL Backpulver
- 100 g weiche Butter
- 75 g Zucker
- 1 EL Vanillezucker
- 1 Prise Salz
- 1 Ei

SCHMANDBELAG

- 2 Päckchen Vanillepuddingpulver
- 500 ml Milch
- 140 g Zucker
- 800 g Schmand
- 350 g Mandarinen aus der Dose, abgetropft

Backen: 70 Minuten bei 170 °C
Springform von 26 cm Ø, leicht gefettet

1

Für den Mürbeteig das Mehl in die Rührschüssel geben, die übrigen Zutaten zufügen und mit dem Handrührgerät (Knethaken) erst auf niedrigster, dann auf höchster Stufe rasch zu einem Teig verarbeiten. Mit den Händen zur Kugel formen, in Folie wickeln und mindestens 30 Minuten kalt stellen.

2

Für den Schmandbelag das Vanillepuddingpulver mit etwas Milch glatt rühren. Die restliche Milch mit dem Zucker erhitzen, das angerührte Puddingpulver einrühren und gut aufkochen. Den Topf zurückziehen und etwas abkühlen lassen. Den Schmand nach und nach unterrühren. Die abgetropften Mandarinen untermischen.

3

Den Ofen vorheizen. Zwei Drittel des Mürbeteiges in Größe der Backform ausrollen und den Boden damit belegen. Aus dem restlichen Teig eine Rolle formen und an den Rand drücken. Den Boden mit der Gabel mehrmals einstechen. Den Schmandbelag in die Form füllen und glatt streichen. Den Kuchen goldgelb backen. Auf einem Kuchengitter in der Form völlig erkalten lassen. Frisch gebacken schmeckt er am besten.

Rhabarberkuchen mit Rahmguss

Den Kuchen können Sie genauso mit anderen Früchten backen, je nach Saison. Besonders gut schmeckt er mit Äpfeln, Zwetschgen, Sauerkirschen, Aprikosen, Stachelbeeren. Auch Dosenfrüchte können Sie verwenden.

RÜHRTEIG

- 100 g weiche Butter
- 100 g Zucker
- 1 EL Vanillezucker
- 2 Eier
- 200 g Mehl
- 1 TL Backpulver
- etwas Milch (bei Bedarf)

BELAG

- 500 g Rhabarber, bei Bedarf geschält, in 2 cm breite Stückchen geschnitten

RAHMGUSS

- 125 g saure Sahne
- 2 Eier
- 75 g Zucker
- 1 TL Zimt
- 50 g gemahlene Mandeln

Vorbacken: 20 Minuten bei 200 °C
Fertig backen: 20 Minuten bei 180 °C
Springform von 26–28 cm Ø, gefettet

1

Den Ofen vorheizen. Für den Teig die Butter geschmeidig rühren. Nach und nach den Zucker, Vanillezucker und die Eier, eines nach dem anderen, zugeben und schaumig rühren. Das Mehl mit dem Backpulver darübersieben und untermischen. Bei Bedarf etwas Milch zugeben, der Teig soll schwer reißend vom Löffel fallen. In die Form füllen und glatt streichen. Den Teig mit den Rhabarberstückchen belegen und vorbacken. Die Ofentemperatur reduzieren.

2

Für den Guss alle Zutaten gründlich verrühren und gleichmäßig auf dem vorgebackenen Kuchen verteilen. Anschließend fertig backen.

3

Nach dem Abdämpfen den Formrand entfernen und den Kuchen auf einem Gitter auskühlen lassen.

Birnen- oder Apfelkuchen mit Rahmguss ⊗

Ein Eier-Rahmguss bindet die mit Zimtzucker aromatisierten Früchte. Frisch gebacken schmeckt der Kuchen am besten.

MÜRBETEIG

- 250 g Mehl
- 80 g Zucker
- 1 Prise Salz
- 160 g weiche Butter
- 1 Ei

BELAG

- 750–1000 g feste Birnen oder säuerliche Äpfel
- 2 EL Zitronensaft
- 1 EL Zimtzucker
- abgeriebene Zitronenschale

RAHMGUSS

- 300 g saure Sahne
- 3 Eier
- 100 g Zucker
- 1 EL Speisestärke

Backen: 55–60 Minuten bei 180 °C
Springform von 26–28 cm Ø

1

Für den Mürbeteig das Mehl in die Rührschüssel geben, die übrigen Zutaten zufügen. Mit dem Handrührgerät (Knethaken) kurz auf niedrigster, dann auf höchster Stufe rasch zu einem glatten Teig verarbeiten. Mit den Händen zur Kugel formen, in Folie wickeln und mindestens 30 Minuten kalt stellen.

2

Die Birnen oder Äpfel schälen und vierteln, das Kerngehäuse entfernen. Das Fruchtfleisch grob würfeln. Mit dem Zitronensaft beträufeln und mit dem Zimtzucker und der abgeriebenen Zitronenschale bestreuen.

3

Den Ofen vorheizen. Den Mürbeteig 10 cm größer als die Backform rund ausrollen. Die Form damit auslegen und einen Rand von 5 cm Höhe formen. Den Boden mit der Gabel mehrmals einstechen. Die gewürfelten Früchte darauf verteilen.

4

Für den Rahmguss die saure Sahne mit allen Zutaten glatt rühren und gleichmäßig über die Früchte gießen. Den Kuchen goldgelb backen.

5

Nach dem Abdämpfen den Formrand entfernen und den Kuchen auf einem Kuchengitter auskühlen lassen.

Birnenkuchen mit Rahmguss

Streusel über alles

Birnen- oder Apfelkuchen mit Mohnstreuseln

Mohnstreusel sind farblich und geschmacklich eine schöne Ergänzung zu den eher blassen Birnen oder Äpfeln. Falls Sie keinen gemahlenen Mohn bekommen, können Sie ihn auch selber mahlen – und vorher rösten: Einfach auf ein Backpapier streuen und etwa 15 Minuten bei 220 °C im Ofen rösten, abkühlen lassen und im Blitzhacker mahlen. Durch das Rösten wird der Mohn besonders aromatisch.

Streusel zubereiten: Alle Zutaten auf der Arbeitsfläche vermischen und mit den Händen krümelig reiben.

MÜRBETEIG

- 220 g Mehl
- 50 g Zucker
- 1 Prise Salz
- 110 g weiche Butter
- 1 Ei

BELAG

- 700 g Birnen oder Äpfel
- 2 EL Zitronensaft

MOHNSTREUSEL

- 80 g Mehl
- 80 g Zucker
- 30 g Mohn, gemahlen
- 80 g kalte Butter, in Stückchen

Backen: 40 Minuten bei 190 °C
Springform von 26 cm Ø

1

Für den Mürbeteig das Mehl in die Rührschüssel geben, die übrigen Zutaten zufügen. Mit dem Handrührgerät (Knethaken) kurz auf niedrigster, dann auf höchster Stufe rasch zu einem glatten Teig verarbeiten. Mit den Händen zur Kugel formen, in Folie wickeln und mindestens 30 Minuten kalt stellen.

2

Das Obst schälen, halbieren, das Kerngehäuse entfernen, in Spalten schneiden, mit Zitronensaft beträufeln.

3

Für die Mohnstreusel das Mehl mit allen Zutaten vermengen und mit den Händen krümelig reiben.

4

Den Ofen vorheizen. Den Mürbeteig etwas größer als die Form rund ausrollen, die Form damit auslegen, einen Rand hochziehen und andrücken. Den Boden mit der Gabel mehrmals einstechen.

5

Die Birnen- oder Apfelspalten in Kreisen von außen nach innen auf den Boden legen. Die Mohnstreusel darüberstreuen. Den Kuchen hellbraun backen.

6

Nach dem Abdämpfen den Formrand entfernen und den Kuchen auf einem Kuchengitter auskühlen lassen.

Apfel-Streusel-Kuchen

Verwenden Sie Früchte der Saison, neben Äpfeln zum Beispiel auch Zwetschgen, Aprikosen, Sauerkirschen, Heidelbeeren, Stachelbeeren oder Rhabarber. Der Kuchen schmeckt auch gut mit Mürbe- oder Rührteig.

QUARKMÜRBETEIG

- 200 g Mehl
- 1 Päckchen Vanillezucker
- 1 Prise Salz
- 100 g kalte Butter, in Stückchen
- 100 g Magerquark, im Sieb abgetropft

BELAG

- 600 g säuerliche Äpfel

STREUSEL

- 120 g Mehl
- 80 g Zucker
- 80 g Butter, in Flöckchen
- ½ TL Zimt

Backen: 35 Minuten bei 200 °C
Springform von 26 cm Ø

1

Für den Mürbeteig das Mehl in die Rührschüssel geben, die übrigen Zutaten zufügen. Mit dem Handrührgerät (Knethaken) kurz auf niedrigster, dann auf höchster Stufe rasch zu einem glatten Teig verarbeiten. Mit den Händen zur Kugel formen, in Folie wickeln und mindestens 30 Minuten kalt stellen.

2

Die Äpfel schälen, halbieren, das Kerngehäuse entfernen und in Spalten schneiden.

3

Für die Streusel das Mehl mit allen Zutaten vermengen und mit den Händen krümelig reiben.

4

Den Ofen vorheizen. Den Mürbeteig etwas größer als die Backform rund ausrollen, die Form damit auslegen und einen Rand hochziehen. Den Boden mehrmals mit der Gabel einstechen.

5

Die Apfelspalten in Kreisen von außen nach innen und schön dicht auf den Boden legen. Die Streusel darüberstreuen. Den Kuchen goldgelb backen.

6

Nach dem Abdämpfen den Formrand entfernen und den Kuchen auf einem Kuchengitter auskühlen lassen.

Kirschkuchen mit Mandel»streuseln« ⊗

Mandelblättchen, gebunden mit Zucker, Sahne und Speisestärke, werden über die Kirschen gestreut. Das Ergebnis ist ein sehr feiner Kirschkuchen, den Sie am besten frisch gebacken servieren. Ein echtes Schnellrezept.

MÜRBETEIG

- **200 g Mehl, ½ TL Backpulver**
- **60 g Zucker**
- **1 Päckchen Vanillezucker**
- **125 g weiche Butter, 1 Ei**

BELAG

- **Semmelbrösel oder gemahlene Mandeln zum Bestreuen**
- **400–500 g entsteinte Schattenmorellen aus dem Glas**

MANDELSTREUSEL

- **1 Eigelb**
- **75 g Zucker**
- **1 EL Vanillezucker**
- **15 g Speisestärke**
- **3 EL Sahne**
- **100 g Mandelblättchen**

Backen: 45 Minuten bei 180 °C
Springform von 26 cm Ø

1

Für den Mürbeteig das Mehl in die Rührschüssel geben, die übrigen Zutaten zufügen. Mit dem Handrührgerät (Knethaken) kurz auf niedrigster, dann auf höchster Stufe rasch zu einem glatten Teig verarbeiten. Mit den Händen zur Kugel formen, in Folie wickeln und mindestens 30 Minuten kalt stellen.

2

Den Ofen vorheizen. Den Teig etwas größer als die Backform rund ausrollen, in die Form legen und dabei einen Rand hochziehen. Den Boden mehrmals mit der Gabel einstechen und mit Semmelbröseln bestreuen. Die Schattenmorellen abgießen, abtropfen lassen und auf dem Teigboden verteilen.

3

Für die Streusel das Eigelb mit dem Zucker, Vanillezucker, der Speisestärke und der Sahne glatt rühren, die Mandelblättchen untermischen. Gleichmäßig auf den Schattenmorellen verteilen. Den Kuchen hellbraun backen.

4

Nach dem Abdämpfen den Formrand entfernen und den Kuchen auf einem Kuchengitter auskühlen lassen. Er schmeckt frisch am besten.

Baiser – süßer Schaum auf säuerlichen Früchten

Aufgespritzte Garnitur oder Überzug – der Schaum soll nach dem Backen trocken und fest bleiben. Machen Sie sich die Mühe und schlagen Sie das Baiser auf dem Wasserbad warm – und dann kalt. So erzielen Sie das beste Ergebnis. Servieren Sie Obstkuchen mit goldgelb überbackenem Baiser möglichst frisch; denn bei längerem Stehen könnte das Obst den Schaumüberzug aufweichen.

Johannisbeerkuchen mit Mandelbaiser ⊗

MANDELMÜRBETEIG

- 220 g Mehl
- 30 g gemahlene Mandeln
- 75 g Zucker, 1 EL Vanillezucker
- 150 g weiche Butter, 1 Ei

MANDELBAISER

- 3 Eigelb
- 100 + 50 g Zucker
- 3 Eiweiß
- 100 g gemahlene Mandeln

- 500 g Johannisbeeren
- Puderzucker zum Besieben

Backen: 40 Minuten bei 180 °C
Springform von 26–28 cm Ø

1

Für den Mürbeteig das Mehl in die Rührschüssel geben, die übrigen Zutaten zufügen. Mit dem Handrührgerät (Knethaken) kurz auf niedrigster, dann auf höchster Stufe rasch zu einem glatten Teig verarbeiten. Mit den Händen zur Kugel formen, in Folie wickeln und mindestens 30 Minuten kalt stellen.

2

Für das Mandelbaiser die Eigelbe mit 100 g Zucker zu einer weißschaumigen Masse rühren. Die Eiweiße und 50 g Zucker mit dem Handrührgerät auf dem heißen Wasserbad in 6–8 Minuten cremig schlagen. Vom Wasserbad nehmen, kalt schlagen und auf die Eigelbmasse gleiten lassen. Die Mandeln dazugeben und alles behutsam untermischen.
Die Beeren unter die Baisermasse heben.

3

Den Ofen vorheizen. Den Teig etwas größer als die Backform rund ausrollen, die Form damit auslegen und dabei einen Rand hochziehen. Den Boden mit der Gabel mehrmals einstechen. Die Baiser-Beeren-Masse einfüllen. Den Kuchen hellbraun backen, dabei in den letzten 15 Minuten mit Folie abdecken.

4

Nach dem Abdämpfen den Formrand entfernen und den Kuchen auf einem Kuchengitter auskühlen lassen. Vor dem Servieren dick mit Puderzucker besieben.

Johannisbeerkuchen mit Baiserhaube ⊗

In Farbe und Geschmack eine ideale Kombination: säuerliche rote Johannisbeeren und süßer weißer Eiweißschaum. Den Kuchen können Sie auch mit Heidelbeeren zubereiten.

MÜRBETEIG

- 250 g Mehl
- 75 g Zucker, 1 Prise Salz
- abgeriebene Zitronenschale
- 150 g weiche Butter
- 1 Ei
- 1 EL Rum

BAISER

- 3 Eiweiß
- 1 EL Zitronensaft
- 150 g feiner Zucker

- 300 g Johannisbeeren
- 1 EL Puderzucker zum Besieben

Backen: 20–25 Minuten bei 190 °C
Fertig backen: 25–30 Minuten bei 170 °C
Springform von 26 cm Ø

1

Für den Mürbeteig das Mehl in die Rührschüssel geben, die übrigen Zutaten zufügen. Mit dem Handrührgerät (Knethaken) kurz auf niedrigster, dann auf höchster Stufe rasch zu einem glatten Teig verarbeiten. Mit den Händen zur Kugel formen, in Folie wickeln und mindestens 30 Minuten kalt stellen.

2

Den Ofen vorheizen. Den Teig etwas größer als die Form rund ausrollen, die Form damit auslegen und dabei einen Rand hochziehen. Den Boden mit der Gabel mehrmals einstechen. Zerdrückte Alufolie an den Rand drücken, damit er beim Backen nicht zusammenfällt. Den Boden goldgelb backen. Aus dem Ofen nehmen und die Alufolie entfernen.

3

Für das Baiser die Eiweiße mit dem Zitronensaft und Zucker auf dem heißen Wasserbad mit dem Handrührgerät in 6–8 Minuten cremig schlagen. Die Schüssel vom Wasserbad nehmen und die Masse kalt schlagen. Eine Tasse von der Schaummasse in einen Spritzbeutel mit großer Sterntülle füllen. Unter die restliche Schaummasse die Johannisbeeren heben und die Masse auf den gebackenen Kuchenboden streichen. Mit dem Spritzbeutel Rosetten oder

Spiralen aufspritzen. Mit Puderzucker besieben. Auf der zweiten Schiene von unten goldgelb fertig backen.

4

Nach dem Abdämpfen den Formrand entfernen und den Kuchen auf einem Kuchengitter auskühlen lassen.

Rhabarberkuchen mit Baiserhaube

Den Tortenboden backen wie im Hauptrezept. Mit glatt gerührter Konfitüre bestreichen. Etwa 600 g Rhabarber putzen, in kleine Würfel schneiden, den Tortenboden damit belegen. Mit der Baisermasse überziehen und mit Mandelblättchen bestreuen. Goldgelb fertig backen.

Rhabarberkuchen mit Baiserhaube

Rhabarberkuchen mit Nussbaiser

MÜRBETEIG

- 250 g Mehl
- 50 g Zucker, 1 TL Vanillezucker
- 1 Prise Salz
- 150 g weiche Butter
- 1 Ei
- 1 EL saure Sahne

BELAG

- 500 g Rhabarber, 100 g Zucker
- 40 g Speisestärke
- 1 EL Konfitüre zum Bestreichen

NUSSBAISER

- 2 Eier, getrennt
- 100 g Zucker
- 100 g gemahlene Haselnüsse

- Mandelblättchen zum Bestreuen

Backen: 25 Minuten bei 170 °C
Überbacken: 15–20 Minuten bei 190 °C
Springform von 26 cm Ø

1

Für den Mürbeteig das Mehl in die Rührschüssel geben, die übrigen Zutaten zufügen. Mit dem Handrührgerät (Knethaken) kurz auf niedrigster, dann auf höchster Stufe rasch zu einem glatten Teig verarbeiten. Mit den Händen zur Kugel formen, in Folie wickeln und mindestens 30 Minuten kalt stellen.

2

Den Teig etwas größer als die Backform rund ausrollen, die Form damit auslegen und dabei einen Rand hochziehen. Den Boden mit einer Gabel mehrmals einstechen. Zerknitterte Alufolie an den Rand drücken, damit er beim Backen nicht zusammenfällt. Den Boden goldbraun backen. Aus dem Ofen nehmen und die Alufolie entfernen.

3

Für den Belag den Rhabarber waschen, bei Bedarf abfädeln, in 3 cm große Stückchen schneiden, mit dem Zucker langsam weich kochen. Die mit etwas Wasser angerührte Speisestärke einrühren, einige Male aufkochen, abkühlen lassen. Den Tortenboden mit der Konfitüre bestreichen und die Rhabarbermasse daraufstreichen.

4

Für das Nussbaiser die Eiweiße mit dem Zucker steif schlagen, die Eigelbe und die gemahlenen Haselnüsse daruntermischen und auf die Rhabarbermasse streichen. Nach Belieben mit Mandelblättchen bestreuen. Den Kuchen goldgelb überbacken.

5

Nach dem Abdämpfen den Formrand entfernen und den Kuchen auf einem Kuchengitter auskühlen lassen.

Quark darunter und darüber

Quarkcreme-Apfelkuchen

Mit Äpfeln schmeckt dieser Kuchen das ganze Jahr über. Backen Sie ihn im Frühsommer mit frischem Rhabarber. Die Rosinen können Sie weglassen.

MÜRBETEIG

- _ 250 g Mehl
- _ 75 g Zucker
- _ 1 Prise Salz
- _ 125 g weiche Butter
- _ 1 Ei

QUARKCREME

- _ 250 g Magerquark, im Sieb abgetropft
- _ 100 g Zucker
- _ 1 EL Vanillezucker
- _ abgeriebene Zitronenschale
- _ 40 g Speisestärke oder 1 Päckchen Vanillepuddingpulver
- _ 4 Eier
- _ 200 g Sahne, steif geschlagen

BELAG

- _ 600 g dünne Apfelspalten
- _ 2 EL Zimtzucker
- _ 30 g Rosinen (nach Belieben)
- _ 3 EL Aprikosenkonfitüre zum Glasieren
- _ 20 g Mandelblättchen, trocken geröstet

Backen: 60 Minuten bei 180 °C
Springform von 26 cm Ø

1

Für den Mürbeteig das Mehl in die Rührschüssel geben, die übrigen Zutaten zufügen. Mit dem Handrührgerät (Knethaken) kurz auf niedrigster, dann auf höchster Stufe rasch zu einem glatten Teig verarbeiten. Mit den Händen zur Kugel formen, in Folie wickeln und mindestens 30 Minuten kalt stellen.

2

Für die Creme den Quark mit dem Zucker, Vanillezucker, Zitronenschale, Speisestärke oder Puddingpulver und den Eiern gründlich verrühren. Die Schlagsahne unterheben. Den Ofen vorheizen.

3

Den Teig auf der Arbeitsfläche etwas größer als die Form rund ausrollen, die Form damit auslegen und dabei einen Rand hochziehen. Den Rand gut andrücken und den Boden mit der Gabel mehrmals einstechen.

4

Die Quarkcreme in die Form füllen und glatt streichen. Mit den Apfelspalten von außen nach innen überlappend belegen, mit dem Zimtzucker und den Rosinen (falls verwendet) bestreuen. Den Kuchen backen. Nach dem Abdämpfen den Formrand entfernen und den Kuchen auf einem Kuchengitter auskühlen lassen.

5

Die Aprikosenkonfitüre mit 1 EL Wasser (oder Zitronensaft) erhitzen, durch ein Sieb streichen und mit dem Pinsel auf der Oberfläche und dem Rand des Kuchens auftragen. Den Rand mit den Mandelblättchen bestreuen.

Quarkcreme-Apfelkuchen

Mandarinen-Käsekuchen

Mit dem leicht säuerlichen, cremig gerührten Schichtkäse harmonieren auch Aprikosen oder Kirschen aus dem Glas. Den saftigen Kuchen können Sie mit fast jedem anderen Teig backen: Rührteig, Quark-Öl-Teig, Hefeteig.

MÜRBETEIG

- 300 g Mehl
- 150 g weiche Butter
- 75 g Zucker
- 1 Prise Salz
- 1 Eigelb

- 175 g Mandarinen aus der Dose (1 kleine Dose)

KÄSECREME

- 1 kg Schichtkäse (oder Magerquark)
- 120 g weiche Butter
- 125 g Zucker
- 1 Päckchen Vanillezucker
- abgeriebene Zitronenschale
- 4 Eigelb
- 2 EL Speisestärke
- 5 Eiweiß, steif geschlagen

- Puderzucker zum Besieben

Backen: 50–60 Minuten bei 190 °C
Springform von 26–28 cm Ø

1

Das Mehl in die Rührschüssel geben, die übrigen Zutaten zufügen und mit dem Handrührgerät (Knethacken) erst auf niedrigster, dann auf höchster Stufe rasch zu einem Teig verarbeiten. Mit den Händen zur Kugel formen, in Folie wickeln und mindestens 30 Minuten kalt stellen.

2

Den Teig auf der bemehlten Arbeitsfläche etwas größer als die Form ausrollen, in die Form legen und dabei einen Rand hochziehen. Den Boden mehrmals einstechen.

3

Die Mandarinen abgießen, halbieren, abtropfen lassen. Den Schichtkäse im Sieb abtropfen lassen, dann durch ein Sieb passieren. Den Ofen vorheizen.

4

Für die Käsecreme die Butter mit dem Zucker, dem Vanillezucker, dem Zitronenabrieb und den Eigelben schaumig rühren, die Speisestärke unterrühren. Den Schichtkäse unter die Schaummasse mischen, zuletzt den Eischnee unterziehen.

5

Die Hälfte der Käsecreme auf den Teigboden füllen und glatt streichen. Die Mandarinenstückchen darauf verteilen, die restliche Creme aufstreichen. Im Ofen goldgelb backen.

6

Nach dem Abdämpfen den Formrand mit einem Messer lösen, aber noch nicht entfernen. Den Kuchen in der Form auf einem Kuchengitter erkalten lassen. Vor dem Servieren mit Puderzucker besieben. Frisch gebacken schmeckt er am besten.

Apfelkuchen – die beliebtesten Obstkuchen überhaupt

Wiener Apfelkuchen ⊗

Ein zarter, sehr schmackhafter Apfelkuchen aus feinem Rührteig und mit Mandelblättchen bestreut, der nur einen geringen Zeitaufwand erfordert. Säuerliche Äpfel wie Boskop, Elstar oder Cox Orange sind am besten geeignet.

RÜHRTEIG

_ **250 g weiche Butter**
_ **200 g Zucker**
_ **1 Prise Salz**
_ **4 Eier**
_ **200 g Mehl**
_ **50 g Speisestärke**
_ **1 TL Backpulver**
_ **1 EL Sahne**

_ **600 g säuerliche Äpfel, geschält, Kerngehäuse entfernt, in Spalten geschnitten**
_ **50 g Mandelblättchen**

Backen: 45 Minuten bei 190 °C
Springform von 26–28 cm Ø, gefettet

1
Den Ofen vorheizen. Für den Teig die Butter geschmeidig rühren. Nach und nach den Zucker, das Salz und die Eier, eines nach dem anderen, zugeben und schaumig rühren. Das Mehl mit der Speisestärke und dem Backpulver vermischen und darübersieben, leicht und locker unter die Schaummasse mischen.

2
Gut zwei Drittel des Teiges in die Backform füllen und glatt streichen. Mit den Apfelspalten belegen und mit dem restlichen Teig bedecken. Die Mandelblättchen darüberstreuen. Den Kuchen goldgelb backen.

3
Nach dem Abdämpfen den Formrand entfernen, den Kuchen auf einem Kuchengitter auskühlen lassen.

Elsässer Apfelkuchen ⊗

Der Eierguss mit süßer Vanillesahne ist typisch für den Elsässer Apfelkuchen. Backen können Sie ihn auch mit einem Rührteig (siehe Seite 77).

MÜRBETEIG

_ **240 g Mehl**
_ **80 g Zucker, 1 Prise Salz**
_ **160 g weiche Butter**
_ **3 EL sehr kaltes Wasser**
_ **1 EL Rum**

BELAG

_ **750 g säuerliche Äpfel**
_ **Semmelbrösel für den Boden**

SAHNEGUSS

_ **3 Eier, 100 g Zucker**
_ **125 g Sahne**
_ **Mark von 1/2 Vanilleschote**

Vorbacken: 20 Minuten bei 200 °C
Fertig backen: 20–30 Minuten bei 180 °C
Springform von 26 cm Ø

1
Für den Mürbeteig das Mehl in die Rührschüssel geben, die übrigen Zutaten zufügen. Mit dem Handrührgerät (Knethaken) kurz auf niedrigster, dann auf höchster Stufe rasch zu einem glatten Teig verarbeiten. Mit den Händen zur Kugel formen, in Folie wickeln und mindestens 30 Minuten kalt stellen.

2
Für den Belag die Äpfel schälen, vierteln und das Kerngehäuse entfernen. Auf der runden Seite mehrmals einschneiden.

3
Den Ofen vorheizen. Den Teig etwas größer als die Backform rund ausrollen, die Form damit auslegen und einen Rand hochziehen. Den Boden mehrmals mit der Gabel einstechen und mit den Semmelbröseln bestreuen. Die Apfelviertel mit der Rundung nach oben auf den Teigboden legen, den Kuchen hellgelb vorbacken. Die Ofentemperatur reduzieren.

4
Für den Guss die Eier mit dem Zucker glatt rühren, die Sahne und das Vanillemark zugeben. Die Masse auf den vorgebackenen Kuchen gießen und fertig backen.

5
Nach dem Abdämpfen den Formrand entfernen und den Kuchen auf einem Kuchengitter auskühlen lassen. Der Kuchen schmeckt frisch am besten.

Apfelstrudel Wiener Art

Einen Strudelteig herzustellen erfordert Übung und Sorgfalt – und auch seine Zeit. Geschmeidig soll er sein, damit man ihn hauchdünn ausziehen kann. Fertig ausgezogene Strudelteigblätter aus der Kühltheke oder Tiefkühltruhe können Ihnen diese Arbeit abnehmen.

STRUDELTEIG

_ **150 g Mehl**
_ **1 Prise Salz**
_ **3 EL neutrales Öl**
_ **80–100 ml lauwarmes Wasser**
_ **Öl zum Bestreichen**

APFELFÜLLUNG

- _ etwa 1 kg säuerliche Äpfel (Boskop, Cox Orange)
- _ 60 g Semmelbrösel, in 50 g Butter geröstet
- _ 30–50 g Sultaninen
- _ 40 g Walnüsse, gehackt
- _ Zucker nach Geschmack, mit Zimt vermischt
- _ abgeriebene Zitronenschale
- _ 80 g zerlassene Butter zum Bestreichen
- _ Puderzucker zum Besieben

Backen: 40 Minuten bei 190 °C
Backblech, gefettet

1

Die Zutaten für den Strudelteig sollen Raumtemperatur haben.

2

In einer Schüssel das Mehl mit dem Salz und dem Öl vermischen. So viel lauwarmes Wasser einrühren, dass ein halbfester, elastischer Teig entsteht (wie weicher Nudelteig). Mit dem Rührlöffel abschlagen, bis sich der Teig von der Schüsselwand löst. Auf der leicht bemehlten Arbeitsfläche kneten und den Teig mehrmals kräftig auf die Arbeitsfläche werfen, »bis er sich zieht wie eine Kälberzunge«. Den Teig rund formen, auf einen mit Öl bestrichenen Teller setzen, mit Öl bestreichen und mit einer Schüssel bedecken. Bei Raumtemperatur mindestens 30 Minuten ruhen lassen.

3

Für die Füllung die Äpfel schälen, vierteln, das Kerngehäuse entfernen, in Scheiben schneiden. Die übrigen Zutaten für die Füllung bereitstellen.

4

Den Strudelteig ausziehen: Ein großes Tuch auf dem Tisch ausbreiten und mit Mehl bestauben. Den Teig darauf mit dem Teigroller nach allen Seiten so groß und so dünn wie möglich ausrollen, anschließend von Hand ausziehen. Dafür greift man mit beiden Händen unter den Teig und zieht ihn über die Handrücken nach und nach von der Mitte nach außen, bis er durchscheinend dünn ist. Die dicken Seitenränder abschneiden.

5

Den Strudel füllen und backen: Die vorderen zwei Drittel des Teiges mit den gerösteten Semmelbröseln bestreuen. Darauf die Äpfel verteilen, mit den Sultaninen, Walnüssen, Zimtzucker und Zitronenschale bestreuen. Das frei gelassene Teigdrittel mit zerlassener Butter bestreichen. Durch Anheben des Tuches auf die freie Teigseite zu einrollen, die beiden Seiten andrücken und mit dem Schluss nach unten auf das Blech legen. Goldbraun backen. Während der Backzeit mehrmals mit Butter bestreichen.

6

Den Strudel abdämpfen lassen. Noch lauwarm mit Puderzucker besieben und mit Schlagsahne servieren.

Apfelstrudel aus Mürbeteig oder Blätterteig

Fein und doch ganz anders schmeckt Apfelstrudel aus Mürbe- oder Blätterteig. Der Zeitaufwand ist wesentlich geringer, und das Ergebnis kann sich sehen lassen. Dafür einen Mürbeteig aus 300 g Mehl (siehe Seite 10/11) zubereiten oder 300 g TK-Blätterteig auftauen. Den Teig dünn zu einem 25 cm breiten, beliebig langen Rechteck ausrollen. Die Zutaten für die Füllung vermischen und längs auf die Mitte des ausgerollten Teiges häufen. Den Teig von beiden Seiten über die Füllung schlagen, mit dem Schluss nach unten auf das Blech legen und die beiden Enden darunterklappen. Die Oberfläche mit der Gabel mehrmals einstechen und den Strudel backen (Mürbeteig 200 °C, Blätterteig 220 °C). Frsich gebacken schmeckt er am besten.

1 Den Strudelteig auf einem bemehlten Tuch ausrollen.

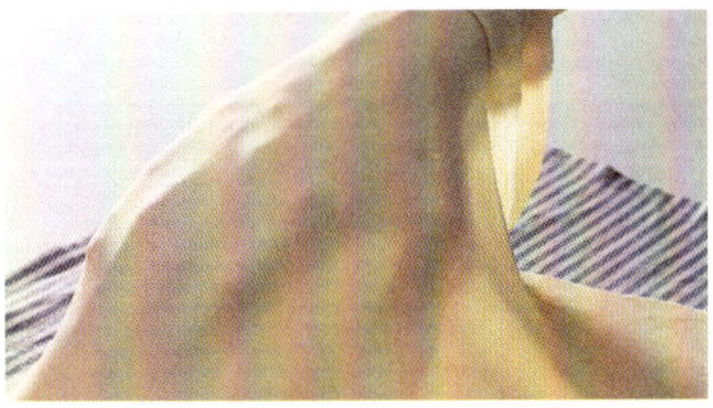

2 Mit dem Handrücken unter dem Teig durchscheinend dünn ausziehen.

Wiener Apfelstrudel

Äpfel – immer wieder anders

Knusper-Apfelkuchen

Zerstoßene Amarettini im dünn ausgerollten Teig und knackige Mandelstifte auf den Äpfeln machen den Kuchen so richtig knusprig. Haben Sie dieses italienische Gebäck nicht zur Hand, erhöhen Sie die Mehlmenge auf 160 g.

MÜRBETEIG

- **40 g Amarettini**
- **125 g Mehl**
- **1 Prise Salz**
- **80 g weiche Butter**
- **40 g Puderzucker**

APFELBELAG

- **500 g säuerliche Äpfel, geschält, grob geraspelt**
- **2 EL Zitronensaft**
- **1 EL brauner Zucker**
- **20 g Butter, zerlassen**
- **2 EL Mandelstifte, mit 1 EL Puderzucker besiebt**

Backen: 35 Minuten bei 200 °C
Springform von 26 cm Ø

1

Für den Mürbeteig die Amarettini in einen Gefrierbeutel füllen, verschließen und mit dem Rollholz zu Krümeln zerdrücken. Mit dem Mehl in die Rührschüssel geben, die übrigen Zutaten zufügen. Mit dem Handrührgerät (Knethaken) kurz auf niedrigster, dann auf höchster Stufe rasch zu einem glatten Teig verarbeiten. Mit den Händen zur Kugel formen, in Folie wickeln und mindestens 30 Minuten kalt stellen.

2

Den Ofen vorheizen. Den Teig in Formgröße ausrollen und nur den Formboden damit auslegen. Mit der Gabel mehrmals einstechen.

3

Für den Belag die Äpfel schälen und in eine Schüssel raspeln oder hobeln. Mit dem Zitronensaft, dem Zucker und dem Zimt vermischen. Auf den Teigboden geben und dabei einen kleinen Rand unbelegt lassen; mit der Butter beträufeln. Mit den Mandelstiften bestreuen. Sofort backen, damit die Äpfel nicht Saft ziehen. Nach dem Abdämpfen auf einem Kuchengitter auskühlen lassen.

Böhmischer Apfelkuchen

Unter der glänzenden Schokoladenglasur verbirgt sich ein zarter Apfelkuchen aus dunklem Nussbiskuit.

- **6 Eier, getrennt**
- **175 + 50 g Zucker**
- **75 g Weichweizengrieß**
- **1 TL Backpulver**
- **120 g gemahlene Haselnüsse**
- **1 EL Kakaopulver, gesiebt**
- **250 g Äpfel, geschält, geraspelt**

GLASUR

- **3 EL Aprikosenkonfitüre mit 1 EL Wasser, erwärmt, durchpassiert**
- **200 g dunkle Kuvertüre, zerkleinert**
- **50 g Kokosfett**

Backen: 45 Minuten bei 190 °C
Springform von 26 cm Ø, gefettet

1

Den Ofen vorheizen. Die Eigelbe mit 175 g Zucker schaumig rühren, den Grieß, das Backpulver, die Haselnüsse und das Kakaopulver unterrühren. Die geraspelten Äpfel sorgfältig untermischen. Die Eiweiße mit 50 g Zucker steif schlagen und unterziehen. Den Teig in die Form füllen und backen. Nach dem Abdämpfen den Kuchen auf ein Gitter stürzen und auskühlen lassen.

2

Für die Glasur den Kuchen sehr dünn mit der Aprikosenkonfitüre bestreichen und mindestens 1 Stunde antrocknen lassen. Die Kuvertüre mit dem Kokosfett auf dem Wasserbad schmelzen und den Kuchen damit überziehen.

Russischer Apfelkuchen

Die geraspelten, in Rum marinierten Äpfel machen den Kuchen aus feinem, dunklem Rührteig saftig. Er bleibt mehrere Tage frisch.

RÜHRTEIG

- **250 g weiche Butter**
- **250 g Zucker**
- **1 Päckchen Vanillezucker**
- **5 Eier**
- **250 g Mehl, 30 g Speisestärke**
- **1 Päckchen Backpulver**
- **1 EL Kakaopulver**
- **1 TL Zimt**
- **125 g gemahlene Mandeln**

- **500 g säuerliche Äpfel**
- **3–4 EL Rum**
- **Puderzucker zum Besieben**

Backen: 50–60 Minuten bei 190 °C
Springform von 26–28 cm Ø, gefettet und mit Semmelbröseln ausgestreut

1

Vorab die Äpfel schälen, grob raspeln und in dem Rum marinieren.

2

Den Ofen vorheizen. Für den Rührteig die Butter geschmeidig rühren. Nach und nach den Zucker, Vanillezucker und die Eier, eines nach dem anderen, zugeben und schaumig rühren. Das Mehl mit der Speisestärke, Backpulver, Kakao und Zimt darübersieben, die Mandeln zugeben und alles locker unterziehen. Zuletzt die marinierten Äpfel sorgfältig unter den Teig mischen. In die Form füllen und backen.

3

Nach dem Abdämpfen den Formrand entfernen und den Kuchen auf einem Kuchengitter auskühlen lassen. Mit Puderzucker besieben. Man reicht Schlagsahne dazu.

Apfelkuchen mit Marzipanguss

Der Mandelgeschmack von Marzipan harmoniert auch sehr gut mit Aprikosen, Kirschen und schwarzen Johannisbeeren. Schaffen Sie Abwechslung mit den Früchten der Saison!

MÜRBETEIG

- **240 g Mehl**
- **60 g Zucker, 1 Prise Salz**
- **120 g weiche Butter**
- **1 Ei**
- **1 EL Rum**

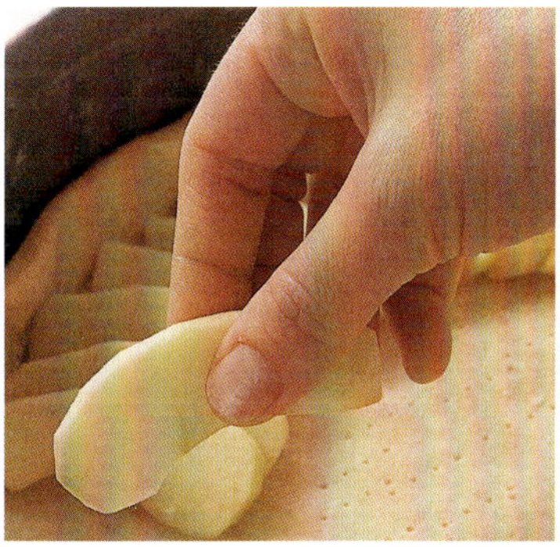

Den Teigboden mit der Gabel mehrmals einstechen, mit den Apfelspalten belegen.

MARZIPANGUSS

- **100 g Marzipanrohmasse**
- **250 ml Milch**
- **80 g Zucker**
- **1 Päckchen Vanillezucker**
- **20 g Speisestärke**
- **2 Eier**

BELAG

- **750 g Äpfel, geschält, Kerngehäuse entfernt, in Spalten geschnitten**
- **abgeriebene Zitronenschale**
- **2 EL Zitronensaft**
- **50 g Sultaninen**

Backen: 40 Minuten bei 200 °C
Springform von 26 cm Ø, mit Backpapier ausgelegt

1

Für den Mürbeteig das Mehl in die Rührschüssel geben, die übrigen Zutaten zufügen. Mit dem Handrührgerät (Knethaken) kurz auf niedrigster, dann auf höchster Stufe rasch zu einem glatten Teig verarbeiten. Mit den Händen zur Kugel formen, in Folie wickeln und mindestens 30 Minuten kalt stellen.

2

Für den Guss die Marzipanrohmasse grob zerkleinern, in einem kleinen Topf mit gut der Hälfte der Milch cremig rühren, mit dem Zucker und Vanillezucker aufkochen. Die Speisestärke mit der restlichen Milch glatt rühren, in die Marzipanmilch einrühren und einmal aufpuffen lassen. Kurz beiseitestellen und die Eier unterrühren.

3

Den Ofen vorheizen. Den Teig etwas größer als die Form rund ausrollen, die Form damit auslegen und einen Rand hochziehen. Den Teigboden mehrmals mit der Gabel einstechen. Den Boden mit den Apfelspalten belegen. Zitronenschale, Zitronensaft und Sultaninen vermischen und darüber verteilen. Mit dem Marzipanguss bedecken. Den Kuchen goldbraun backen.

4

Nach dem Abdämpfen den Formrand entfernen und den Kuchen auf einem Kuchengitter auskühlen lassen. Schlagsahne dazu reichen.

Äpfel unter Gittern – sieht gut aus und schmeckt

Apfel-Mandelkuchen mit Gitter

MÜRBETEIG

- 400 g Mehl, 1/2 TL Backpulver
- 150 g Zucker, 1 Prise Salz
- abgeriebene Zitronenschale
- 200 g weiche Butter, 2 Eier
- 2 EL Rum oder saure Sahne

- 1 Eiweiß
- 1 Eigelb, 1 EL Sahne

BELAG

- 1,5 kg säuerliche Äpfel
- 2 EL Zitronensaft
- 100 g Zucker, 1 TL Zimt
- 50 g Rosinen
- 100 g gestiftelte Mandeln

Backen: 45 Minuten bei 190 °C
Backblech, leicht gefettet

1

Für den Mürbeteig das Mehl in die Rührschüssel geben, die übrigen Zutaten zufügen. Mit dem Handrührgerät (Knethaken) kurz auf niedrigster, dann auf höchster Stufe rasch zu einem glatten Teig verarbeiten. Mit den Händen zur Kugel formen, in Folie wickeln und mindestens 30 Minuten kalt stellen.

2

Den Ofen vorheizen. Zwei Drittel des Teiges auf der bemehlten Arbeitsfläche in Größe des Backbleches ausrollen, mit dem Teigroller aufnehmen und auf dem Backblech wieder abrollen. Die Teigränder egalisieren und den Boden mit der Gabel mehrmals einstechen. Das Eiweiß mit der Gabel verrühren und den Boden damit bestreichen.

3

Für den Belag die Äpfel schälen und grob raspeln. Mit allen Zutaten vermischen und gleichmäßig auf dem Teigboden verteilen.

4

Den restlichen Teig dünn ausrollen, mit dem Teigrädchen schmale Streifen ausschneiden und diagonal als Gitter auf die Apfelfüllung legen – abwechselnd in beide Richtungen, damit ein schönes Darüber-darunter-Geflecht entsteht. (Das Gitter wird noch dekorativer, wenn Sie die Teigstreifen mit dem gewellten Teigrädchen ausschneiden.) Das Eigelb mit der Sahne verrühren und das Gitter damit bestreichen. Den Kuchen goldgelb backen.

5

Nach dem Abdämpfen auf einem Kuchengitter auskühlen lassen und möglichst frisch verzehren.

Apfelkuchen mit Marzipangitter ⊗

Dieses Rezept stammt von einer guten Freundin. Es ist der Lieblingskuchen der ganzen Familie. Das aufgespritzte Marzipangitter ist nicht nur Verzierung, sondern bringt zusätzlichen Geschmack mit.

MÜRBETEIG

- 300 g Mehl
- ½ TL Backpulver
- 125 g Puderzucker
- 175 g weiche Butter
- 1 Ei

BELAG

- 1,5 kg säuerliche Äpfel
- 50 g Butter
- 75 g Zucker
- 2 Päckchen Vanillezucker
- 1 TL Zimt
- Saft von 1 Zitrone

MARZIPANGITTER

- 200 g Marzipanrohmasse
- 140 g Puderzucker
- 2 Eiweiß

Vorbacken: 15 Minuten bei 180 °C
Fertig backen: 30 Minuten bei 180 °C
Backblech, leicht gefettet

1

Für den Mürbeteig das Mehl in die Rührschüssel geben, die übrigen Zutaten zufügen. Mit dem Handrührgerät (Knethaken) kurz auf niedrigster, dann auf höchster Stufe rasch zu einem glatten Teig verarbeiten. Mit den Händen zur Kugel formen, in Folie wickeln und mindestens 30 Minuten kalt stellen.

2

Für den Belag die Äpfel schälen, das Kerngehäuse entfernen, in Spalten schneiden. In einem Topf die Butter zerlassen und die Äpfel mit allen Zutaten darin halb weich dünsten. Abkühlen lassen.

3

Für das Gitter die Marzipanrohmasse mit der Gabel zerdrücken und mit dem Puderzucker und den Eiweißen zu einer glatten, spritzbaren Masse verarbeiten.

4

Den Ofen vorheizen. Den Mürbeteig in Blechgröße ausrollen, mit dem Rollholz aufnehmen und auf dem Backblech wieder abrollen. Die Ränder egalisieren, den Teig mehrmals einstechen. Die Teigplatte vorbacken.

5

Die abgekühlten Äpfel auf dem vorgebackenen Mürbeteig verteilen. Die Marzipanmasse in einen Spritzbeutel mit großer Sterntülle füllen und gitterförmig aufspritzen – abwechselnd in beide Richtungen, damit ein schönes Darüber-darunter-Geflecht entsteht. Fertig backen.

6

Nach dem Abdämpfen auf einem Kuchengitter auskühlen lassen und möglichst frisch verzehren.

1 Die Apfelspalten in der zerlassenen Butter halb weich dünsten.

2 Die Marzipanrohmasse glatt und spritzbar verarbeiten.

3 Die Äpfel auf dem vorgebackenen Mürbeteigboden verteilen.

4 Das Marzipangitter mit der großen Sterntülle aufspritzen.

Rhabarber – die Nummer eins im Mai und Juni

Schneller Rhabarberkuchen

Mit dem süßen, fettfreien Eischwerteig harmoniert neben Rhabarber auch anderes säuerliches Sommerobst wie Stachelbeeren, Sauerkirschen oder Aprikosen. Der Zeitaufwand für den unkomplizierten Kuchen ist gering.

EISCHWERTEIG OHNE FETT

- _ 3 Eier
- _ 3 eischwer Zucker (oder etwas weniger)
- _ abgeriebene Zitronenschale
- _ 3 eischwer Mehl, nach Belieben davon 1/3 Speisestärke

BELAG

- _ 500 g Rhabarber, bei Bedarf geschält, in Stückchen geschnitten
- _ Puderzucker zum Besieben

Backen: 40 Minuten bei 190 °C
Springform von 26–28 cm Ø, gefettet und bemehlt

1

Den Ofen vorheizen. Für den Teig die Eier wiegen, gleich viel Zucker und Mehl abwiegen. Die Eier mit dem Zucker auf höchster Schaltstufe zu einer sehr lockeren, weißschaumigen Masse rühren, die Zitronenschale zugeben. Das Mehl auf die Schaummasse sieben und locker untermischen. Den Teig in die vorbereitete Form füllen, glatt streichen und mit den Rhabarberstückchen belegen. Den Kuchen hellbraun backen.

2

Nach dem Abdämpfen den Formrand entfernen und den Kuchen auf einem Kuchengitter auskühlen lassen. Mit Puderzucker besieben.

Rhabarberkuchen mit Karamellkruste

Das Besondere an diesem feinen Rhabarberkuchen, der mit zwei Teigen gebacken wird, ist die goldbraune Karamellkruste. Servieren Sie ihn möglichst frisch gebacken. Halb steif geschlagene Sahne, nach Belieben mit Rum abgeschmeckt, passt gut dazu.

MÜRBETEIG

- _ 150 g Mehl
- _ 75 g Zucker
- _ 1 TL Vanillezucker
- _ 1 Prise Salz
- _ 100 g weiche Butter
- _ 2 EL Eiswasser

RÜHRTEIG

- _ 100 g Butter
- _ 75 + 25 g Zucker
- _ 2 Eier, getrennt
- _ abgeriebene Zitronenschale
- _ 1 EL Rum (nach Belieben)
- _ 100 g Mehl

BELAG UND KARAMELL

- _ 250 g Rhabarber, bei Bedarf geschält, in 2 cm breite Stückchen geschnitten
- _ 2–3 EL brauner Zucker
- _ 1 TL Zimtzucker

Vorbacken: 10–12 Minuten bei 210 °C
Fertig backen: 40 Minuten bei 180 °C
Karamellisieren: etwa 1 Minute unter dem Grill
Springform von 26–28 Ø

1

Für den Mürbeteig das Mehl in die Rührschüssel geben, die übrigen Zutaten zufügen. Mit dem Handrührgerät (Knethaken) kurz auf niedrigster, dann auf höchster Stufe rasch zu einem glatten Teig verarbeiten. Mit den Händen zur Kugel formen, in Folie wickeln und mindestens 30 Minuten kalt stellen.

2

Den Ofen vorheizen. Den Mürbeteig in Größe der Backform rund ausrollen, auf den Formboden legen, mit der Gabel mehrmals einstechen und vorbacken. In der Form abkühlen lassen. Die Ofentemperatur reduzieren.

3

Für den Rührteig die Butter mit 75 g Zucker und den Eigelben schaumig rühren, die Zitronenschale und den Rum (falls verwendet) zugeben. Die Eiweiße mit dem restlichen Zucker steif schlagen, auf die Schaummasse gleiten lassen, das Mehl darübersieben und beides untermischen.

4

Den Rührteig auf den vorgebackenen Mürbeteigboden streichen, mit den Rhabarberstückchen belegen und fertig backen. Kurz vor Ende der Backzeit den Kuchen gleichmäßig mit dem braunen Zucker und Zimtzucker bestreuen und unter dem Grill obere Schiene, auf Sicht goldbraun karamellisieren.

5

Nach dem Abdämpfen den Formrand entfernen und den Kuchen auf einem Kuchengitter auskühlen lassen.

Rhabarbertarte ⊗

FÜLLUNG

- 800 g Rhabarber, bei Bedarf geschält, in 2 cm große Stückchen geschnitten
- 80 g Zucker

MÜRBETEIG

- 250 g Mehl
- 125 g weiche Butter
- 60 g Puderzucker
- 1 Eigelb
- 1 Prise Salz

GUSS

- 2 Eier
- 60 g Zucker
- Mark von 1 Vanilleschote
- 150 g Crème fraîche
- 50 g Magerquark
- 2 EL Speisestärke

Vorbacken: 10 Minuten bei 220 °C
Fertig backen: etwa 30 Minuten bei 200 °C
Tortenbodenform mit herausnehmbarem Boden von 26–28 cm Ø

1

Für die Füllung den Rhabarber in einem Topf mit dem Zucker bestreuen und 30 Minuten ziehen lassen. Anschließend wenige Minuten dünsten – er soll nicht zerfallen. Im Sieb gut abtropfen lassen.

2

Für den Mürbeteig das Mehl in die Rührschüssel geben, die übrigen Zutaten zufügen. Mit dem Handrührgerät (Knethaken) kurz auf niedrigster, dann auf höchster Stufe rasch zu einem glatten Teig verarbeiten. Mit den Händen zur Kugel formen, in Folie wickeln und mindestens 30 Minuten kalt stellen.

3

Den Ofen vorheizen. Den Mürbeteig etwas größer als die Form ausrollen, in die Form legen und dabei einen Rand hochziehen. Überstehenden Teig abschneiden. Den Boden mit der Gabel mehrmals einstechen. Einen Streifen zerdrückte Alufolie an den Rand drücken, damit er nicht zusammenfällt (siehe Foto Seite 11). Den Boden vorbacken. Die Folie entfernen. Die Ofentemperatur reduzieren.

4

Für den Guss die Eier mit dem Zucker und dem Vanillemark cremig rühren. Die Crème fraîche und den Quark unterrühren. Die Speisestärke darüber sieben und untermischen. Den Rhabarber auf dem Tarteboden verteilen und den Guss gleichmäßig darübergießen. Auf Sicht goldgelb fertig backen.

5

Die Tarte nach gutem Abdämpfen mit dem Boden aus der Form heben und auf einem Kuchengitter auskühlen lassen.

Rhabarbertarte

Umgedrehte Kuchen

Umgedrehter Rhabarberkuchen

Bei diesem »Kopfüber-Kuchen« wird der Zucker in der Form karamellisiert. Den dicht an dicht gelegten Rhabarber bedeckt man mit dem Blätterteig. Nehmen Sie eine gut schließende Springform oder ein rundes, konisches Blech.

- 250 g TK-Blätterteig, aufgetaut
- 600 g Rhabarber, bei Bedarf abgefädelt, in 4 cm lange Stücke geschnitten
- 100 g Zucker zum Karamellisieren
- 40 g Butter, in Stückchen
- ½ TL Zimt
- 20 g Mandelblättchen, trocken geröstet

Karamellisieren: 5–7 Minuten bei 220 °C
Backen: etwa 20 Minuten bei 220 °C
Springform von 26 cm Ø, mit Backpapier ausgelegt

1

Den Ofen vorheizen. Den Blätterteig 2 cm größer als die Backform ausrollen und mit der Gabel mehrmals einstechen.

2

Für den Karamell den Zucker in die Form auf das Backpapier streuen und im Ofen auf der untersten Schiene hellbraun karamellisieren. Die Form aus dem Ofen nehmen und die Butterstückchen auf dem Karamell schmelzen.

3

Die Rhabarberstücke dicht an dicht in Kreisen von außen nach innen auf den Karamell legen, dabei am Rand knapp 1 cm frei lassen; mit dem Zimt bestreuen. Den Blätterteig locker darüber legen, den überstehenden Teig am Formrand einrollen. Den Kuchen auf der mittleren Schiene hellbraun backen.

4

Wenn nötig, vor dem Stürzen den Saft vorsichtig abgießen. Den noch heißen Kuchen auf eine Platte stürzen und das Backpapier abziehen. Den Rand mit den Mandelblättchen bestreuen. Genießen Sie den saftigen Kuchen warm oder lauwarm.

Umgedrehter Aprikosenkuchen ⊗

Das Tüpfelchen auf dem i sind die karamellisierten Walnusshälften am Rand.

EISCHWERTEIG

- 3 Eier
- 3 eischwer Puderzucker
- 3 eischwer Butter, zerlassen
- 3 eischwer Mehl, davon 1/3 Speisestärke
- 1/2 TL Backpulver
- abgeriebene Zitronenschale

FÜR DIE FORM

- 50 g Butter, zerlassen
- 50 g Zucker
- etwa 100 g Walnusshälften
- 500 g Aprikosen, entsteint, halbiert

Backen: 40 Minuten bei 190 °C
Springform von 26 cm Ø, Boden mit Butterbrotpapier ausgelegt

1

Für den Teig die Eier wiegen. Gleich viel Puderzucker, Butter sowie Mehl plus Speisestärke abwiegen. Das Mehl mit der Speisestärke und dem Backpulver mischen und sieben. Die Eier mit dem Puderzucker mit dem Handrührgerät (Rührbesen) schaumig rühren. Mit dem Rührlöffel einige Esslöffel der Mehlmischung und die Zitronenschale unterrühren. Das restliche Mehl, abwechselnd mit der lauwarmen Butter, nach und nach unterrühren.

2

Den Ofen vorheizen. Für den Belag die Butter in die vorbereitete Springform träufeln und den Zucker gleichmäßig einstreuen. Den Boden am Rand entlang mit einer Reihe Walnusshälften belegen, Rundung nach unten. Die Aprikosenhälften mit der Rundung nach unten in die Form legen. Den Teig einfüllen und glatt streichen. Goldgelb backen.

3

Den Kuchen in der Form kurz abdämpfen lassen, auf eine Platte stürzen und das Papier vorsichtig abziehen.

Umgedrehter Kirschkuchen

Entsteinte Sauerkirschen oder Schattenmorellen können Sie frisch oder aus dem Glas verwenden. Den Formboden mit Butter beträufeln, zuckern und mit den Walnusshälften und Kirschen auslegen.

Umgedrehter Apfelkuchen

Wählen Sie säuerlich-aromatische Äpfel für den Kuchen. Die Äpfel schälen, das Kerngehäuse entfernen, in Spalten schneiden. Den Formboden mit Butter beträufeln, zuckern und in Kreisen von außen nach innen mit den Äpfeln auslegen. Den Teig darüberfüllen und backen.

Auch den Apfelkuchen können Sie am Rand des Formbodens mit einer Reihe Walnusshälften belegen und den fertigen Kuchen mit Puderzucker besieben.

Umgedrehter Apfelkuchen

Beeren – im Sommer frisch und im Winter gefroren

Beerenschnitten mit Quarkcreme

Der Kuchen wird in einem verstellbaren Backrahmen gebacken, so lässt er sich in gleichmäßige Schnitten teilen. Natürlich können Sie ihn auch in der Springform backen und in Tortenstücke schneiden.

WASSERBISKUIT

- 3 Eiweiß, 3 EL kaltes Wasser
- 150 g Zucker
- 3 Eigelb, verrührt
- 100 g Mehl, 1 TL Backpulver
- 50 g gemahlene Haselnüsse

QUARKCREME

- 4 Eigelb
- 180 g Zucker
- 125 ml Milch
- abgeriebene Zitronenschale
- 8 Blatt Gelatine, kalt eingeweicht
- 500 g Quark, im Sieb abgetropft
- 400 g Sahne, steif geschlagen

BELAG UND GUSS

- 750 g gemischte Beeren (Himbeeren, Heidelbeeren, Johannisbeeren, Erdbeeren)
- 1 Päckchen Tortenguss
- 250 ml Weißwein, 2 EL Zucker

Backen: 20 Minuten bei 180 °C
Verstellbarer Backrahmen, 28 × 20 cm
Backblech, mit Backpapier ausgelegt

1

Den Ofen vorheizen. Für den Biskuit die Eiweiße mit dem Wasser zu steifem Schnee schlagen, dabei den Zucker einrieseln lassen. Die Eigelbe unterrühren. Das Mehl mit dem Backpulver darübersieben, die Nüsse einstreuen und beides locker unterheben. Den Backrahmen auf das vorbereitete Blech setzen, die Masse einfüllen, glatt streichen und backen.

2

Nach dem Abdämpfen den Backrahmen mit einem Messer vom Rand lösen und abnehmen. Den Biskuit auf eine Unterlage stürzen und das Papier abziehen. Auskühlen lassen.

3

Für die Quarkcreme in einem Topf die Eigelbe mit dem Zucker und der Milch glatt rühren, die Zitronenschale zugeben. Unter beständigem Rühren mit dem Schneebesen erhitzen und einmal aufpuffen lassen. Den Topf vom Herd nehmen. Die Gelatine ausdrücken und in der heißen Creme auflösen. Den Quark durch das Sieb streichen, unter die Creme mischen und diese etwa 10 Minuten kalt stellen, bis sie zu stocken beginnt. Die Schlagsahne unterziehen.

4

Zum Fertigstellen den Biskuit wieder mit dem Backrahmen umschließen. Die Creme einfüllen, glatt streichen und die Beeren in einem hübschen Muster auf der Creme verteilen. Den Tortenguss nach Packungsanweisung mit dem Wein und Zucker zubereiten und die Beeren damit überglänzen. Kalt stellen, bis die Creme und der Tortenguss fest geworden sind.

5

Den Backrahmen mit einem in heißes Wasser getauchten Messer ablösen. Die Torte in Schnitten teilen.

1 Aus den Eigelben, Zucker und Milch auf dem Herd eine Creme rühren.

2 Die ausgedrückte Gelatine in der heißen Creme auflösen.

3 Den passierten Quark in die Creme einrühren, kalt stellen.

4 Die geschlagene Sahne unter die Quarkcreme ziehen.

5 Die Creme auf den Biskuit (im verstellbaren Backrahmen) streichen.

6 Die Beeren in einem hübschen Muster auf der Creme anordnen.

Beerenkuchen mit Joghurtcreme

KEKSBODEN

- **200 g Löffelbiskuits**
- **100 g Butter, zerlassen**

JOGHURTCREME

- **450 g Joghurt, 300 g saure Sahne**
- **120 g Zucker**
- **2 EL Zitronensaft**
- **7 Blatt Gelatine, kalt eingeweicht**
- **200 g Sahne, steif geschlagen**

BELAG UND GUSS

- **300 g Waldbeeren (Himbeeren, Brombeeren und Heidelbeeren)**
- **1 Päckchen Tortenguss**
- **250 ml Fruchtsaft, 2 EL Zucker**

Tortenring von 26 cm Ø

1

Für den Boden die Löffelbiskuits in einen Gefrierbeutel geben, verschließen und mit dem Teigroller zerdrücken. Die Brösel in einer Schüssel mit der Butter vermischen. Den Tortenring auf eine Kuchenplatte setzen, die Bröselmasse darin verteilen und gut festdrücken.

2

Für die Creme den Joghurt mit der sauren Sahne, dem Zucker und Zitronensaft glatt rühren. Die Gelatine tropfnass in einem Topf erwärmen und auflösen, mit einigen Löffeln der Joghurtmasse vermischen und unter die restliche Masse rühren. Kalt stellen. Sobald die Creme zu gelieren beginnt, die Schlagsahne unterziehen. Die Joghurtcreme auf den Biskuitboden füllen und glatt streichen.

3

Die vorbereiteten Beeren auf der noch geschmeidigen Joghurtcreme verteilen. Den Tortenguss nach Packungsanweisung mit dem Fruchtsaft und Zucker zubereiten und auf den Früchten verteilen. Kalt stellen.

Erdbeeren – der Sommer kündigt sich an

Feiner Erdbeerkuchen mit Tortenguss

Oben ein saftiger Guss mit Beeren, unter dem Biskuit ein krosser Mürbeteig-Unterboden – das ist die edle Form des klassischen Beerenkuchens.

MÜRBETEIG-UNTERBODEN

- 55 g weiche Butter
- 35 g Zucker
- 1 Eigelb
- 70 g Mehl

BISKUIT

- 3 Eier, getrennt
- 75 g Zucker
- 75 g Mehl

- Konfitüre zum Bestreichen

BELAG UND GUSS

- 500–600 g Erdbeeren (oder andere Beeren der Saison)
- 1 Päckchen Tortenguss
- 250 ml Fruchtsaft, 2 EL Zucker

Unterboden backen: 10–15 Minuten bei 200 °C
Biskuit backen: 20–25 Minuten bei 180 °C
Springform von 26–28 cm Ø

1

Den Ofen vorheizen. Für den Unterboden die Butter mit dem Zucker und dem Eigelb schaumig rühren, das Mehl untermischen. Mit der Teigkarte oder dem Spatel auf den Formboden streichen und auf der mittleren Schiene hellgelb backen.

2

Für den Biskuit die Eiweiße steif, aber nicht schnittfest schlagen, dabei den Zucker einrieseln lassen. Die verrührten Eigelbe untermischen, das Mehl darübersieben und unterziehen.

3

Den vorgebackenen Unterboden aus dem Ofen nehmen. In der Form mit Konfitüre bestreichen. Die Biskuitmasse einfüllen, glatt streichen und goldgelb backen. Den Tortenboden nach kurzem Abdämpfen aus der Form nehmen und auf einer Unterlage auskühlen lassen.

4

Den Biskuit mit Konfitüre bestreichen und mit einem Tortenring umschließen. Dicht und dekorativ mit den geputzten ganzen Beeren belegen.

5

Den Tortenguss nach Packungsanweisung mit dem Fruchtsaft und Zucker zubereiten und die Früchte damit überziehen.

Erdbeer-Makronen-Kuchen

Erdbeer-Makronen-Kuchen

MÜRBETEIG

- 125 g Mehl
- 1 EL Zucker
- 1/2 Päckchen Vanillezucker
- 1 Prise Salz
- 80 g weiche Butter

MAKRONENMASSE

- 3 Eiweiß
- 1 TL Zitronensaft
- 120 g Zucker
- 175 g gemahlene Mandeln

BELAG

- 500 g Erdbeeren
- 100 g Sahne, 1 EL Zucker

Vorbacken: 15 Minuten bei 180 °C
Fertig backen: 20–25 Minuten bei 180 °C
Springform von 26 cm Ø

1

Für den Mürbeteig das Mehl in die Rührschüssel geben, die übrigen Zutaten zufügen. Mit dem Handrührgerät (Knethaken) kurz auf niedrigster, dann auf höchster Stufe rasch zu einem glatten Teig verarbeiten. Mit den Händen zur Kugel formen, in Folie wickeln und mindestens 30 Minuten kalt stellen.

2

Den Ofen vorheizen. Den Teig in Größe der Backform rund ausrollen und die Form damit auslegen. Mit der Gabel mehrmals einstechen und hellgelb vorbacken.

3

Für die Makronenmasse die Eiweiße mit dem Zitronensaft steif, aber nicht schnittfest schlagen, dabei den Zucker einrieseln lassen und fest aufschlagen. Die Mandeln untermischen. Die Masse auf den vorgebackenen Boden streichen und goldgelb fertig backen. Nach dem Abdämpfen den Formrand entfernen, den Kuchen auf einem Kuchengitter auskühlen lassen, dann auf eine Tortenunterlage legen.

4

Für den Belag die Erdbeeren waschen, putzen, große Beeren halbieren und den Kuchen mit den Erdbeeren belegen. Die Sahne mit dem Zucker steif schlagen und die Oberfläche damit überziehen oder spritzen.

Erdbeertarte mit Marzipancreme ⊗

MÜRBETEIG

- **220 g Mehl**
- **80 g Puderzucker**
- **1 Prise Salz**
- **100 g weiche Butter, 1 Ei**

MARZIPANCREME

- **2 Eier, getrennt**
- **30 g Speisestärke**
- **300 ml Milch**
- **20 + 40 g Zucker**
- **1 Prise Salz**
- **150 g Marzipanrohmasse**
- **80 g geschälte, gemahlene Mandeln**

BELAG

- **600 g gleich große Erdbeeren**
- **Puderzucker**

Blind backen:
10–15 Minuten bei 200 °C
Fertig backen:
10–15 Minuten bei 190 °C
Tortenbodenform mit herausnehmbarem Boden von 26–28 cm Ø
Backpapier und Hülsenfrüchte zum Blindbacken

1

Für den Mürbeteig das Mehl in die Rührschüssel geben, die übrigen Zutaten zufügen. Mit dem Handrührgerät (Knethaken) kurz auf niedrigster, dann auf höchster Stufe rasch zu einem glatten Teig verarbeiten. Mit den Händen zur Kugel formen, in Folie wickeln und mindestens 30 Minuten kalt stellen.

2

Den Ofen vorheizen. Auf der bemehlten Arbeitsfläche den Teig rund ausrollen, die Form damit auslegen, dabei den Teig an den Formrand drücken und den überstehenden Teig mit einem Messer gerade abschneiden. Den Boden mit der Gabel mehrmals einstechen, mit Backpapier auslegen und mit Hülsenfrüchten füllen. Blind backen. Die Ofentemperatur reduzieren. Die Hülsenfrüchte mit dem Papier entfernen und den Boden fertig backen. Nach dem Abdämpfen aus der Form heben und auf einem Kuchengitter auskühlen lassen.

3

Für die Creme die Eigelbe mit der Speisestärke und etwas Milch glatt rühren. Die restliche Milch mit 20 g Zucker und dem Salz zum Kochen bringen. Die angerührte Mischung mit dem Schneebesen in die Milch einrühren und einmal aufpuffen lassen. Den Topf vom Herd nehmen. Die Eiweiße mit dem restlichen Zucker steif schlagen und unter die Creme mischen. Die Marzipanrohmasse mit 2–3 EL der heißen Creme geschmeidig rühren, nach und nach mit der restlichen Creme verarbeiten. Zuletzt die Mandeln unterziehen. Die Creme auf den Kuchenboden füllen, glatt streichen und abkühlen lassen.

4

Die Erdbeeren (ganze Früchte) in Kreisen von außen nach innen auf die Creme setzen und mit Puderzucker besieben. Evtl. mit Zitronenmelisse verzieren.

Kirschen aus dem Glas – das ganze Jahr ein Renner

Kirschkuchen mit Joghurtcreme

Ein Kirschkuchen aus feinem Nussbiskuit, darüber eine weiße Joghurtcreme, überzogen mit einem rot glänzenden Tortenguss – das ist optisch und geschmacklich ein Genuss.

NUSSBISKUIT

- 5 Eier, getrennt
- 150 g Zucker
- 300 g gemahlene Haselnüsse
- 1 TL Backpulver

JOGHURTCREME

- 300 g Joghurt
- 200 g saure Sahne
- 1 EL Zitronensaft
- 100 g Zucker
- 5 Blatt Gelatine, kalt eingeweicht
- 200 g Sahne, steif geschlagen

BELAG UND GUSS

- 350 g entsteinte Sauerkirschen aus dem Glas, abgetropft, Saft aufgefangen
- 1 Päckchen roter Tortenguss

Backen: 35–40 Minuten bei 180 °C
Springform von 26–28 cm Ø, Boden mit Backpapier ausgelegt

1

Für den Biskuit die Eiweiße steif, aber nicht schnittfest schlagen, dabei den Zucker einrieseln lassen. Die verrührten Eigelbe und die Nüsse, mit dem Backpulver vermischt, vorsichtig unterheben. Die Masse in die Form füllen, glatt streichen und hellbraun backen. Nach dem Abdämpfen den Formrand entfernen und den Kuchen auf einem Kuchengitter auskühlen lassen.

2

Für die Creme den Joghurt mit der sauren Sahne, Zitronensaft und Zucker glatt rühren. Die Gelatine tropfnass in einem Topf oder in der Mikrowelle erwärmen und auflösen, mit 3 EL Creme verrühren und unter die restliche Creme mischen. Kalt stellen. Sobald die Creme zu gelieren beginnt, die Schlagsahne unterziehen.

3

Den Biskuit auf eine Tortenplatte legen und mit einem Tortenring umschließen. Die Sauerkirschen darauf verteilen. Die Creme auf die Kirschen füllen und glatt streichen.

4

Den Tortenguss mit dem aufgefangenen Kirschsaft nach Packungsanweisung zubereiten und auf der Torte verteilen. Einige Stunden kalt stellen.

Schneller Kirschkuchen

Der unkomplizierte Kirschkuchen aus feinem Wiener Biskuit macht nur wenig Mühe. Sie können ihn auch mit Äpfeln, Zwetschgen, Aprikosen und Stachelbeeren backen.

WIENER BISKUIT

- 3 Eier, getrennt, 75 g feiner Zucker
- 50 g Mehl, 30 g Speisestärke
- 45 g Butter, zerlassen

BELAG

- 350 g entsteinte Schattenmorellen aus dem Glas, abgetropft
- Puderzucker zum Besieben

Backen: 45 Minuten bei 190 °C
Springform von 26 cm Ø, gefettet

1

Den Ofen vorheizen. Die Eiweiße steif, aber nicht schnittfest schlagen, dabei den Zucker einrieseln lassen. Die verrührten Eigelbe untermischen. Das Mehl mit der Speisestärke sieben und abwechselnd mit der lauwarmen Butter mit dem Spatel unter den Eischnee mischen. Die Masse in die Backform füllen, glatt streichen und möglichst gleichmäßig mit den Kirschen belegen. In den Ofen schieben und hellbraun backen.

2

Nach dem Abdämpfen den Formrand entfernen und den Kuchen auf einem Kuchengitter auskühlen lassen. Mit Puderzucker besieben. Man reicht Schlagsahne dazu (sehr gut mit etwas Zimt aromatisiert).

Schokoladen-Kirschkuchen

Den edlen Kuchen mit feiner Schokolade, Mandeln und Kirschen hat uns ein Hobbybäcker aus dem Freundeskreis verraten. Die Kirschen sinken in den zarten Teig ein.

RÜHRTEIG

- 140 g weiche Butter
- 100 + 40 g Zucker, 1 Prise Salz
- 4 Eigelb
- 100 g dunkle Kuvertüre, geschmolzen
- 1 cl Kirschlikör
- 4 Eiweiß
- 150 g gemahlene Mandeln
- 60 g Mehl, ½ TL Backpulver

- 350 g entsteinte Schattenmorellen aus dem Glas, abgetropft
- Puderzucker zum Besieben

Schokoladen-Kirschkuchen

Backen: 45 Minuten bei 180 °C
Springform von 26 cm Ø, gefettet und bemehlt

1

Den Ofen vorheizen. Für den Teig die Butter geschmeidig rühren. Nach und nach 100 g Zucker, das Salz und die Eigelbe, eines nach dem anderen, zugeben und zu einer sehr schönen Schaummasse rühren. Die Kuvertüre und den Kirschlikör unterrühren. Die Eiweiße mit 40 g Zucker steif schlagen und auf die Schaummasse gleiten lassen. Die Mandeln zugeben, das Mehl mit dem Backpulver darübersieben und alles leicht und locker vermischen. In die Backform füllen und glatt streichen. Die Kirschen gleichmäßig auf der Oberfläche verteilen. Hellbraun backen.

2

Nach dem Abdämpfen den Formrand entfernen und den Kuchen auf einem Gitter auskühlen lassen. Vor dem Servieren mit Puderzucker besieben. Man reicht Schlagsahne dazu, die gern mit Zimt aromatisiert wird.

Gleich ein ganzes Blech – für die große Runde

Zwetschgenkuchen

Zwetschgendatschi

HEFETEIG

- _ 400 g Mehl
- _ ½ Würfel frische Hefe, 50 g Zucker
- _ etwa 150 ml lauwarme Milch
- _ 50 g Butter, zerlassen
- _ 1 Ei
- _ ½ TL Salz

BELAG UND STREUSEL

- _ 1,5 kg Zwetschgen
- _ 150 g Mehl
- _ 100 g Zucker, ½ TL Zimt
- _ 100 g kalte Butterflöckchen

Backen: 40 Minuten bei 190 °C
Backblech, gefettet

1

Für den Hefeteig das Mehl in die Rührschüssel geben, die Hefe darüber verteilen. Die übrigen Zutaten und die lauwarme Milch zufügen. Mit dem Handrührgerät (Knethaken) kurz auf niedriger, dann auf höchster Stufe zu einem glatten, geschmeidigen Teig verkneten. Den Teig bei Raumtemperatur zugedeckt gehen lassen, bis er das Doppelte seines Volumens erreicht hat.

2

Den Hefeteig auf der bemehlten Arbeitsfläche in Blechgröße ausrollen, mit dem Teigroller aufnehmen und auf dem Blech wieder abrollen. Nachformen und die Ränder leicht hochdrücken.

3

Die Zwetschgen halbieren, aber nicht durchtrennen, und entsteinen; schnell und einfach geht das mit dem Zwetschgenentsteiner, der die Früchte gleichzeitig entsteint und einschneidet. Den Teig in sehr dichten Reihen und leicht überlappend mit den Zwetschgen belegen. Zugedeckt noch einmal gehen lassen. Den Ofen vorheizen.

4

Für die Streusel das Mehl mit dem Zucker, Zimt und den Butterflöckchen vermengen und zwischen den Fingern krümelig reiben. Die Streusel auf die Zwetschgen streuen. Den Kuchen in den Ofen schieben und hellbraun backen. Nach kurzem Abdämpfen auf einem Gitter auskühlen lassen. Der Kuchen schmeckt frisch gebacken am besten.

Zwetschgen-Krümelkuchen

Krümelteig ist doppelt praktisch: ein Teil wird in die Form gedrückt als Boden und der Rest als Brösel darübergestreut. Den feinen Kuchen können Sie auch mit Rhabarberstückchen oder mit Apfelspalten backen.

KRÜMELTEIG

- 250 g weiche Butter
- 250 g Zucker, 1 Ei
- 1 Päckchen Vanillezucker
- 1 Prise Salz
- 500 g Mehl, mit 1 Päckchen Backpulver vermischt

BELAG

- 250 g Magerquark, abgetropft
- 30 g Butter, zerlassen
- 75 g Zucker
- 1 Päckchen Vanillezucker
- 1 EL Speisestärke
- 1,5 kg Zwetschgen

Backen: 50 Minuten bei 175 °C
Backblech, gefettet

1

Für den Teig die Butter mit dem Zucker und dem Ei schaumig rühren, den Vanillezucker und das Salz unterrühren. Die Hälfte des mit dem Backpulver vermischten Mehles unterrühren. Das restliche Mehl zugeben und den Teig mit den Händen krümelig reiben. Zwei Drittel des Teiges auf das Backblech drücken. Den Ofen vorheizen.

2

Für den Belag den Quark mit allen Zutaten (ohne die Zwetschgen) glatt rühren und auf den Krümelteig streichen. Die Zwetschgen halbieren, aber nicht durchschneiden, entsteinen und in dichten Reihen auf dem Quarkbelag anordnen. Den restlichen Krümelteig als Streusel über die Zwetschgen verteilen und backen. Den Kuchen auf dem Blech auskühlen lassen.

Johannisbeer-Schoko-Kuchen

RÜHRTEIG

- 250 g weiche Butter
- 250 g Zucker
- 1 Prise Salz
- 4 Eier
- 150 g Mehl
- 150 g Speisestärke
- 1 TL Backpulver
- 2 EL Kakaopulver
- 100 g Vollmilch-Schokostreusel

BELAG

- 100 g gemahlene Haselnüsse
- 1 kg Johannisbeeren
- 100 g Hagelzucker

Backen: 45 Minuten bei 180 °C
Backblech, mit Backpapier ausgelegt

1

Die Butter geschmeidig rühren. Nach und nach den Zucker, Salz und die Eier, eines nach dem anderen, zugeben und schaumig rühren. Das Mehl mit der Speisestärke, dem Backpulver und dem Kakao vermischen und auf die Schaummasse sieben. Die Schokostreusel darüberstreuen und alles mit dem Gummispatel unterheben.

2

Den Ofen vorheizen. Den Teig auf das Backblech streichen. Die Haselnüsse auf den Teig streuen und die Johannisbeeren schön gleichmäßig darauf verteilen. Den Kuchen backen. Nach kurzem Abdämpfen auf ein Kuchengitter oder Schneidbrett schieben, sofort mit dem Hagelzucker bestreuen und auskühlen lassen.

Apfelkuchen mit Quarkbelag

- Hefeteig wie Zwetschgenkuchen (links)
- 1,5–2 kg Äpfel

QUARKBELAG

- 60 g weiche Butter
- 150 g Zucker, 4 Eier
- 750 g Quark, im Sieb abgetropft
- 4 EL saure Sahne
- abgeriebene Zitronenschale

Backen: 40–50 Minuten bei 190 °C
Backblech, gefettet

1

Den Hefeteig zubereiten, wie beim Zwetschgenkuchen links in Schritt 1 beschrieben, zugedeckt gehen lassen.

2

Den Hefeteig auf der bemehlten Arbeitsfläche in Blechgröße ausrollen, mit dem Teigroller aufnehmen und auf dem Blech wieder abrollen. Nachformen und die Ränder leicht hochdrücken.

3

Die Äpfel schälen, in Spalten schneiden. Den Teig in gleichmäßigen Reihen sehr dicht mit den Apfelspalten belegen. Gehen lassen. Den Ofen vorheizen.

4

Für den Belag die Butter mit dem Zucker und den Eiern schaumig rühren. Den Quark, die saure Sahne und die Zitronenschale untermischen. Die Masse auf den Äpfeln verteilen und glatt streichen. Sobald der Kuchen genug gegangen ist, in den Ofen schieben und goldgelb backen. Nach kurzem Abdämpfen auf einem Kuchengitter auskühlen lassen.

Apfelkuchen vom Blech

Den Apfelkuchen zubereiten wie im Hauptrezept, aber ohne Quarkbelag. Stattdessen die Äpfel mit Butterflöckchen besetzen, mit Zimtzucker bestreuen und 2 Handvoll Korinthen darüberverteilen.

Versteckte Früchte – versunken oder verborgen

Versunkener Traubenkuchen

Diesen Kuchen können Sie auch mit anderen Früchten zubereiten und je nach Saison abwandeln. Entsteinte Kirschen, Zwetschgen oder Aprikosen, Stachelbeeren, Rhabarber- oder Apfelstückchen sind eine gute Wahl. Ein Blechkuchen für die große Familie.

RÜHRTEIG

- 250 g weiche Butter
- 200 g Zucker
- 1 Prise Salz
- abgeriebene Zitronenschale
- 4 Eier
- 400 g Mehl
- 2 TL Backpulver
- einige EL Milch (bei Bedarf)

BELAG

- 1–1,2 kg kernlose Weintrauben, helle oder dunkle oder gemischt

Backen: 45–60 Minuten bei 180 °C
Backblech, gefettet

1

Die Butter geschmeidig rühren. Nach und nach den Zucker, Salz, Zitronenschale und die Eier, eines nach dem anderen, zugeben und schaumig rühren. Das Mehl mit dem Backpulver vermischen, auf die Schaummasse sieben und unterrühren. Bei Bedarf etwas Milch zugeben, der Teig soll weich vom Löffel fallen.

2

Den Ofen vorheizen. Den Teig auf das Backblech streichen und gleichmäßig mit den Weintrauben belegen. Den Kuchen goldgelb backen. Nach kurzem Abdämpfen auf ein Kuchengitter oder Schneidbrett schieben und auskühlen lassen.

Versunkener Traubenkuchen

Birnenkuchen mit Amarenakirschen

MÜRBETEIG

- 250 g Mehl
- 50 g Zucker
- 1 Prise Salz
- 150 g weiche Butter
- 1 Ei
- 1 EL Rum (nach Belieben)

BELAG

- 4–5 Birnen (oder Birnenhälften aus der Dose)
- Zitronensaft, ½ TL Zimt
- etwa 20 Amarenakirschen (Glas)

MANDELKRUSTE

- 4 Eier, 150 g Zucker
- abgeriebene Zitronenschale
- 50 g Speisestärke
- 150 g gemahlene Mandeln

Vorbacken: 15 Minuten bei 200 °C
Fertig backen: 60 Minuten bei 160 °C
Springform von 26 cm Ø

1

Für den Mürbeteig das Mehl in die Rührschüssel geben, die übrigen Zutaten zufügen. Mit dem Handrührgerät (Knethaken) kurz auf niedrigster, dann auf höchster Stufe rasch zu einem glatten Teig verarbeiten. Mit den Händen zur Kugel formen, in Folie wickeln und mindestens 30 Minuten kalt stellen.

2

Den Ofen vorheizen. Den Teig etwas größer als die Backform rund ausrollen, die Form damit auslegen und dabei einen Rand hochziehen. Zerknitterte Alufolie an den Rand drücken, damit er beim Backen nicht zusammenfällt.

Den Boden mit der Gabel mehrmals einstechen und vorbacken. Die Alufolie entfernen. Die Ofentemperatur reduzieren.

3

Frische Birnen schälen, halbieren und das Kerngehäuse entfernen. Die Birnenhälften mit Zitronensaft beträufeln und mit Zimt besieben.

4

Für die Mandelkruste die Eier mit dem Zucker schaumig rühren, die restlichen Zutaten untermischen.

5

Den vorgebackenen Boden mit den Birnenhälften belegen, Rundung nach oben. Unter jede Birnenhälfte 1 Amarenakirsche legen. Die restlichen Kirschen grob hacken und zwischen die Birnen streuen. Die Mandelmasse gleichmäßig über den Birnen verteilen. Fertig backen.

6

Nach dem Abdämpfen den Formrand entfernen und den Kuchen auf einem Kuchengitter auskühlen lassen.

Krümelkuchen mit Rhabarber und Quark ⊗

Obstkuchen aus Streusel- oder Krümelteig sind zu Recht in der Familienbäckerei beliebt. Sie sind rasch und unkompliziert herzustellen und gelingen immer. Alle Früchte der Saison sind geeignet, auch abgetropfte Kompottfrüchte. Für einen reinen Krümelteig lassen Sie die Mandeln weg und erhöhen die Mehlmenge auf 400 g.

MANDELKRÜMELTEIG

- **200 g weiche Butter**
- **175 g Zucker**
- **1 EL Vanillezucker**
- **1 Prise Salz**
- **1 Ei, 1 TL Zimt**
- **300 g Mehl**
- **2 TL Backpulver**
- **100 g gemahlene Mandeln**

QUARKCREME

- **250 g Quark, 2 Eier**
- **je 1 EL Zucker und Vanillezucker**

BELAG

- **500 g Rhabarber, bei Bedarf abgefädelt, in 2 cm dicke Stückchen geschnitten**
- **2 EL Mandelblättchen**

Backen: etwa 35 Minuten bei 200 °C

Springform von 26–28 cm Ø, mit Backpapier belegt

1

Den Ofen vorheizen. Für den Teig die Butter mit dem Zucker, Vanillezucker, Salz, Ei und Zimt schaumig rühren. Das Mehl mit dem Backpulver vermischen und sieben, die Hälfte unter die Schaummasse rühren. Das restliche Mehl und die Mandeln dazugeben und mit den Händen krümelig verreiben. Zwei Drittel der Krümel in die Backform streuen, mit der Hand glatt drücken und dabei einen Rand hochziehen.

2

Den Ofen vorheizen. Für die Quarkcreme den Quark mit den Eiern und dem Zucker verrühren, auf den Teigboden streichen. Den Rhabarber darauf verteilen, die restlichen Krümel und die Mandelblättchen darüberstreuen. Den Kuchen hellbraun backen.

3

Nach dem Abdämpfen den Formrand entfernen und den Kuchen auf einem Kuchengitter auskühlen lassen.

Schneller Krümelkuchen

Aus den angegebenen Zutaten einen Krümelteig ohne die Mandeln zubereiten wie im Hauptrezept, dafür die Mehlmenge auf 400 g erhöhen. Zwei Drittel der Krümel in der Backform zu einem Boden glatt drücken, dabei einen Rand hochziehen. Den Boden mit Eiweiß bestreichen und mit Semmelbröseln (oder gemahlenen Mandeln) bestreuen. Mit Früchten Ihrer Wahl, z. B. Rhabarberstückchen, Apfelspalten, entsteinten Kirschen, belegen. Mit den restlichen Krümeln bestreuen und backen.

Früchte mit zarter Creme

Himbeertorte mit Mascarponecreme

KEKSBODEN

- 200 g Vollkorn-Butterkekse
- 125 g Butter, zerlassen

MASCARPONECREME

- 500 g Mascarpone (ersatzweise Sahnequark, im Sieb abgetropft)
- 100 g Zucker
- 1 Päckchen Vanillepuddingpulver
- Saft von 1 Zitrone
- 3 Eier, getrennt

BELAG UND GUSS

- 500 g Himbeeren
- 1 Päckchen Tortenguss
- 2 EL Zucker
- 250 ml Weißwein
- 2 EL Aprikosenkonfitüre, erwärmt
- 30 g Mandelblättchen, trocken geröstet

Backen: 35 Minuten bei 170 °C
Springform von 26 cm Ø

1

Für den Keksboden die Kekse in einen Gefrierbeutel geben, den Beutel verschließen und die Kekse mit dem Teigroller gleichmäßig zerdrücken. Die Brösel in einer Schüssel mit der Butter vermischen. In die Backform drücken und kurz kalt stellen. Den Ofen vorheizen.

2

Für die Creme den Mascarpone mit dem Zucker, Puddingpulver, Zitronensaft und den Eigelben glatt rühren. Die Eiweiße steif schlagen und unterziehen. Die Creme auf den Keksboden füllen, glatt streichen und hellgelb backen. Die Torte nach dem Abdämpfen mit einem Messer vom Rand lösen, den Formrand aber geschlossen halten. Auskühlen lassen.

3

Für den Belag die Himbeeren auf die Torte legen. Den Tortenguss nach Packungsanweisung mit dem Zucker und dem Wein zubereiten und die Himbeeren von der Mitte aus damit überglänzen. Den Formrand entfernen. Die Aprikosenkonfitüre glatt rühren, den Rand dünn damit bestreichen und mit den Mandelblättchen bestreuen.

Himbeertorte mit Mascarponecreme

Aprikosenkuchen mit Mascarponecreme

MÜRBETEIG

- 250 g Mehl
- 1 EL Zucker, 1 Prise Salz
- 125 g weiche Butter
- 4 EL sehr kaltes Wasser (Eiswasser)

MASCARPONECREME

- 450 g Aprikosenhälften aus der Dose, abgetropft
- 1 EL Speisestärke, 2 Eier
- 250 g Mascarpone, 80 g Zucker
- 1 Päckchen Vanillezucker
- Saft von 1/2 Zitrone
- abgeriebene Zitronenschale

Backen: 25 + 25 Minuten bei 200 °C
Tortenbodenform mit herausnehmbarem Boden von 28 cm Ø, leicht gefettet

1

Für den Mürbeteig das Mehl in die Rührschüssel geben, die übrigen Zutaten zufügen. Mit dem Handrührgerät (Knethaken) kurz auf niedrigster, dann auf höchster Stufe rasch zu einem glatten Teig verarbeiten. Mit den Händen zur Kugel formen, in Folie wickeln und mindestens 30 Minuten kalt stellen.

2

Den Ofen vorheizen. Den Teig etwas größer als die Form ausrollen, die Form damit auslegen, den Rand sorgfältig hochziehen, überstehende Teigränder abschneiden. Den Boden mit einer Gabel mehrmals einstechen.

3

Für die Mascarponecreme die Aprikosenhälften pürieren. Alle anderen Zutaten dazugeben und zu einer glatten Creme vermischen.

4

Die Creme auf den Teigboden füllen, glatt streichen, mit Alufolie abdecken und 25 Minuten backen. Die Alufolie abnehmen und in weiteren 25 Minuten goldgelb backen.

5

Den Kuchen nach dem Abdämpfen mit dem Boden aus der Form heben und auf einem Gitter auskühlen lassen.

Aprikosen-Himbeer-Torte mit Vanillecreme

MANDELMÜRBETEIG

- 100 g Mehl
- 50 g gemahlene Mandeln
- 50 g Zucker
- 1 Prise Salz
- abgeriebene Zitronenschale
- 100 g weiche Butter
- 1 Ei

- 3 EL Himbeerkonfitüre zum Bestreichen, erwärmt

BISKUIT

- 3 Eier, getrennt
- 75 g Zucker
- 75 g Mehl

VANILLECREME

- 300 ml Milch
- 1 Päckchen Vanillepuddingpulver
- 200 g Sahne, 50 g Zucker
- 1 Blatt Gelatine, kalt eingeweicht

BELAG UND GUSS

- 500 g Aprikosenhälften aus der Dose, abgetropft, Saft aufgefangen
- 250 g frische Himbeeren
- 1 Päckchen Tortenguss

- 200 g Sahne zum Garnieren

Backen (Mürbeteig und Biskuit): je 20 Minuten bei 180 °C
Springform von 26 cm Ø, für den Biskuit Boden mit Backpapier ausgelegt

1

Für den Mürbeteig das Mehl in die Rührschüssel geben, die übrigen Zutaten zufügen. Mit dem Handrührgerät (Knethaken) kurz auf niedrigster, dann auf höchster Stufe rasch zu einem glatten Teig verarbeiten. Mit den Händen zur Kugel formen, in Folie wickeln und mindestens 30 Minuten kalt stellen.

2

Den Ofen vorheizen. Den Teig rund ausrollen, den Boden der Form damit auslegen, mit der Gabel mehrmals einstechen und goldgelb backen. Den Formrand entfernen und den Boden auf einem Kuchengitter auskühlen lassen. Auf eine Tortenunterlage legen und mit der Himbeerkonfitüre (nach Belieben passiert, um die Kernchen zu entfernen) bestreichen.

3

Für den Biskuit die Eiweiße steif, aber nicht schnittfest schlagen, dabei den Zucker einrieseln lassen. Die verrührten Eigelbe einrühren, das gesiebte Mehl untermischen und in die vorbereitete Form füllen. Goldgelb backen. Auf einem Kuchengitter auskühlen lassen. Den Biskuitboden auf den Mürbeteigboden legen und mit einem Tortenring umschließen.

4

Für die Vanillecreme 6 EL von der Milch abnehmen und das Puddingpulver damit glatt rühren. Die restliche Milch mit der Sahne und dem Zucker aufkochen, das angerührte Puddingpulver einlaufen und unter Rühren einige Male aufpuffen lassen. Den Topf vom Herd nehmen. Die Gelatine ausdrücken und in der Creme unter kräftigem Rühren auflösen. Leicht abkühlen lassen.

5

Die Vanillecreme auf den Biskuit füllen und glatt streichen. Die Aprikosen abwechselnd mit den Himbeeren auf der Vanillecreme verteilen (12 Himbeeren zum Garnieren beiseitestellen). Den Tortenguss nach Packungsanweisung mit dem aufgefangenen Aprikosensaft zubereiten und die Früchte damit überglänzen. Den Kuchen kalt stellen.

6

Vor dem Servieren die Sahne steif schlagen, den Tortenrand dünn damit bestreichen. Die restliche Sahne in einen Spritzbeutel mit großer Sterntülle füllen, 12 Rosetten (Stückeinteilung) auf die Torte spritzen und mit je 1 Himbeere garnieren.

1 Die Konfitüre auf den Boden streichen.

2 Den Biskuitboden auflegen.

3 Die Vanillecreme einfüllen.

4 Mit den Früchten belegen.

5 Mit Tortenguss überglänzen.

Kleine Obstkuchen – schnell gemacht

Sie können sich auch an den Obstkuchenböden von Seite 76/77 und den Güssen und Belägen von Seite 78/79 orientieren. Für eine Spring- oder Tarteform von 18 cm Ø genügt die halbe Rezeptmenge. Experimentieren Sie nach Lust und Laune. Nehmen Sie beim Mürbeteig nur das Eigelb – oder Sie ersetzen das Ei überhaupt durch etwas Eiswasser.

Tarte Tatin

Die berühmte französische Apfeltarte wird »kopfüber« gebacken und warm serviert – gerne auch als Dessert.

- 30 g weiche Butter für die Form
- 40 g Zucker
- etwa 3 säuerliche Äpfel (Boskop), geschält, geviertelt
- 100 g TK-Blätterteig, aufgetaut

Karamellisieren: etwa 7 Minuten bei 220 °C
Backen: etwa 25 Minuten bei 220 °C
Tarteform von 18–20 cm Ø

1
Den Ofen vorheizen. Die Tarteform mit der Butter ausstreichen. Den Zucker einstreuen und gleichmäßig verteilen. Im Ofen auf Sicht karamellisieren.

2
Die Äpfel mit der Rundung nach unten dicht an dicht kreisförmig einlegen.

3
Den Blätterteig etwas größer als die Form rund ausrollen, dafür die Ecken abschneiden. Den Teig über die Äpfel in die Form legen, überstehenden Rand in die Form drücken und die Oberfläche mehrmals einstechen. Goldgelb backen. Die Tarte kurz abdämpfen lassen, auf einen Teller stürzen und warm servieren.

Beerenkuchen

MANDELMÜRBETEIG

- 75 g Mehl
- 20 g gemahlene Mandeln
- 1 EL Puderzucker
- 60 g weiche Butter
- 1 Eigelb

BELAG UND GUSS

- 200 g frische Beeren
- 3 Blatt Gelatine, kalt eingeweicht
- 200 ml Apfelsaft
- 1 EL Puderzucker

Blind backen: 10 Minuten bei 200 °C
Fertig backen: 5 Minuten bei 200 °C
Springform von 16 cm Ø, gefettet
Hülsenfrüchte zum Blindbacken

1
Für den Mürbeteig das Mehl in die Rührschüssel geben, die übrigen Zutaten zufügen. Mit dem Handrührgerät (Knethaken) kurz auf niedrigster, dann auf höchster Stufe rasch zu einem glatten Teig verarbeiten. Mit den Händen zur Kugel formen, in Folie wickeln und etwa 30 Minuten kalt stellen.

2
Den Ofen vorheizen. Zwei Drittel des Teiges in Formgröße rund ausrollen und die Form damit auslegen. Aus dem Teigrest eine Rolle formen und an den Rand drücken. Den Rand oben mit einem Kochlöffelstiel einkerben. Den Boden mehrmals mit der Gabel einstechen. Die Form mit Backpapier auslegen, die Hülsenfrüchte einfüllen und den Kuchen blind backen. Die Hülsenfrüchte und das Papier entfernen. Den Kuchenboden goldgelb fertigbacken. In der Form auf einem Kuchengitter auskühlen lassen.

3
Für den Belag die Beeren waschen und abtropfen lassen, Johannisbeeren von den Rispen streifen. 3 EL Apfelsaft erhitzen, die Gelatine ausdrücken und darin auflösen. Den restlichen Apfelsaft unter Rühren langsam dazugießen. Kalt stellen, bis er zu gelieren beginnt. Die Beeren mit dem Puderzucker bestauben, auf dem erkalteten Kuchenboden verteilen. Den Saftguss durchrühren und über die Beeren gießen. Den Kuchen im Kühlschrank fest werden lassen.

Annes Blitzkuchen

Mit einer Handvoll Obst zaubert meine Freundin im Handumdrehen einen dünnen Obstkuchen auf den Tisch – ohne etwas abzuwiegen.

- 5 EL Mehl
- 2 Eier, 2 EL Zucker
- 2 EL gemahlene Haselnüsse oder Mandeln
- 2 EL weiche Butter

BELAG

- 1–2 Äpfel oder Birnen, geschält, in dünne Spalten geschnitten

Backen: 25–30 Minuten bei 180 °C
Springform von 18 cm Ø, mit Backpapier belegt oder gefettet

1
Den Ofen vorheizen. Das Mehl mit allen Zutaten in eine Schüssel geben und mit dem Handrührgerät glatt rühren. In die Form füllen und glatt streichen. Das Obst auf dem Teig verteilen (Äpfel oder Birnen fächerartig legen). Den Kuchen goldgelb backen; das Obst sinkt beim Backen leicht ein. Nach dem Abdämpfen auf einen Teller heben.

Beerenkuchen

Torten

Sahnecremes

WICHTIG

Beachten Sie folgende Grundregeln zum Aufschlagen von Sahne und Sahnecremes:

- Die Sahne, die Rührschüssel und die Schneebesen des Handrührgerätes müssen kalt sein.
- Den Zucker kann man vor dem Schlagen in die Sahne streuen.
- Die Sahne zunächst mit halber Leistung anschlagen, dann mit voller Leistung und kreisenden Bewegungen steif schlagen.
- Sahnecremes mit mengenmäßig größeren Zusätzen, etwa Fruchtpüree oder Saft, Wein, Quark oder Frischkäse, müssen für eine gute Standfestigkeit mit Gelatine gebunden werden.
- Achtung: Sahnecremes mit einem Püree aus frischer Ananas, Kiwi, Papaya oder Feigen können Sie nicht mit Gelatine binden. Diese Früchte enthalten ein Enzym, das die Gelatine auflöst. Werden die Früchte jedoch vorher blanchiert, besteht dieses Problem nicht, ebenso wenig bei Dosenfrüchten.

Gebundene Schlagsahne

Zum Füllen und Verzieren von Gebäcken, die nicht sofort verzehrt werden.

_ 2 Blatt Gelatine, kalt eingeweicht

_ 400 g gut gekühlte Schlagsahne
_ etwa 2 EL Puderzucker

1

Vorab die eingeweichte Gelatine ausdrücken und mit 2 EL heißem Wasser auflösen; oder tropfnass in einem kleinen Topf erwärmen und auflösen. Lauwarm abkühlen lassen.

2

Die Sahne mit dem Puderzucker nicht ganz steif schlagen. Bei laufendem Gerät die nur lauwarme Gelatinelösung langsam einlaufen lassen und die Sahne völlig steif schlagen. Gelatinelösung nie zu warm unter die Schlagsahne rühren!

VARIATIONEN

Vanillesahne: Ausgeschabtes Vanillemark oder Vanillezucker mit dem Puderzucker unter die flüssige Sahne mischen und steif schlagen.
Schokoladensahne: Gesiebtes Kakao- oder Schokoladenpulver mit dem Puderzucker unter die flüssige Sahne mischen und steif schlagen. Nach Belieben mit Rum abschmecken.
Mokkasahne: Die gesüßte, steif geschlagene Sahne mit löslichem Espressopulver aromatisieren. Mit Rum abschmecken.

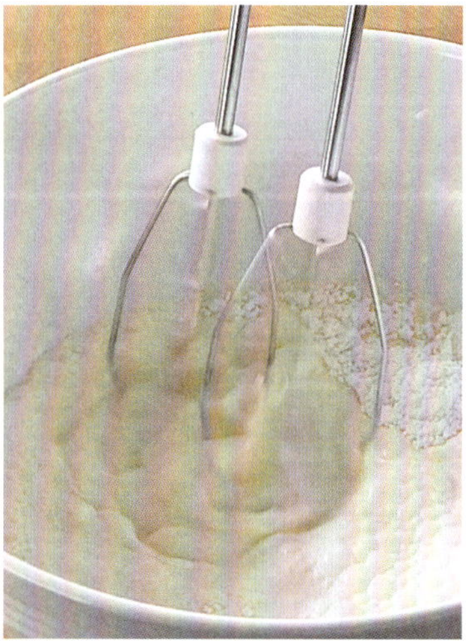

1 Die Sahne mit dem Puderzucker mit dem Handrührgerät aufschlagen.

2 Die kalt eingeweichte und warm aufgelöste Gelatine einlaufen lassen.

3 **Schokoladensahne:** Die Sahne mit gesiebtem Kakaopulver aufschlagen.

Beeren-Sahnecreme

Die Rezeptmenge ist ausreichend zum Füllen einer Torte von 26 cm Ø oder für eine Roulade. Möchten Sie die Torte füllen, überziehen und garnieren, sollten Sie die Rezeptmenge um ein Drittel erhöhen.

- 500 g Himbeeren oder Erdbeeren
- 6 Blatt Gelatine, kalt eingeweicht
- 600 g Sahne
- 100 g Puderzucker
- 2 EL Zitronensaft

1

Die Beeren pürieren (Himbeeren nach Belieben durch ein Sieb passieren). Die Gelatine ausdrücken und mit 2 EL heißem Wasser auflösen; oder tropfnass in einem kleinen Topf erwärmen und auflösen.

2

Die Sahne mit dem Puderzucker steif schlagen. Die lauwarm abgekühlte Gelatine bei laufendem Gerät einlaufen lassen und die Sahne völlig steif schlagen. Das Beerenpüree und den Zitronensaft untermischen.

Wein-Sahnecreme

Die Rezeptmenge ist ausreichend zum Füllen einer Torte von 26 cm Ø oder für eine Roulade.

- 20 g Speisestärke
- 80 g Zucker
- 250 ml Wein
- 1 EL Zitronensaft
- 6 Blatt Gelatine, kalt eingeweicht
- 400 g Sahne, steif geschlagen

1

Die Speisestärke mit dem Zucker, Wein und Zitronensaft in einem Topf glatt rühren. Unter beständigem Rühren erhitzen und aufkochen. Vom Herd nehmen. Die Gelatine ausdrücken und in der heißen Creme auflösen. Kalt stellen.

2

Sobald die Creme zu stocken beginnt, die Schlagsahne unterziehen.

Canache

Schokoladen-Füllcreme

Zum Füllen und Überziehen einer Torte.

Die warme Schokoladen-Sahne-Mischung muss lange genug mit dem Stabmixer gerührt – homogenisiert – werden. Die Creme gelingt mit jeder Kuvertüre, auch mit weißer. Gern nimmt man auch eine Mischung aus heller und dunkler Kuvertüre.

- 500 g Sahne
- 120 g Kuvertüre, zerkleinert

1

Die Sahne aufkochen, die Kuvertüre bei schwacher Hitze unter beständigem Rühren mit dem Schneebesen darin schmelzen. Den Topf vom Herd nehmen und die Masse mit dem Stabmixer 1 Minute rühren (wichtig!). Die Masse in eine kalte Schüssel umfüllen. Einige Stunden oder über Nacht zugedeckt im Kühlschrank ruhen lassen.

2

Am nächsten Tag die Schokosahne mit dem Handrührgerät aufschlagen wie Schlagsahne.

1 **Canache:** Die zerkleinerte Kuvertüre in der heißen Sahne schmelzen.

2 Mit dem Stabmixer 1 Minute rühren, über Nacht kalt stellen.

3 Die Schokoladencreme mit dem Handrührgerät wie Sahne aufschlagen.

Buttercremes

WICHTIG

- Die Butter darf nicht schmierig oder flüssig sein, sondern gerade pomadig weich.
- Butter und Vanillepudding müssen dieselbe Temperatur haben.
- Stellen Sie die mit Buttercreme gefüllte Torte über Nacht kalt. Erst dann entfaltet sie ihr volles Aroma.
- Eine geronnene Buttercreme können Sie durch Rühren auf dem Wasserbad wieder »retten«.

Buttercreme

VANILLEPUDDING

_ 500 ml Milch
_ 2–3 EL Zucker
_ 1 Päckchen Vanillepuddingpulver

_ 250–300 g Butter, raumtemperiert
_ 100 g Puderzucker

1

Aus Milch, Zucker und dem Puddingpulver nach Packungsanweisung einen Pudding kochen. Den Pudding auf Raumtemperatur abkühlen lassen; dabei häufig umrühren (oder Frischhaltefolie dicht auflegen), damit sich keine Haut bildet – die Masse soll cremig bleiben. Durch ein Sieb streichen.

2

Die Butter und den Puderzucker mit dem Handrührgerät (Rührbesen) schaumig rühren. Den Pudding löffelweise zugeben und jeweils unterrühren. Sobald der gesamte Pudding eingearbeitet ist, nicht mehr rühren, sonst gerinnt die Buttercreme.

VARIATIONEN

Schokoladen-Buttercreme: Den Vanillepudding mit 2 EL Kakaopulver zubereiten und vor dem Abkühlen 100 g geschmolzene Kuvertüre untermischen. Den Schokoladenpudding unter die schaumig gerührte Butter rühren. Nach Belieben mit Rum, Cognac, Likör abschmecken.
Nugat-Buttercreme: Nur ein halbes Rezept Vanillepudding zubereiten und vor dem Abkühlen 200 g geschmolzenen Nussnugat untermischen. Die Masse unter die schaumig gerührte Butter rühren.
Mokka-Buttercreme: 2–3 EL lösliches Espressopulver in dem heißen Vanillepudding auflösen und abkühlen lassen. Die Masse unter die schaumig gerührte Butter rühren. Nach Belieben mit Rum oder Kaffeelikör abschmecken.
Haselnuss-, Mandel-Buttercreme: 60 g geröstete, gemahlene Haselnüsse oder Mandeln mit 6 EL kochend heißer Milch übergießen, auf Raumtemperatur abkühlen lassen. Mit dem Vanillepudding vermischen und unter die schaumig gerührte Butter rühren. Nach Belieben mit Arrak oder Rum abschmecken.

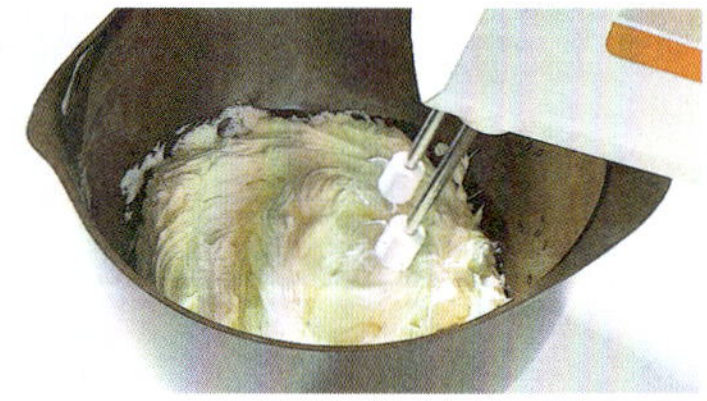

1 Die pomadig-weiche Butter mit dem Puderzucker schaumig rühren.

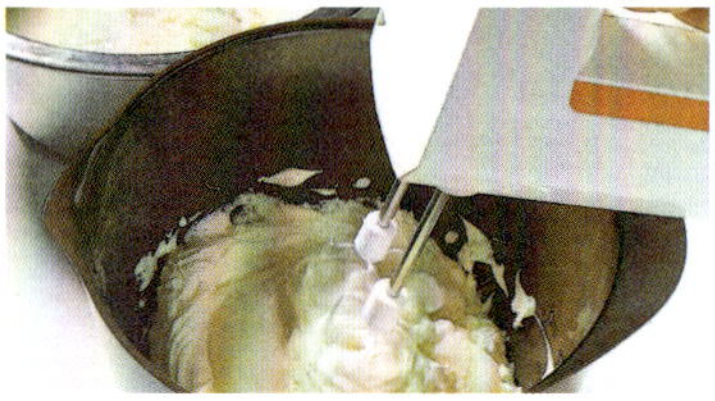

2 Den Vanillepudding löffelweise unter den Butterschaum rühren.

Krokant-Buttercreme: 50 g Mandelkrokant (siehe Seite 269) sehr fein zerstoßen, mit dem Vanillepudding vermischen und unter die schaumig gerührte Butter rühren.
Kirsch-, Rum-, Arrak-, Cognac-, Maraschino-Buttercreme: 2–4 EL Alkohol nach Wahl teelöffelweise unter die Buttercreme rühren.

Konditorcreme

Diese feine Creme ist ein Vanillepudding mit Eigelbcreme. Man kann sie anstelle von Vanillepudding als Basis für die Buttercreme verwenden. Mit Schlagsahne oder Eischnee vermischt, ist sie auch hervorragend als Füllcreme geeignet.

_ 4 Eigelb, 80 g Zucker
_ 40 g Speisestärke
_ 500 ml Milch
_ 1 Vanilleschote, aufgeschlitzt

1

Die Eigelbe mit dem Zucker, der Speisestärke und 3 EL von der Milch in einem Topf glatt rühren.

2

In einem zweiten Topf die Milch mit der Vanilleschote aufkochen. Vom Herd nehmen und 5 Minuten ziehen lassen. Die heiße Vanillemilch nach und nach unter Rühren mit dem Schneebesen in die Eigelbmischung gießen. Unter beständigem Rühren langsam erhitzen und einmal aufpuffen lassen. Den Topf vom Herd nehmen und die Vanilleschote entfernen.

3

Die Creme im eiskalten Wasserbad auf Raumtemperatur kalt rühren. Durch das Rühren während der Abkühlphase kann sich auf der Creme keine Haut bilden, die später Krümel hinterlassen würde. (Oder Frischhaltefolie dicht auflegen.) Bei Bedarf durch ein Haarsieb streichen.

Güsse und Glasuren

WICHTIG

- Zucker bindet nur wenig Flüssigkeit. Deshalb rührt man das Wasser oder eine andere Geschmack gebende Flüssigkeit nach und nach unter den Puderzucker und bestimmt so die Konsistenz der Glasur.
- Reste von Puderzuckerglasur können Sie ohne Weiteres längere Zeit aufbewahren und bei späterer Verwendung mit etwas Flüssigkeit glatt rühren.
- Warmes Gebäck braucht eine etwas flüssigere Glasur als kaltes.
- Der Zuckerguss enthält rohes Ei. Achten Sie auf absolute Frische!

Zuckerglasur

Zum Bestreichen von Tortenoberflächen, Kuchen und anderem Gebäck.

- 200 g Puderzucker, gesiebt
- 2 EL lauwarmes Wasser
- etwa 2 EL Zitronensaft oder andere Flüssigkeit

1

Den Puderzucker mit dem lauwarmen Wasser und Zitronensaft zu einer streichfähigen, leicht fließenden, seidig glänzenden Masse rühren.

2

Für warmes Gebäck kann die Glasur dünner, für kaltes Gebäck sollte sie etwas dicker sein. Mit einem Pinsel oder Messer aufstreichen.

Zuckerguss

Zum Überziehen von Torten.

Puderzucker, mit Eiweiß und Zitronensaft glatt gerührt, macht den Überzug dichter und verleiht ihm Stand. Die Konsistenz soll so sein, dass der Guss ohne Zuhilfenahme von Messer oder Pinsel gleichmäßig über die Tortendecke fließt. Die Tortenoberfläche sollte vorher aprikotiert (siehe Seite 121) oder mit einer Marzipandecke (siehe Seite 123) abgedeckt sein, damit keine Krümel in den Überzug gelangen.

- 1 Eiweiß
- 250 g Puderzucker, gesiebt
- 3 EL Zitronensaft, durchgeseiht (oder andere Flüssigkeit)

1

Das Eiweiß mit dem Puderzucker und Zitronensaft zu einer streichfähigen, leicht fließenden, glänzenden Masse rühren. Den Zitronensaft (oder andere Flüssigkeit) gibt man nach und nach dazu, um zu verhindern, dass der Guss zu dünn wird.

2

Den Guss auf die Mitte der Torte gießen, durch leichtes Schräghalten von der Mitte aus gleichmäßig über Oberfläche und Rand verlaufen lassen. Den ablaufenden Guss am Tortenrand mit dem Tafelmesser verstreichen.

1 Puderzucker, Eiweiß und Zitronensaft zu einer leicht fließenden Masse rühren.

Spritzglasur

Zum Dekorieren und Spritzen von Torten und anderem Gebäck.

- 1 Eiweiß
- 200 g Puderzucker, gesiebt
- etwa 1 EL Zitronensaft, durchgeseiht

1

Das Eiweiß mit dem Puderzucker und Zitronensaft zu einer zäh fließenden, spritzfähigen, seidig glänzenden Masse rühren. (Zum Einfärben verwendet man Kakaopulver oder Speisefarben.)

Schokoladenglasur

Zum Überziehen einer Torte.

- 200 g bittere Schokolade und 2 TL Speiseöl oder 200 g dunkle Kuvertüre und 50 g Kokosfett

1

Die Schokolade oder Kuvertüre zerkleinern. Auf dem mäßig heißen Wasserbad die Schokolade mit dem Speiseöl bzw. die Kuvertüre mit dem Kokosfett unter Rühren schmelzen. Das kalte Gebäck sofort mit der noch warmen Glasur überziehen oder bestreichen.

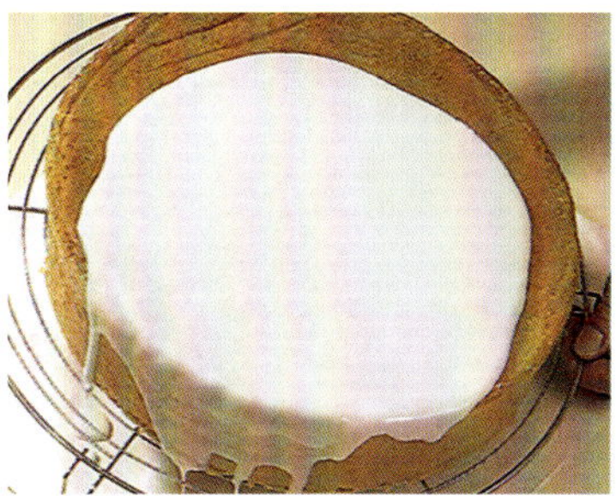

2 Den Guss auf der Tortenoberfläche durch Schräghalten verlaufen lassen.

Kuvertüre

Kuvertüre ist eine feine, leicht schmelzende Schokoladenmasse mit einem erhöhten Anteil an Kakaobutter. Damit ist sie besonders geeignet als Überzugsmasse sowie zur Herstellung von Cremes, Gebäcken und Konfekt. Je nach Verwendung und Geschmack kauft man weiße Kuvertüre, helle Vollmilch-, dunkle Zartbitter- oder Bitterkuvertüre. Soll die Kuvertüre einen matt glänzenden Überzug ergeben, zum Beispiel eine Tortenoberfläche, so muss sie temperiert, d.h. bei ganz bestimmten Temperaturen geschmolzen, abgekühlt und wieder erwärmt werden.

1

Kuvertüre schmelzen: Die Kuvertüre in Stücke schneiden, in einer Schüssel auf das nur mäßig heiße Wasserbad setzen und langsam schmelzen, dabei mit einem Rührlöffel rühren. Die Temperatur soll 35 °C nicht überschreiten. Die Schüssel vom Wasserbad nehmen und die Masse auf 26–28 °C abkühlen lassen.

2

Kuvertüre temperieren: Die Schüssel wieder auf das Wasserbad setzen und die Kuvertüre behutsam erwärmen. Die optimale Temperatur ist bei etwa 32 °C (lippenwarm) erreicht. Unterschreitet man diesen Wert, so ist die Kuvertüre zu dickflüssig und wird matt; zu stark erhitzte und nicht richtig glatt gerührte Kuvertüre wird grau und streifig. Durch Erfahrung bekommt man ein Gefühl für die optimale Temperatur.

WICHTIG

- **Achten Sie darauf, dass die Kuvertüre auf dem Wasserbad nicht mit Wasser in Kontakt kommt. Schon wenige Tropfen Wasser würden sie für einen Überzug unbrauchbar machen.**

1 Die zerkleinerte Kuvertüre auf dem Wasserbad schmelzen und abkühlen lassen.

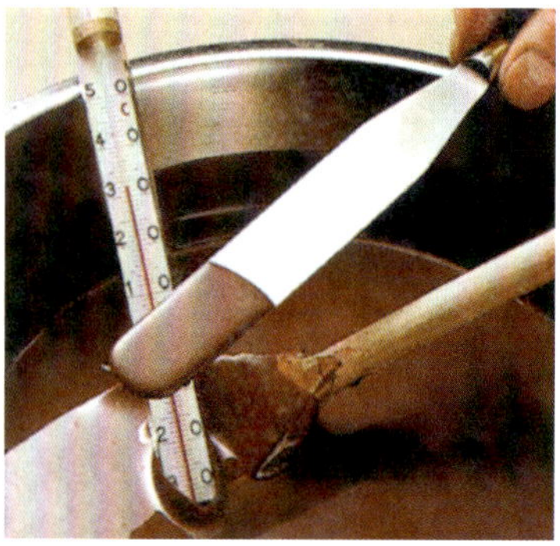

2 Erneut auf das Wasserbad setzen und behutsam auf 32 °C erwärmen.

3 Korrekt geschmolzene und richtig temperierte Kuvertüre lässt sich problemlos auftragen und hinterlässt eine wunderbar glänzende Oberfläche.

Aprikotur

Die Aprikotur dient überwiegend als Isolierschicht zwischen dem Gebäck und der eigentlichen Glasur. Dabei werden die Poren des Gebäcks geschlossen, es geraten keine Krümel in die Glasur. Eine Aprikotur ist auch die beste Unterlage für die Deckglasur, denn nur so behält diese ihren Glanz und »stirbt nicht ab«.
In der Praxis wird die schnelle Aprikotur bevorzugt. Man kann sie auch mit jeder anderen Konfitüre zubereiten. Wichtig: Die Konfitüre gut erhitzen und durchpassieren. Sehr dünn auf das Gebäck auftragen und gut antrocknen lassen, bevor die Deckglasur aufgetragen wird.

Klassische Aprikotur

_ 50 g Zucker
_ 50 ml Wasser
_ 1 EL Zitronensaft
_ 120 g Aprikosenkonfitüre

1

Zucker, Wasser und Zitronensaft zu einem klaren Sirup kochen. Die Aprikosenkonfitüre dazugeben und unter Rühren um ein Drittel einkochen. Durch ein Sieb streichen. Die heiße Glasur sehr dünn auf das Gebäck auftragen und einige Stunden trocknen lassen, bevor das Gebäck mit der Deckglasur überzogen wird.

Aprikosenglasur

Schnelle Aprikotur

_ 200 g Aprikosenkonfitüre
_ 2–3 EL Wasser oder Zitronensaft

1

Die Konfitüre mit dem Wasser oder Zitronensaft glatt rühren und erhitzen. Durch ein Sieb streichen. Das Gebäck sehr dünn mit der heißen Aprikosenglasur bestreichen und einige Stunden trocknen lassen. Dann mit der Deckglasur – meist ein Zuckerguss oder eine Schokoladenglasur – überziehen.

1 Den Zucker mit dem Wasser und dem Zitronensaft zu einem klaren Sirup kochen.

2 Die Aprikosenkonfitüre einrühren und um ein Drittel einkochen. Passieren.

3 Die heiße Aprikosenglasur oder klassische Aprikotur als Isolierschicht auf die Tortenoberfläche gießen; sofort mit einer Palette verstreichen.

Schön wie vom Konditor

Torten teilen, füllen und verzieren

Was adelt einen Kuchen zur festlichen Torte? Es ist das Innen und das Außen, der Teig ist eher Nebensache. Beide sollen jedoch harmonieren: Eine reichhaltige Füllung braucht einen leichten Teig und umgekehrt.
Immer gut: Backen Sie den Tortenboden schon am Vortag, er lässt sich dann besser durchschneiden. Den untersten, glatten Boden verwenden Sie umgedreht als Deckblatt.
In unserer Bildfolge zeigen wir, wie Sie mit ein paar Tricks und Hilfsmitteln ein gutes Ergebnis erzielen können.

1 **Torte teilen:** Den ausgekühlten Biskuitboden mit dem Tortenschneider teilen.

2 Oder ein Sägemesser verwenden und den Boden mit jedem Schnitt weiterdrehen.

3 **Torte zusammensetzen:** Die Böden mithilfe des Tortenhebers aufeinandersetzen.

WICHTIG

- Torten mögen es aromatisch. Eine Mischung aus frisch gepresstem Orangen- oder Zitronensaft, Wein, Likör oder Rum zum Beträufeln der einzelnen Böden tut vor allem den Buttercremetorten gut. Mit dem Pinsel oder einem Löffel auftragen.
- **Buttercremetorten** entfalten ihr volles Aroma erst am nächsten Tag. Lassen Sie die fertige Torte über Nacht im Kühlschrank durchziehen, mit einer Haube bedeckt.
- Zum Aufschneiden von Buttercremetorten das Messer immer wieder in heißes Wasser tauchen.
- **Sahnetorten:** Zum Füllen und Zusammensetzen der einzelnen Böden ist ein verstellbarer Tortenring hilfreich.
- Sahnetorten lassen sich am besten aufschneiden, wenn Sie sie vorher kurz ins Tiefkühlfach stellen.

4 **Torte vollenden:** Mit der Palette die Torte rundum mit Creme bestreichen.

5 Mit dem Teigspatel geröstete Mandelblättchen an den Rand drücken.

6 12–16 Rosetten aufspritzen und verzieren (z. B. mit Kirschen, Mandeln, Kaffeebohnen).

Durchgezogener Guss

Der Zuckerguss für Profis ist Fondant (siehe Seite 268), den man im Fachhandel kaufen kann. Im Haushalt rührt man den Guss aus Eiweiß und Puderzucker, gerne parfümiert mit Zitronensaft.

1 Rote Kreise (Lebensmittelfarbe) auf den noch feuchten weißen Guss spritzen.

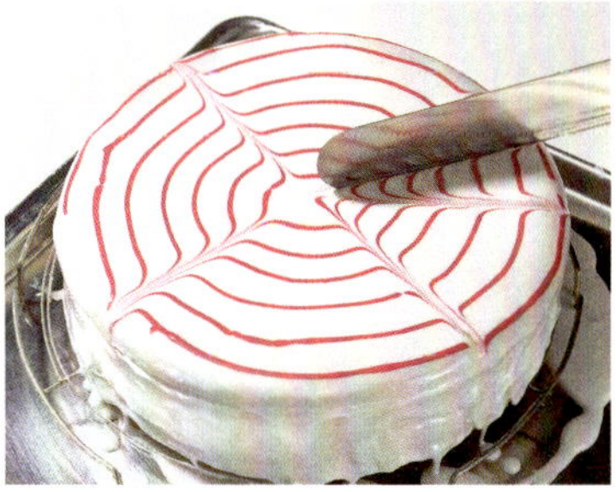

2 Ein kalt abgespültes Messer von der Mitte aus durch die Kreise ziehen.

1 Ein Quadrat (20 cm) diagonal durchschneiden und zu Tütchen drehen. Die Spitze abschneiden.

2 Die helle Glasur auf den noch feuchten dunklen Guss in geraden Linien aufspritzen.

3 Das Messer abwechselnd von oben nach unten und von unten nach oben durch die Linien ziehen.

Schablone

Der Handel bietet Dekorfolien mit Herzen, Engelchen, Osterhasen u. Ä. Achten Sie auf »Öhrchen« = Griffe an den Seiten. An diesen Grifflaschen kann man die Schablonen zum sauberen Abheben gut anfassen. Ansonsten: Selber machen und beliebige Muster auf Papier aufmalen und ausschneiden. Tipp: Plätzchen-Ausstecher sind gute Vorlagen.

1 Die Schablone auflegen, leicht andrücken, dicht mit Kakaopulver besieben.

2 Mit ruhigen Händen die Schablone abheben, damit das Weiße weiß bleibt.

Marzipandecke

Hohe Konditoreischule in meiner kleinen Küche? Das geht problemlos mit einer Marzipandecke. (Man findet sie, auf Folie gerollt, im gut sortierten Lebensmittelhandel.) Sie ist eine ideale Unterlage für Verzierungen. Man entrollt die Marzipandecke auf ihrer Folie, stülpt sie kopfüber mitsamt der Folie über die Torte und modelliert den Rand mit der Palette möglichst faltenfrei an; den Überstand sauber abschneiden.

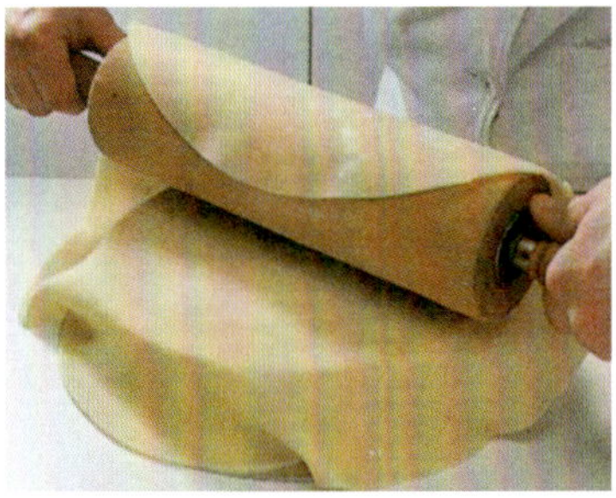

1 **Selbst angewirktes Marzipan** (Seite 269): Mit dem Rollholz aufnehmen und über der Torte wieder abrollen.

2 Die Marzipandecke mit einer Palette faltenfrei anmodellieren, den Überstand abschneiden.

Noble Klassiker – festliche Torten mit Tradition

Prinzregententorte

BISKUIT

- 8 Eier, getrennt
- 250 g Puderzucker
- 200 g Mehl

SCHOKOLADEN-BUTTERCREME

- 3 Eigelb
- 100 g Zucker
- 50 g Speisestärke
- 500 ml Milch
- ½ Vanilleschote, aufgeschlitzt
- 30 g Kakaopulver
- 150 g dunkle Kuvertüre, geschmolzen
- 300 g Butter, raumtemperiert
- 150 g Puderzucker

SCHOKOLADENGLASUR

- 150 g dunkle Kuvertüre
- 40 g Kokosfett

Backen: je Boden 5–7 Minuten bei 210 °C
Backblech und Backpapier

1

Auf Backpapier 6 Kreise von 26 cm Ø aufzeichnen (nehmen Sie eine Springform als Schablone).

2

Den Ofen vorheizen. Für den Biskuit die Eiweiße mit dem Handrührgerät steif, aber nicht schnittfest schlagen, dabei nach und nach den Puderzucker einrieseln lassen. Die verrührten Eigelbe untermischen, das Mehl darübersieben und vorsichtig unterziehen.

3

Die Biskuitmasse auf die vorgezeichneten Kreise streichen. Nacheinander die 6 Tortenböden auf Sicht hellbraun backen. Sofort auf eine glatte Unterlage stürzen und das Backpapier abziehen. Wenn nötig, können Sie ungleiche Ränder glatt schneiden, indem Sie einen Tortenring um den gebackenen Biskuitboden legen und durchdrücken.

4

Für die Buttercreme die Eigelbe in einem Topf mit dem Zucker, der Speisestärke und etwas von der Milch glatt rühren. In einem zweiten Topf die restliche Milch mit der Vanilleschote und dem Kakaopulver aufkochen. 5 Minuten ziehen lassen. Die heiße Schokoladenmilch langsam in die angerührte Eigelbmischung einlaufen lassen und unter beständigem Rühren mit dem Schneebesen einmal aufpuffen lassen. Den Topf vom Herd nehmen, die Vanilleschote entfernen, die geschmolzene Kuvertüre untermischen. Im kalten Wasserbad auf Raumtemperatur abkühlen lassen und dabei gelegentlich umrühren, damit sich keine Haut bildet (oder Klarsichtfolie dicht auflegen). Die Creme durch ein Sieb streichen. Die Butter mit dem Puderzucker schaumig rühren, die Creme löffelweise unterrühren.

5

Torte fertigstellen: Die Böden mit der Buttercreme bestreichen und zu einer Torte zusammensetzen. Die Deckplatte auflegen, leicht beschweren und kurz anziehen lassen. Die Torte rundum mit Creme bestreichen. 20 Minuten kalt stellen.

6

Für die Glasur die Kuvertüre mit dem Kokosfett auf dem Wasserbad schmelzen und die Torte damit dünn überziehen.

Dobostorte

- Biskuitmasse und Schokoladen-Buttercreme wie für Prinzregententorte (links)

KARAMELLGLASUR

- 10 g Butter
- 150 g feiner Zucker
- ½ TL Zitronensaft

Backen: je Boden 5–7 Minuten bei 210 °C
Backblech und Backpapier

1

Auf Backpapier nacheinander 6 hellbraune Biskuitböden backen wie für die Prinzregententorte und abkühlen lassen. Wenn nötig, die Ränder glatt schneiden.

2

Auch die Schokoladen-Buttercreme wird genauso zubereitet wie für die Prinzregententorte.

3

Die Torte fertigstellen: Einen Boden mit der glatten Seite nach oben auf eine leicht geölte Unterlage legen; er wird als Deckplatte und für die Karamellglasur gebraucht. Die anderen 5 Böden mit Schokoladen-Buttercreme bestreichen und zu einer Torte zusammensetzen. Leicht beschweren und kurz anziehen lassen. Die Oberfläche und den Rand ebenfalls mit Creme bestreichen. Kurz kalt stellen.

4

Für die Karamellglasur in einem Topf die Butter zerlassen, den Zucker und den Zitronensaft zugeben und unter beständigem Rühren hell karamellisieren. Rasch über den bereitgestellten Biskuitboden gießen und die Masse mit einer durch ein Butterstück gezogenen Palette glatt streichen. Übergelaufene Ränder abschneiden. Die glasierte Platte in 16 Tortenstücke schneiden, dabei das Messer immer wieder durch ein Butterstück ziehen, damit der Karamell nicht anklebt. Die Tortenstücke nebeneinander als Deckplatte auf die fertige Torte legen. Frisch sieht die Karamellglasur am schönsten aus; sobald sie Feuchtigkeit aufnimmt, verliert sie an Glanz.

Dobostorte

Holländer Kirschtorte

- 400 g TK-Blätterteig, aufgetaut

FÜLLUNG

- 1 EL Speisestärke
- 300 g Sauerkirschen aus dem Glas, abgetropft, Saft aufgefangen
- 1 Messerspitze Zimt
- 750 g Sahne
- 3 EL Puderzucker

GLASUR

- 2 EL Johannisbeergelee, erwärmt
- 100 g Puderzucker
- etwa 2 EL Wasser

Backen: je Boden 10–12 Minuten bei 220 °C
Backblech, mit Backpapier ausgelegt

1

Den Blätterteig in 3 Teile teilen. Auf der bemehlten Arbeitsfläche zu 3 runden Böden von etwa 28 cm Ø ausrollen. Auf Backpapier legen, mit der Gabel mehrmals einstechen und 30 Minuten kalt stellen.

2

Den Ofen vorheizen. Der Blätterteig soll beim Backen nicht zu stark aufgehen, und das erreichen Sie mit einem Trick: Beschweren Sie die Böden mit einem Kuchengitter aus Metall; sie gehen dann nicht so blättrig auf und kommen trotzdem hellbraun gebacken aus dem Ofen. Die Böden nacheinander backen. Die Ränder mithilfe eines Tortenringes auf etwa 26 cm Durchmesser glatt schneiden und egalisieren.

3

Für die Füllung die Speisestärke mit 250 ml Kirschsaft und dem Zimt glatt rühren und unter beständigem Rühren aufkochen. Nach dem Abkühlen die Kirschen untermischen. Die Sahne mit dem Puderzucker steif schlagen.

4

Die Torte fertigstellen: Einen Blätterteigboden auf eine Unterlage legen. Mit Schlagsahne bestreichen. Die gebundenen Kirschen nicht ganz bis zum Rand auflegen. Mit einer dicken Sahneschicht bedecken. Den zweiten Boden auflegen, leicht andrücken. Die restliche Schlagsahne aufstreichen, jedoch etwas Sahne zurückbehalten für den Rand. Kaltstellen.

5

Der dritte Boden wird glasiert und dient als Deckplatte. Dafür den Boden auf der glatten Unterseite mit dem Johannisbeergelee bestreichen und antrocknen lassen. Den Puderzucker mit Wasser glatt rühren, auf die Deckplatte gießen und mit einem Messer glatt streichen. Die Glasur antrocknen lassen. Die glasierte Deckplatte mit einem angefeuchteten Messer in 16 Tortenstücke schneiden.

6

Die Torte aus dem Kühlschrank nehmen, den Rand mit der restlichen Sahne bestreichen. Die vorgeschnittenen, glasierten Deckstücke auflegen. Bis zum baldigen Verzehr erneut kalt stellen.

Zwei Käsesahnetorten

Käsesahnetorte

WASSERBISKUIT

- 2 Eier, getrennt, 2 EL kaltes Wasser
- 100 g Zucker, 1 EL Vanillezucker
- 100 g Mehl, gut ½ TL Backpulver

KÄSESAHNECREME

- 500 g Magerquark oder Schichtkäse, im Sieb abgetropft
- 150 g Zucker
- abgeriebene Schale und Saft von 1 Zitrone
- 1 Päckchen gemahlene Gelatine, mit 6 EL kaltem Wasser angerührt
- 400 g Sahne, steif geschlagen

ZITRONENGLASUR

- 125 g Puderzucker
- 2–3 EL Zitronensaft

Backen: 15–20 Minuten bei 180 °C
Springform von 26 cm Ø, Boden mit Backpapier ausgelegt

1

Den Biskuitboden am besten schon am Vortag backen.

2

Den Ofen vorheizen. Für den Biskuit die Eiweiße mit dem Wasser steif, aber nicht schnittfest schlagen, dabei den Zucker und Vanillezucker einrieseln lassen. Die verrührten Eigelbe unterziehen. Das Mehl mit dem Backpulver darübersieben und vorsichtig untermischen. Die Masse in die Form füllen und goldgelb backen. Nach dem Abdämpfen auf ein Kuchengitter stürzen, das Backpapier abziehen, auskühlen lassen.

3

Für die Käsesahnecreme den Quark glatt rühren, den Zucker, Zitronenschale und -saft unterrühren. Die gequollene Gelatine erwärmen, auflösen und unter die Käsemasse rühren, kalt stellen. Sobald die Masse zu stocken beginnt, die Schlagsahne unterziehen.

4

Die Torte fertigstellen: Den Biskuit für 2 Böden einmal durchschneiden, das Deckblatt etwas dünner. Den unteren Boden auf eine Unterlage legen und mit einem Tortenring umschließen. Die Käsesahnecreme darauffüllen und glatt streichen. Das Deckblatt auflegen und leicht andrücken.

5

Für die Zitronenglasur aus Puderzucker und Zitronensaft eine streichfähige, leicht fließende Masse rühren und die Tortendecke damit überziehen (oder einfach mit Puderzucker besieben). Einige Stunden kalt stellen.

Käsesahnetorte mit Kirschen

Die angedickten Sauerkirschen geben der luftigen Käsesahnetorte mit den drei Böden eine fruchtige Note.

BISKUIT

- 4 Eier, getrennt
- 4 EL kaltes Wasser
- 80 g Zucker
- 80 g Mehl
- 40 g Speisestärke
- 1 TL Backpulver

KIRSCHBELAG

- 350 g Sauerkirschen aus dem Glas, abgetropft
- 125 ml Kirschsaft
- 1 EL Zucker
- ½ Zimtstange
- 1 gehäufter TL Speisestärke, mit etwas Kirschsaft angerührt

KÄSESAHNECREME

- 350 g Quark, abgetropft, durchpassiert
- abgeriebene Zitronenschale
- 3 Eigelb
- 80 g Zucker, 170 ml Milch
- 8 Blatt Gelatine, kalt eingeweicht
- 350 g Sahne, steif geschlagen

GARNITUR

- 150 g Sahne, mit 1 EL Zucker steif geschlagen
- 50 g Mandelblättchen, trocken geröstet
- 2 EL Kirschkonfitüre, durchpassiert

Backen: je Boden etwa 8 Minuten bei 200 °C
Backblech und Backpapier

1

Vorab auf Backpapier 3 Kreise von je 24 cm Ø zeichnen. Den Ofen vorheizen. Für den Biskuit die Eiweiße mit dem Wasser steif schlagen, dabei den Zucker einrieseln lassen. Die Eigelbe verrühren und unterrühren. Das Mehl mit der Speisestärke und dem Backpulver darübersieben und mit dem Teigspatel unterheben. Den Teig zu je gleichen Teilen auf die markierten Kreise streichen. Die Böden nacheinander auf dem Backblech auf der mittleren Schiene auf Sicht goldgelb backen. Nach dem Abdämpfen auf eine glatte Unterlage stürzen und das Papier abziehen.

2

Für den Belag die Sauerkirschen im Sieb abtropfen lassen. 125 ml des Kirschsaftes mit dem Zucker und der Zimtstange aufkochen; die angerührte Speisestärke einrühren und einige Male aufkochen lassen, die Zimtstange entfernen. Die Kirschen einrühren und kurz aufwallen lassen. Beiseitestellen.

3

Für die Käsesahnecreme den Quark mit dem Zitronenabrieb in eine Schüssel geben. In einem Topf die Eigelbe mit Zucker und Milch gut verrühren und bis kurz vor dem Kochen erhitzen. Vom Herd nehmen. Die Gelatine ausdrücken und in der heißen Creme auflösen. Zuerst nur einige Löffel von dem Quark einrühren, damit die Gelatine nicht zu abrupt abkühlt und klumpt; dann diese Mischung unter den restlichen Quark rühren. Kalt stellen bis die Masse zu steifen beginnt. Die Schlagsahne unter die Quarkcreme rühren.

4

Zum Fertigstellen einen Boden auf eine Tortenplatte legen und mit einem Tortenring umschließen. 5 EL von der Creme darauf verstreichen. Die Kirschen darauf verteilen, in der Mitte etwas sparsamer, damit sich die Torte später besser schneiden lässt. Die Hälfte der Creme auf den Kirschen verstreichen. Den zweiten Boden auflegen, leicht andrücken und die restliche Creme darauf verstreichen. Im Kühlschrank etwas anziehen lassen. Den dritten Boden in 12 Stücke schneiden und die Tortenoberfläche damit belegen. Im Kühlschrank vollständig fest werden lassen.

5

Den Tortenring entfernen. Den Rand der Torte mit Schlagsahne bestreichen und mit den Mandelblättchen bestreuen. Die Oberfläche mit Puderzucker besieben. Die restliche Schlagsahne in einen Spritzbeutel füllen und mit großer Stern- oder Lochtülle auf jedes Tortenstück eine Sahnerosette spritzen. Auf jede Rosette mithilfe eines Papierspritztütchens Konfitüretupfer spritzen. Kalt servieren.

Käsesahnetorte mit Kirschen

Beerensahnetorten

Erdbeermousse-Torte ⊗

Eine feine Torte mit zwei Böden. Die Mousseschicht können Sie gut mit TK-Beeren (auch Himbeeren oder Johannisbeeren) zubereiten. Kein Muss, aber ein Genuss für Auge und Gaumen ist der kräftig rote Geleespiegel.

MÜRBETEIGBODEN

- 80 g Mehl
- 40 g Puderzucker
- 60 g weiche Butter
- 1 Eigelb
- 1 EL Eiswasser bei Bedarf

- 2 EL glatt gerührte Konfitüre zum Bestreichen

BISKUITBODEN

- 3 Eier, getrennt
- 75 g Zucker
- 75 g Mehl

ERDBEERCREME

- 2 Eigelb
- 100 g Zucker
- 2 EL Zitronensaft
- 8 Blatt Gelatine, kalt eingeweicht
- 500 g Erdbeeren, püriert
- 400 g Sahne, steif geschlagen

GELEESPIEGEL

- 200 g Erdbeeren, püriert, durchpassiert
- 100 g Zucker
- 150 ml frisch gepresster Orangensaft (oder Rotwein)
- Saft von 1 Zitrone
- 5 Blatt Gelatine, kalt eingeweicht

Vorbacken: 10 Minuten bei 200 °C
Fertig backen: 10 Minuten bei 180 °C
Springform von 26 cm Ø, Boden leicht gefettet

1
Den Ofen vorheizen. Für den Mürbeteig alle Zutaten in die Rührschüssel geben und mit dem Handrührgerät (Knethaken) zu einem glatten Teig rühren. Auf den Tortenboden streichen und vorbacken.

2
Für den Biskuit die Eiweiße mit dem Handrührgerät (Rührbesen) steif schlagen, den Zucker einrieseln lassen und fest aufschlagen. Die Eigelbe verrühren und untermischen. Das Mehl über die Schaummasse sieben und mit dem Gummispatel unterheben.

3
Den gebackenen Mürbeteigboden aus dem Ofen nehmen, in der Form mit der Konfitüre bestreichen. Die Biskuitmasse darauf füllen und glatt streichen, goldgelb fertig backen. Auf einem Kuchengitter erkalten lassen.

4
Den erkalteten Kuchen auf eine Platte setzen und mit einem Tortenring umschließen (oder die gesäuberte Springform benutzen).

5
Für die Erdbeercreme die Eigelbe mit dem Zucker und Zitronensaft auf dem heißen Wasserbad mit dem Schneebesen schaumig schlagen. Die Gelatine ausdrücken und in der heißen Creme auflösen, vom Wasserbad nehmen. Zunächst mit nur 3 EL Erdbeerpüree verrühren, dann diese Mischung in das restliche Erdbeerpüree rühren. Kalt stellen, bis die Masse zu steifen beginnt. Die Schlagsahne unterziehen.

6
Die Creme auf den Kuchenboden füllen, glatt streichen und kalt stellen, bis die Creme fest geworden ist.

7
Für den Geleespiegel in einem Topf das Beerenpüree mit dem Zucker und dem Orangen- und Zitronensaft 3 Minuten köcheln. Die Gelatine ausdrücken und darin auflösen. Kalt stellen, bis die Masse leicht zu gelieren beginnt. Auf der Beerenmasse glatt verstreichen und im Kühlschrank erstarren lassen.

Erdbeersahnetorte ⊗

MANDELBISKUIT

- 5 Eier, getrennt
- 50 + 50 g Zucker
- 1 Prise Salz
- abgeriebene Zitronenschale
- 80 g Mehl
- 100 gemahlene Mandeln

ERDBEERSAHNE

- 200 g Erdbeeren
- 100 g Zucker
- 5 Blatt Gelatine, kalt eingeweicht
- 300 g Sahne, steif geschlagen

ZUM FERTIGSTELLEN

- 150 ml Sahne, steif geschlagen
- 25 g Mandelblättchen, trocken geröstet
- 300 g Erdbeeren, halbiert

Backen: 30 Minuten bei 190 °C
Springform von 26 cm Ø, Boden mit Backpapier ausgelegt

1
Den Ofen vorheizen. Für den Mandelbiskuit die Eigelbe mit 50 g Zucker, Salz und abgeriebener Zitronenschale schaumig rühren. Die Eiweiße mit dem restlichen Zucker steif schlagen und unter die Schaummasse heben. Das Mehl

darübersieben, darauf die Mandeln streuen und beides untermischen. Die Masse in die Backform füllen, glatt streichen und goldgelb backen. Nach dem Abdämpfen auf ein Kuchengitter stürzen, das Backpapier abziehen, auskühlen lassen, am besten über Nacht.

2

Für die Erdbeersahne die Früchte mit dem Zucker mit dem Stabmixer pürieren. Die Gelatine tropfnass in einem kleinen Topf erwärmen, auflösen und unter die Erdbeeren rühren. Die Schlagsahne unterheben.

3

Die Torte fertigstellen: Den Biskuit für 2 Böden einmal durchschneiden. Einen Boden auf eine Unterlage legen. Mit einem Tortenring umschließen und mit der Erdbeersahne bestreichen. Den zweiten Boden auflegen und leicht andrücken. 2–3 Stunden kalt stellen.

4

Vor dem Servieren den Tortenring mit einem in kaltes Wasser getauchten Messer ablösen. Die Oberfläche und den Tortenrand mit Schlagsahne bestreichen. Den Rand mit den Mandelblättchen garnieren (nehmen Sie eine Teigkarte zu Hilfe), die Erdbeerhälften auf der Oberfläche verteilen und leicht andrücken.

Himbeersahnetorte

Für die Füllcreme dieser sehr fruchtigen Torte können Sie gut tiefgefrorene Himbeeren verwenden. Zum Belegen sind jedoch frische Früchte besser geeignet, da sie trocken sind und in Form bleiben.

WIENER BISKUIT

- **5 Eier**
- **150 g Zucker**
- **abgeriebene Zitronenschale**
- **100 g Mehl**
- **50 g Speisestärke**
- **75 g Butter, zerlassen**

HIMBEERSAHNE

- **250 g Himbeeren, püriert**
- **150 g Zucker**
- **3 EL Zitronensaft**
- **300 g Joghurt**
- **8 Blatt Gelatine, kalt eingeweicht**
- **400 g Sahne, steif geschlagen**

AUSSERDEM

- **500 g Himbeeren**
- **1 Päckchen Tortenguss**
- **gehackte Pistazien zum Bestreuen**

Backen: 30 Minuten bei 180 °C
Springform von 26–28 cm Ø, Boden mit Backpapier ausgelegt

1

Den Ofen vorheizen. Für den Biskuit die Eier und den Zucker mit dem Handrührgerät zu einer weißschaumigen Masse rühren, die Zitronenschale zugeben. Das Mehl mit der Speisestärke vermischen, sieben und abwechselnd mit der lauwarmen Butter mit dem Teigspachtel unter die Schaummasse ziehen, in die Form füllen, glatt streichen und hellbraun backen. Nach dem Abdämpfen auf ein Kuchengitter stürzen, das Backpapier abziehen, auskühlen lassen.

2

Für die Himbeersahne die pürierten Himbeeren mit dem Zucker, Zitronensaft und Joghurt vermischen. Die Gelatine tropfnass in einem kleinen Topf erwärmen und auflösen. Die Gelatine zunächst mit 4 EL von der Himbeermasse vermischen, dann unter die gesamte Masse rühren. Die Schlagsahne vorsichtig unterziehen.

3

Die Torte fertigstellen: Den Biskuit für 2 Böden einmal durchschneiden. Den Tortenboden auf eine Unterlage legen und so mit einem Tortenring umschließen, dass rundum ein 1 cm breiter Rand frei bleibt. Etwa die Hälfte der Sahnecreme einfüllen, glatt streichen und dabei auch den freien Rand ausfüllen. Den zweiten Boden auflegen, leicht andrücken und die restliche Creme wiederum so darauf verstreichen, dass auch der Zwischenraum zum Rand vollständig ausgefüllt ist.

4

Die Torte mit den Himbeeren belegen. Den Tortenguss nach Packungsanweisung zubereiten und die Himbeeren von der Mitte aus überglänzen. Mit den Pistazien bestreuen. Einige Stunden kalt stellen.

5

Vor dem Servieren den Tortenring mit einem in heißes Wasser getauchten Messer ablösen und entfernen.

Weincremetorten – sahnig und fruchtig

Apfel-Weincreme-Torte

Apfelspalten und Weincreme, gebacken auf krossem Mürbeteig, verbinden sich zu einer attraktiven, saftigen Sahnetorte. Die Rezepte für diese Weincreme-Torte sind zahlreich. In der Frankfurter Gegend verwendet man Apfelwein für die Creme.

MÜRBETEIG

- 250 g Mehl, 1 TL Backpulver
- 100 g Zucker
- 1 EL Vanillezucker, 1 Prise Salz
- 125 g weiche Butter
- 1 Ei, 1 EL Eiswasser

BELAG

- 2 EL Semmelbrösel
- 750 g Äpfel, geschält, Kerngehäuse entfernt, in dünne Spalten geschnitten
- 1 TL Zimt

WEINCREME

- 2 Päckchen Vanillepuddingpulver
- 200 g Zucker
- 750 ml Weißwein oder Apfelwein

ZUM FERTIGSTELLEN

- 400 g Sahne, steif geschlagen
- 40 g Mandelblättchen, geröstet

Backen: 60 Minuten bei 180 °C
Springform von 28 cm Ø, leicht gefettet

1

Für den Mürbeteig das Mehl in die Rührschüssel geben, die übrigen Zutaten zufügen. Mit dem Handrührgerät (Knethaken) kurz auf niedrigster, dann auf höchster Stufe rasch zu einem glatten Teig verarbeiten. Mit den Händen zur Kugel formen, in Folie wickeln und mindestens 30 Minuten kalt stellen.

2

Den Ofen vorheizen. Den Teig etwas größer als die Backform rund ausrollen, die Form damit auslegen und dabei einen Rand hochziehen. Den Boden mit der Gabel mehrmals einstechen.

3

Den Teigboden mit Semmelbröseln bestreuen. Mit den Apfelspalten belegen und mit dem Zimt besieben.

4

Für die Weincreme aus dem Puddingpulver, Zucker und Wein nach Packungsanweisung einen Pudding kochen und heiß über die Apfelspalten gießen. Die Torte backen. Nach dem Backen im geöffneten Ofen 1 Stunde abdämpfen, dann über Nacht in der Form auskühlen lassen.

5

Die Torte vorsichtig vom Rand lösen und auf eine Tortenplatte heben. Mit der Schlagsahne bestreichen und mit den Mandelblättchen bestreuen.

Weincremetorte mit Himbeerguss ⊗

WASSERBISKUIT

- 3 Eier, getrennt
- 3 EL kaltes Wasser
- 150 g Zucker, 1 EL Vanillezucker
- 150 g Mehl, ½ TL Backpulver

WEINCREME

- 40 g Speisestärke
- 125 g Zucker
- 500 ml Weißwein
- 2 EL Zitronensaft
- 6 Blatt Gelatine, kalt eingeweicht
- 250 g Sahne, steif geschlagen

HIMBEERGUSS

- 250 g Himbeeren (TK-Beeren angetaut)
- 3 EL Wasser
- 3 EL Zucker
- 1 Päckchen roter Tortenguss

Backen: 30 Minuten bei 180 °C
Springform von 26–28 cm Ø, Boden mit Backpapier ausgelegt

1

Den Ofen vorheizen. Für den Biskuit die Eiweiße mit dem Wasser und dem Zucker steif, aber nicht schnittfest schlagen. Die verrührten Eigelbe und den Vanillezucker untermischen. Das Mehl mit dem Backpulver darübersieben und vorsichtig unterheben. Die Masse in die Backform füllen, glatt streichen und goldgelb backen. Nach dem Abdämpfen auf ein mit Backpapier belegtes Kuchengitter stürzen, das Backpapier abziehen, über Nacht auskühlen lassen.

2

Für die Weincreme in einem Topf die Speisestärke mit dem Zucker, Wein und Zitronensaft glatt rühren, unter beständigem Rühren erhitzen und aufkochen. Vom Herd nehmen, die Gelatine ausdrücken und in der heißen Creme auflösen. Kalt stellen. Sobald die Creme zu stocken beginnt, die Schlagsahne unterziehen.

3

Die Torte fertigstellen: Den Biskuit für 2 Böden einmal durchschneiden, die Deckplatte sollte etwas dünner sein. Den Boden auf eine Unterlage legen und mit einem Tortenring umschließen. Die Weincreme (sie soll noch weich und geschmeidig sein) einfüllen, glatt streichen, mit dem zweiten Tortenboden bedecken und leicht andrücken.

4

Für den Guss die Himbeeren mit dem Wasser, Zucker und dem Tortengusspulver unter Rühren aufkochen und die Torte damit überziehen. Einige Stunden oder über Nacht kalt stellen.

Spiralentorte

Interessant und bestechend schön sehen die Spiralen bei den angeschnittenen Tortenstücken aus. Es gibt kaum eine Torte, die zarter, luftiger und lockerer gelingt als diese.

MÜRBETEIG

- 120 g Mehl
- 40 g Zucker
- 1 Prise Salz
- 80 g weiche Butter
- 1 Ei

BISKUIT

- 5 Eier, getrennt
- 125 g Zucker
- abgeriebene Zitronenschale
- 125 g Mehl

WEINCREME

- 2 Eigelb, 100 g Zucker
- 1 EL Speisestärke
- 125 ml Weißwein, 1 EL Zitronensaft
- 6 Blatt Gelatine, kalt eingeweicht
- 400 g Sahne, steif geschlagen

ZUM FERTIGSTELLEN

- 1 Glas Johannisbeergelee (225 g)
- 400–500 g Himbeeren oder Johannisbeeren
- 100 g Sahne, steif geschlagen

Backen: Mürbeteig 10–12 Minuten bei 210 °C
Biskuit 8–10 Minuten bei 220 °C
Springform von 26 cm Ø
Backblech, mit Backpapier ausgelegt

1

Für den Mürbeteig das Mehl in die Rührschüssel geben, die übrigen Zutaten zufügen. Mit dem Handrührgerät (Knethaken) kurz auf niedrigster, dann auf höchster Stufe rasch zu einem glatten Teig verarbeiten. Mit den Händen zur Kugel formen, in Folie wickeln und mindestens 30 Minuten kalt stellen.

2

Den Ofen vorheizen. Den Mürbeteig in Formgröße rund ausrollen, den Rand egalisieren, in die Backform legen und mit der Gabel mehrmals einstechen. Goldgelb backen und auf einem Kuchengitter auskühlen lassen.

3

Für die Weincreme Eigelbe, Zucker und Speisestärke in einem Topf glatt rühren. Den Wein und Zitronensaft langsam dazugießen, unter Rühren erhitzen und aufpuffen lassen. Den Topf vom Herd nehmen. Die Gelatine ausdrücken und in der heißen Creme auflösen. Kalt stellen. Sobald die Creme zu stocken beginnt, die Schlagsahne unterziehen.

4

Für den Biskuit die Eiweiße steif, aber nicht schnittfest schlagen, dabei den Zucker einrieseln lassen. Die verrührten Eigelbe und die Zitronenschale unterrühren. Das Mehl darübersieben und unterheben. Die Masse auf das Backblech streichen. Goldgelb backen.

5

Die gebackene Biskuitplatte sofort auf ein frisches Backpapier stürzen, das mitgebackene Backpapier erst nach dem Erkalten abziehen.

6

Die Torte fertigstellen: Den gebackenen Mürbeteig mit 2 EL Johannisbeergelee bestreichen und mit einem Tortenring umschließen. Das restliche Johannisbeergelee erwärmen. Die Biskuitplatte dünn mit Johannisbeergelee bestreichen, drei Viertel der Weincreme darauf glatt streichen, dabei an den Längsseiten etwa 2 cm frei lassen.

7

Die bestrichene Biskuitplatte quer in 4 cm breite Streifen schneiden. Einen Streifen zur Spirale aufrollen und aufrecht in die Mitte des Mürbeteigbodens setzen. Die weiteren Streifen als Fortsetzung der Spirale dicht an dicht ansetzen, bis alle Streifen verbraucht sind und der Tortenrand erreicht ist. Die restliche Creme auf die Spiralen streichen. Die Beeren auflegen und mit dem verbliebenen warmen Johannisbeergelee überglänzen. Kalt stellen.

8

Vor dem Servieren den Tortenring mit einem in heißes Wasser getauchten Messer ablösen und den Rand mit Schlagsahne bestreichen.

Für Schokoladenfans – drei feine Torten

Schokoladen-Buttercreme-Torte

Dies ist eine feine Geburtstagstorte. Für die Torte mit dem vollen Geschmack von Schokolade und Mandeln wird eine einfache Schokoladen-Buttercreme zubereitet. Wahlweise können Sie auch die feinere Schokoladen-Buttercreme von Seite 118 nehmen oder die Schokoladen-Füllcreme (Canache) von Seite 117. Als Verzierung können Sie Tupfer oder Rosetten, Namen oder Zahlen aufspritzen. Lassen Sie die Torte, mit einer Haube bedeckt, über Nacht im Kühlschrank durchziehen.

RÜHRTEIG

- _ **150 g weiche Butter**
- _ **100 g Puderzucker**
- _ **6 Eigelb**
- _ **100 g dunkle Kuvertüre, geschmolzen**
- _ **125 g gemahlene Mandeln**
- _ **6 Eiweiß**
- _ **75 g Zucker**
- _ **100 g Mehl**
- _ **30 g Speisestärke**
- _ **2 TL Backpulver**

SCHOKOLADEN-BUTTERCREME

- _ **½ l Milch**
- _ **2 EL Zucker**
- _ **1 Päckchen Schokopuddingpulver**
- _ **300 g Butter, raumtemperiert**
- _ **100 g Puderzucker**
- _ **etwa 2 EL Kakaopulver**

ZUM TRÄNKEN

- _ **4 EL Rotwein**
- _ **2 EL Rum**

Backen: 1 Stunde bei 180 °C
Springform von 26 cm Ø, gefettet und bemehlt

1

Backen Sie die Torte schon am Vortag, dann lässt sie sich besser schneiden.

2

Für den Teig die Butter geschmeidig rühren, nach und nach den Puderzucker und die Eigelbe, eines nach dem anderen, zugeben und schaumig rühren. Die lauwarme Kuvertüre einrühren und die Mandeln untermischen. Die Eiweiße mit dem Zucker steif schlagen und auf die Schaummasse gleiten lassen. Das Mehl mit der Speisestärke und dem Backpulver darübersieben und locker untermischen. Den Teig in die Form füllen, glatt streichen und backen. Die Torte nach dem Abdämpfen auf ein Kuchengitter stürzen und auskühlen lassen.

3

Für die Buttercreme aus Milch, Zucker und dem Puddingpulver nach Packungsangabe einen Pudding kochen. Auf Raumtemperatur abkühlen lassen und dabei gelegentlich umrühren, damit sich keine Haut bildet (oder Klarsichtfolie dicht auflegen). Bei Bedarf durch ein Sieb streichen. Die Butter mit dem Puderzucker schaumig rühren, löffelweise den Pudding untermischen und mit dem Kakaopulver abschmecken.

4

Die Torte fertigstellen: Die Torte für 3 Böden zweimal durchschneiden. Zwei Böden leicht mit dem Rotwein, vermischt mit dem Rum, tränken, mit Buttercreme bestreichen und zu einer Torte zusammensetzen. Das Deckblatt auflegen und leicht andrücken. Die Oberfläche und den Rand ebenfalls mit Buttercreme bestreichen. Die restliche Creme in einen Spritzbeutel füllen und die Torte hübsch verzieren. Kalt gestellt über Nacht durchziehen lassen.

Schokosahnetorte

Die attraktive und doch einfache Schokosahnetorte können Sie im Voraus herstellen und ohne Weiteres einfrieren.

NUSSBISKUIT

- _ **6 Eigelb**
- _ **90 + 90 g Zucker**
- _ **6 Eiweiß**
- _ **180 g gemahlene Haselnüsse**

SCHOKOSAHNE

- _ **200 + 400 g Sahne**
- _ **150 g dunkle Kuvertüre, zerkleinert**
- _ **4 Blatt Gelatine, kalt eingeweicht**

Backen: 25–30 Minuten bei 180 °C
Springform von 26 cm Ø, Boden mit Backpapier ausgelegt

1

Den Ofen vorheizen. Für den Biskuit die Eigelbe mit 90 g Zucker weißschaumig rühren. Die Eiweiße steif, aber nicht schnittfest schlagen, dabei den restlichen Zucker einrieseln lassen. Den Eischnee auf die Schaummasse gleiten lassen, die Nüsse darübergeben und alles vorsichtig vermischen. In die Backform füllen, glatt streichen und backen. Nach dem Abdämpfen auf ein Kuchengitter stürzen, das Backpapier abziehen, über Nacht auskühlen lassen.

2

Für die Schokosahne 200 g Sahne erhitzen und die Kuvertüre bei milder Hitze darin schmelzen, vom Herd nehmen. Die Gelatine ausdrücken und in der heißen Schokosahne auflösen. Kalt stellen, bis sie leicht zu stocken beginnt. Die 400 g Sahne steif schlagen und die Schokosahne nach und nach unterziehen.

3

Die Torte fertigstellen: Für 2 Böden den Biskuit einmal durchschneiden. Einen Boden auf eine Unterlage legen und so mit dem Tortenring umschließen, dass rundum ein 1 cm breiter Rand frei bleibt. Etwa zwei Drittel der Schokosahne auf den Tortenboden füllen, glatt streichen und dabei auch den freien Rand ausfüllen. Den zweiten Biskuitboden auflegen, leicht andrücken, mit dem Rest der Schokosahne wiederum so bestreichen, dass auch der Zwischenraum vollständig ausgefüllt ist. Die Oberfläche glatt streichen und mit dem Garnierkamm Kreise durchziehen. Kalt stellen.

Schokoladentorte

SCHOKOBISKUIT

- 8 Eier, getrennt
- 75 + 75 g Zucker
- 1 Päckchen Vanillezucker
- 50 g dunkle Kuvertüre, geschmolzen
- 1 TL Backpulver
- 75 g Mehl
- 60 g Butter, zerlassen
- 50 g Biskuit- oder Semmelbrösel
- 75 g gemahlene Haselnüsse

SCHOKOFÜLLCREME (CANACHE)

- 500 g Sahne
- je 60 g helle und dunkle Kuvertüre, zerkleinert
- 1 EL Rum (nach Belieben)

ZUM TRÄNKEN UND VERZIEREN

- 50 ml Rotwein
- 50 ml frisch gepresster Orangensaft
- 2 EL Rum (nach Belieben)
- geraspelte Schokolade zum Bestreuen

Backen: 50 Minuten bei 190 °C
Springform von 26 cm Ø, Boden mit Backpapier ausgelegt

1

Die Schokofüllcreme muss einige Stunden oder über Nacht im Kühlschrank ruhen. Auch die Torte können Sie schon am Vortag backen.

2

Den Ofen vorheizen. Für den Biskuit die Eigelbe mit 75 g Zucker und dem Vanillezucker mit dem Handrührgerät weißschaumig rühren. Löffelweise die Kuvertüre, das mit Backpulver gesiebte Mehl und die Butter mit dem Holzlöffel unterrühren. Die Eiweiße steif, aber nicht schnittfest schlagen, dabei die restlichen 75 g Zucker einrieseln lassen. Den Eischnee auf die Schaummasse gleiten lassen, die Brösel und die Nüsse darübergeben und alles untermischen. Die Masse in die Form füllen und backen. Nach dem Abdämpfen auf ein Kuchengitter stürzen, das Backpapier abziehen, über Nacht auskühlen lassen.

3

Für die Füllcreme die Sahne aufkochen und die Kuvertüre unter beständigem Rühren darin schmelzen. Vom Herd nehmen, mit Rum abschmecken und mit dem Stabmixer 1 Minute rühren (wichtig!). Im Kühlschrank ruhen lassen.

4

Für die Tränkflüssigkeit den Rotwein mit dem Orangensaft vermischen und mit dem Rum abschmecken.

5

Die Torte fertigstellen: Die Schokofüllcreme wie Schlagsahne aufschlagen. Den Biskuit für 3 Böden zweimal durchschneiden. 2 Tortenböden leicht tränken, mit der Schokofüllcreme bestreichen und aufeinandersetzen. Den dritten Boden auflegen, leicht andrücken und die Oberfläche sowie den Rand der Torte mit der restlichen Füllcreme bestreichen. Die Oberfläche mit dem Garnierkamm durchziehen und mit geraspelter Schokolade bestreuen. Kalt stellen und 1 Tag durchziehen lassen.

Gefüllte Torten – mit Creme oder Konfitüre

Ratsherrentorte

Die Ratsherrentorte hat es wahrlich in sich. Vier Böden und dreierlei Füllungen, die allerdings überhaupt nicht aufwendig sind, denn bis auf eine sind sie Fertigprodukte. Man muss kein Ratsherr sein, um zu ihren Fans zu gehören!

WASSERBISKUIT

- 5 Eier, getrennt
- 5 EL kaltes Wasser
- 250 g Zucker
- 1 EL Vanillezucker
- 180 g Mehl
- 1½ TL Backpulver
- 70 g gemahlene Haselnüsse
- 5 EL Schokostreusel

FÜLLCREME (CANACHE)

- 500 g Sahne
- 120 g dunkle Kuvertüre, zerkleinert
- 1 EL Rum

ZUM TRÄNKEN UND FERTIGSTELLEN

- 50 ml Rotwein, mit 2 EL Rum vermischt
- 4 EL Powidl (Pflaumenmus)
- 4 EL Preiselbeeren
- geraspelte Schokolade

Backen: 40 Minuten bei 180 °C
Springform von 26 cm Ø, Boden mit Backpapier ausgelegt

1

Den Ofen vorheizen. Für den Wasserbiskuit die Eiweiße mit dem kalten Wasser mit dem Handrührgerät (Rührbesen) auf höchster Stufe steif schlagen, den Zucker und den Vanillezucker einstreuen und fest aufschlagen. Die Eigelbe verrühren und untermischen, das Mehl mit dem Backpulver darübersieben, die Haselnüsse und die Schokostreusel dazugeben. Alles mit dem Teigspatel oder dem Schneebesen vermischen. Die Masse in die Form füllen, glatt streichen und backen. Nach dem Abdämpfen auf ein mit Backpapier belegtes Kuchengitter stürzen und über Nacht auskühlen lassen.

2

Vorab für die Füllcreme die Sahne aufkochen, die Kuvertüre bei schwacher Hitze unter beständigem Rühren darin schmelzen. Den Topf vom Herd nehmen und die Masse mit dem Stabmixer 1 Minute rühren (wichtig!). Die Masse einige Stunden oder über Nacht zugedeckt im Kühlschrank ruhen lassen.

3

Die Torte fertig stellen: Die Füllcreme aufschlagen wie Schlagsahne. Den Biskuit für 4 Böden dreimal durchschneiden. Den untersten Tortenboden mit Powidl bestreichen. Das zweite Tortenblatt auflegen, mit Tränkflüssigkeit beträufeln und mit einem Drittel der Füllcreme bestreichen. Das dritte Tortenblatt auflegen, tränken und mit Preiselbeeren bestreichen. Das Deckblatt auflegen und leicht andrücken.

4

Die Oberfläche und den Rand mit der Hälfte der restlichen Füllcreme bestreichen. Mit der anderen Hälfte mit Spritzbeutel und Sterntülle 16 Rosetten aufspritzen. Die glatte Fläche mit geraspelter Schokolade bestreuen. Die Torte kalt stellen und einige Stunden oder über Nacht durchziehen lassen.

Trüffeltorte

Gerne wird diese edle Schokoladentorte auch mit 16 Trüffelpralinen anstatt mit geraspelter Schokolade verziert.

- 5 Eier, getrennt
- 60 + 60 g Puderzucker
- 50 g weiche Butter
- 150 g dunkle Kuvertüre, auf dem Wasserbad geschmolzen
- 1 EL Rum
- 150 g Mehl, 1 TL Backpulver
- 50 g gemahlene Mandeln

FÜLLCREME (CANACHE)

- 600 g Sahne
- 150 g Kuvertüre, zerkleinert
- 2 EL Rum

ZUM FERTIGSTELLEN

- 6 EL Orangensaft
- 2 EL Orangenlikör (Grand Marnier)
- 2 EL Rum
- 100 g geraspelte Schokolade
- Kakaopulver zum Besieben

Backen: 30–40 Minuten bei 180 °C
Springform von 24–26 cm Ø, mit Backpapier ausgelegt

1

Vorab für die Füllcreme die Sahne aufkochen, die Kuvertüre bei schwacher Hitze unter beständigem Rühren darin schmelzen. Den Topf vom Herd nehmen und die Masse mit dem Stabmixer 1 Minute rühren (wichtig!). Die Masse einige Stunden oder über Nacht zugedeckt im Kühlschrank ruhen lassen.

2

Den Ofen vorheizen. Für den Teig die Eiweiße mit 60 g Puderzucker steif schlagen. In einer anderen Schüssel die Butter mit 60 g Puderzucker und den

Eigelben schaumig rühren. Die lauwarm geschmolzene Kuvertüre und den Rum unterrühren. Den Eischnee darüber gleiten lassen, das Mehl mit dem Backpulver darüber sieben, die Mandeln darüberstreuen und locker unter den Teig heben. Den Teig in die Form füllen und backen. Nach dem Abdämpfen aus der Form nehmen und auf einem mit Backpapier belegten Kuchengitter auskühlen lassen, am besten über Nacht.

3

Zum Fertigstellen den Kuchen für drei Böden zweimal durchschneiden. Den Orangensaft mit dem Likör und Rum verrühren und die Böden damit tränken. Die Füllcreme mit dem Handrührgerät aufschlagen wie Schlagsahne. Etwa ein Drittel davon auf den ersten Boden streichen; den zweiten Boden auflegen und leicht andrücken. Erneut ein Drittel der Creme aufstreichen, den dritten Boden auflegen und leicht andrücken. Mit der restlichen Creme den Rand und die Oberfläche bestreichen. Die Torte rundum üppig mit geraspelter Schokolade bestreuen, leicht mit Kakaopulver besieben. Kalt stellen.

Haselnusstorte

Wenn es einmal schnell gehen muss, ist diese saftige Torte erste Wahl. Der Nussboden ist im Nu gebacken und mit Aprikosenkonfitüre gefüllt und bestrichen. Die gerösteten, gehackten Nüsse als Garnitur sind ein Muss, auf die Rosetten kann man auch verzichten.

- 6 Eier, getrennt
- 140 g Butter
- 180 g Zucker
- Mark von ½ Vanilleschote
- 120 g Mehl
- ½ Päckchen Backpulver
- 200 g gemahlene Haselnüsse
- 2 EL Gin

FÜLLUNG

- 400 g Aprikosenkonfitüre
- 5 EL Gin (oder Orangensaft)

GARNITUR

- 100 g grob gehackte Haselnüsse, trocken geröstet
- 200 g Sahne
- 1 EL Zucker
- 12–16 geröstete, gehäutete Haselnüsse

Backen: 30–40 Minuten bei 180 °C
Springform von 24–26 cm Ø, mit Backpapier ausgelegt

1

Den Ofen vorheizen. Die Eiweiße steif schlagen. In einer anderen Schüssel die Butter mit dem Zucker und dem Vanillemark mit dem Handrührgerät (Rührbesen) schaumig rühren, bis sich der Zucker gelöst hat. Die Eigelbe einzeln zugeben und unterrühren. Den Eischnee auf die Masse gleiten lassen, das Mehl mit dem Backpulver darübersieben und mit dem Teigspatel untermischen. Die Haselnüsse abwechselnd mit dem Gin unterrühren. In die Form füllen, glatt streichen und backen. Nach dem Abdämpfen auf ein mit Backpapier belegtes Kuchengitter stürzen und auskühlen lassen, am besten über Nacht.

2

Zum Füllen die Torte für 3 Böden zweimal durchschneiden. Die Konfitüre mit dem Gin glatt rühren und erwärmen. Den ersten Boden mit einem Drittel der Konfitüre besteichen, den zweiten Boden auflegen und leicht andrücken. Mit dem zweiten Drittel Konfitüre bestreichen und den dritten Boden als Deckblatt auflegen und leicht andrücken. Mit der restlichen Konfitüre den Rand und die Oberfläche bestreichen.

3

Für die Garnitur die Torte und den Rand mit gerösteten Nüssen bestreuen; nehmen Sie die Teigkarte zu Hilfe. Die Sahne mit dem Zucker steif schlagen und 12–16 Rosetten aufspritzen. Jede Rosette mit einer Haselnuss garnieren.

Festliche Nuss- und Mandeltorten

Prager Nusstorte

Ein Schnellrezept. Der Walnussbiskuit (schmeckt auch gut mit Mandeln oder Haselnüssen) wird am Vortag gebacken. Die Torte ist dann im Nu mit Nusssahne gefüllt und mit Puderzuckerglasur überzogen.

NUSSBISKUIT
- 6 Eier, getrennt
- 150 g Zucker
- 1 Prise Salz
- 180 g gemahlene Walnüsse
- 2 EL Mehl
- 1 EL Semmelbrösel

SAHNEFÜLLUNG
- 200 g Sahne
- 1 Päckchen Vanillezucker
- 20 g gemahlene Walnüsse

GLASUR
- 150 g Puderzucker
- 1 EL Rum
- 3 EL Wasser
- 12–16 Walnusshälften zum Garnieren

Backen: 30 Minuten bei 180 °C
Springform von 26 cm Ø, Boden mit Backpapier ausgelegt

1

Den Ofen vorheizen. Die Eiweiße mit dem Zucker und dem Salz steif schlagen. Die Eigelbe verrühren und unterziehen, ebenso die Walnüsse, das Mehl und die Semmelbrösel. Die Masse in die Form

Prager Nusstorte

füllen und backen. Nach dem Abdämpfen auf ein mit Backpapier belegtes Kuchengitter stürzen und auskühlen lassen, am besten über Nacht.

2

Für die Sahnefüllung die Sahne mit dem Vanillezucker steif schlagen, die Nüsse unterheben. Den Kuchen einmal durchschneiden und die Sahne auf der unteren Platte verstreichen. Die Deckplatte auflegen und leicht andrücken.

3

Für die Glasur Puderzucker, Rum und Wasser glatt rühren und die Torte gleichmäßig damit überziehen. Solange die Glasur noch feucht ist, jedes Tortenstück mit einer Walnusshälfte garnieren.

Mandel-Buttercreme-Torte

WASSERBISKUIT

- 5 Eier, getrennt
- 5 EL kaltes Wasser
- 200 g Zucker
- 220 g Mehl
- 1½ TL Backpulver
- 30 g Kakaopulver

MANDEL-BUTTERCREME

- 1 Päckchen Vanillepuddingpulver
- 500 ml Milch
- 2 EL Zucker
- 100 g gemahlene Mandeln
- 4 EL Mandellikör
- 300 g Butter, raumtemperiert
- 170 g Puderzucker

ZUM TRÄNKEN

- 125 ml Orangensaft
- 2 EL Mandellikör

- 100 g gehackte Mandeln, trocken geröstet

Backen: 30 Minuten bei 180 °C
Springform von 26 cm Ø, Boden mit Backpapier ausgelegt

1

Den Ofen vorheizen. Für den Wasserbiskuit die Eiweiße mit dem Handrührgerät (Rührbesen) auf höchster Stufe mit dem kalten Wasser steif schlagen, den Zucker einstreuen und fest aufschlagen. Die Eigelbe verrühren und untermischen. Das Mehl mit dem Backpulver und dem Kakaopulver darüber sieben und mit dem Schneebesen unterziehen. Die Masse in die Form füllen, glatt streichen und backen. Nach dem Abdämpfen auf ein mit Backpapier belegtes Kuchengitter stürzen und auskühlen lassen, am besten über Nacht.

2

Für die Mandel-Buttercreme das Puddingpulver mit 5 EL Milch glatt rühren. Die restliche Milch mit dem Zucker und den Mandeln aufkochen, das angerührte Puddingpulver einrühren und einige Male aufwallen lassen. Den Mandellikör untermischen. Den Pudding auf Raumtemperatur abkühlen lassen, dabei häufig umrühren, damit sich keine Haut bildet (oder Frischhaltefolie dicht auflegen). Die Butter mit dem Puderzucker schaumig rühren, den Pudding löffelweise zugeben.

3

Den Biskuit für 3 Böden zweimal durchschneiden. Etwa 150 g Nussbuttercreme beiseitestellen. Den ersten Boden auf eine Unterlage legen, leicht tränken und die Hälfte der Creme auf den Boden streichen. Den zweiten Boden auflegen, tränken und die restliche Creme darauf streichen. Den dritten Boden auf der Schnittseite tränken, auflegen und leicht andrücken. Die Torte rundum mit der beiseitegestellten Buttercreme bestreichen. Die Oberfläche und den Rand mit den Mandeln bestreuen. Zwei bis drei Stunden kalt stellen.

Nusstorte

Einziges Bindemittel für die feine Torte sind gemahlene Haselnüsse, Mehl wird nicht verwendet. Eine festliche Torte – und trotzdem ein Schnellrezept. Die Füllung, die erst kurz vor dem Servieren hergestellt wird, besteht nur aus geschlagener Sahne. Den Biskuit sollten Sie schon am Vortag backen.

NUSSBISKUIT

- 6 Eier
- 250 g Zucker
- 1 Päckchen Vanillezucker
- 1 EL Zitronensaft
- 250 g gemahlene Haselnüsse

FÜLLUNG

- 600 g Sahne, steif geschlagen

Backen: 45 Minuten bei 180 °C
Springform von 26 cm Ø, Boden mit Backpapier ausgelegt

1

Den Ofen vorheizen. Die Eier mit dem Zucker, Vanillezucker und Zitronensaft mit dem Handrührgerät etwa 5 Minuten schaumig rühren, anschließend die Nüsse untermischen. Die Masse in die Backform füllen, glatt streichen und backen. Nach dem Abdämpfen auf ein mit Backpapier belegtes Kuchengitter stürzen, das Backpapier abziehen und den Biskuit über Nacht auskühlen lassen.

2

Die Torte fertigstellen: Den Biskuit für 2 Böden einmal durchschneiden. Zwei Drittel der Schlagsahne auf dem Boden glatt streichen. Den zweiten Boden auflegen, leicht andrücken, die gesamte Torte mit der restlichen Sahne überziehen. Kalt stellen und möglichst bald verzehren.

Meisterliche Torten – Schicht um Schicht gebacken

Japonaisetorte

Die zarte Japonaisemasse besteht nur aus Eiweiß, Zucker und Mandeln oder Haselnüssen, ähnlich wie Makronenmasse. Man backt daraus dünne Böden für festliche Buttercremetorten. Die beliebte Agnes-Bernauer-Torte einer Konditorei in Straubing ist zum Beispiel mit Japonaiseböden und einer Mokka-Buttercreme zusammengesetzt.

JAPONAISEMASSE

- 6 Eiweiß, 160 g Zucker
- 130 g gemahlene Mandeln
- 1 EL Speisestärke

- 100 g Mandelblättchen zum Bestreuen

MOKKA-BUTTERCREME

- 4 Eigelb
- 100 g Zucker
- 50 g Speisestärke
- 3 EL lösliches Kaffeepulver
- ½ l Milch
- 300 g Butter, raumtemperiert
- 100 g Puderzucker
- 4 EL Kaffeelikör

- 60 g geröstete Mandelblättchen zum Garnieren

Backen: 30 Minuten bei 150 °C Umluft
2 Backbleche und Backpapier

Japonaisetorte

1

Den Ofen vorheizen. Für die Japonaisemasse die Eiweiße steif schlagen, dabei den Zucker einrieseln lassen. Die Mandeln mit der Speisestärke vermischen und vorsichtig unter den Eischnee heben.

2

Auf Backpapier 4 Kreise von 26 cm Ø vorzeichnen und leicht mit Öl bestreichen. Die Japonaisemasse darauf verteilen und zu möglichst glatten Böden verstreichen. Mit den Mandelblättchen bestreuen. 2 Bleche mit je 1 Boden in den Ofen schieben, die Backofentür einen Spalt offen lassen, damit die Feuchtigkeit abziehen kann. (Bei Ober- und Unterhitze können Sie nur 1 Blech einschieben und müssen die Böden nacheinander backen; dafür die Ofentemperatur um 20 °C höher schalten.) Die Böden auf Sicht hellbraun backen. Vorsichtig vom Backpapier lösen. Auskühlen lassen. Die beiden anderen Böden ebenso backen.

3

Für die Buttercreme die Eigelbe mit dem Zucker, der Speisestärke, dem Kaffeepulver und etwas von der Milch in einem Topf glatt rühren. Die restliche Milch langsam einrühren, zum Kochen bringen und einmal aufpuffen lassen. Vom Herd nehmen und auf Raumtemperatur abkühlen lassen, dabei die Creme immer wieder durchrühren, damit sich keine Haut bildet (oder Klarsichtfolie dicht auflegen). Die Butter mit dem Puderzucker schaumig rühren und die Creme löffelweise unterrühren. Mit dem Kaffeelikör parfümieren.

4

Die Torte zusammensetzen: Von der Creme einige Esslöffel für den Tortenrand beiseitestellen. Die restliche Creme auf den Japonaiseböden verstreichen und alle Böden zu einer Torte zusammensetzen, mit dem schönsten Boden abdecken. Den Tortenrand mit einem scharfen Messer begradigen und mit der zurückbehaltenen Creme bestreichen. Geröstete Mandelblättchen an den Rand drücken (nehmen Sie eine Teigkarte zu Hilfe). Kalt stellen.

Baumkuchentorte

Baumkuchen erinnert an die Jahresringe eines Baumes. Konditoren erzeugen die vielen Schichten mithilfe einer Walze. Auch im eigenen Herd können Sie Baumkuchen leicht herstellen – vorausgesetzt, Sie verfügen über einen Backofen mit Grill. Andernfalls ist die Prozedur des schichtweisen Backens langwierig und mühsam. Baumkuchen bleibt längere Zeit frisch. Schneiden Sie nur sehr kleine Stücke davon ab.
Wer einmal einen Baumkuchen gebacken hat, traut sich bestimmt beim nächsten Mal zu, mit der doppelten Menge für zwei Kuchen abwechselnd zwei Backformen in den Ofen zu schieben – zum Einfrieren oder zum Verschenken.

BAUMKUCHENTEIG

- 5 Eier, 220 g Puderzucker
- 1 Päckchen Vanillezucker
- 1 Prise Salz
- abgeriebene Zitronenschale
- 125 g Mehl, 125 g Speisestärke
- 2 TL Backpulver
- 75 g gemahlene Mandeln
- 250 g Butter, zerlassen
- 1–2 EL Weinbrand
- etwa 2 EL Sahne

APRIKOTUR UND GLASUR

- 60 g Aprikosenkonfitüre
- 1 EL Zitronensaft
- 150 g dunkle Kuvertüre, zerkleinert
- 35 g Kokosfett

Backen: jeweils etwa 1 Minute unter dem Grill
Springform von 26 cm Ø, Boden mit Backpapier ausgelegt

1
Die Eier mit dem Puderzucker, Vanillezucker und Salz schaumig rühren, die Zitronenschale zugeben. Das Mehl mit der Speisestärke und dem Backpulver vermischen und sieben. Die Mehlmischung und die Mandeln abwechselnd mit der lauwarmen Butter löffelweise unter die Schaummasse rühren. Den Weinbrand und die Sahne einrühren – der Teig soll leicht fließend und streichfähig sein.

2
Den Grill einschalten. Für den ersten Boden etwa 4 EL Teig in die Form füllen und mit einem Pinsel verstreichen. Auf der vorletzten Einschubleiste auf Sicht hellgelb grillen. Für die nächsten Schichten jeweils nur 2 EL Teig aufpinseln, da die Hitze des bereits gebackenen Bodens den frischen Teig sehr schön verlaufen lässt; ebenfalls hellgelb grillen. So verfahren, bis der Teig aufgebraucht ist. Je nach Beschaffenheit des Teiges ergeben sich 8–15 Schichten. Die Torte bei ausgeschaltetem Grill und geöffneter Backofentür 10 Minuten trocknen lassen, dann auf ein Küchengitter stürzen, das Backpapier abziehen, auskühlen lassen.

3
Für die Aprikotur die Aprikosenkonfitüre mit dem Zitronensaft aufkochen, durch ein Sieb streichen und die Torte sehr dünn damit überziehen. Mindestens 2 Stunden antrocknen lassen.

4
Für die Glasur die Kuvertüre mit dem Kokosfett auf dem Wasserbad schmelzen. Auf die angetrocknete Aprikotur streichen.

»Beschwipste« Torten – mit Eierlikör

Filzmooser Schokoladentorte ⊗

RÜHRTEIG
- 160 g weiche Butter
- 100 g Puderzucker
- 1 Päckchen Vanillezucker
- 8 Eier, getrennt
- 200 g Schokolade, gerieben
- 30 g Sultaninen
- 1 EL Rum
- 50 g Zucker
- 400 g gemahlene Haselnüsse
- 1 TL Backpulver

ZUM ÜBERZIEHEN
- 300 g Sahne
- 100 ml Eierlikör

Backen: 50–60 Minuten bei 160 °C
Springform von 26 cm Ø, gefettet

1

Den Ofen vorheizen. Die Butter geschmeidig rühren. Nach und nach den Puderzucker, Vanillezucker und die Eigelbe, eines nach dem anderen, zugeben und schaumig rühren. Die Schokolade, Sultaninen und den Rum unterrühren. Die Eiweiße mit dem Zucker steif schlagen und auf die Schaummasse gleiten lassen. Die Nüsse mit dem Backpulver vermischen, auf den Eischnee streuen und alles vorsichtig unterziehen. In die Form füllen, glatt streichen und backen. Nach dem Abdämpfen auf ein Gitter stürzen und auskühlen lassen.

2

Vor dem Servieren die Sahne steif schlagen, ein Drittel davon in einen Spritzbeutel mit Sterntülle füllen. Die Torte mit der restlichen Schlagsahne überziehen und einen dekorativen Rand aufspritzen. Mit dem Eierlikör gleichmäßig beträufeln.

Eierlikörtorte ⊗

RÜHRTEIG
- 80 g weiche Butter
- 50 + 30 g Zucker
- 5 Eier, getrennt
- 200 g gemahlene Mandeln
- 1 TL Backpulver, 1 EL Rum
- 100 g Kuvertüre, gerieben

BELAG UND VERZIERUNG
- 400 g Sahne
- 1 TL Zucker
- 6 EL Eierlikör
- Schokoraspel für den Rand

Backen: 50–60 Minuten bei 180 °C
Springform von 26 cm Ø, gefettet

1

Den Ofen vorheizen. Für den Teig die Butter geschmeidig rühren. Nach und nach 50 g Zucker und die Eigelbe, eines nach dem anderen, zugeben und schaumig rühren. Die Mandeln, mit dem Backpulver vermischt, den Rum und die Kuvertüre untermischen. Die Eiweiße mit 30 g Zucker steif schlagen, auf die Schaummasse gleiten lassen und unterziehen. In die Form füllen und backen. Nach dem Abdämpfen auf ein Kuchengitter stürzen und auskühlen lassen.

2

Für den Belag die Sahne mit dem Zucker steif schlagen. Zwei Drittel davon auf dem Kuchenboden und dem Rand verstreichen. Den Rand mit Schokoraspeln bestreuen. Mit einem spitzen Messer etwa 2 cm vom Rand entfernt einen tiefen Kreis durch die Sahne ziehen und den Eierlikör hineingießen. Den Rest der Schlagsahne in einen Spritzbeutel mit großer Sterntülle füllen und Rosetten auf den Rand spritzen.

Kirschtorte Helga ⊗

RÜHRTEIG
- 65 g weiche Butter
- 75 g Zucker, 1 Prise Salz
- 2 Eier, 50 g Biskuitbrösel
- 65 g gemahlene Mandeln
- ½ TL Backpulver

KIRSCHBELAG
- 1 EL Speisestärke
- 250 ml Kirschsaft, 1 EL Zucker
- 400 g Kirschen aus dem Glas, abgetropft, mit 3 EL Kirschwasser mariniert

ZUM ÜBERZIEHEN
- 400 g Sahne, 1 EL Zucker
- 100 ml Eierlikör

Backen: 30 Minuten bei 180 °C
Springform von 26 cm Ø, gefettet

1

Den Ofen vorheizen. Für den Teig die Butter geschmeidig rühren. Nach und nach Zucker, Salz und die Eier, eines nach dem anderen, zugeben und schaumig rühren. Alle übrigen Zutaten hinzufügen und vermischen. In die Form füllen, glatt streichen und backen. In der Form auf einem Kuchengitter auskühlen lassen, dann auf eine Platte setzen.

2

Für den Belag die Speisestärke mit 2 EL Kirschsaft glatt rühren. Den restlichen Kirschsaft mit dem Zucker aufkochen, die angerührte Speisestärke einrühren und aufkochen. Die marinierten Kirschen daruntermischen und auf den Tortenboden streichen. Kurz vor dem Servieren die Sahne mit dem Zucker steif schlagen und die Torte damit überziehen. Mit dem Eierlikör beträufeln.

Kirschtorte Helga

Bröselsahnetorten – Kuchenbrösel als Füllung oder Belag

Birnen-Bröselsahnetorte

WASSERBISKUIT
- _ 3 Eier, getrennt
- _ 3 EL kaltes Wasser
- _ 150 g Zucker
- _ 1 Päckchen Vanillezucker
- _ 80 g Mehl
- _ 1 TL Backpulver
- _ 20 g Kakaopulver
- _ 50 g gemahlene oder im Blitzhacker zerkleinerte Walnüsse

BELAG
- _ 200 g Sahne, steif geschlagen
- _ 200 g saure Sahne
- _ 50 g Walnüsse, gehackt
- _ 450 g Birnenhälften aus der Dose, abgetropft
- _ Saft von ½ Zitrone
- _ 1 EL Zimtzucker

Backen: 25 Minuten bei 180 °C
Springform von 26 cm Ø, Boden mit Backpapier ausgelegt

1

Den Ofen vorheizen. Für den Biskuit die Eiweiße mit dem Wasser steif, aber nicht schnittfest schlagen, dabei den Zucker und Vanillezucker einrieseln lassen. Die verrührten Eigelbe unterziehen. Das Mehl mit dem Backpulver und dem Kakaopulver darübersieben, die Nüsse einstreuen und alles locker unterheben. In die Form füllen und backen. Nach dem Abdämpfen auf ein Kuchengitter stürzen, das Backpapier abziehen, auskühlen lassen.

2

Von dem Biskuit einen etwa ½ cm dicken Deckel abschneiden und grob zerkrümeln.

3

Für den Belag die Schlagsahne mit der sauren Sahne, den Walnüssen und den Biskuitbröseln vermischen. 3 EL davon auf den Kuchen streichen. Die Birnenhälften darauf verteilen und mit dem Zitronensaft beträufeln. Die restliche Bröselsahne darüberstreichen und mit dem Zimtzucker bestreuen.

Schoko-Bröselsahnetorte

Eine Schokoladentorte, die es »in sich« hat. Die Torte, am Vortag gebacken, wird mit dem Löffel ausgehöhlt. Die Kuchenbrösel vermischt man mit Schlagsahne und füllt sie wieder in den ausgehöhlten Kuchen. Puderzucker darüber und fertig. »Maulwurftorte« ist die übliche und treffende Bezeichnung für diese Art von Torten.

RÜHRTEIG
- _ 200 g weiche Butter
- _ 250 g Zucker
- _ 1 Päckchen Vanillezucker
- _ 6 Eigelb
- _ 100 g Mehl, 25 g Speisestärke
- _ 2 TL Backpulver
- _ 100 g gemahlene Haselnüsse
- _ 100 g geriebene Schokolade

ZUM FERTIGSTELLEN
- _ 200 g Sahne
- _ 2 Päckchen Vanillezucker
- _ 2 EL Rum
- _ 1 EL Kakaopulver
- _ 2 EL Puderzucker zum Bestauben

Backen: 30 Minuten bei 180 °C
Springform von 26 cm Ø, gefettet

1

Den Ofen vorheizen. Für den Teig die Butter geschmeidig rühren. Nach und nach den Zucker, Vanillezucker und die Eigelbe, eines nach dem anderen, zugeben und schaumig rühren. Das Mehl mit der Speisestärke und dem Backpulver darübersieben, die Haselnüsse und die Schokolade dazugeben und alles untermischen. In die Form füllen und backen. Nach dem Abdämpfen den Formrand entfernen und den Kuchen auf einem Kuchengitter auskühlen lassen, am besten über Nacht.

2

Die Torte fertigstellen: Den gebackenen Boden mit einem Esslöffel aushöhlen, dabei an Boden und Rand 2 cm stehen lassen. Die Sahne steif schlagen, den Vanillezucker, Rum und das Kakaopulver unterziehen. Von den Bröseln eine Hand voll beiseitestellen, die anderen unter die Schlagsahne mischen und in die ausgehöhlte Torte streichen. Die restlichen Brösel auf der Oberfläche verteilen und mit Puderzucker bestauben. Kalt stellen und möglichst bald verzehren.

Den gebackenen Boden aushöhlen, dabei einen Rand stehen lassen.

Bröselsahnetorte mit Früchten

Bei den Früchten für die Füllung können Sie variieren. Abgetropfte Früchte aus Dose und Glas, etwa Kirschen oder Mandarinen, sind genauso geeignet wie Beeren aller Art, Mangostreifen oder auch Orangenfilets.

RÜHRTEIG

- 140 g weiche Butter
- 150 g Zucker
- 1 Päckchen Vanillezucker
- 6 Eigelb
- 100 g Mehl
- 1½ TL Backpulver
- 100 g Schokoraspel
- 6 Eiweiß, steif geschlagen

ZUM FERTIGSTELLEN

- 2 Bananen, in Scheiben geschnitten
- Saft von 1 Zitrone
- 175 g Preiselbeeren (Glas)
- 400 g Sahne, steif geschlagen
- Kakaopulver zum Besieben

Backen: 45 Minuten bei 180 °C
Springform von 26 cm Ø, gefettet

1

Den Rührteig möglichst schon am Vortag backen.

2

Den Ofen vorheizen. Die Butter geschmeidig rühren. Nach und nach den Zucker, Vanillezucker und die Eigelbe, eines nach dem anderen, zugeben und schaumig rühren. Das Mehl mit dem Backpulver darübersieben und zusammen mit den Schokoraspeln untermischen. Zuletzt den Eischnee unterheben. In die Form füllen und backen. Nach dem Abdämpfen den Formrand entfernen und den Kuchen auf einem Kuchengitter auskühlen lassen, am besten über Nacht.

3

Die Torte fertigstellen: Den gebackenen Boden mit einem Esslöffel aushöhlen, dabei an Rand und Boden 2 cm stehen lassen. Die Bananenscheiben einlegen, mit dem Zitronensaft beträufeln und mit einem kleinen Löffel Preiselbeerhäufchen dazwischensetzen. Die Kuchenbrösel unter die Schlagsahne mischen, eine Handvoll Brösel jedoch beiseitestellen. Die Bröselsahne kuppelförmig in die ausgehöhlte Torte streichen, mit den beiseitegestellten Bröseln bestreuen und mit Kakao besieben.

Preiselbeeren – am besten mit Sahne

Schoko-Preiselbeer-Torte ⊗

Die Preiselbeeren sollen über Nacht einziehen, damit die Torte auch richtig saftig wird. Schlagsahne darüber und Raspelschokolade – schon ist die Torte fertig. Ein feines Rezept, das nur wenig Mühe macht.

RÜHRTEIG

- 200 g weiche Butter
- 200 g Zucker, 4 Eier
- 200 g gemahlene Haselnüsse
- 50 g Kakaopulver, 2 TL Backpulver

ZUM FERTIGSTELLEN

- 600 g Preiselbeeren (Glas)
- 2 EL Zitronensaft
- 300 g Sahne
- geraspelte Schokolade zum Bestreuen

Backen: 25–30 Minuten bei 200 °C
Springform von 26 cm Ø, gefettet

1

Den Ofen vorheizen. Die Butter geschmeidig rühren. Nach und nach den Zucker und die Eier, eines nach dem anderen, zugeben und schaumig rühren. Die Nüsse mit dem Kakaopulver und dem Backpulver vermischen und unterrühren. Den Teig in die Form füllen, glatt streichen und backen. Nach dem Abdämpfen den Formrand entfernen und den Kuchen auskühlen lassen.

2

Den Kuchen auf eine Unterlage legen und mit einem Tortenring umschließen. Mit dem Kochlöffelstiel mehrmals in den Kuchen stechen (damit das saftige Preiselbeerkompott eindringen kann). Die Preiselbeeren mit dem Zitronensaft durchrühren, auf den Kuchenboden streichen und über Nacht einziehen lassen.

3

Vor dem Servieren die Sahne steif schlagen und die Torte damit überziehen. Mit geraspelter Schokolade bestreuen.

Buchweizen-Preiselbeer-Torte ⊗

Diese Torte ist die Spezialität meiner Freundin Rosmarie. Sie backt selten; aber wenn sie backt, dann nur diese feine Torte.

BISKUIT

- 6 Eier, getrennt
- 150 + 50 g Zucker
- 100 g Buchweizenmehl
- 2 TL Backpulver

PREISELBEER-SAHNEFÜLLUNG

- 400 g Sahne
- 2 Päckchen Vanillezucker
- 500 g Preiselbeeren (Glas)

- geraspelte Schokolade zum Bestreuen

Backen: 30–40 Minuten bei 180 °C
Springform von 26 cm Ø, Boden mit Backpapier ausgelegt

1

Den Ofen vorheizen. Für den Biskuit die Eigelbe mit 150 g Zucker schaumig rühren. Die Eiweiße steif, aber nicht schnittfest schlagen, dabei 50 g Zucker einrieseln lassen. Den Eischnee auf die Schaummasse gleiten lassen. Das Buchweizenmehl mit dem Backpulver darübersieben und alles vorsichtig vermischen. Die Masse in die Form füllen, glatt streichen und backen. Nach dem Abdämpfen auf ein Kuchengitter stürzen, das Backpapier abziehen, über Nacht auskühlen lassen.

2

Für die Füllung die Sahne mit dem Vanillezucker steif schlagen. Von den Preiselbeeren 2 EL abnehmen und beiseitestellen, die restlichen Preiselbeeren unter die Schlagsahne mischen.

3

Die Torte fertigstellen: Den Biskuit für 3 Böden zweimal durchschneiden. 2 Tortenböden mit der Preiselbeersahne bestreichen und aufeinandersetzen. Das Deckblatt auflegen, leicht andrücken und mit den beiseitegestellten Preiselbeeren bestreichen. Mit geraspelter Schokolade bestreuen.

Preiselbeer-Sahne-Torte ⊗

Eine attraktive Preiselbeertorte, die den höheren Zeitaufwand lohnt. Nach dem Füllen kann sie sofort serviert werden oder, mit einer Haube bedeckt, im Kühlschrank einige Stunden oder über Nacht durchziehen.

WASSERBISKUIT

- 4 Eier
- 4 EL heißes Wasser
- 150 g Zucker
- 100 g Mehl
- 2 TL Backpulver
- 150 g Walnüsse, gemahlen
- 50 g Schokostreusel

PREISELBEERFÜLLUNG

- 150 ml Rotwein
- 250 ml Orangensaft, frisch gepresst
- abgeriebene Schale von 1 Orange

- ½ Zimtstange
- 75 g Zucker
- 40 g Speisestärke, mit
  4 EL Orangensaft angerührt
- 4 Blatt Gelatine, kalt eingeweicht
- 400 g Preiselbeeren (Glas)

SAHNEFÜLLUNG
- 500 g Sahne
- 1 EL Vanillezucker
- 3 Blatt Gelatine, kalt eingeweicht

Backen: 35 Minuten bei 180 °C
Springform von 26 cm Ø, Boden mit Backpapier ausgelegt

1

Den Ofen vorheizen. Für den Biskuit die Eier mit dem heißen Wasser und dem Zucker mit dem Rührgerät weißschaumig rühren. Das Mehl mit dem Backpulver darübersieben, die Walnüsse und Schokostreusel zugeben und alles locker unterheben. Die Masse in die Form füllen und backen. Nach dem Abdämpfen auf ein mit Backpapier belegtes Kuchengitter stürzen, das Backpapier abziehen, über Nacht auskühlen lassen.

2

Für die Preiselbeerfüllung alle Zutaten von Rotwein bis einschließlich Zucker aufkochen, die Zimtstange entfernen. Die angerührte Speisestärke einrühren und erneut aufkochen. Die Gelatine ausdrücken und in der heißen Masse auflösen. Die Preiselbeeren untermischen, beiseitestellen.

3

Für die Sahnefüllung die Sahne mit dem Vanillezucker nicht ganz steif schlagen. Die eingeweichte Gelatine tropfnass in einem kleinen Topf erwärmen (gut geeignet ist die Mikrowelle) und auflösen. Lauwarm bei laufendem Gerät in die Sahne rühren und weiterschlagen, bis die Sahne steif ist.

4

Die Torte fertigstellen: Den Biskuit für 2 Böden einmal durchschneiden. Einen Boden mit zwei Drittel der Preiselbeerfüllung bestreichen. Fingerdick Sahnefüllung daraufstreichen und mit dem zweiten Tortenboden bedecken. Die restliche Preiselbeermasse auf die Torte füllen und glatt streichen. Den Tortenrand mit Sahne bestreichen. Die restliche Sahne in einen Spritzbeutel mit Sterntülle füllen und die Torte hübsch verzieren. Einige Stunden oder über Nacht kalt stellen und durchziehen lassen.

Ungefüllte Torten – edel und doch so einfach

Orangentorte

Dies ist eine zarte Orangentorte, ohne Füllung und trotzdem saftig. Sie bleibt lange frisch. Und wenn Ihnen der Zuckerguss zu süß ist, bestreichen Sie die feine Torte rundum mit erhitzter, durchpassierter Bitterorangen-Marmelade und streuen trocken geröstete Mandelblättchen darüber.

- 8 Eigelb
- 250 g Puderzucker
- 200 g gemahlene Mandeln
- 70 g Semmelbrösel
- abgeriebene Schale von 2 Orangen
- Saft von 1 Orange (ca. 90 ml)
- 7 Eiweiß, mit 1 Prise Salz steif geschlagen

ORANGENGLASUR

- 200 g Puderzucker
- 4–5 EL Orangensaft, frisch gepresst

Backen: 40–50 Minuten bei 180 °C
Springform von 26–28 cm Ø, Boden mit Backpapier ausgelegt

1

Den Ofen vorheizen. Die Eigelbe mit dem Puderzucker dickschaumig rühren. Alle anderen Zutaten bis auf den Eischnee unterrühren. Ein Drittel des Eischnees untermischen, den restlichen Eischnee unterziehen. Die Masse in die Form füllen, glatt streichen und backen. Nach dem Abdämpfen auf ein Kuchengitter stürzen, das Backpapier abziehen und die Torte auskühlen lassen.

2

Für die Glasur den Puderzucker mit dem durchgeseihten Orangensaft verrühren. Die Torte rundum damit bestreichen.

Orangentorte

Wachauer Mohntorte

Die interessante, sehr feine Torte haben wir in einem ländlichen Lokal in der Wachau kennengelernt. Die freundliche Wirtin hat uns das Rezept aufgeschrieben. Schlagsahne dazu darf nicht fehlen.

- 5 Eigelb
- 150 g Puderzucker
- 125 ml neutrales Öl
- 125 ml Wasser
- 150 g gemahlener Mohn
- 1 EL Rum
- 5 Eiweiß
- 150 g feiner Zucker
- 100 g Mehl
- 150 g Speisestärke

APRIKOSENGLASUR

- 50 g Zucker
- 50 ml Wasser
- 1 EL Zitronensaft
- 120 g Aprikosenkonfitüre

Backen: 45 Minuten bei 180 °C
Springform von 26–28 cm Ø, gefettet und bemehlt

1

Den Ofen vorheizen. Die Eigelbe mit dem Puderzucker schaumig rühren. Das Öl abwechselnd mit dem Wasser bei laufendem Gerät löffelweise zugeben. Den Mohn und den Rum unterrühren. Die Eiweiße mit dem Zucker steif schlagen und auf die Mohnmasse gleiten lassen. Das Mehl mit der Speisestärke auf den Eischnee sieben und alles vorsichtig unterziehen. Die Masse in die Form füllen und backen. Nach dem Abdämpfen auf ein Kuchengitter stürzen und auskühlen lassen.

2

Für die Aprikosenglasur den Zucker mit dem Wasser und Zitronensaft aufkochen, die Aprikosenkonfitüre einrühren und um ein Drittel einkochen. Die Glasur durch ein Sieb streichen und die Torte sehr dünn damit bestreichen. Einige Stunden antrocknen lassen. Frisch schmeckt die Torte am besten.

Sachertorte

Sachertorte

RÜHRTEIG

- 150 g weiche Butter
- 150 g Puderzucker
- 1 EL Vanillezucker
- 7 Eigelb
- 150 g dunkle Kuvertüre, geschmolzen
- 7 Eiweiß
- 30 g Zucker
- 100 g Mehl, 50 g Speisestärke
- 1 TL Backpulver

- 100 + 150 g Aprikosenkonfitüre zum Füllen und Aprikotieren

SACHERGUSS

- 200 g Zucker
- 125 ml Wasser
- 150 g dunkle Kuvertüre, geschmolzen

Backen: 45 Minuten bei 180 °C
Springform von 26 cm Ø, Boden mit Backpapier ausgelegt

1

Für den Teig die Butter geschmeidig rühren. Nach und nach den Puderzucker, Vanillezucker und die Eigelbe, eines nach dem anderen, zugeben und zu einer guten Schaummasse rühren. Die lauwarme Kuvertüre langsam unterrühren. Die Eiweiße mit dem Zucker steif, aber nicht schnittfest schlagen und auf die Schaummasse gleiten lassen. Das Mehl mit der Speisestärke und dem Backpulver vermischen, darübersieben und alles mit dem Rührlöffel locker untermischen. Die Masse in die Backform füllen, glatt streichen und backen.

2

Nach dem Abdämpfen den Formrand vorsichtig lösen und abnehmen. Die Torte auf ein Kuchengitter stürzen, das Backpapier abziehen, am besten über Nacht auskühlen lassen.

3

Die Torte auf eine glatte Unterlage setzen und horizontal einmal durchschneiden. Mit etwa 100 g Aprikosenkonfitüre bestreichen und wieder zusammensetzen.

4

Die restliche Konfitüre aufkochen, durchpassieren und die Torte rundum dünn damit bestreichen. Gut antrocknen lassen.

5

Für den Sacherguss den Zucker mit dem Wasser 5 Minuten kochen, etwas abkühlen lassen. Die Kuvertüre langsam in die Zuckerlösung rühren. Unter öfterem Umrühren abkühlen lassen, bis die Masse eine cremig-flüssige Konsistenz erreicht hat. Auf die Mitte der Torte gießen und durch leichtes Schräghalten von der Mitte aus gleichmäßig über die Oberfläche sowie den Rand verlaufen lassen. Den am Rand ablaufenden Guss kann man mit einem Messer verstreichen. Nach dem Erstarren mithilfe einer Palette oder mit dem Tortenheber von der Unterlege abheben und auf eine Tortenplatte setzen.

Wunderbare Wintertorten

Möhren-Orangen-Torte

Rüeblitorte

- 300 g Möhren, geschält, fein geraspelt

RÜHRTEIG

- 175 g Butter
- 120 g Zucker
- 1 Päckchen Vanillezucker
- 1 Prise Salz
- 3 Eier
- 170 g Mehl
- 50 g Speisestärke
- 3 TL Backpulver
- 150 g gemahlene Mandeln
- abgeriebene Schale und Saft von 1 Orange

ORANGENGLASUR

- 150 g Puderzucker
- etwa 3 EL Orangensaft
- nach Belieben Orangenzesten oder Marzipanmöhren

Backen: 40 Minuten bei 180 °C
Springform von 26 cm Ø, Boden mit Backpapier ausgelegt

1

Den Ofen vorheizen. Die Butter mit dem Zucker, Vanillezucker und Salz mit dem Handrührgerät (Rührbesen) auf höchster Stufe rühren, bis sich der Zucker gelöst hat. Nach und nach die Eier zugeben und jedes Ei ½ Minute rühren. Das Mehl mit der Speisestärke und dem Backpulver sieben und auf mittlerer Stufe nur kurz unterrühren. Die Mandeln, den Orangensaft und -abrieb sowie die geraspelten Möhren untermischen. Den Teig in die Form füllen und backen. Nach dem Abdämpfen auf ein Kuchengitter stürzen.

2

Für die Glasur den Puderzucker mit dem Orangensaft glatt rühren. Den noch warmen Kuchen damit überziehen. Nach Belieben mit Orangenzesten bestreuen oder den Kuchen leicht in Stücke einteilen und jedes Tortenstück mit einer Marzipanmöhre belegen.

Preiselbeertorte

RÜHRTEIG

- 150 g weiche Butter
- 120 g Zucker
- 4 Eier
- 200 g gemahlene Mandeln oder Haselnüsse
- 1 EL Semmelbrösel
- 3 TL Backpulver
- 30 g Kakaopulver

ZUM FÜLLEN UND FERTIGSTELLEN

- 400 g Sahne
- 1 Päckchen Vanillezucker
- 400 g Preiselbeeren aus dem Glas
- geraspelte Schokolade zum Bestreuen (nach Belieben)

Backen: 30 Minuten bei 180 °C
Springform von 26 cm Ø, Boden mit Backpapier ausgelegt

1

Den Ofen vorheizen. Die Butter mit dem Zucker und Vanillezucker mit dem Handrührgerät (Rührbesen) auf höchster Stufe rühren, bis sich der Zucker gelöst hat. Nach und nach die Eier zugeben und jedes Ei ½ Minute rühren. Die Mandeln oder Nüsse mit den Semmelbröseln, dem Backpulver und Kakaopulver vermischen und auf mittlerer Stufe nur kurz unterrühren. Den Kuchen backen. Nach dem Abdämpfen auf ein Kuchengitter stürzen und erkalten lassen.

2

Zum Fertigstellen die Sahne mit dem Vanillezucker steif schlagen. Die Hälfte der Schlagsahne mit den Preiselbeeren vermischen. Für 2 Böden die Torte einmal durchschneiden. Die Preiselbeersahne auf den unteren Boden streichen. Die Deckplatte auflegen und leicht andrücken. Die Torte rundum mit der restlichen Sahne bestreichen. Nach Belieben Rosetten aufspritzen und den Rand mit geraspelter Schokolade bestreuen.

Orangen-Mandel-Torte

- 5 Eiweiß
- 100 + 50 g Zucker
- 120 g Mehl
- 50 g Orangeat, sehr klein gewürfelt
- 50 g geschälte, gehackte Mandeln
- 80 g dunkle Schokostreusel
- 50 g weiche Butter
- 150 g Marzipanrohmasse
- Mark von ½ Vanilleschote
- 6 Eigelb
- 4 EL Orangenlikör
- abgeriebene Schale von 1 Orange

BUTTERCREME

- 500 ml Milch
- 1 EL Zucker
- 1 Päckchen Vanillepuddingpulver
- abgeriebene Schale von 1 Orange
- 250 g Butter, raumtemperiert
- 100 g Puderzucker

- 75 g geröstete Mandelblättchen zum Bestreuen
- Puderzucker zum Besieben

Backen: 40–45 Minuten bei 180 °C
Springform von 26–28 cm Ø, Boden mit Backpapier ausgelegt

1

Die Eiweiße steif schlagen, 100 g Zucker einrieseln lassen und schnittfest schlagen. In einer anderen Schüssel das Mehl mit dem Orangeat, den Mandeln und den Schokoladestückchen mischen.
Den Ofen vorheizen.

2

In einer weiteren Schüssel die Butter mit der Marzipanrohmasse verkneten. 50 g Zucker, das Vanillemark und 1 Eigelb zugeben und schaumig rühren. Die restlichen Eigelbe und den Likör mit dem Orangenabrieb nach und nach unterrühren. Den Eischnee vorsichtig mit dem Teigspatel unter die Marzipanmasse mischen. Die Mehlmischung unterziehen. Die Masse in die vorbereitete Form füllen und backen.

3

Nach dem Backen die Torte auf ein mit Backpapier belegtes Kuchengitter stürzen, das Backpapier abziehen und erkalten lassen.

4

Für die Buttercreme aus der Milch, dem Zucker und dem Puddingpulver mit dem Orangenabrieb einen Pudding kochen. Unter häufigem Rühren auf Raumtemperatur abkühlen lassen (oder Frischhaltefolie dicht auflegen). Die Butter mit dem Puderzucker schaumig rühren, den Pudding löffelweise unterrühren.

5

Für 2 Böden den Kuchen einmal durchschneiden. Einen Boden mit der Hälfte der Buttercreme bestreichen, den zweiten Boden daraufsetzen, leicht andrücken. Die Decke und den Rand mit der restlichen Creme bestreichen und mit den Mandelblättchen bestreuen. Die Torte kalt gestellt durchziehen lassen. Vor dem Servieren mit Puderzucker besieben.

Orangen-Mandel-Torte

Nicht nur zur Weihnachtszeit

Schokomousse-Torte

Der lockere Biskuit eignet sich gut zum Ausstechen. Die Sterne werden mit dunkler Konfitüre gefüllt. Selbstverständlich können Sie in die Deckplatte auch andere Motive zaubern – Herzchen zum Beispiel sind sehr beliebt …

BISKUIT

- 4 Eier
- 120 g Zucker
- ½ TL Zimt
- 1 Prise Salz
- 120 g Mehl
- 1 TL Backpulver

SCHOKOMOUSSE

- 250 + 250 g Sahne
- 200 g dunkle Kuvertüre, klein gehackt
- 2 EL Cognac
- 3 Blatt Gelatine, kalt eingeweicht
- 50 g dunkle Schokoraspel

- 120 g Sauerkirschkonfitüre, durchpassiert
- Puderzucker zum Besieben

Backen: 20 Minuten bei 180 °C
Springform von 24–26 cm Ø, mit Backpapier ausgelegt

1

Die Eier mit dem Zucker, dem Zimt und dem Salz mit dem Handrührgerät (Rührbesen) schaumig rühren. Das Mehl mit dem Backpulver darübersieben und vorsichtig mit dem Schneebesen oder dem Teigspatel unterziehen. Die Masse in die Form füllen, glatt streichen und backen. Nach dem Abdämpfen auf ein mit Backpapier belegtes Kuchengitter stürzen und erkalten lassen.

2

Den Biskuit für 2 Böden einmal durchschneiden. Den unteren Boden auf eine Unterlage legen (die glatte Fläche nach oben). Mit einer Ausstechform 6 Sternchen und einen größeren Stern (für die Mitte) ausstechen. Den anderen Boden mit der Schnittfläche nach oben auf eine Tortenplatte legen und mit einem Tortenring umschließen.

3

Für die Mousse 250 g Sahne in einem kleinen Topf aufkochen, von der Kochstelle nehmen und die Schokolade einrühren. So lange rühren, bis die Schokolade geschmolzen ist und sich mit der Sahne verbunden hat; den Cognac unterrühren. Die Gelatine ausdrücken und unter die warme Masse rühren, lauwarm abkühlen lassen. Die restliche Sahne steif schlagen, mit den Schokoraspeln behutsam unter die Mousse mischen.

4

Die Schokomousse auf den Biskuitboden geben und glatt streichen. Den ausgestochenen oberen Boden mithilfe eines Tortenhebers exakt auflegen und die Torte einige Stunden kalt stellen.

5

Die Sauerkirschkonfitüre in die Sterne füllen und die Torte mit Puderzucker besieben.

Mandarinen-Frischkäse-Torte ⊗

MÜRBETEIG

_ 240 g Mehl
_ 160 g weiche Butter
_ 80 g Zucker
_ 1 Prise Salz
_ 1 Ei
_ 1 EL kaltes Wasser

GELEE

_ 350 g Mandarinenfilets (2 kleine Dosen), abgetropft, Saft aufgefangen
_ 1 Päckchen Tortenguss
_ 1 EL Zucker
_ 250 ml Mandarinensaft

CREME

_ 2 Eigelb
_ abgeriebene Zitronenschale
_ 100 g Zucker
_ 125 ml Milch
_ 6 Blatt Gelatine, kalt eingeweicht
_ 250 g Frischkäse
_ 2 EL Zitronensaft
_ 300 g Sahne, steif geschlagen

_ Kakaopulver zum Besieben

Blind backen: 20 Minuten bei 200 °C
Springform von 26 cm Ø
Backpapier und Hülsenfrüchte zum Blindbacken

1

Für den Mürbeteig das Mehl in die Rührschüssel geben, die übrigen Zutaten zufügen und mit dem Handrührgerät (Knethaken) erst auf niedrigster, dann auf höchster Stufe rasch zu einem Teig verarbeiten. Mit den Händen zur Kugel formen, in Folie wickeln und mindestens 30 Minuten kalt stellen.

2

Den Ofen vorheizen. Den Mürbeteig auf der bemehlten Arbeitsfläche etwas größer als die Form ausrollen, die Form damit auslegen und dabei einen Rand hochziehen. Den Teig mehrmals mit der Gabel einstechen, mit Backpapier auslegen und Hülsenfrüchte darauf füllen (siehe Seite 11) und blind backen. Die Hülsenfrüchte und das Backpapier entfernen. Sollte der Teig zu hell gebacken sein, backen Sie ihn einige Minuten goldgelb nach. Den Boden in der Form erkalten lassen.

3

Den Mürbeteigboden in der Form mit den Mandarinenfilets belegen. Für das Gelee aus dem Tortengusspulver, dem Zucker und dem Mandarinensaft nach Packungsanweisung ein Gelee kochen, warm über die Mandarinen gießen und fest werden lassen.

4

Für die Creme die Eigelbe mit dem Zitronenabrieb, dem Zucker und der Milch verrühren, auf dem warmen Wasserbad bei zunehmender Hitze zu cremiger Konsistenz rühren. Vom Wasserbad nehmen und die ausgedrückte Gelatine darin auflösen. Den Frischkäse und den Zitronensaft einrühren. Die Schlagsahne vorsichtig unter die Eigelb-Frischkäse-Creme mischen. Die Creme auf dem erstarrten Tortenguss verteilen und glatt streichen. Die Torte mindestens 2 Stunden in den Kühlschrank stellen.

5

Vor dem Verzehr die Torte vom Formrand und vom Boden lösen und vorsichtig auf eine Platte heben. Mit dem Kakaopulver gleichmäßig besieben.

»Nach«-Weihnachtstorte

Das ist die ideale »Januartorte«. Die Reste aus der Plätzchendose finden sich als Tortenboden wieder.

KEKSBODEN

_ 200–300 g Lebkuchen (Plätzchenreste)
_ 100 g Butter
_ 2 EL Mandellikör

QUARKCREME

_ 500 g Magerquark, im Sieb abgetropft
_ 500 g Mascarpone
_ abgeriebene Schale und Saft von 1 Orange
_ 4 EL Honig, 1–2 EL Zimt
_ 100 g Zucker
_ 8 Blatt Gelatine, kalt eingeweicht
_ 200 g Sahne, steif geschlagen

_ 2 EL Kakaopulver zum Besieben

Springform von 28 cm Ø

1

Für den Keksboden das Gebäck in einen Gefrierbeutel füllen, verschließen und mit dem Rollholz zu Krümeln zerdrücken. Die Butter zerlassen und in einer Schüssel mit den Krümeln und dem Likör vermischen. Als Tortenboden in die Form drücken, 10 Minuten kalt stellen.

2

Für die Quarkcreme den Quark und den Mascarpone mit dem Orangensaft und -abrieb, Honig, Zimt und Zucker verrühren. Die Gelatine tropfnass erwärmen und auflösen. Die Gelatine zunächst mit einigen Löffeln von der Quarkmasse verrühren, dann unter die gesamte Quarkmasse mischen. Die Schlagsahne unterziehen. Die Quarkcreme auf dem Tortenboden glatt streichen, kalt stellen, am besten über Nacht.

3

Vor dem Servieren die Torte mit dem Kakaopulver besieben.

Linzer Torte – ein Thema, zwei Varianten

Die Linzer Torte besteht aus Mürbeteig mit einem hohen Anteil an Nüssen. Ob Haselnüsse oder Mandeln – die ewige Streitfrage der Zuckerbäcker ist letztlich müßig. Wichtig als Kontrast zum süßen Teig ist jedoch die säuerliche Füllung, die bei der echten Linzer Torte immer aus Johannisbeerkonfitüre besteht. Die folgenden beiden Rezepte sind Lieblingsrezepte aus dem Freundeskreis – auf klassische Art mit einem Gitter versehen das eine; aus vier Teigschichten gebacken das andere.

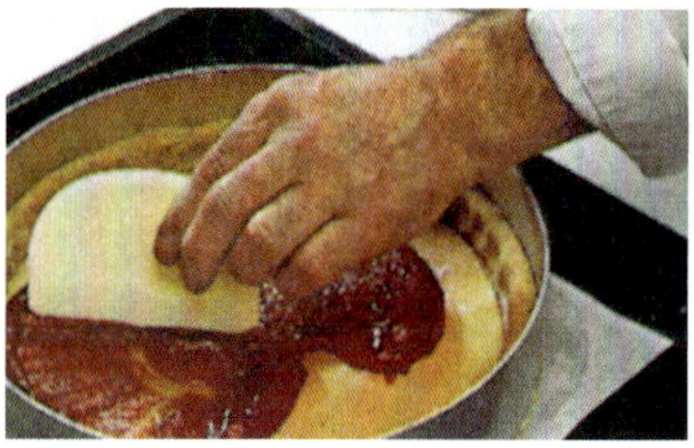

1 Den Teigboden bis dicht an den Rand mit Konfitüre bestreichen.

2 Aus dünnen Teigrollen ein gleichmäßiges Gitter auflegen.

3 Das Teiggitter mit der angerührten Eigelbsahne bestreichen.

Linzer Torte

MÜRBETEIG

- 250 g Mehl
- 1 TL Backpulver
- 100 g brauner Zucker
- 100 g weißer Zucker
- 1 TL Kakaopulver
- ½ TL Zimt
- 1 Messerspitze Nelken
- 125 g gehackte Mandeln
- 125 gemahlene Haselnüsse
- 250 g weiche Butter
- 1 Ei
- 1 Eiweiß
- 1 EL Zwetschgenwasser

AUSSERDEM

- 300 g Johannisbeerkonfitüre
- 1 Eigelb, mit 1 EL Sahne verrührt

Backen: 30–40 Minuten bei 180 °C
Springform von 28 cm Ø

1

Für den Mürbeteig das Mehl in die Rührschüssel geben, die übrigen Zutaten zufügen. Mit dem Handrührgerät (Knethaken) kurz auf niedrigster, dann auf höchster Stufe rasch zu einem glatten Teig verarbeiten. Mit den Händen zur Kugel formen, in Folie wickeln und mindestens 30 Minuten kalt stellen.

2

Den Ofen vorheizen. Gut die Hälfte des Teiges rund ausrollen und den Formboden damit auslegen. Aus den Teigabschnitten eine Rolle formen und an den Rand drücken. Den Boden mit der Gabel mehrmals einstechen. Aus dem restlichen Teig dünne Rollen formen; oder den Teig ausrollen und schmale Streifen ausradeln. Den Boden mit der Johannisbeerkonfitüre bestreichen. Die Torte gitterartig mit den Teigrollen oder -streifen belegen. Den Rand und das Gitter mit der Eigelbsahne bestreichen.

3

Die Torte hellbraun backen. Nach dem Abdämpfen den Formrand entfernen und die Torte auf einem Kuchengitter auskühlen lassen.

Linzer Johannisbeertorte

MÜRBETEIG

- 200 g Mehl, 1 Prise Salz
- 150 g gemahlene Haselnüsse
- 150 g Puderzucker
- ½ TL Zimt
- abgeriebene Zitronenschale
- 200 g weiche Butter
- 1 Ei

FÜLLUNG UND ÜBERZUG

- etwa 6 EL Johannisbeerkonfitüre
- 200 g Puderzucker
- 4 EL Zitronensaft, durchgeseiht
- 30 g gehobelte Mandeln, geröstet

Backen: je Boden 12–15 Minuten bei 180 °C
Springform von 24 cm Ø oder Backpapier

1

Für den Mürbeteig das Mehl in die Ruhrschussel geben, die ubrigen Zutaten zufügen. Mit dem Handrührgerät (Knethaken) kurz auf niedrigster, dann auf höchster Stufe rasch zu einem glatten Teig verarbeiten. Mit den Händen zur Kugel formen, in Folie wickeln und mindestens 30 Minuten kalt stellen.

Linzer Johannisbeertorte

2

Den Ofen vorheizen. Den Teig in 4 gleiche Teile teilen, jedes Teigstück in Größe der Backform rund ausrollen. Die Böden nacheinander in der Form hellbraun backen, jeweils vorher mit der Gabel mehrmals einstechen. Oder: Mithilfe der Backform 4 Kreise auf Backpapier aufzeichnen und die Böden nacheinander auf dem Papier backen.

3

Zum Füllen 3 Böden mit der Konfitüre bestreichen und aufeinandersetzen, die Deckplatte auflegen, leicht andrücken.

4

Aus dem Puderzucker und Zitronensaft eine dickflüssige Glasur anrühren und die Torte damit überziehen. Die Oberfläche und den Rand mit Mandelblättchen bestreuen. Die Torte mindestens 1 Tag durchziehen lassen.

Italienisch »angehaucht«

Panna-Cotta-Torte mit Beeren ⊗

MÜRBETEIG

- 300 g Mehl
- 60 g Zucker
- 150 g weiche Butter
- 1 Ei, 1 EL Rum

PANNA-COTTA-CREME

- 800 ml Sahne, 150 g Zucker
- 2 Vanilleschoten, aufgeschlitzt
- Saft und abgeriebene Schale von 1 Zitrone
- 6 Blatt Gelatine, kalt eingeweicht

ZUM FERTIGSTELLEN

- 200 g rote Beeren (Erdbeeren, Himbeeren, Johannisbeeren)

Backen: 20 Minuten bei 210 °C
Nachbacken: 5 Minuten bei 210 °C
Springform von 26 cm Ø

1

Das Mehl in die Rührschüssel geben. Die übrigen Zutaten zufügen und alles mit dem Handrührgerät (Knethaken) erst auf niedriger, dann auf höchster Stufe rasch zu einem Teig verarbeiten. Mit den Händen zur Kugel formen, in Folie wickeln und mindestens 30 Minuten kalt stellen.

2

Den Ofen vorheizen. Den Teig etwas größer als die Form rund ausrollen, in die Form legen und dabei einen Rand hochziehen. Zerdrückte Alufolie an den Rand drücken, damit er nicht zusammenfällt (siehe Foto Seite 11). Den Boden mehrmals mit der Gabel einstechen. Den Kuchen backen. Alufolie entfernen und den Kuchen auf Sicht goldgelb nachbacken. In der Form auskühlen lassen.

3

Für die Panna-Cotta-Creme die Sahne mit dem Zucker und den Vanilleschoten aufkochen, 3 Minuten köcheln lassen. Vom Herd nehmen, die Vanilleschoten entfernen. Zitronensaft und -schale zugeben. Die Gelatine ausdrücken und in der heißen Sahne auflösen. Die Creme abkühlen lassen. Sobald sie zu stocken beginnt, kräftig durchschlagen.

4

Die Torte fertigstellen: Die Früchte locker auf dem Tortenboden verteilen. Die Panna-Cotta-Creme darüberstreichen. Kalt stellen.

Espressotorte ⊗

WIENER BISKUIT

- 3 Eier, getrennt
- 75 g Zucker
- abgeriebene Zitronenschale
- 60 g Mehl, 30 g Speisestärke
- 45 g Butter, zerlassen

ESPRESSOCREME

- 4 Eigelb, 120 g Zucker
- 20 g Speisestärke, 400 ml Milch
- 3 EL Instant-Espressopulver
- 2 TL Kakaopulver
- 5 Blatt Gelatine, kalt eingeweicht
- 2 EL Kaffeelikör
- 400 g Sahne, steif geschlagen

ZUM FERTIGSTELLEN

- 6 EL kalter Espresso, mit 6 EL Kaffeelikör vermischt
- 300 g Sahne, steif geschlagen
- 16 Schokoladen-Mokkabohnen

Backen: 30 Minuten bei 180 °C
Springform von 26–28 cm Ø, gefettet

1

Den Ofen vorheizen. Für den Biskuit die Eiweiße steif, aber nicht schnittfest schlagen, dabei den Zucker einrieseln lassen. Die verrührten Eigelbe und Zitronenschale behutsam unterrühren. Das mit Speisestärke vermischte Mehl auf die Schaummasse sieben und abwechselnd mit der lauwarmen Butter mit dem Schneebesen unterziehen. In die Form füllen, glatt streichen und backen. Nach dem Abdämpfen auf ein mit Backpapier belegtes Kuchengitter stürzen und auskühlen lassen.

2

Für die Creme die Eigelbe in einem Topf mit dem Zucker, der Speisestärke und etwas von der Milch glatt rühren. Die restliche Milch in einem zweiten Topf erhitzen, das Espresso- und Kakaopulver darin auflösen. Die Espressomilch langsam in die angerührte Eigelbmischung gießen und unter beständigem Rühren mit dem Schneebesen einmal aufpuffen lassen. Vom Herd nehmen. Die Gelatine ausdrücken und in der heißen Creme auflösen. Den Kaffeelikör untermischen. Die Creme im eiskalten Wasserbad rasch kalt rühren. Im Kühlschrank ruhen lassen, bis sie zu stocken beginnt. Die Schlagsahne untermischen.

3

Die Torte fertigstellen: Den Biskuitboden auf eine Unterlage legen, mit einem Holzstäbchen mehrmals einstechen und mit einem Tortenring umschließen. Den Biskuit mit der Espresso-Likör-Mischung tränken. Die Espressocreme darauffüllen, glatt streichen und kalt stellen.

4

Vor dem Servieren den Tortenring entfernen. Ein Drittel der Schlagsahne in einen Spritzbeutel mit Sterntülle füllen. Die Torte mit der restlichen Sahne einstreichen. 16 Rosetten aufspritzen und in jede Rosette eine Schokoladen-Mokkabohne setzen.

Tiramisu-Torte ⊗

Tira mi su – »zieh mich hoch« – weist auf die belebende Wirkung des reichlich enthaltenen Espressos hin. Hier finden Sie die Tortenvariante zu der beliebten Dessertspezialität.

WASSERBISKUIT

- 4 Eier, getrennt
- 4 EL kaltes Wasser
- 200 g Zucker
- abgeriebene Zitronenschale
- 200 g Mehl
- 2 EL Kakaopulver
- 1 TL Backpulver

MASCARPONECREME

- 500 g Mascarpone
- 1 Päckchen Vanillezucker
- 100 g Puderzucker
- 4 EL Amaretto
- 100 g Sahne

ZUM FERTIGSTELLEN

- 200 ml kalter Espresso
- 4 EL Amaretto
- 200 g Sahne
- Kakaopulver zum Besieben

Backen: 20 Minuten bei 180 °C
Springform von 26 cm Ø, Boden mit Backpapier ausgelegt

1

Backen Sie den Biskuit schon am Vortag, dann lässt er sich besser schneiden.

2

Den Ofen vorheizen. Für den Biskuit die Eiweiße mit dem Wasser mit dem Handrührgerät steif, aber nicht schnittfest schlagen, dabei den Zucker einrieseln lassen. Die Eigelbe verrühren und mit der Zitronenschale unterrühren. Das Mehl mit dem Kakaopulver und dem Backpulver vermischen, darübersieben und locker unterheben. Die Masse in die Form füllen, glatt streichen und goldgelb backen. Nach dem Abdämpfen den Formrand lösen und abnehmen, den Biskuit auf einem Kuchengitter auskühlen lassen.

3

Für die Creme den Mascarpone glatt rühren, mit dem Vanillezucker, Puderzucker und Amaretto abschmecken. Die Sahne steif schlagen und unterziehen.

4

Die Torte fertigstellen: Den Biskuit auf eine Unterlage legen und für 3 Böden zweimal durchschneiden. Den Espresso mit dem Amaretto vermischen und die Biskuitböden damit saftig tränken. Anschließend mit der Mascarponecreme zu einer Torte zusammensetzen.

5

Die Sahne steif schlagen und die Torte rundum damit bestreichen. Die Oberfläche dick mit Kakaopulver besieben. Die Torte kalt gestellt durchziehen lassen und möglichst frisch verzehren.

Aus Schweden, Italien, Spanien

Mazarintorte ⊗

Schwedischer Mandelkuchen

MÜRBETEIG

- _ 220 g Mehl
- _ 150 g weiche Butter
- _ 40 g Puderzucker
- _ 1 Eigelb
- _ 1 Prise Salz
- _ 1 Päckchen Vanillezucker

MANDELFÜLLUNG

- _ 125 g weiche Butter
- _ 125 g Puderzucker
- _ 2 Eier
- _ 125 g geschälte, gemahlene Mandeln
- _ abgeriebene Schale von 1 Zitrone
- _ 40 g Mehl

- _ Puderzucker zum Besieben

Backen: 35 Minuten bei 180 °C
Springform von 24–26 cm Ø

1

Für den Mürbeteig das Mehl in die Rührschüssel geben, die übrigen Zutaten zufügen. Mit dem Handrührgerät (Knethaken) kurz auf niedrigster, dann auf höchster Stufe rasch zu einem glatten Teig verarbeiten. Mit den Händen zur Kugel formen, in Folie wickeln und mindestens 30 Minuten kalt stellen.

2

Für die Füllung die Butter mit dem Puderzucker schaumig rühren, die Eier einzeln zugeben und gut unterrühren. Die Mandeln, die Zitronenschale und das Mehl behutsam unterheben.

Mazarintorte

3

Den Ofen vorheizen. Den Teig etwas größer als die Form ausrollen und dabei einen Rand hochziehen. Die Füllung auf dem Boden glatt streichen, den Kuchen backen. Nach dem Backen in der Form auf einem Kuchengitter abkühlen lassen. Mit Puderzucker besieben.

Spanische Vanilletorte

- 5 Eiweiß, 1 Prise Salz
- 50 g weiche Butter
- 150 g Marzipan, klein geschnitten
- 150 g Zucker
- Mark von 2 Vanilleschoten
- 1 ganzes Ei, 5 Eigelbe
- 120 g Mehl
- 50 g Zitronat, klein geschnitten
- 80 g Zartbitterschokolade, gehackt
- 50 g gehackte Mandeln

ÜBERZUG

- etwa 100 g Aprikosenkonfitüre
- 3 EL Wasser
- 1 Marzipandecke (nach Belieben)
- 200 g helle oder dunkle Kuvertüre, gehackt, 50 g Kokosfett

Backen: 30–40 Minuten bei 180 °C
Konische oder Springform von 24–26 cm Ø, gefettet oder mit Backpapier ausgelegt

1

Den Ofen vorheizen. Die Eiweiße mit dem Salz steif schlagen. In einer anderen Schüssel die Butter schaumig rühren, das Marzipan, den Zucker, das Vanillemark und das ganze Ei zugeben und cremig rühren. Die Eigelbe einzeln unterrühren. Das Mehl mit dem Zitronat, der Schokolade und den Mandeln vermischen und vorsichtig unterheben. Den Eischnee in zwei Portionen unterheben, in die Form füllen und glatt streichen. Die Torte backen. Nach dem Abdämpfen auf ein Kuchengitter stürzen und auskühlen lassen.

2

Für den Überzug die Konfitüre mit dem Wasser erwärmen, glatt rühren, die Torte rundum damit bestreichen. Antrocknen lassen. Nach Belieben eine Marzipandecke auflegen. Die Kuvertüre auf dem Wasserbad mit dem Kokosfett schmelzen, die Torte damit überziehen.

Torta della nonna

MÜRBETEIG

- 250 g Mehl
- 100 g geschälte, gemahlene Mandeln
- 200 g weiche Butter
- 100 g Puderzucker
- 1 Päckchen Vanillezucker
- 4 Eigelb

VANILLECREME

- 60 g Mehl
- 500 ml Milch
- 200 g Zucker
- abgeriebene Zitronenschale
- 4 Eigelb

- 30–50 g Pinienkerne zum Belegen
- Puderzucker zum Bestauben

Backen: etwa 45 Minuten bei 180 °C
Springform von 26 cm Ø

1

Für den Mürbeteig alle Zutaten in die Rührschüssel geben. Mit dem Handrührgerät (Knethaken) kurz auf niedrigster, dann auf höchster Stufe rasch zu einem glatten Teig verarbeiten. Mit den Händen zur Kugel formen, in Folie wickeln und mindestens 30 Minuten kalt stellen.

2

Für die Vanillecreme in einem Topf das Mehl mit etwas Milch glatt rühren, die restliche Milch zugießen und unter Rühren langsam erhitzen; 5 Minuten köcheln lassen. Den Zucker, den Zitronenabrieb und die Eigelbe einrühren. Die Creme bei geringer Hitze dicklich rühren. Nicht kochen! Auf Raumtemperatur abkühlen lassen.

3

Den Ofen vorheizen. Zwei Drittel des Teiges ausrollen (am besten zwischen Frischhaltefolie), in die Form legen und dabei einen Rand hochziehen. Die Creme darauf streichen. Den restlichen Teig dünn ausrollen und die Creme damit bedecken. Die Pinienkerne auf der Deckplatte verteilen und leicht eindrücken. Den Kuchen backen. Vor dem Anschneiden üppig mit Puderzucker besieben.

Torta di Mandorle

Italienischer Mandelkuchen

- 3 Eier getrennt, 1 Prise Salz
- 70 g Zucker, 1 EL Vanillezucker
- Abrieb und Saft von 1 Zitrone
- 40 g Mehl, ½ TL Backpulver
- 100 g gemahlene Mandeln

GARNITUR

- 3–4 EL Aprikosenkonfitüre
- 3 EL geröstete Mandelblättchen

Backen: 20 Minuten bei 180 °C
Springform von 24–26 cm Ø, gefettet und bemehlt

1

Den Ofen vorheizen. Die Eiweiße mit dem Salz steif schlagen und beiseitestellen. Den Zucker mit Vanillezucker, Eigelben, Zitronenabrieb und -saft schaumig rühren. Das Mehl mit dem Backpulver und den Mandeln mischen und unter die Schaummasse ziehen. Den Eischnee untermischen. Die Masse in die Form füllen und backen. Nach dem Abdämpfen auf ein Kuchengitter stürzen.

2

Die Konfitüre mit 1 EL Wasser erwärmen, durchpassieren und den Kuchen damit bestreichen. Mit den Mandelblättchen bestreuen.

Ohne Backen – da bleibt die Küche kalt

Kalter Hund

Alles kommt wieder, so auch der »Kalte Hund«, der in den 50er-Jahren auf keinem Kindergeburtstag fehlen durfte.

Kalter Hund

SCHOKOCREME

- 225 g Kokosfett
- 2 Eier (sie müssen absolut frisch sein!)
- 100 g Zucker
- 1 Päckchen Vanillezucker
- 50 g Kakaopulver, gesiebt
- 5 EL Milch

- etwa 300 g Butterkekse für die Form
- 150 g Kuvertüre und 25 g Kokosfett zum Überziehen

Kastenform von 26 cm Länge

1

Die Kastenform mit einem aufgeschnittenen Gefrierbeutel oder Frischhaltefolie auslegen.

2

Für die Schokocreme das Kokosfett schmelzen. In einer Schüssel die Eier mit dem Zucker, dem Vanillezucker, dem Kakaopulver und der Milch verrühren, nach und nach das lauwarme Kokosfett unterrühren.

3

Die Seiten und den Boden der Kastenform mit Butterkeksen auslegen. Die Bodenkekse mit einer Schicht Schokocreme bedecken. Wiederum eine Schicht Kekse daraufgeben und so weiter verfahren, bis alle Zutaten aufgebraucht sind, als letzte Schicht Kekse. Mit der überstehenden Folie abdecken, den Kuchen beschweren und im Kühlschrank etwa 4 Stunden fest werden lassen.

4

Den »Kalten Hund« aus der Form stürzen, die Folie abziehen. Die Kuvertüre mit dem Kokosfett schmelzen, den Kuchen damit überziehen und fest werden lassen. Die Marzipanschweinchen auf dem Foto sind ein Fertigprodukt und begleiten den Kalten Hund.

Mangotorte

Seit exotische Früchte bei uns quasi heimisch geworden sind, gibt es auch entsprechende Tortenkreationen. Diese feine Mangotorte braucht nicht einmal einen Backofen.

KEKSBODEN

- 175 g Butterkekse oder Löffelbiskuits
- 100 g Butter, zerlassen

MANGOCREME

- 3 Eigelb
- 100 g Zucker
- 150 ml Zitronensaft
- 6 Blatt Gelatine, kalt eingeweicht
- 250 g Magerquark, im Sieb abgetropft
- abgeriebene Zitronenschale
- 200 g Sahne, steif geschlagen
- 3 Eiweiß, mit 1 Prise Salz steif geschlagen
- 1 Mango, geschält, klein gewürfelt
- Zitronenlikör (nach Belieben)

Springform von 26 cm Ø, Boden mit Backpapier ausgelegt

1

Für den Keksboden die Kekse grob zerkrümeln oder Löffelbiskuits in einem Gefrierbeutel mit dem Rollholz zerdrücken. In eine Schüssel füllen, mit der lauwarmen Butter vermischen und in die Backform drücken. Kalt stellen.

2

Für die Mangocreme die Eigelbe mit dem Zucker und Zitronensaft auf dem heißen Wasserbad dickschaumig rühren. Die Gelatine ausdrücken und in der Eigelbcreme auflösen, vom Wasserbad nehmen. Den Quark und die Zitronenschale unterrühren. Kalt stellen, bis die Creme leicht zu stocken beginnt.

3

Nacheinander die Schlagsahne, den Eischnee und die Mangowürfelchen unter die Quarkcreme mischen, auf den Keksboden füllen, glatt streichen und einige Stunden oder über Nacht kalt stellen. Nach Belieben mit Zitronenlikör beträufeln.

Frischkäse-Pfirsich-Torte ⊗

Die Frischkäsetorte mit klein geschnittenen Pfirsichen aus der Dose – sahnig und fruchtig zugleich – ist ein Schnellrezept, denn der Boden wird nicht gebacken. Eine wunderbare Sommertorte, die sich auch mit anderen Früchten der Jahreszeit zubereiten lässt.

KEKSBODEN

- 200 g Löffelbiskuits
- 100 g Butter, zerlassen

FRISCHKÄSECREME

- 250 g Pfirsiche aus der Dose, abgetropft
- 300 g Doppelrahmfrischkäse
- 300 g Joghurt
- 120 g Zucker
- 1 Päckchen Vanillezucker
- Saft von 1 Zitrone
- 6 Blatt Gelatine, kalt eingeweicht
- 200 g Sahne, steif geschlagen

Springform von 26 cm Ø, Boden mit Backpapier ausgelegt

1

Die Löffelbiskuits in einen Gefrierbeutel geben, verschließen und mit dem Teigroller gleichmäßig zerdrücken. Die Brösel in einer Schüssel mit der Butter vermischen, in die Form drücken und kurz kalt stellen. Die Pfirsiche in kleine Würfel schneiden und 1 Pfirsichhälfte für die Dekoration in Spalten schneiden.

2

Für die Creme den Frischkäse mit dem Joghurt, Zucker und Vanillezucker glatt rühren, die Pfirsichwürfel untermischen. Den Zitronensaft erhitzen, die ausgedrückte Gelatine darin auflösen; zuerst mit einigen Esslöffeln der Creme vermischen, anschließend unter die Creme rühren. Die Schlagsahne unterziehen. Die Creme auf den Keksboden füllen, glatt streichen und einige Stunden kalt stellen. Mit den Pfirsichspalten garnieren.

Klein, aber fein – Torten für die kleine Runde

Espresso-Buttercreme-Torte

Backen Sie den Biskuit am Vortag, dann lässt er sich besser durchschneiden.

BISKUIT

- 2 Eiweiß
- 2 EL kaltes Wasser
- 80 g Zucker
- 2 Eigelb, verrührt
- 100 g Mehl
- ½ TL Backpulver

ESPRESSO-BUTTERCREME

- 250 ml Milch
- ½ Päckchen Vanillepuddingpulver
- 1 TL Kakaopulver
- 2 TL lösliches Espressopulver
- 120 g Butter, raumtemperiert
- 2 EL Puderzucker

- 50 ml Tränkflüssigkeit (Orangensaft pur oder mit Wein und/oder Kaffeelikör gemischt)
- 6 Espressobohnen und geraspelte Schokolade zum Garnieren

Backen: 25 Minuten bei 180 °C
Springform von 18 cm Ø, Boden mit Backpapier ausgelegt

1

Den Ofen vorheizen. Die Eiweiße mit dem kalten Wasser steif schlagen und dabei den Zucker einrieseln lassen. Die Eigelbe unterziehen. Das Mehl mit dem Backpulver darübersieben und mit dem Teigspatel unterheben. Den Teig in die Form füllen, glatt streichen und goldgelb backen. Nach dem Abdämpfen vom Formrand lösen, auf ein mit Backpapier belegtes Kuchengitter stürzen und auskühlen lassen; am besten über Nacht.

2

Für die Espresso-Buttercreme aus Milch und Puddingpulver einen Vanillepudding kochen. Das Kakao- und Espressopulver einrühren. Auf Raumtemperatur abkühlen lassen und dabei dicht mit Frischhaltefolie abdecken, damit sich keine Haut bildet. Die Butter mit dem Puderzucker schaumig rühren, den Pudding löffelweise einrühren.

3

Für drei Kuchenböden den Biskuit zweimal durchschneiden. Den ersten Boden mit Tränkflüssigkeit beträufeln und mit Buttercreme bestreichen. Den zweiten Boden auflegen, leicht andrücken, tränken, mit Buttercreme bestreichen. Die Deckplatte an der Unterseite leicht beträufeln, auf die Torte legen. Die Torte rundum mit Buttercreme bestreichen. Die restliche Buttercreme in einen Spritzbeutel füllen und mit einer Sterntülle 6 Rosetten spritzen. Auf die Rosetten je eine Espressobohne setzen. Den Rand mit geraspelter Schokolade einstreuen. Kalt stellen.

Schwarzwälder Kirschtorte

Ein Klassiker – kleine Mühe, große Freude!

- 1 Biskuitboden wie bei Espresso-Buttercremetorte (links), 20 g Mehl werden durch 20 g Kakaopulver ersetzt

- 300 g Sahne, steif geschlagen
- 100 g Sauerkirschen aus dem Glas
- 50 ml Kirschsaft, mit 1 EL Kirschwasser vermischt
- geraspelte Schokolade zum Bestreuen

1

Am Vortag den dunklen Biskuitboden backen wie links beschrieben.

2

Den Biskuit zweimal durchschneiden, sodass drei Kuchenböden entstehen. Den ersten Boden mit Tränkflüssigkeit beträufeln und mit Schlagsahne bestreichen. Die Kirschen in die Sahne drücken, 8 Kirschen für die Garnitur beiseitestellen. Den zweiten Boden auflegen, leicht andrücken und tränken. Mit Schlagsahne besteichen. Die Deckplatte an der Unterseite leicht beträufeln, auflegen und leicht andrücken. Die Torte rundum mit Schlagsahne einstreichen. Die restliche Sahne in einen Spritzbeutel füllen und mit großer Sterntülle 8 Rosetten spritzen. In jede Rosette eine Kirsche setzen. Die Tortenmitte (und nach Belieben auch den Rand) mit geraspelter Schokolade bestreuen. Kalt stellen.

Kleine Himbeertorte

WIENER BISKUIT

- 2 Eier, getrennt
- 1 Prise Salz
- 40 g Zucker
- 1 EL warmes Wasser
- 60 g Mehl
- 25 g Butter, zerlassen

QUARKFÜLLUNG

- 200 g Quark
- 100 g Joghurt
- 50 g Zucker
- 1 Päckchen Vanillezucker
- ½ Packung Götterspeise Himbeere
- 3 EL Zitronensaft
- 3 Blatt Gelatine, kalt eingeweicht
- 125 g Sahne, steif geschlagen

ZUM FERTIGSTELLEN
- 1 EL Himbeergelee, erwärmt
- 250 g Himbeeren
- Puderzucker zum Besieben

Backen: 15 Minuten bei 200 °C
Springform von 18 cm Ø, Boden mit Backpapier ausgelegt

1

Den Ofen vorheizen. Die Eiweiße mit dem Salz steif schlagen. In einer anderen Schüssel die Eigelbe mit dem Zucker und dem warmen Wasser weißschaumig rühren. Den Eischnee daraufgleiten lassen, das Mehl darübersieben und alles vorsichtig vermengen. Zuletzt die zerlassene Butter unterrühren. Die Masse in die Form füllen, glatt streichen und backen. Nach dem Abdämpfen auf ein mit Backpapier belegtes Kuchengitter stürzen und auskühlen lassen.

2

Für die Füllung den Quark mit dem Joghurt, dem Zucker, Vanillezucker und der Götterspeise glatt rühren. Den Zitronensaft erhitzen; die Gelatine ausdrücken und in dem heißen Zitronensaft auflösen. Zunächst mit 3 EL Quarkcreme vermischen, dann in die restliche Quarkcreme einrühren. Die Schlagsahne unterheben.

3

Zum Fertigstellen den Tortenboden mit dem Himbeergelee bestreichen und mit einem Tortenring umschließen (oder in die gesäuberte Springform legen). Mit den Himbeeren belegen; eine Handvoll Himbeeren für die Garnitur beiseitelegen. Die Creme einfüllen und glatt streichen. Die Oberfläche mit den restlichen Himbeeren garnieren. Die Torte einige Stunden im Kühlschrank fest werden lassen. Mit dem Messer vom Rand lösen und auf eine Platte heben.

Kleine Himbeertorte

Rouladen und Schnitten

Kuchen von der Rolle

Biskuit in allen seinen Abwandlungen ist die bevorzugte Masse für Rouladen. Er ist zart und geschmeidig, lässt sich gut aufrollen und bricht nicht. Außerdem ist er blitzschnell gerührt und ebenso schnell gebacken. Für ein gutes Gelingen sind einige Regeln zu beachten.
Backen: Den Biskuit auf einem mit Backpapier ausgelegten Blech bei starker Hitze rasch hell- bis goldgelb backen. Auf Sicht backen! Nur hell gebackener, weicher Biskuit lässt sich gut aufrollen und bricht nicht.
Nach dem Backen: Es gibt mehrere Methoden, die gebackene Biskuitplatte geschmeidig zu halten, damit sie beim Aufrollen nicht bricht. Ganz einfach und sehr praktisch: Die frisch gebackene, heiße Biskuitplatte sofort auf ein frisches Backpapier stürzen und liegen lassen. Das obere, »mitgebackene« Backpapier erst nach dem Erkalten abziehen.

Biskuitroulade

Biskuitroulade

Ihre Gäste kommen schon in einer Stunde? Kein Problem mit diesem Schnellrezept: Die Biskuitmasse rühren, 10 Minuten backen, noch heiß mit Konfitüre bestreichen, aufrollen und auskühlen lassen.

BISKUIT

- 5 Eier, getrennt
- 125 g Zucker
- abgeriebene Zitronenschale
- 125 g Mehl

AUSSERDEM

- 2 EL Zucker für das Tuch
- 250 g Konfitüre (Aprikosen, Himbeer), glatt gerührt
- Puderzucker zum Besieben

Backen: 8–10 Minuten bei 220 °C
Backblech, mit Backpapier ausgelegt

1

Den Ofen vorheizen. Für den Biskuit die Eiweiße steif, aber nicht schnittfest schlagen, dabei den Zucker einrieseln lassen. Die verrührten Eigelbe untermischen. Das Mehl darübersieben und locker unterheben. Die Masse sofort auf das Blech streichen und hell- bis goldgelb backen.

2

Die Biskuitplatte sofort auf ein mit Zucker bestreutes Tuch (oder auf frisches Backpapier) stürzen. Das obere Backpapier abziehen. Die heiße Biskuitplatte rasch mit der Konfitüre bestreichen und aufrollen. Auskühlen lassen.

3

Die Roulade mit Puderzucker besieben und schräg in 2½ cm dicke Stücke schneiden.

Zitronenroulade

Die leichte, saftige Roulade mit der erfrischenden Zitronencreme ist erste Wahl für Festlichkeiten im Sommer. Die Creme enthält kein Ei, gebunden wird sie mit Speisestärke und Gelatine. Die Roulade können Sie schon am Vortag backen und füllen. Sie ist außen ohne Creme und lässt sich prima transportieren.

_ **Biskuit wie für Biskuitroulade (links)**

ZITRONENCREME

_ **250 ml Wasser**
_ **20 g Speisestärke**
_ **abgeriebene Schale von 1 Zitrone**
_ **6 EL Zitronensaft**
_ **100 g Zucker**
_ **4 Blatt Gelatine, kalt eingeweicht**
_ **200 g Sahne**

_ **Puderzucker zum Besieben**

Backen: 8–10 Minuten bei 220 °C
Backblech, mit Backpapier ausgelegt
Backpapier zum Aufrollen

1
Die Biskuitmasse zubereiten und backen. Nach dem Backen sofort auf ein frisches Backpapier stürzen und liegen lassen. Das »mitgebackene« Papier erst nach dem Erkalten abziehen.

2
Für die Creme das Wasser mit der Speisestärke, Zitronenschale, Zitronensaft und Zucker glatt rühren und unter beständigem Rühren aufkochen. Die Gelatine ausdrücken, in der heißen Creme auflösen und kalt stellen, bis sie zu stocken beginnt. Die Sahne steif schlagen und unter die Zitronencreme mischen.

3
Von der Biskuitplatte das obere Backpapier abziehen. Mit der Creme gleichmäßig bestreichen. Mithilfe des Papiers aufrollen, straff in das Papier einwickeln und einige Stunden oder über Nacht kalt stellen. Vor dem Servieren mit Puderzucker besieben und in 2 cm dicke Scheiben schneiden.

Nugatroulade

Baumstamm

_ **Biskuit wie für Biskuitroulade (links)**

NUGATCREME

_ **500 ml Milch**
_ **1 Päckchen Vanillepuddingpulver**
_ **50 g Zucker**
_ **200 g Nussnugat**
_ **250 g Butter, raumtemperiert**

Backen: 8–10 Minuten bei 220 °C
Backblech, mit Backpapier ausgelegt

1
Die Biskuitmasse zubereiten und backen, wie bei Biskuitroulade (links) beschrieben. Die heiße Biskuitplatte sofort auf ein frisches Backpapier stürzen und liegen lassen. Das »mitgebackene« Backpapier erst nach dem Erkalten abziehen.

2
Für die Nugatcreme aus Milch, dem Puddingpulver und dem Zucker nach Packungsanweisung einen Pudding kochen. Den Topf vom Herd ziehen und in dem noch warmen Pudding das Nugat auflösen. Auf Raumtemperatur abkühlen lassen und dabei häufig umrühren, damit sich keine Haut bildet. Die Butter geschmeidig rühren und den Pudding löffelweise unterrühren.

3
Zum Fertigstellen das obere Backpapier abziehen. Zwei Drittel der Creme gleichmäßig auf die Biskuitplatte streichen und mithilfe des Papiers aufrollen. Die gefüllte Roulade rundum mit der restlichen Nugatcreme bestreichen. Mit einer Gabel längliche Furchen durch die Creme ziehen. Mindestens 1 Stunde kalt stellen.

1 Die Biskuitmasse auf das mit Backpapier ausgelegte Blech geben, mit der Palette glatt streichen und backen.

2 Auf ein mit Zucker bestreutes Tuch oder frisches Backpapier stürzen, das obere Papier abziehen.

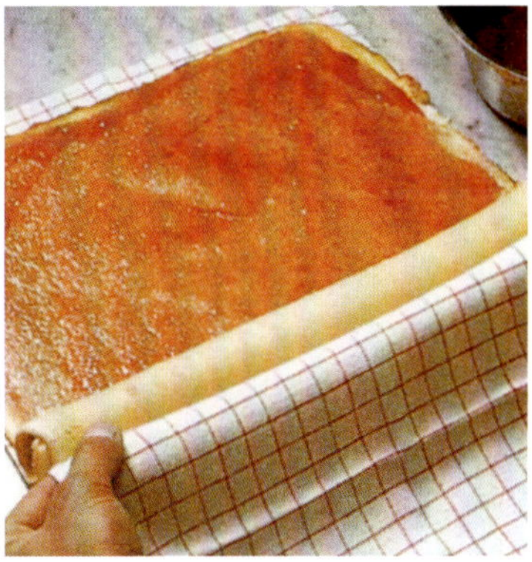

3 Die heiße Biskuitplatte mit Konfitüre bestreichen und sofort mithilfe des Tuches oder Papiers aufrollen.

Erdbeerrouladen

Erdbeer-Nussroulade ⊗

Innen eine Füllung aus Schlagsahne und frischen Beeren, außen bestreut mit goldbraunem Krokant, das ist unsere absolute Lieblingsroulade. Wird die Roulade nicht alsbald verzehrt, sollten Sie die Sahne mit 3 Blatt Gelatine binden.

NUSSBISKUIT

- 6 Eier, getrennt
- 150 g Zucker
- 50 g Mehl
- 100 g gemahlene Haselnüsse (oder Mandeln)

FÜLLUNG

- 3 Blatt Gelatine, kalt eingeweicht
- 600 g Sahne
- 2 EL Puderzucker
- 1 EL Vanillezucker
- 250 g Erdbeeren, klein geschnitten

KROKANT

- 10 g Butter
- 1 EL Zucker
- 50 g Mandelblättchen

- 12 kleine Erdbeeren zum Garnieren

Backen: 8–10 Minuten bei 220 °C
Backblech, mit Backpapier ausgelegt

1

Den Ofen vorheizen. Für den Nussbiskuit die Eiweiße steif, aber nicht schnittfest schlagen, dabei den Zucker einrieseln lassen. Die verrührten Eigelbe untermischen. Das Mehl darübersieben und die Nüsse dazugeben. Alles locker unterheben. Die Masse auf das Backblech streichen und hell- bis goldgelb backen.

2

Die heiße Biskuitplatte sofort auf ein frisches Backpapier stürzen und liegen lassen. Das »mitgebackene« Backpapier erst nach dem Erkalten abziehen.

3

Für die Füllung die Gelatine ausdrücken und in 3 EL heißem Wasser auflösen. Die Sahne mit dem Puderzucker und Vanillezucker nicht ganz steif schlagen. Bei laufendem Gerät die nur lauwarme Gelatinelösung einlaufen lassen und die Sahne völlig steif schlagen.

4

Das Papier von der Biskuitplatte abziehen. Knapp zwei Drittel der Sahnefüllung auf die Biskuitplatte streichen. Die zerkleinerten Erdbeeren darauf verteilen. Die Roulade zusammenrollen. Von der restlichen Schlagsahne ein Drittel in einen Spritzbeutel mit Sterntülle füllen. Die Roulade mit der übrigen Sahne überziehen und glatt streichen.

5

Für den Krokant in einer kleinen Pfanne die Butter mit dem Zucker erhitzen und die Mandelblättchen darin hellbraun karamellisieren. Auf einem Teller auskühlen lassen, anschließend in einen Gefrierbeutel füllen, verschließen und mit dem Rollholz darüberrollen und zerkleinern.

Erdbeer-Schokoroulade ⊗

Die Roulade schmeckt auch gut mit Himbeeren; die Himbeeren für die Creme durchpassieren.

SCHOKOLADENBISKUIT

- 6 Eier, getrennt
- 70 + 30 g Zucker
- 100 g gemahlene Mandeln
- 100 g dunkle Kuvertüre, geschmolzen

FÜLLUNG UND GARNITUR

- 300 g Erdbeeren zum Pürieren
- 1 EL Zitronensaft
- 80 g Zucker
- 6 Blatt Gelatine, kalt eingeweicht
- 300 g Sahne
- 1 Päckchen Vanillezucker
- 200 g Erdbeeren, in kleine Stücke geschnitten

Backen: 8–10 Minuten bei 220 °C
Backblech, mit Backpapier ausgelegt

1

Den Ofen vorheizen. Für den Biskuit die Eigelbe mit 70 g Zucker weißschaumig rühren. Die Mandeln und die Kuvertüre untermischen. Die Eiweiße steif, aber nicht schnittfest schlagen, dabei 30 g Zucker einrieseln lassen. Den Eischnee auf die Schaummasse gleiten lassen und locker unterheben. Die Masse auf das Backblech streichen und backen.

1 Das »mitgebackene« Backpapier abziehen, die Creme aufstreichen.

2 Die Erdbeercreme mit der Palette verteilen und glatt streichen.

3 Die Erdbeerstückchen auf der Creme verteilen, die Roulade aufrollen.

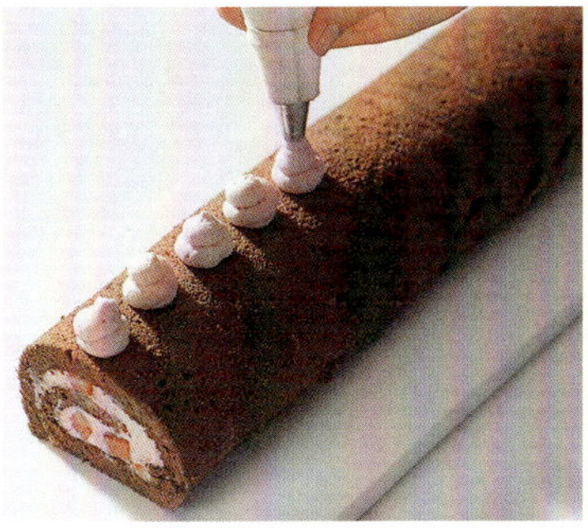

4 Mit aufgespritzten Rosetten aus der restlichen Creme verzieren.

2

Die heiße Biskuitplatte sofort auf ein frisches Backpapier stürzen und liegen lassen. Das »mitgebackene« Backpapier erst nach dem Erkalten abziehen.

3

Für die Füllung die Erdbeeren mit dem Zitronensaft pürieren und den Zucker untermischen. Die Gelatine tropfnass in einem kleinen Topf bei schwacher Hitze erwärmen und auflösen, langsam unter das Erdbeerpüree rühren und im Kühlschrank kurz anziehen lassen. Die Sahne mit dem Vanillezucker steif schlagen und unterheben.

4

Zum Füllen das »mitgebackene« Backpapier abziehen. Drei Viertel der Erdbeercreme auf die Biskuitplatte streichen und die Erdbeerstückchen darauf verteilen (2 EL davon beiseitestellen zum Garnieren). Die Roulade aufrollen.

5

Die restliche Creme in einen Spritzbeutel mit Sterntülle füllen und Rosetten aufspritzen. Mit den zurückbehaltenen Erdbeerstückchen garnieren. Kalt stellen.

Feinste Schokorouladen

Schokosahne-Roulade ⊗

Die Schokosahne muss nach dem Erhitzen kräftig gerührt (homogenisiert) werden. Nur dann lässt sie sich – nach einer Ruhephase von einigen Stunden oder über Nacht im Kühlschrank – richtig steif schlagen. Sie können, je nach Geschmack, dunkle (Zartbitter-) oder helle (Vollmilch-)Kuvertüre nehmen oder eine Mischung aus beiden.

BISKUIT

- _ **5 Eier, getrennt**
- _ **125 g Zucker**
- _ **1 EL Vanillezucker**
- _ **100 g Mehl**
- _ **25 g gemahlene Mandeln**

FÜLLUNG (CANACHE)

- _ **300 g Sahne**
- _ **75 g Kuvertüre, zerkleinert**

Backen: 8–10 Minuten bei 220 °C
Backblech, mit Backpapier ausgelegt

1

Vorab für die Füllung die Sahne aufkochen und die zerkleinerte Kuvertüre darin bei schwacher Hitze und unter beständigem Rühren schmelzen.
Den Topf vom Herd nehmen, mit dem Stabmixer etwa 1 Minute rühren (wichtig!). Einige Stunden oder über Nacht zugedeckt im Kühlschrank ruhen lassen.

2

Den Ofen vorheizen. Für den Biskuit die Eiweiße steif, aber nicht schnittfest schlagen, dabei den Zucker mit dem Vanillezucker einrieseln lassen. Die verrührten Eigelbe untermischen. Das Mehl darübersieben, die Mandeln zugeben und alles locker unterheben. Die Masse auf das Backblech streichen und hell- bis goldgelb backen.

3

Die heiße Biskuitplatte sofort auf ein frisches Backpapier stürzen und liegen lassen. Das »mitgebackene« Backpapier erst nach dem Erkalten abziehen.

4

Zum Füllen das obere Backpapier abziehen. Die Schokosahne mit dem Handrührgerät aufschlagen wie Schlagsahne. Drei Viertel davon auf die Biskuitplatte streichen und diese mithilfe des Papiers aufrollen. Die restliche Creme in einen Spritzbeutel mit Sterntülle füllen und die Roulade damit verzieren.

Schoko-Kirsch-Roulade ⊗

SCHOKOLADENBISKUIT

- _ **5 Eier, getrennt**
- _ **130 g Zucker**
- _ **1 EL Vanillezucker**
- _ **100 g Mehl**
- _ **30 g Kakaopulver**

FÜLLUNG

- _ **150 g Sauerkirschen aus dem Glas, abgetropft**
- _ **400 g Sahne**
- _ **1 EL Zucker**

- _ **2 gehäufte EL Puderzucker**
- _ **1 EL Vanillezucker**

Backen: 8–10 Minuten bei 220 °C
Backblech, mit Backpapier ausgelegt

1

Den Ofen vorheizen. Für den Biskuit die Eiweiße steif, aber nicht schnittfest schlagen, dabei den Zucker mit dem Vanillezucker einrieseln lassen. Die verrührten Eigelbe untermischen. Das Mehl mit dem Kakaopulver darübersieben und locker unterziehen. Die Masse auf das Backblech streichen und backen.

2

Die heiße Biskuitplatte sofort auf ein frisches Backpapier stürzen und liegen lassen. Das »mitgebackene« Backpapier erst nach dem Erkalten abziehen.

3

Zum Füllen das obere Backpapier abziehen, die Kirschen auf der Biskuitplatte verteilen. Die Sahne mit dem Zucker steif schlagen und aufstreichen. Mithilfe des Papiers aufrollen, straff in das Papier einwickeln und kalt stellen. Vor dem Servieren das Papier entfernen. Den Puderzucker mit dem Vanillezucker vermischen und die Roulade üppig damit besieben.

1 Die Kirschen auf der Platte verteilen.

2 Die Sahne darüber glatt streichen.

3 Mithilfe des Papiers aufrollen.

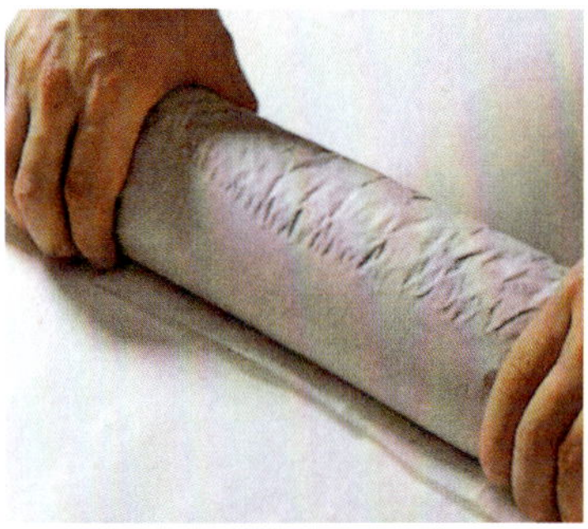

4 Straff in das Papier einrollen.

Schoko-Kirsch-Roulade

Schnitten aus der Kastenform

Joghurtschnitten

WASSERBISKUIT
- 3 Eier, getrennt
- 3 EL kaltes Wasser
- 150 g Zucker
- 120 g Mehl
- 1–2 EL Kakaopulver
- 1 TL Backpulver
- 50 g gemahlene Haselnüsse

JOGHURTCREME
- 300 g Joghurt
- 200 g saure Sahne
- 2 EL Zitronensaft
- 100 g Zucker
- 8 Blatt Gelatine, kalt eingeweicht
- 200 g Sahne, steif geschlagen
- 50 g Kekse, grob zerkleinert (Amaretti, Schokoladen-Butterkekse)

ZUM TRÄNKEN UND GARNIEREN
- 6 EL Fruchtsaft (halb Zitronen-, halb Orangensaft)
- 200 g Sahne, steif geschlagen
- 2 EL Johannisbeergelee
- 3 EL geraspelte Vollmilch-Schokolade

Backen: 25 Minuten bei 180 °C
Kastenform von 30 cm Länge, gefettet und mit Semmelbröseln ausgestreut

1

Den Ofen vorheizen. Für den Biskuit die Eiweiße mit dem Wasser steif, aber nicht schnittfest schlagen, dabei den Zucker einrieseln lassen. Die verrührten Eigelbe untermischen. Das Mehl mit dem Kakaopulver und Backpulver darübersieben, die Nüsse zugeben und locker unterziehen. Die Masse in die Form füllen und backen. Nach dem Abdämpfen auf ein Kuchengitter stürzen und auskühlen lassen.

1 Den ersten Boden in die mit Klarsichtfolie ausgelegte Form legen.

2 Den Boden tränken, die Hälfte der Creme einfüllen und glatt streichen.

3 Den zweiten Boden auflegen und mit dem Fruchtsaft tränken.

4 Die restliche Joghurtcreme einfüllen und wieder glatt streichen.

5 Den letzten Boden auflegen, ebenfalls tränken, zum Festwerden kalt stellen.

6 Den gestürzten Kuchen mit Sahne einstreichen und verzieren.

2

Für die Creme den Joghurt mit der sauren Sahne, Zitronensaft und Zucker glatt rühren. Die Gelatine tropfnass in einem kleinen Topf erwärmen und auflösen. Zunächst mit 3 EL der Joghurtmasse verrühren, dann in die restliche Joghurtmasse einrühren und im Kühlschrank kurz anziehen lassen. Sobald die Masse zu gelieren beginnt, die Schlagsahne mit den Keksen untermischen.

3

Die Kastenform mit Klarsichtfolie auslegen. Den Biskuit für 3 Böden zweimal durchschneiden. Einen Boden in die Form legen, mit dem Fruchtsaft tränken, die Hälfte der Creme einfüllen und glatt streichen. Den zweiten Boden auflegen, ebenfalls tränken, die restliche Creme einfüllen und wieder glatt streichen. Den dritten Boden auflegen und mit dem restlichen Fruchtsaft tränken. Im Kühlschrank fest werden lassen.

4

Den Kuchen auf eine Unterlage stürzen und die Folie abziehen. Ein Drittel der Schlagsahne in einen Spritzbeutel mit Sterntülle füllen. Mit der restlichen Sahne die Torte ringsum einstreichen. 8 Stücke markieren, auf jedes Stück eine flache Rosette spritzen und mit einem Klecks Johannisbeergelee füllen. Mit der geraspelten Schokolade ringsum bestreuen.

Schokoschnitten

BISKUIT

- **5 Eier, getrennt**
- **120 g Zucker**
- **1 Päckchen Vanillezucker**
- **120 g Mehl**
- **1 EL Kakaopulver**

SCHOKOSAHNE (CANACHE)

- **400 g Sahne**
- **100 g dunkle Kuvertüre, zerkleinert**
- **2 cl Rum**

ZUM GARNIEREN

- **3 EL geraspelte Schokolade**
- **100 g Sahne, steif geschlagen**
- **Früchte zum Garnieren (nach Belieben)**

Backen: 25–30 Minuten bei 180 °C
Kastenform von 30 cm Länge, gefettet und bemehlt

1

Bereiten Sie die Schokosahne schon am Vortag zu. Auch den gebackenen Biskuit können Sie über Nacht auskühlen lassen.

2

Den Ofen vorheizen. Die Eiweiße für den Biskuit steif, aber nicht schnittfest schlagen, dabei den Zucker einrieseln lassen. Die verrührten Eigelbe und den Vanillezucker untermischen. Das Mehl mit dem Kakaopulver vermischen, darübersieben und locker unterheben. Die Masse in die Form füllen und backen. Nach dem Abdämpfen auf ein Kuchengitter stürzen und auskühlen lassen.

3

Für die Schokosahne die Sahne aufkochen und die Kuvertüre unter beständigem Rühren bei schwacher Hitze darin schmelzen. Den Topf vom Herd nehmen, den Rum zugeben und mit dem Stabmixer etwa 1 Minute rühren (wichtig!). Über Nacht zugedeckt im Kühlschrank ruhen lassen.

4

Am nächsten Tag die Schokosahne mit dem Handrührgerät aufschlagen wie Schlagsahne. Den Biskuit für 3 Böden zweimal durchschneiden, mit der Creme bestreichen und zusammensetzen. Leicht andrücken. Auch die Oberfläche und den Rand mit Creme bestreichen.

5

Die Oberfläche und die Seiten mit der geraspelten Schokolade bestreuen. Ein Messer in heißes Wasser tauchen und den Kuchen in 8 Stücke schneiden. Die Schlagsahne in einen Spritzbeutel mit Sterntülle füllen und auf jedes Stück eine flache Rosette spritzen, die Sie mit Früchten garnieren können.

Festliche Schnitten

Kirschschnitten

- 275 g aufgerollter Blätterteig (Kühltheke)

QUARKFÜLLUNG
- 300 g Sahnequark
- 80 g Zucker
- 1 Päckchen Vanillezucker
- abgeriebene Schale und Saft von 1 Zitrone
- 7 Blatt Gelatine, kalt eingeweicht
- 300 g Sahne, steif geschlagen

- 175 g Sauerkirschen aus dem Glas, abgetropft
- 80 g Kirschkonfitüre, erwärmt

- Kakaopulver zum Besieben

Backen: 15 Minuten bei 220 °C
Backblech

1
Den Ofen vorheizen. Den Blätterteig mit dem Papier auf dem Backblech entrollen. Den Teig längs halbieren und beide Hälften etwas auseinanderrücken. Mit der Gabel mehrmals einstechen; evtl. mit einem Kuchengitter aus Metall beschweren, um ein starkes Aufblähen zu verhindern. Den Blätterteig auf der mittleren Schiene goldgelb backen. Auskühlen lassen.

2
Für die Füllung den Quark mit dem Zucker, Vanillezucker und der Zitronenschale verrühren. Den Zitronensaft (evtl. mit etwas Wasser) erhitzen, die Gelatine ausdrücken und darin auflösen. Zunächst mit 3 EL des Quarks verrühren, dann in den restlichen Quark einrühren. Kalt stellen, bis er zu stocken beginnt. Den Quark glatt rühren, die Schlagsahne unterziehen. Kurz kalt stellen.

3
Zum Fertigstellen eine Blätterteigplatte mit der Konfitüre bestreichen. Die Kirschen unter die Hälfte der Quarkfüllung mischen und auf die Bodenplatte streichen. Die restliche Quarkfüllung ebenfalls aufstreichen, rechts und links begradigen. Die andere Blätterteigplatte in 8 Deckstücke schneiden, mit Kakaopulver besieben, dicht an dicht auflegen und leicht andrücken. Die Schnitten 2–3 Stunden kalt stellen und frisch servieren.

Johannisbeer-Cremeschnitten ⊗

BISKUITBODEN
- 3 Eier, getrennt
- 1 Prise Salz
- 75 g Zucker
- 75 g Mehl
- 25 g Speisestärke

BELAG
- 350 g rote Johannisbeeren
- 3 EL Zucker
- 150 g rotes Johannisbeergelee
- 2 EL Likör (Cassissée)

CREME
- 250 g Mascarpone
- 3 EL Zucker
- 2 EL Zitronensaft
- 3 Blatt Gelatine, kalt eingeweicht
- 200 g Sahne, steif geschlagen

- Puderzucker zum Besieben

Backen: 12–15 Minuten bei 200 °C
Backblech, mit Backpapier ausgelegt
Backrahmen, 32 × 20 cm ausgezogen

1
Den Ofen vorheizen. Für den Biskuit die Eiweiße mit dem Salz steif schlagen. In einer anderen Schüssel die Eigelbe mit dem Zucker mit dem Handrührgerät (Rührbesen) schaumig rühren, den Eischnee daraufgleiten lassen. Das Mehl mit der Speisestärke darübersieben und alles vorsichtig vermischen. Die Masse in den Backrahmen füllen und glatt streichen. Goldgelb backen. Den Biskuit auf eine mit Backpapier belegte Unterlage stürzen, das Backpapier abziehen.

2
Für den Belag die Johannisbeeren waschen und abtropfen lassen. 8 Rispen für die Garnitur beiseitelegen. Die restlichen Beeren von den Rispen streifen und mit 3 EL Zucker vermischen. Das Johannisbeergelee mit dem Likör glatt rühren.

3
Für die Creme den Mascarpone mit dem Zucker glatt rühren. Den Zitronensaft erwärmen und die ausgedruckte Gelatine darin auflösen. Zunächst mit nur 2–3 EL Mascarpone verrühren, diese Mischung dann in die restliche Mascarponecreme einrühren. Die Schlagsahne unterziehen.

4
Die Biskuitplatte der Länge nach in zwei Hälften teilen. Eine Hälfte mit dem Johannisbeergelee bestreichen, die Johannisbeeren darauf verteilen und leicht in das Gelee eindrücken. Die Mascarponecreme sorgfältig aufstreichen. Die zweite Biskuithälfte in 8 Deckblätter schneiden und auf die Creme legen. Kalt stellen, bis die Creme steif geworden ist. Vor dem Servieren den Kuchen mit Puderzucker besieben und in 8 Schnitten schneiden. Mit den Johannisbeerrispen garnieren.

Johannisbeer-Cremeschnitten

Portionierte Tortenkunst – klassisch und modern

Esterhazy-Schnitten

Esterhazy-Schnitten sind ein Klassiker in österreichischen Konditoreien und Cafés.

MAKRONENMASSE
- 4 Eiweiß
- 200 g Zucker
- 200 g gemahlene Haselnüsse

NUGAT-BUTTERCREME
- 1 Eigelb
- 50 g Zucker
- 30 g Speisestärke
- 250 ml Milch
- ½ Vanilleschote, aufgeschlitzt
- 250 g Butter, raumtemperiert
- 100 g Puderzucker
- 40 g Haselnüsse, geröstet, die Haut abgerieben

- 2 EL Aprikosenkonfitüre

EIWEISSGLASUR
- ½ Eiweiß
- 100 g Puderzucker
- ½ EL Arrak
- etwas Kakaopulver zum Färben

ZUM FERTIGSTELLEN
- 30 g Mandelblättchen, trocken geröstet
- Belegkirschen

Backen: 15 Minuten bei 200 °C
Backblech, mit Backpapier ausgelegt

1
Den Ofen vorheizen. Für die Makronenmasse die Eiweiße steif schlagen, dabei den Zucker einrieseln lassen und schnittfest schlagen. Die Haselnüsse untermischen. Die Masse auf das Backblech streichen und auf Sicht hellgelb backen; sie soll kaum Farbe nehmen. Noch heiß auf die Arbeitsfläche stürzen, das Backpapier abziehen und die Platte quer in 3 gleich große Teile von etwa 12 cm Breite schneiden. Auskühlen lassen.

2
Für die Buttercreme das Eigelb in einem Topf mit dem Zucker, der Speisestärke und etwas kalter Milch glatt rühren.
Die restliche Milch mit der Vanilleschote in einem zweiten Topf aufkochen, vom Herd nehmen und 5 Minuten ziehen lassen. Die Vanillemilch mit dem Schneebesen langsam in die angerührte Masse einrühren und unter beständigem Rühren einmal aufpuffen lassen. Vom Herd nehmen und die Vanilleschote entfernen. Die Creme auf Raumtemperatur abkühlen lassen, dabei gelegentlich umrühren, damit sich keine Haut bildet. Die Butter mit dem Puderzucker schaumig rühren und die Vanillecreme löffelweise unterrühren. Die gerösteten Haselnüsse so lange mixen (am besten im Blitzhacker), bis die Masse fast flüssig ist. Unter die Buttercreme mischen.

3
Zwei der Makronenböden mit etwa zwei Dritteln der Nugat-Buttercreme bestreichen, zusammensetzen und den dritten Boden auflegen. Ein scharfes Messer in heißes Wasser tauchen, den Block der Länge nach durchschneiden und beide Blöcke mit einer Cremeschicht aufeinandersetzen, sodass nun 6 Böden übereinanderliegen. Die Seitenränder mit der restlichen Creme bestreichen.

4
Die Aprikosenkonfitüre erhitzen, durch ein Sieb passieren und die Oberfläche sehr dünn damit bestreichen. Antrocknen lassen.

5
Für die Glasur das Eiweiß mit dem Puderzucker und Arrak zu einer streichfähigen Masse verrühren und die Oberfläche des gefüllten Blocks damit bestreichen. Den Rest der Glasur mit dem gesiebten Kakaopulver dunkel färben und in ein Pergamenttütchen mit winziger Öffnung füllen. In den noch feuchten weißen Guss in fingerbreitem Abstand dunkle Querlinien spritzen. Ein spitzes, in kaltes Wasser getauchtes Messer der Länge nach einmal durchziehen; dabei entsteht das hübsche Muster. Die gerösteten Mandelblättchen an die Seiten drücken. Mit Belegkirschen garnieren, kalt stellen. Vor dem Servieren in schmale Schnitten schneiden.

Esterhazy-Schnitten

Erdbeer-Joghurt-Würfel ⊗

SCHOKOBISKUIT

- 2 Eier, 50 g Zucker
- 40 g Mehl
- 2 EL Kakaopulver

ERDBEERGELEE

- 200 g Erdbeermark, durchpassiert
- 180 g Zucker
- 150 ml Weißwein
- Saft von 1 Zitrone
- 7 Blatt Gelatine, kalt eingeweicht

QUARK-JOGHURT-CREME

- 150 g Quark, 150 g Joghurt
- Saft und Abrieb von 1 Zitrone
- 60 ml Weißwein
- 120 g Zucker
- 2 EL Limoncello (Zitronenlikör)
- 8 Blatt Gelatine, kalt eingeweicht
- 300 g Sahne, steif geschlagen

Backen: 15 Minuten bei 180 °C
Rechteckige Springform von 20 × 24 cm, mit Backpapier ausgelegt (oder Backrahmen)

1

Den Ofen vorheizen. Für den Schokobiskuit die Eier mit dem Handrührgerät (Rührbesen) schaumig schlagen. Den Zucker einrieseln lassen und die Masse auf höchster Stufe weißschaumig schlagen. Das Mehl mit dem Kakaopulver darübersieben und mit dem Spatel oder Schneebesen unterheben. In die Form füllen, glatt streichen und backen. Nach dem Abdämpfen auf ein mit Backpapier belegtes Kuchengitter stürzen und auskühlen lassen.

2

Die Kuchenform erneut mit einem Backpapier belegen. Für das Erdbeergelee in einem Topf das Erdbeermark mit dem Zucker, dem Wein und dem Zitronensaft 3 Minuten köcheln lassen; den Topf zurückziehen. Die Gelatine ausdrücken und darin auflösen, in die Form gießen und im Kühlschrank gelieren lassen.

3

Für die Quark-Joghurt-Creme in einer Schüssel den Quark mit dem Joghurt und dem Zitronenabrieb glatt rühren und beiseitestellen. In einem Topf den Wein mit dem Zucker, dem Likör und dem Zitronensaft erhitzen. Die Gelatine ausdrücken und darin auflösen. Zunächst mit nur einigen Esslöffeln der Quark-Joghurt-Creme verrühren, dann mit der restlichen Creme vermischen. Die Creme im Kühlschrank kalt stellen. Kurz bevor sie zu stocken beginnt, die Schlagsahne unterziehen und auf dem Erdbeergelee in der Form verstreichen. Darauf den Biskuitboden legen, leicht andrücken. Kalt stellen.

4

Vor dem Servieren ein Messer in heißes Wasser tauchen, an den Rändern entlang fahren und den Kuchen auf eine Platte stürzen. Unsaubere Ränder abschneiden, in 4 × 4 cm große Würfel schneiden.

Fruchtige Schnitten

Ananasschnitten

RÜHRTEIG

- 200 g weiche Butter
- 200 g Zucker, 4 Eier
- 1 EL Rum, 250 g Mehl
- 25 g Speisestärke, 2 TL Backpulver

ANANAS-BUTTERCREME

- 150 g weiche Butter
- 150 g Puderzucker
- 1 Päckchen Vanillezucker
- 3 EL Zitronensaft
- 450 g Crème fraîche
- etwa 700 g Ananas aus der Dose, abgetropft, sehr klein geschnitten

- 100 g gehackte Mandeln, trocken geröstet

Backen: 20 Minuten bei 180 °C
Backblech, mit Backpapier ausgelegt

1

Den Ofen vorheizen. Für den Rührteig die Butter geschmeidig rühren. Nach und nach den Zucker und die Eier, eines nach dem anderen, zugeben und schaumig rühren. Den Rum unterrühren. Das Mehl mit der Speisestärke und dem Backpulver darübersieben und einarbeiten. Die Masse auf dem Backblech glatt streichen. Goldgelb backen. Nach dem Abdämpfen auf ein Kuchengitter stürzen und auskühlen lassen.

2

Für die Creme die Butter mit dem Puderzucker und Vanillezucker schaumig rühren. Zitronensaft und Crème fraîche unterrühren, zuletzt die Ananas untermischen. Die Creme auf die erkaltete Teigplatte streichen, mit den Mandeln bestreuen. Kalt stellen. Vor dem Servieren in Schnitten schneiden.

Quarkschnitten

Die cremigen Schnitten schmecken frisch am besten. Sie sind locker wie ein Soufflé und dennoch schnittfest.

MÜRBETEIG

- 200 g Mehl
- 50 g Puderzucker
- 1 TL Vanillezucker
- abgeriebene Zitronenschale
- 1 Prise Salz
- 125 g weiche Butter
- 2 EL Eiswasser

- 400 g Pfirsiche aus der Dose, abgetropft

QUARKCREME

- 100 + 150 ml Milch
- 2 Päckchen Vanillepuddingpulver
- 4 Eigelb
- 1 Päckchen Vanillezucker
- abgeriebene Zitronenschale
- 200 g Sahne
- 500 g Magerquark, im Sieb abgetropft
- 8 Eiweiß, 180 g Zucker

- Früchte zum Garnieren (nach Belieben)

Vorbacken: 20 Minuten bei 160 °C
Fertig backen: 50 Minuten bei 160 °C
Backrahmen, 30 × 25 cm, und Backblech

1

Für den Mürbeteig das Mehl in die Rührschüssel geben, die übrigen Zutaten zufügen. Mit dem Handrührgerät (Knethaken) kurz auf niedrigster, dann auf höchster Stufe rasch zu einem glatten Teig verarbeiten. Mit den Händen zur Kugel formen, in Folie wickeln und mindestens 30 Minuten kalt stellen.

2

Den Ofen vorheizen. Den Teig auf der bemehlten Arbeitsfläche zu einem Rechteck von 30 × 25 cm ausrollen, auf ein Backblech legen und mit der Gabel mehrmals einstechen. Goldgelb vorbacken und abkühlen lassen. Den gebackenen Boden mit dem Backrahmen umschließen und die Pfirsiche darauf verteilen.

3

Für die Quarkcreme 100 ml Milch mit dem Puddingpulver, den Eigelben, dem Vanillezucker und Zitronenschale glatt rühren. 150 ml Milch mit der Sahne aufkochen, die Puddingpulvermischung einrühren und einige Male aufwallen lassen. Den Topf vom Herd nehmen und den Quark einrühren. Die Eiweiße mit dem Zucker zu einem festen, aber noch »schmierigen« Schnee schlagen. Ein Drittel des Eischnees unter die heiße Creme mischen und diese dann unter den restlichen Eischnee ziehen. Gleichmäßig über die Früchte verteilen und glatt streichen. Hellgelb fertig backen. Abkühlen lassen.

4

Den Backrahmen mit einem Messer vom Rand ablösen und entfernen. Den Kuchen in gleich große Schnitten schneiden. Wenn Sie wollen, können Sie den Kuchen auch mit einem klaren Tortenguss überglänzen und die Schnitten mit Früchten garnieren.

Die Erdbeeren halbieren und auf einem Kuchengitter mit Tortenguss glasieren.

Quarkschnitten

Dessertkuchen

Zitronen- und Orangentartes

Zitronentarte ⊗

MÜRBETEIG

- _ 180 g Mehl
- _ 60 g Zucker
- _ 1 Prise Salz
- _ abgeriebene Zitronenschale
- _ 100 g weiche Butter
- _ 1 Ei

ZITRONENCREME

- _ 125 g Butter
- _ 100 + 50 g Zucker
- _ 3 Eier, getrennt
- _ abgeriebene Schale von 1 Zitrone
- _ 100 ml Zitronensaft
- _ 200 g Sahne

Vorbacken: 15 Minuten bei 210 °C
Fertig backen: 15 Minuten bei 170 °C
Tarteform oder Tortenbodenform mit herausnehmbarem Boden von 26 cm Ø

1

Für den Mürbeteig das Mehl in die Rührschüssel geben, die übrigen Zutaten zufügen. Mit dem Handrührgerät (Knethaken) kurz auf niedrigster, dann auf höchster Stufe rasch zu einem glatten Teig verarbeiten. Mit den Händen zur Kugel formen, in Folie wickeln und mindestens 30 Minuten kalt stellen.

2

Den Ofen vorheizen. Den Teig auf der bemehlten Arbeitsfläche etwas größer als die Form ausrollen, in die Form legen und dabei einen Rand hochziehen. Einen Streifen zerdrückte Alufolie an den Rand drücken, damit er nicht zusammenfällt (siehe Foto Seite 11). Den Teig vorbacken, die Alufolie entfernen und bei Bedarf wenige Minuten auf Sicht goldgelb nachbacken.

3

Für die Zitronencreme die Butter mit 100 g Zucker zerlassen. Die Eigelbe, Zitronenschale und -saft sowie die Sahne untermischen. Bei milder Hitze unter beständigem Rühren erhitzen, bis die Masse dickflüssig gebunden ist. Den Topf vom Herd nehmen, die Creme leicht abkühlen lassen. Die Eiweiße steif schlagen und unterziehen.

4

Die Creme auf den vorgebackenen Boden füllen, glatt streichen und fertig backen. Im ausgeschalteten Ofen noch 10 Minuten ruhen, dann in der Form auskühlen lassen.

Limetten-Maracuja-Tarte ⊗

Das saftige Mark der Passionsfrucht (mit den knackigen Kernen) liegt auf einem weichen Mandelmehlbett und schimmert unter der Limettencreme durch.

- _ Mürbeteig wie für Zitronentarte (links)

MARACUJABELAG

- _ 100 g gemahlene Mandeln
- _ 50 Puderzucker
- _ 4 Maracujas

LIMETTENCREME

- _ 2 Eier
- _ 120 g Zucker
- _ abgeriebene Schale und Saft von 2–3 Limetten (etwa 100 ml)
- _ 50 g Butter, zerlassen

1

Einen Mürbeteig zubereiten und daraus einen Boden backen wie im Rezept links unter Schritt 1 und 2 beschrieben.

2

Für den Maracujabelag das Mandelmehl mit dem Puderzucker vermischen, den Kuchenboden damit einstreuen. Die Maracujas halbieren, das Fruchtmark ausschaben und mit den Kernen auf dem Kuchenboden verteilen.

3

Für die Limettencreme die Eier mit dem Zucker zu einer weißschaumigen Masse rühren. Limettenschale und -saft zugeben, die Butter unterrühren. Die Limettencreme über den Maracujabelag geben; fertig backen wie Zitronentarte (links). Im ausgeschalteten Ofen noch 10 Minuten ruhen, dann in der Form auskühlen lassen.

Orangentarte ⊗

MÜRBETEIG

- _ 240 g Mehl
- _ 50 g Zucker, 1 Prise Salz
- _ 120 g weiche Butter
- _ 1 Ei

VANILLECREME

- _ 1 Eigelb, 50 g Zucker
- _ 20 g Speisestärke
- _ 250 ml Milch
- _ ½ Vanilleschote, aufgeschlitzt
- _ 2 Blatt Gelatine, kalt eingeweicht
- _ 2 EL Mandellikör
- _ 100 g Sahne, steif geschlagen

BELAG

- _ 1 kg Orangen
- _ 150 ml Weißwein, 2 EL Zucker

GUSS

- _ etwa 125 ml Orangensaft
- _ 1 Päckchen Tortenguss

Orangentarte

Blind backen: 30 Minuten bei 210 °C
Pieform oder Tortenbodenform mit herausnehmbarem Boden von 28 cm Ø
Backpapier und Hülsenfrüchte zum Blindbacken

1

Für den Mürbeteig das Mehl in die Rührschüssel geben, die übrigen Zutaten zufügen. Mit dem Handrührgerät (Knethaken) kurz auf niedrigster, dann auf höchster Stufe rasch zu einem glatten Teig verarbeiten. Mit den Händen zur Kugel formen, in Folie wickeln und mindestens 30 Minuten kalt stellen.

2

Den Ofen vorheizen. Den Mürbeteig etwas größer als die Form rund ausrollen, die Form damit auslegen und dabei einen Rand hochziehen, überstehenden Teig abschneiden. Den Boden mit der Gabel mehrmals einstechen. Den Teig bis über den Rand mit Backpapier auslegen, mit getrockneten Hülsenfrüchten auffüllen. Blind backen (siehe Foto Seite 11). Die Hülsenfrüchte mit dem Papier wieder entfernen und den Boden wenige Minuten auf Sicht goldgelb nachbacken.

3

Vorab für den Belag die Orangen schälen, dabei auch die weiße Haut vollständig entfernen. Die Orangen mit dem Säge- oder Elektromesser in gleichmäßige, nur 3 mm dicke Scheiben schneiden. Den Wein mit dem Zucker aufkochen, vom Herd nehmen, die Orangenscheiben einlegen, erkalten lassen. Dann die Scheiben herausnehmen (den Wein aufbewahren), in einem Sieb gut abtropfen lassen.

4

Für die Vanillecreme in einer Kasserolle das Eigelb mit dem Zucker, der Speisestärke und 6 EL von der Milch glatt rühren. In einem zweiten Topf die restliche Milch mit der Vanilleschote aufkochen und 5 Minuten ziehen lassen. Die Vanillemilch langsam in die angerührte Mischung gießen und unter beständigem Rühren aufkochen lassen. Den Topf vom Herd nehmen, die Vanilleschote entfernen. Die Gelatine ausdrücken, in der heißen Creme auflösen, den Likör zugeben und erkalten lassen; dabei häufig umrühren, damit sich keine Haut bildet. Die Schlagsahne untermischen.

5

Die Vanillecreme auf den Kuchenboden füllen und glatt streichen. Schuppenartig mit den abgetropften Orangenscheiben belegen.

6

Für den Guss den aufbewahrten Wein mit frisch gepresstem Orangensaft auf 250 ml auffüllen. Aus dem Tortengusspulver und der Flüssigkeit nach Packungsanweisung (kein Zucker!) einen Guss zubereiten und die Torte leicht damit überglänzen.

Apfel- und Beerentartes

Apfeltarte

MÜRBETEIG

- _ 300 g Mehl
- _ 200 g weiche Butter
- _ 80 g Zucker
- _ 1 Ei

- _ etwa 700 g säuerliche Äpfel (Boskop)
- _ Zitronensaft
- _ 20 g Butter, zerlassen
- _ 80 g Aprikosenkonfitüre, erwärmt, durchpassiert
- _ 50 g gehackte Mandeln, trocken geröstet

Backen: etwa 60 Minuten bei 180 °C
Tarteform von 28–30 cm Ø

1

Für den Mürbeteig das Mehl in die Rührschüssel geben, die übrigen Zutaten zufügen. Mit dem Handrührgerät (Knethaken) kurz auf niedrigster, dann auf höchster Stufe rasch zu einem glatten Teig verarbeiten. Mit den Händen zur Kugel formen, in Folie wickeln und mindesten 30 Minuten kalt stellen.

2

Die Äpfel schälen, vierteln, entkernen, die Schnitze in dünne Scheiben schneiden.

3

Den Ofen vorheizen. Den Teig ausrollen, in die Form legen und dabei einen Rand hochziehen. Den Boden mit der Gabel mehrmals einstechen. Die Apfelscheiben fächerförmig dicht an dicht auf dem Boden auslegen. Mit Zitronensaft beträufeln und mit der Butter bepinseln. Den Kuchen backen. Direkt nach dem Backen die Äpfel mit der Aprikosenkonfitüre bepinseln und mit den Mandeln bestreuen.

Rote-Grütze-Tarte

Frische Beeren im Sommer, gefrorene im Winter: ein fruchtiger Allrounder für alle Jahreszeiten. Erst wird der Kuchenboden gebacken; Tortenguss mit nur halber Flüssigkeitsmenge gibt den Beeren die nötige Bindung. Besonders gut schmeckt der Kuchen mit einem dünnen Zwischenaufstrich aus geschmolzener Schokolade.

MÜRBETEIG

- _ 200 g Mehl
- _ 120 g weiche Butter
- _ 60 g Zucker
- _ 1 Ei

ZUM BESTREICHEN

- _ 50 g geschmolzene Kuvertüre oder 2 EL Crème fraîche (oder Quark) mit 2 EL Frischkäse verrührt

ROTE-GRÜTZE-BELAG

- _ 2 Päckchen Tortenguss, rot
- _ 200 ml Fruchtsaft
- _ 400 g gemischte Beeren, mit 5 EL Zucker vermischt
- _ 1 Päckchen Vanillezucker
- _ abgeriebene Zitronenschale
- _ 1 Schuss Likör (Cassissée)

Backen: 20 Minuten bei 200 °C
Tarte- oder Springform von 24–26 cm Ø

1

Für den Mürbeteig das Mehl in die Rührschüssel geben, die übrigen Zutaten zufügen. Mit dem Handrührgerät (Knethaken) kurz auf niedrigster, dann auf höchster Stufe rasch zu einem glatten Teig verarbeiten. Mit den Händen zur Kugel formen, in Folie wickeln und mindestens 30 Minuten kalt stellen.

TARTEFORM?

Eine Tarteform aus Glas oder Keramik ist praktisch; man kann das Gebäck in der dekorativen Form servieren. Außerdem ist sie ein ideales Transportmittel – und sei es im gepolsterten Fahrradkörbchen. Allerdings braucht man etwas Fingerspitzengefühl, um das erste Kuchenstück herauszuhebeln. Das wiederum geht leichter bei einer Tortenbodenform mit herausnehmbarem Boden.

2

Den Ofen vorheizen. Zwei Drittel des Teiges rund ausrollen und auf den Boden der Form legen. Für den Rand aus dem restlichen Teig eine Rolle formen und etwa 4 cm hoch an den Formrand drücken. Einen Streifen aus zerdrückter Alufolie gegen den Teigrand drucken (siehe Foto Seite 11). Den Boden mehrmals mit der Gabel einstechen, den Kuchen backen. Die Alufolie entfernen; bei Bedarf auf Sicht einige Minuten goldgelb nachbacken. In der Form erkalten lassen.

3

Den gebackenen Kuchenboden dünn mit Kuvertüre oder verrührter Crème fraîche bestreichen.

4

Für den Belag den Tortenguss mit etwas Fruchtsaft glatt rühren, den übrigen Saft im Topf zum Kochen bringen. Den angerührten Tortenguss einrühren, die gezuckerten Beeren, den Vanillezucker, die abgeriebene Zitronenschale und den Likör zugeben und einmal aufkochen lassen. Noch heiß auf dem Kuchenboden verstreichen.

Johannisbeerwähe

QUARK-ÖL-TEIG

- 200 g Mehl
- 2 TL Backpulver
- 100 g Magerquark, im Sieb abgetropft
- 5 EL neutrales Speiseöl
- etwa 5 EL Milch
- 1 Prise Salz
- 50 g Zucker

BELAG

- 500 g rote Johannisbeeren
- 150 g saure Sahne
- 2 Eier
- 100 g Zucker
- 2 EL Vanillezucker

- Puderzucker zum Besieben

Backen: 45 Minuten bei 180 °C
Spring- oder Tarteform von 28 cm Ø, gefettet

1

Für den Quark-Öl-Teig das Mehl mit dem Backpulver in die Rührschüssel sieben. Die übrigen Zutaten zugeben und mit dem Handrührgerät (Knethaken) kurz auf niedrigster, dann auf höchster Stufe rasch zu einem glatten Teig verarbeiten. Nicht zu lange kneten, sonst klebt der Teig. Den Teig auf der Arbeitsfläche 2 cm größer als die Form ausrollen und in die Form legen, einen Rand hochziehen. Den Boden mit der Gabel mehrmals einstechen.

2

Den Ofen vorheizen. Für den Belag die Johannisbeeren waschen, abtropfen lassen, von den Rispen streifen und auf dem Teigboden verteilen. Die saure Sahne mit den Eiern und dem Zucker glatt rühren und über die Beeren gießen. Die Wähe backen.

3

Die Wähe aus dem Ofen nehmen und auf einem Kuchengitter abkühlen lassen. Vor dem Servieren mit Puderzucker besieben.

Ricotta, Quark und Joghurt

Aprikosen-Ricotta-Torte

Ein schnelles, zartes Dessert: fertiger Blätterteig, Früchte und luftiger Ricotta-Eierschaum.

- _ 300 g TK-Blätterteig, aufgetaut
- _ 700 g Aprikosen, halbiert, entsteint (oder 500 g Aprikosenhälften aus der Dose, abgetropft)

RICOTTABELAG

- _ 4 Eier
- _ 150 g Zucker
- _ 2 EL Zitronensaft
- _ 1 EL Vanillezucker
- _ 2 EL Speisestärke
- _ 250 g Ricotta (ersatzweise Sahnequark)

Blind backen: 25 Minuten bei 220 °C
Stocken lassen: 20–25 Minuten bei 170 °C
Pieform oder Tortenbodenform mit herausnehmbarem Boden von 30 cm Ø
Backpapier und Hülsenfrüchte zum Blindbacken

1

Den Ofen vorheizen. Den Blätterteig etwas größer als die Form rund ausrollen, die Form damit auskleiden, dabei einen Rand hochziehen; überstehenden Teig am Formrand abschneiden. Den Boden mit der Gabel mehrmals einstechen und bis über den Rand mit Backpapier auslegen. Getrocknete Hülsenfrüchte einfüllen und blind backen (siehe Foto Seite 11). Nach dem Backen die Hülsenfrüchte mit dem Papier entfernen.
Die Ofentemperatur reduzieren. Den Boden wenige Minuten auf Sicht goldgelb nachbacken.

2

Für den Belag die Eier mit dem Zucker schaumig rühren, den Zitronensaft, Vanillezucker und die Speisestärke unterrühren. Ein Drittel der Aprikosen mit dem Ricotta pürieren und unter die Schaummasse heben.

3

Die Masse auf den vorgebackenen Boden füllen und glatt streichen.
Die restlichen Aprikosen mit der Rundung nach unten in die Schaummasse legen. Auf Sicht im Ofen goldgelb stocken lassen. Die Torte schmeckt frisch am besten.

Erdbeer-Joghurt-Torte ⊗

Tiefgefroren eignet sich diese Torte hervorragend als Eistorte.

WASSERBISKUIT

- _ 2 Eier
- _ 2 EL heißes Wasser
- _ 70 g Zucker
- _ 1 EL Vanillezucker
- _ abgeriebene Zitronenschale
- _ 70 g Mehl
- _ ½ TL Backpulver

ERDBEER-JOGHURT-CREME

- _ 250 g Erdbeeren
- _ 500 g Joghurt
- _ 150 g Zucker
- _ Saft von 1 Zitrone
- _ 6 Blatt Gelatine, kalt eingeweicht
- _ 150 ml Sahne, steif geschlagen

Backen: 20 Minuten bei 175 °C
Springform von 26 cm Ø, Boden mit Backpapier ausgelegt

1

Den Ofen vorheizen. Für den Biskuit die Eier mit dem heißen Wasser, Zucker und Vanillezucker schaumig rühren, die Zitronenschale zugeben. Das Mehl mit dem Backpulver darübersieben und unterheben. Die Masse in die Backform füllen, glatt streichen und goldgelb backen. Nach dem Abdämpfen auf ein mit Backpapier belegtes Kuchengitter stürzen, das Backpapier abziehen, auskühlen lassen.

2

Für die Creme die Erdbeeren mit dem Joghurt, Zucker und Zitronensaft pürieren. Die Gelatine tropfnass in einem kleinen Topf erwärmen, auflösen, und mit 2–3 EL der Creme vermischen, dann unter die Erdbeermasse rühren. Kalt stellen. Sobald die Creme zu stocken beginnt, die Schlagsahne unterheben.

3

Den Biskuitboden auf eine Platte legen und mit einem Tortenring umschließen. Die Creme einfüllen, glatt streichen und einige Stunden kalt stellen.

Preiselbeer-Quark-Pie

- _ 150 g TK-Blätterteig, aufgetaut

PREISELBEERQUARK

- _ 500 g Magerquark, im Sieb abgetropft
- _ 3 EL saure Sahne, 2 Eier
- _ 80 g Zucker
- _ abgeriebene Zitronenschale
- _ 3 EL Zitronensaft
- _ ¼ TL Zimt
- _ 1 EL Speisestärke
- _ 70 g Preiselbeeren aus dem Glas

GARNITUR (NACH BELIEBEN)

- _ 75 g TK-Blätterteig
- _ 1 verrührtes Eigelb zum Bestreichen
- _ 80 g Preiselbeeren

Blind backen: 15 Minuten bei 220 °C
Fertig backen: 60 Minuten bei 170 °C
Pieform oder Tortenbodenform mit herausnehmbarem Boden von 24 cm Ø
Backpapier und Hülsenfrüchte zum Blindbacken

1

Den Ofen vorheizen. Den Blätterteig etwas größer als die Form rund ausrollen, die Form damit auskleiden, dabei einen Rand hochziehen; überstehenden Teig am Formrand abschneiden. Den Boden mit der Gabel mehrmals einstechen und bis über den Rand mit Backpapier auslegen. Getrocknete Hülsenfrüchte einfüllen und blind backen (siehe Foto Seite 11). Nach dem Backen die Hülsenfrüchte mit dem Papier entfernen.
Falls er zu hell gebacken ist, die Ofentemperatur reduzieren und den Boden wenige Minuten auf Sicht goldgelb nachbacken.

2

Für den Preiselbeerquark alle Zutaten von Quark bis einschließlich Speisestärke miteinander verrühren, zuletzt die Preiselbeeren untermischen. Die Masse auf den Blätterteigboden füllen, glatt streichen und goldgelb fertig backen. In der Form abkühlen lassen, anschließend auf eine Tortenplatte setzen.

3

Für die Garnitur, falls gewünscht, den Blätterteig ausrollen, kleine Blumen ausstechen, mit verrührtem Eigelb bestreichen und goldgelb backen.
Die Torte mit Preiselbeeren und mit den Blätterteigblümchen garnieren.

Preiselbeer-Quark-Pie

Zarte, cremige Dessertschnitten

Weincremeschnitten

Eine rechteckige Torte, in einem verstellbaren Backrahmen oder einer Spezialspringform gebacken, wird gefüllt und verziert wie eine runde Torte auch. Das Ergebnis sind cremig-zarte Schnitten.

WASSERBISKUIT

- 6 Eier
- 150 g Zucker
- 3 EL heißes Wasser
- 180 g Mehl
- 2 TL Backpulver

WEINCREME

- 1 EL Speisestärke
- 80 g Zucker
- 250 ml Weißwein
- 1 EL Zitronensaft
- 6 Blatt Gelatine, kalt eingeweicht
- 400 g Sahne, steif geschlagen

ZUM FERTIGSTELLEN

- 300 g Sahne
- ½ EL Zucker
- 1 Päckchen Vanillezucker
- 50 ml Eierlikör
- Kakaopulver zum Besieben
- Zitronenmelisseblättchen zum Garnieren

Backen: 25 Minuten bei 180 °C
Backblech und Backpapier
Backrahmen, 26 × 20 cm ausgezogen

1

Den Ofen vorheizen. Den Backrahmen auf das Backblech stellen. Für den Biskuit die Eier mit dem Zucker und dem heißen Wasser schaumig rühren. Das Mehl mit dem Backpulver darübersieben und unterrühren. Die Masse in den Backrahmen fül-

1 Den ersten Boden in den Backrahmen legen, die Hälfte der Creme einfüllen.

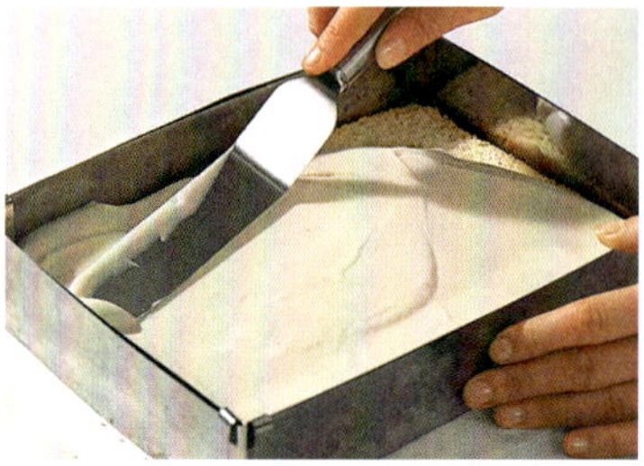

2 Die Creme mit einer Palette bis an die Ränder glatt streichen.

3 Den zweiten Boden mit einem Kuchenheber auflegen, leicht andrücken.

4 Die restliche Creme auf den Biskuitboden füllen.

5 Wieder mit einer Palette bis an die Ränder glatt streichen.

6 Den letzten Boden auflegen und leicht auf die Creme drücken.

7 Den aus dem Backrahmen gelösten »Block« mit Sahne einstreichen.

8 Mit einem Löffel unregelmäßige Vertiefungen in die Sahne drücken.

len, glatt streichen und goldgelb backen. Nach dem Abdämpfen den Backrahmen ablösen und abnehmen. Den Biskuit am besten über Nacht auskühlen lassen.

2

Für die Creme die Speisestärke mit dem Zucker, Wein und Zitronensaft in einem Topf glatt rühren, unter beständigem Rühren erhitzen und aufkochen. Den Topf vom Herd nehmen. Die Gelatine ausdrücken und in der heißen Creme auflösen. Kalt stellen. Sobald die Creme zu stocken beginnt, die Schlagsahne unterziehen.

3

Den Biskuit für 3 Böden zweimal durchschneiden. Den ersten Boden wieder in den gesäuberten Backrahmen legen, die Hälfte der Creme daraufstreichen. Den zweiten Boden mithilfe eines Kuchenhebers auflegen, leicht andrücken und den Rest der Creme aufstreichen. Den dritten Boden auflegen und wieder leicht andrücken. Einige Stunden kalt stellen.

4

Zum Fertigstellen den Backrahmen mit einem in heißes Wasser getauchten Messer von der Torte lösen und abnehmen.

5

Die Sahne mit dem Zucker und dem Vanillezucker steif schlagen. Mit der Vanillesahne den Rand der Torte einstreichen. Den Rest der Sahne auf die Oberfläche füllen und glatt streichen. Die Torte kalt stellen.

6

Vor dem Servieren mit einem Esslöffel kleine Vertiefungen in die Sahne drücken und diese mit Eierlikör füllen. Mit dem Kakaopulver besieben und nach Belieben mit frischen Zitronenmelisseblättchen verzieren.

Weincremeschnitten

Erfrischend, cremig, luftig

Zuppa Romana

Diese zarte Biskuittorte wird satt mit Rum-Kirschsaft getränkt und üppig mit Schlagsahne verziert. Den Biskuit backen Sie am besten schon am Vortag.

WASSERBISKUIT

- 2 Eier, getrennt, 2 EL kaltes Wasser
- 100 g Zucker
- abgeriebene Zitronenschale
- 100 g Mehl, 1 TL Backpulver

ZUM FÜLLEN UND TRÄNKEN

- 1 kleines Glas Sauerkirschen (225 g)
- 100 ml Rum

VANILLECREME

- 2 Eigelb, 50 g Zucker
- 3 EL Speisestärke, 375 ml Milch
- ½ Vanilleschote, aufgeschlitzt
- 2 Blatt Gelatine, kalt eingeweicht

ZUM ÜBERZIEHEN UND GARNIEREN

- 400 g Sahne
- 50 g Zucker, 1 EL Vanillezucker
- 2½ Blatt Gelatine, kalt eingeweicht (nach Belieben)

Backen: 35 Minuten bei 180 °C
Kastenform von 30 cm, gefettet

1

Den Ofen vorheizen. Für den Wasserbiskuit die Eiweiße mit dem kalten Wasser steif schlagen, dabei den Zucker einrieseln lassen. Die verrührten Eigelbe mit der Zitronenschale untermischen. Das Mehl mit dem Backpulver darübersieben und mit dem Rührlöffel locker unterheben. In die Form füllen und backen. Nach dem Abdämpfen aus der Form nehmen und am nächsten Tag fertigstellen.

2

Ebenfalls am Vortag die Kirschen abseihen, abtropfen lassen und in dem Rum marinieren. Den Kirschsaft aufbewahren; er wird zum Tränken benötigt.

3

Für die Vanillecreme in einem Topf die Eigelbe mit dem Zucker, der Speisestärke und 6 EL Milch glatt rühren. Die restliche Milch mit der Vanilleschote aufkochen und 5 Minuten ziehen lassen. Die Vanillemilch langsam in die angerührte Mischung einlaufen lassen und unter beständigem Rühren einmal aufkochen. Den Topf vom Herd nehmen und die Vanilleschote entfernen. Die Gelatine ausdrücken, in der heißen Creme auflösen und erkalten lassen, dabei mehrmals umrühren. Die Rumkirschen abseihen und den Rum mit dem zurückbehaltenen Kirschsaft mischen.

4

Die Torte zusammensetzen: Den Biskuit für 3 Böden zweimal durchschneiden. Die unterste Biskuitplatte mit dem Rum-Kirschsaft sehr saftig tränken. Die Hälfte der Vanillecreme daraufstreichen, zwei Drittel der Kirschen darauf verteilen. Die zweite Biskuitplatte auflegen, mit Rum-Kirschsaft tränken, mit der restlichen Creme bestreichen und den Rest der Kirschen darauf verteilen. Die Deckplatte auflegen, leicht andrücken, mit dem restlichen Saft tränken. Den Kuchen in Folie einschlagen, einige Stunden (oder über Nacht) im Kühlschrank durchziehen lassen.

5

Zum Überziehen und Garnieren die Sahne mit dem Zucker und Vanillezucker nicht ganz steif schlagen. Die Gelatine ausdrücken, in 2 EL heißem Wasser auflösen, lauwarm bei laufendem Gerät in die Schlagsahne einlaufen lassen und ganz steif schlagen. Die Torte mit der Schlagsahne überziehen und mit großer Tülle dicht an dicht Querstreifen aufspritzen. Gekühlt servieren.

Espresso-Orangen-Kuchen

Der flache, erfrischende Kuchen passt gut zum kleinen Kaffee nach dem Essen oder – gern mit Schlagsahne – zur Kaffeetafel.

RÜHRTEIG

- 150 g Butter
- 150 g Zucker
- 2 Eier
- 120 g Mehl
- ½ TL Backpulver
- abgeriebene Schale von 2 Orangen
- 50 ml kalter Espresso

ORANGENGLASUR

- 100 g Puderzucker
- 2 EL Orangensaft, durchgeseiht (oder Orangensaft und -likör)

Backen: 20 Minuten bei 180 °C
Springform von 24–26 cm Ø, Boden mit Backpapier ausgelegt

1

Den Ofen vorheizen. Die Butter mit dem Zucker mit dem Handrührgerät (Rührbesen) auf höchster Stufe rühren, bis sich der Zucker gelöst hat. Nach und nach die Eier zugeben und jedes Ei ½ Minute rühren. Das Mehl mit dem Backpulver sieben und auf mittlerer Stufe nur kurz unterrühren, ebenso den Orangenabrieb und den Espresso. Den Kuchen backen.

2

Für die Glasur den Puderzucker mit dem Orangensaft glatt rühren, auf dem noch warmen Kuchen verstreichen.

Schoko-Walnuss-Kuchen

MÜRBETEIG

- 180 g Mehl
- 50 g Puderzucker
- 1 Prise Salz
- 120 g weiche Butter
- 1 EL kaltes Wasser

SCHOKO-WALNUSS-FÜLLUNG

- 120 g Butter
- 120 g dunkle Kuvertüre, grob gehackt
- 60 g Zucker
- 1 EL löslicher Kaffee
- 2 Eier, verrührt
- 100 g gehackte Walnüsse
- 10–12 Walnusshälften
- Puderzucker zum Besieben

Vorbacken: 15 Minuten bei 200 °C
Fertig backen: 15 Minuten bei 170 °C
Tarteform von 22–24 cm Ø

1

Für den Mürbeteig das Mehl in die Rührschüssel geben, die übrigen Zutaten zufügen. Mit dem Handrührgerät (Knethaken) kurz auf niedrigster, dann auf höchster Stufe rasch zu einem glatten Teig verarbeiten. Mit den Händen zur Kugel formen, in Folie wickeln und mindestens 30 Minuten kalt stellen.

2

Den Ofen vorheizen. Den Teig auf der bemehlten Arbeitsfläche etwas größer als die Form ausrollen, in die Form legen und dabei einen Rand hochziehen. Einen Streifen zerknitterte Alufolie an den Rand drücken, damit er nicht zusammenfällt (siehe Foto Seite 11). Den Boden mehrmals mit der Gabel einstechen. Den Teig vorbacken. Die Alufolie entfernen.

3

Für die Füllung in einem Topf die Butter mit der Kuvertüre schmelzen. Vom Herd ziehen. Die restlichen Zutaten unterrühren. Die Masse auf den vorgebackenen Tarteboden füllen, glatt streichen und fertig backen.

4

Für die hübsche Verzierung die Walnusshälften leicht mit Puderzucker besieben. 2 EL Puderzucker mit einigen Tropfen Wasser dickflüssig rühren und die Walnusshälften mit einem Tupfer Zuckerguss auf den Kuchen setzen.

Pies und Beerenkuchen

Apple Pie

Traditionell wird in Amerika für einen Pieteig »Shortening« verwendet, eine Art Schmalz. Sie können jedoch genauso gut kalte Butter nehmen. Pieteig wird ohne Zucker und ohne Ei, dafür mit Eiswasser und etwas mehr Salz zubereitet, als wir üblicherweise verwenden. Der Teig harmoniert jedoch wunderbar mit dem Belag.

PIETEIG

- 250 g Mehl
- 1/4 TL Salz
- 170 g sehr kalte Butter, in Stückchen
- 6–8 EL Eiswasser

APFELBELAG

- 1 kg säuerliche Äpfel (Boskop, Elstar, Cox Orange)
- 2 EL Zitronensaft
- 1 TL Zimt
- je 1 Messerspitze Muskatnuss, Piment und Ingwer
- 40 g Butter, in Flöckchen

- 1 Eigelb zum Bestreichen

Backen: 45 Minuten bei 200 °C
Pie- oder Springform von 26–28 cm Ø, gefettet

Apple Pie

1

Das Mehl auf der Arbeitsfläche mit Salz und den Butterstückchen zusammenhacken oder mit den Fingern zerkrümeln. Das Eiswasser darüberträufeln und rasch zu einem glatten Teig kneten. Zu einer Kugel formen, in Folie wickeln und 1 Stunde kalt stellen.

2

Für den Belag die Äpfel schälen, vierteln, vom Kerngehäuse befreien und in Spalten schneiden. Mit dem Zitronensaft und allen Gewürzen vermischen.

3

Den Ofen vorheizen. Gut die Hälfte des Teiges etwas größer als die Backform rund ausrollen, die Form damit auskleiden, überstehenden Teig abschneiden. Den Boden mehrmals mit der Gabel einstechen.

4

Die Apfelmischung einfüllen und mit den Butterflöckchen besetzen. Den Rest des Teiges rund ausrollen und als Decke auflegen. In der Mitte der Decke eine kleine Öffnung ausschneiden, damit der Dampf entweichen kann. Die Decke mit Eigelb bestreichen. Den Pie hellbraun backen. In der Form warm oder kalt servieren.

Pecan Pie

Der feine Dessertkuchen schmeckt auch gut mit Walnüssen. Klassisch wird Maissirup verwendet, Sie können aber genauso gut auf Ahorn- oder Rübensirup ausweichen – oder auf Honig.

PIETEIG

- 200 g Mehl
- 1 Messerspitze Salz
- 120 g sehr kalte Butter, in Stückchen
- 4–6 EL Eiswasser

BELAG

- _ 50 g Butter
- _ 125 g Sahne
- _ 150 brauner Zucker
- _ 3 EL Maissirup oder Honig
- _ 1 EL Vanillezucker
- _ 1 Prise Salz
- _ 3 Eier
- _ 175 g Pecannüsse

Vorbacken: 15 Minuten bei 210 °C
Fertig backen: 30 Minuten bei 190 °C
Pie- oder Springform von 26 cm Ø, gefettet

1

Das Mehl auf der Arbeitsfläche mit Salz und den Butterstückchen zusammenhacken oder mit den Fingern zerkrümeln. Das Eiswasser darüberträufeln und rasch zu einem glatten Teig kneten. Zu einer Kugel formen, in Folie wickeln und 1 Stunde kalt stellen.

2

Für den Belag alle Zutaten von Butter bis Salz in einem kleinen Topf erhitzen und 2 Minuten köcheln. Von der Kochstelle nehmen und etwas abkühlen lassen. Die Eier verquirlen und unterrühren.

3

Den Ofen vorheizen. Den Pieteig etwas größer als die Form rund ausrollen, die Form damit auslegen und dabei einen Rand hochziehen; überstehenden Teig abschneiden. Zerknitterte Alufolienstreifen an den Rand drücken (siehe Foto Seite 11), damit er nicht zusammenfällt. Den Boden mit der Gabel mehrmals einstechen. Den Teig vorbacken. Die Alufolie entfernen, die Ofentemperatur reduzieren.

4

Die Pecannüsse in Kreisen von außen nach innen auf den Kuchenboden legen. Restliche Nüsse klein hacken und zum Belag geben. Den Belag in die Form gießen, die Nüsse schwimmen dabei an die Oberfläche. Den Kuchen fertig backen. Vor dem Anschneiden einige Stunden kalt stellen. Der Kuchen bleibt lange frisch.

Beerenkuchen mit Zitronencreme

Wird der Kuchen nicht gleich verwendet, bekommt er durch einen Tortenguss mehr Halt.

MÜRBETEIG

- _ 200 g Mehl, 50 g Speisestärke
- _ 70 g Zucker
- _ 125 g weiche Butter
- _ 1 Ei

ZITRONENCREME

- _ 70 ml Zitronensaft
- _ 300 g Crème fraîche
- _ 2 Eier, 50 g Zucker

BELAG

- _ 500 g Beeren (Erdbeeren, Himbeeren, Heidelbeeren – auch gemischt)
- _ Puderzucker zum Besieben

Vorbacken: 25 Minuten bei 210 °C
Fertig backen: 35 Minuten bei 130 °C
Springform von 26 cm Ø

1

Für den Mürbeteig das Mehl in die Rührschüssel geben, die übrigen Zutaten zufügen. Mit dem Handrührgerät (Knethaken) kurz auf niedrigster, dann auf höchster Stufe rasch zu einem glatten Teig verarbeiten. Mit den Händen zur Kugel formen, in Folie wickeln und mindestens 30 Minuten kalt stellen.

2

Den Ofen vorheizen. Den Teig etwas größer als die Form sehr dünn rund ausrollen, die Backform damit auslegen und dabei einen Rand hochziehen. Zerknitterte Alufolie an den Teigrand drücken (siehe Foto Seite 11), damit er nicht zusammenfällt. Den Boden mehrmals mit der Gabel einstechen. Den Teig goldgelb vorbacken. Die Alufolie entfernen und die Ofentemperatur reduzieren.

3

Für die Creme alle Zutaten gründlich verrühren. Die Masse auf den vorgebackenen Boden füllen und bei verminderter Hitze fertig backen. Die Creme soll hell bleiben. In der Form auf einem Kuchengitter auskühlen lassen.

4

Den Kuchen auf eine Platte setzen und mit den Beeren belegen und vor dem Servieren dick mit Puderzucker besieben.

Zarte Versuchung – mit Beerenschaum und Schokolade

Mousse-au-Chocolat-Torte ⊗

Den feinen, weichen Kuchen mit dem intensiven Schokoladengeschmack sollten Sie nur mit bester Zartbitter-Schokolade zubereiten.

SCHOKOLADENMASSE

- 150 g Zartbitter-Schokolade, zerkleinert
- 150 g weiche Butter
- 150 g Puderzucker
- 4 Eigelb, verrührt
- 4 Eiweiß, steif geschlagen

BELAG

- 50 g dunkle Schokolade, geraspelt
- 50 g Puderzucker, gesiebt

Backen: 20–25 Minuten bei 180 °C
Springform von 26 cm Ø, Boden mit Backpapier ausgelegt

1

Den Ofen vorheizen. Für die Schokoladenmasse die Schokolade auf dem heißen Wasserbad schmelzen. Die Butter untermischen, Puderzucker und Eigelbe zugeben und alles zu einer glatten Masse rühren. Die Hälfte der Masse kalt stellen. Die andere Hälfte vorsichtig unter den Eischnee heben, in die Form füllen, glatt streichen und backen. Nach dem Abdämpfen den Formrand entfernen, den Kuchen auf eine Platte stürzen und auskühlen lassen.

2

Die restliche Masse durchrühren und auf den gebackenen Boden streichen. In mehreren Lagen abwechselnd mit geraspelter Schokolade und Puderzucker bestreuen, dabei mit geraspelter Schokolade beginnen und enden.

Schneller Schokoladenkuchen ⊗

Dieser Schokoladenkuchen ist schnell gerührt und gebacken und bleibt auch lange frisch. Er bekommt eine dünne Kruste und darf innen noch etwas feucht sein.

RÜHRTEIG

- 175 g Butter
- 300 g dunkle Kuvertüre, zerkleinert
- 120 g Puderzucker
- 4 Eigelb
- 2 EL Mehl (oder gemahlene Mandeln)
- 4 Eiweiß
- 30 g Zucker

Backen: 25 Minuten bei 180 °C
Springform von 26 cm Ø, Boden mit Backpapier ausgelegt

1

Den Ofen vorheizen. In einem Topf die Butter zerlassen und die Kuvertüre darin schmelzen. Den Topf vom Herd nehmen. Nach und nach den Puderzucker und die Eigelbe unterrühren, zuletzt das gesiebte Mehl. Die Eiweiße mit dem Zucker steif schlagen, die Schokoladenmasse unterziehen. In die Backform füllen und backen.

2

Nach dem Abdämpfen den Formrand entfernen, den Kuchen auskühlen lassen. Vor dem Verzehr auf eine Tortenplatte stürzen und nach Belieben mit Puderzucker besieben. Servieren Sie eiskalte Schlagsahne dazu, nach Belieben mit Rum parfümiert.

Schoko-Mandel-Kuchen ⊗

Der Kuchen wird nicht hoch. Ein schmales Stück davon zum Espresso ist gerade die richtige Portion nach einem guten Essen.

RÜHRTEIG

- 125 g weiche Butter
- 120 + 30 g Zucker
- 4 Eier, getrennt
- 125 g Schokolade, gerieben
- 100 g gemahlene Mandeln
- 1 EL Speisestärke
- 1 Prise Salz
- 1 Prise Kardamom

- Puderzucker zum Besieben

Backen: 35 Minuten bei 180 °C
Springform von 26 cm Ø, Boden mit Backpapier ausgelegt

1

Den Ofen vorheizen. Für den Teig die Butter geschmeidig rühren. Nach und nach 120 g Zucker und die Eigelbe, eines nach dem anderen, zugeben und schaumig rühren. Die Schokolade, Mandeln, Speisestärke, das Salz und den Kardamom unterrühren. Die Eiweiße mit dem restlichen Zucker steif schlagen und unterheben. Die Masse in die Backform füllen, glatt streichen und backen.

2

Nach dem Abdämpfen den Formrand lösen, den Kuchen auf ein mit Backpapier belegtes Kuchengitter stürzen, das mitgebackene Backpapier abziehen, den Kuchen auskühlen lassen. Vor dem Servieren den Kuchen mit Puderzucker besieben; hübsch sieht es aus, wenn Sie dafür eine Schablone verwenden.

Johannisbeer-Schichttorte

Mürbe, kross und süß. Für die zarte Torte werden vier dünne Mürbeteigböden mit süßem Johannisbeerschaum bestrichen und zusammengesetzt. Den ausgerollten Teig schneiden Sie am besten mit einem verstellbaren Tortenring aus; so bekommen die Böden exakt die gleiche Größe und einen glatten Rand. Ein süßer Traum für kleine und große Kinder!

MÜRBETEIG

- **300 g Mehl**
- **80 g Zucker**
- **1 Prise Salz**
- **220 g weiche Butter**
- **1 Ei**

BEERENSCHAUM

- **360 g Johannisbeer-konfitüre**
- **150 g Zucker, 4 Eiweiß**

- **Puderzucker zum Besieben**

Backen: je Boden 12–15 Minuten bei 180 °C

Springform von 26 cm Ø oder Backblech, mit Backpapier ausgelegt

1

Für den Mürbeteig das Mehl in die Rührschüssel geben, die übrigen Zutaten zufügen. Mit dem Handrührgerät (Knethaken) kurz auf niedrigster, dann auf höchster Stufe rasch zu einem glatten Teig verarbeiten. Mit den Händen zur Kugel formen, in Folie wickeln und mindestens 30 Minuten kalt stellen.

2

Den Ofen vorheizen. Mithilfe der Backform 4 Kreise auf Backpapier aufzeichnen. Den Teig in 4 Teile teilen, jeweils rund ausrollen und auf die Kreise legen; die Ränder egalisieren. Die Böden nacheinander goldgelb backen.

3

Für den Beerenschaum die Konfitüre mit dem Zucker und den Eiweißen schaumig aufschlagen, 3 Böden damit bestreichen und alle Böden zu einer Torte zusammensetzen. Das Deckblatt bleibt unbestrichen. Die Torte einen Tag durchziehen lassen.

4

Vor dem Servieren dick mit Puderzucker besieben. Verwenden Sie zum Schneiden ein Elektromesser.

Weihnachtsgebäck, Kekse

Einfach ausgestochen

Butterplätzchen

_ 300 g Mehl, 100 g Zucker
_ 1 Päckchen Vanillezucker
_ 200 g weiche Butter
_ 1 Eigelb

_ 1 Eigelb, mit etwas Sahne verrührt

Backen: 10 Minuten bei 180 °C
Backblech, mit Backpapier ausgelegt

1
Für den Mürbeteig das Mehl in die Rührschüssel geben, die übrigen Zutaten zufügen. Mit dem Handrührgerät (Knethaken) kurz auf niedrigster, dann auf höchster Stufe rasch zu einem glatten Teig verarbeiten. Mit den Händen zur Kugel formen, in Folie wickeln und mindestens 1 Stunde kalt stellen.

2
Den Teig auf der bemehlten Arbeitsfläche 3 mm dick ausrollen. Beliebige Formen ausstechen, auf das Backblech legen, mit Eigelb bestreichen und kalt stellen.

3
Im vorgeheizten Ofen auf Sicht licht- bis goldgelb backen. Die zarten Plätzchen mit dem Backpapier vom Blech ziehen und auf dem Papier auskühlen lassen.

Evas Buttergebäck

MÜRBETEIG
_ 250 g Mehl
_ 125 g Zucker
_ 190 g weiche Butter
_ 3 hart gekochte Eigelb, durch ein Sieb gedrückt
_ 1 EL Rum

ZITRONENGLASUR
_ 100 g Puderzucker
_ etwa 2 EL Zitronensaft, durchgeseiht

Backen: 10 Minuten bei 180 °C
Backblech, mit Backpapier ausgelegt

1
Für den Mürbeteig das Mehl in die Rührschüssel geben, die übrigen Zutaten zufügen. Mit dem Handrührgerät (Knethaken) kurz auf niedrigster, dann auf höchster Stufe rasch zu einem glatten Teig verarbeiten. Mit den Händen zur Kugel formen, in Folie wickeln und mindestens 1 Stunde kalt stellen.

2
Den Teig auf der bemehlten Arbeitsfläche 3 mm dick ausrollen. Beliebige Formen ausstechen und auf das Backblech legen. Kalt stellen.

3
Die Plätzchen im vorgeheizten Ofen auf Sicht goldgelb backen. Mit dem Backpapier vom Blech ziehen und auskühlen lassen.

4
Für die Glasur den Puderzucker mit dem Zitronensaft glatt rühren (Eva färbt sie mit etwas Rote-Bete-Saft leicht rosa), die Plätzchen damit bestreichen und trocknen lassen.

Krokantplätzchen

Knusprig süßer Krokant gibt den mürben Plätzchen die besondere Note.

MÜRBETEIG
_ 250 g Mehl
_ 1 Messerspitze Backpulver
_ 125 g Zucker, 1 Ei
_ 1 Päckchen Vanillezucker
_ 125 g weiche Butter

KROKANT
_ 50 g Butter
_ 50 g Zucker
_ 100 g gehackte Mandeln

_ 1 Eiweiß zum Bestreichen

Backen: 10 Minuten bei 180 °C
Backblech, mit Backpapier ausgelegt

1

Vorab für den Krokant in einem flachen Topf die Butter mit dem Zucker erhitzen, die Mandeln zugeben und unter beständigem Rühren hellbraun karamellisieren. Auf einem Porzellanteller auskühlen lassen. Den Krokant in einen Gefrierbeutel füllen, verschließen und mit dem Teigroller darüberrollen und zerdrücken.

2

Für den Mürbeteig das Mehl in die Rührschüssel geben, die übrigen Zutaten und den Krokant zufügen. Mit dem Handrührgerät (Knethaken) kurz auf niedrigster, dann auf höchster Stufe rasch zu einem glatten Teig verarbeiten. Mit den Händen zur Kugel formen, in Folie wickeln und mindestens 1 Stunde kalt stellen.

3

Den Teig auf der bemehlten Arbeitsfläche 3 mm dick ausrollen. Beliebig geformte Plätzchen ausstechen, auf das Backblech legen und mit dem Eiweiß bestreichen.

4

Die Plätzchen im vorgeheizten Ofen auf Sicht goldgelb backen. Mit dem Backpapier vom Blech ziehen und auskühlen lassen.

Mandelherzen

MÜRBETEIG

- 100 g Mehl
- 125 g gemahlene Mandeln
- 100 g brauner Zucker
- 1 Päckchen Vanillezucker
- 1 TL Zimt
- 125 g weiche Butter
- 1 Eigelb

- 100 g Aprikosenkonfitüre zum Bestreichen
- 100 g Mandelblättchen zum Bestreuen

Backen: 15 Minuten bei 180 °C
Backblech, mit Backpapier ausgelegt

1

Für den Mürbeteig das Mehl in die Rührschüssel geben, die übrigen Zutaten zufügen. Mit dem Handrührgerät (Knethaken) kurz auf niedrigster, dann auf höchster Stufe rasch zu einem glatten Teig verarbeiten. Mit den Händen zur Kugel formen, in Folie wickeln und mindestens 1 Stunde kalt stellen.

2

Den Teig auf der bemehlten Arbeitsfläche 3 mm dick ausrollen. Herzen ausstechen und auf das Backblech legen. Die Aprikosenkonfitüre mit 1 EL Wasser erhitzen, durchpassieren und die Herzen dünn damit bestreichen. Mit den Mandelblättchen bestreuen. Kalt stellen.

3

Die Plätzchen im vorgeheizten Ofen auf Sicht goldbraun backen. Mit dem Backpapier vom Blech ziehen und auskühlen lassen.

WICHTIG

- Beim Ausrollen nicht mehr viel Mehl in den Teig einarbeiten. Rollen Sie kleine Portionen aus.
- Ausstechformen oder Teigrädchen in Mehl tauchen und abklopfen.
- Butterplätzchen vor dem Backen noch einmal kalt stellen. So halten sie ihre Form besser.
- Bei den kurzen Backzeiten macht sich die unterschiedliche Leistung der Herde bemerkbar. Stellen Sie die Zeitschaltuhr auf eine etwas kürzere als die angegebene Backzeit ein – und backen Sie auf Sicht!
- Bei der Heizart **Umluft** ist die Temperatur um etwa **20 °C niedriger** zu wählen. Durch spezielle Schaltung kann man 2–3 Bleche gleichzeitig in den Ofen schieben. Beachten Sie die Angaben des Herstellers.
- Bewahren Sie die Plätzchen nach Sorten getrennt in mit Butterbrotpapier ausgelegten Dosen in einem kühlen Raum auf. Zarte Plätzchen lagenweise auf Papier setzen.
- Honigteiggebäck ist anfangs meist hart. Ein halbierter Apfel in der Dose unterstützt das Weichwerden.

Ausgestochen und glasiert

Mandelplätzchen mit Orangen- und Himbeerglasur

Zwei verschiedene Glasuren anzurühren ist Ihnen zu aufwendig? Dann entscheiden Sie sich für eine der beiden Glasuren und rühren Sie davon die doppelte Menge an.

MÜRBETEIG
- 200 g Mehl
- 200 g enthäutete, gemahlene Mandeln
- 150 g Puderzucker
- 1 Päckchen Vanillezucker
- 1 Prise Salz
- 1 Messerspitze Zimt
- abgeriebene Zitronenschale
- 200 g weiche Butter
- 1 Ei

ORANGENGLASUR
- 50 g Orangengelee oder passierte Orangenmarmelade
- 100 g Puderzucker
- etwa 2 EL Orangensaft, durchgeseiht

HIMBEERGLASUR
- 50 g Himbeergelee
- 100 g Puderzucker
- etwa 1 ½ EL Zitronensaft, durchgeseiht
- ½ EL Himbeergeist

Backen: 10 Minuten bei 180 °C
Backblech, mit Backpapier ausgelegt

1

Für den Mürbeteig das Mehl in die Rührschüssel geben, die übrigen Zutaten zufügen. Mit dem Handrührgerät (Knethaken) kurz auf niedrigster, dann auf höchster Stufe rasch zu einem glatten Teig verarbeiten. Mit den Händen zur Kugel formen, in Folie wickeln und mindestens 1 Stunde kalt stellen.

2

Den Teig portionsweise auf der bemehlten Arbeitsfläche gut 3 mm dick ausrollen. Ovale oder runde Plätzchen ausstechen und auf das Backblech legen. Kalt stellen.

3

Die Plätzchen im vorgeheizten Ofen auf Sicht goldgelb backen. Mit dem Backpapier vom Blech ziehen und auskühlen lassen.

4

Orangenglasur: Das Orangengelee oder die Orangenmarmelade erwärmen und glatt rühren. Die Hälfte der Plätzchen damit bestreichen und antrocknen lassen. Den Puderzucker mit dem Orangensaft zu einer dickflüssigen Masse verrühren und die Plätzchen damit überziehen. Auf Backpapier trocknen lassen.
Himbeerglasur: Das Himbeergelee erwärmen und glatt rühren. Die zweite Hälfte der Plätzchen damit bestreichen und antrocknen lassen. Den Puderzucker mit dem Zitronensaft und Himbeergeist zu einer dickflüssigen Masse verrühren und die Plätzchen damit überziehen. Auf Backpapier trocknen lassen.

Mandelplätzchen mit Orangen- und Himbeerglasur

Haselnuss-Zitronen-Herzen

- 3 Eigelb, 120 g Zucker
- 1 Päckchen Vanillezucker
- abgeriebene Zitronenschale
- etwa 200 g gemahlene Haselnüsse

- gemahlene Haselnüsse und Puderzucker zum Ausrollen

ZITRONENGLASUR
- 100 g Puderzucker
- etwa 2 EL Zitronensaft

Backen: 15 Minuten bei 160 °C
Backblech, mit Backpapier ausgelegt

1

Die Eigelbe mit dem Zucker und Vanillezucker zu einer sehr guten Schaummasse rühren. Die Zitronenschale und so viel Nüsse unterrühren, dass ein ausrollbarer, nicht zu fester Teig entsteht. Auf der mit Nüssen und Puderzucker bestreuten Arbeitsfläche 5 mm dick ausrollen. Herzen ausstechen und auf das Backblech legen.

2

Die Plätzchen im vorgeheizten Ofen auf Sicht goldgelb backen. Mit dem Backpapier vom Blech ziehen.

3

Für die Glasur den Puderzucker mit Zitronensaft zu einer streichfähigen Masse rühren. Die Plätzchen noch warm mit der Glasur bestreichen.

Nugatsterne

- 125 g weiche Butter
- 150 g Nussnugat, geschmolzen
- 100 g Zucker
- 1 Päckchen Vanillezucker
- 1 Ei, 2 EL Rum
- 300 g Mehl, 1 TL Backpulver

ZITRONENGLASUR

- 200 g Puderzucker
- 1 kleines Eiweiß
- 2 EL Zitronensaft, durchgeseiht

- Schokostreusel zum Bestreuen

Backen: 8 Minuten bei 180 °C
Backblech, mit Backpapier ausgelegt

1

Die Butter mit dem Nugat glatt rühren. Nacheinander den Zucker, Vanillezucker und das Ei zugeben und schaumig rühren, den Rum untermischen. Das Mehl mit dem Backpulver vermischen und einarbeiten. Mindestens 1 Stunde kalt stellen.

2

Den Teig auf der bemehlten Arbeitsfläche 3 mm dick ausrollen. Kleine Sterne ausstechen und auf das Backblech legen. Kalt stellen.

3

Die Sterne im vorgeheizten Ofen auf Sicht hellbraun backen. Mit dem Backpapier vom Blech ziehen und auskühlen lassen.

4

Für die Glasur den Puderzucker mit dem Eiweiß und Zitronensaft zu einer dickflüssigen, streichfähigen Masse verrühren und die Sternchen damit bestreichen. Mit Schokostreuseln bestreuen, solange die Glasur noch feucht ist.

Prager Plätzchen

Das Besondere an diesen Plätzchen ist die zarte, schaumige Glasur. Sie wird dick aufgestrichen.

MÜRBETEIG

- 375 g Mehl
- 250 g weiche Butter
- 80 g Zucker
- 3 Eigelb

SCHAUMGLASUR

- 1 Eiweiß, 1 Prise Salz
- 125 g Puderzucker
- ausgeschabtes Mark von ½ Vanilleschote

- Mandelsplitter zum Garnieren

Backen: 10–12 Minuten bei 180 °C
Backblech, mit Backpapier ausgelegt

1

Für den Mürbeteig das Mehl in die Rührschüssel geben, die übrigen Zutaten zufügen. Mit dem Handrührgerät (Knethaken) kurz auf niedrigster, dann auf höchster Stufe rasch zu einem glatten Teig verarbeiten. Mit den Händen zur Kugel formen, in Folie wickeln und mindestens 1 Stunde kalt stellen.

2

Den Teig auf der bemehlten Arbeitsfläche 3 mm dick ausrollen. Mit dem Teigrädchen kleine Rauten ausschneiden, auf das Backblech legen und kalt stellen.

3

Für die Schaumglasur das Eiweiß mit dem Salz steif schlagen, nach und nach den Puderzucker und das Vanillemark zugeben. Die Glasur dick auf die Rauten streichen. Jedes Plätzchen mit einem Mandelsplitter belegen. Im vorgeheizten Ofen backen; die Glasur soll möglichst hell bleiben. Mit dem Backpapier vom Blech ziehen und auskühlen lassen.

Ausgestochen und zusammengesetzt

Spitzbuben

MÜRBETEIG
- 300 g Mehl
- 125 g Zucker
- 1 EL Vanillezucker
- 125 g gemahlene Mandeln
- 200 g weiche Butter

ZUM FÜLLEN
- 100 g rotes Gelee (z. B. Johannisbeere), glatt gerührt
- Puderzucker zum Besieben

Backen: 8–10 Minuten bei 180 °C
Backblech, mit Backpapier ausgelegt

1
Das Mehl in die Rührschüssel geben. Die übrigen Zutaten zufügen und alles mit dem Handrührgerät (Knethaken) erst auf niedriger, dann auf höchster Stufe rasch zu einem Teig verarbeiten. Mit den Händen zur Kugel formen, in Folie wickeln und mindestens 1 Stunde kalt stellen.

2
Den Teig portionsweise auf der bemehlten Arbeitsfläche 2 mm dick ausrollen, kleine, runde Plätzchen ausstechen. Bei der Hälfte der Plätzchen mit kleiner, glatter Spritztülle drei Löcher für »Augen und Mund« der Spitzbuben ausstechen. Gelochte und ungelochte Plätzchen auf verschiedene Backbleche legen, sie haben eine unterschiedliche Backzeit. Kurz kalt stellen.

3
Die Plätzchen im vorgeheizten Ofen hell backen. Mit dem Papier vom Blech ziehen. Nach dem Erkalten (oder am nächsten Tag) jeweils ein gelochtes und ein ungelochtes Plätzchen mit der Konfitüre zusammensetzen, die glatte Seite nach innen. Dick mit Puderzucker besieben.

Pinienkerntaler

MÜRBETEIG
- 280 g Mehl
- 100 g Puderzucker
- 50 g Pinienkerne, gehackt
- 150 g weiche Butter
- 3 EL Crème fraîche

- 6 EL Johannisbeergelee, glatt gerührt
- Puderzucker zum Besieben

Backen: 10–12 Minuten bei 180 °C
Backblech, mit Backpapier ausgelegt

1
Für den Mürbeteig das Mehl in die Rührschüssel geben, die übrigen Zutaten zufügen. Mit dem Handrührgerät (Knethaken) kurz auf niedrigster, dann auf höchster Stufe rasch zu einem glatten Teig verarbeiten. Mit den Händen zur Kugel formen, in Folie wickeln und mindestens 1 Stunde kalt stellen.

2
Den Teig auf der bemehlten Arbeitsfläche 3 mm dick ausrollen. Runde Taler von etwa 4 cm Durchmesser ausstechen, auf das Backblech legen und kalt stellen.

3
Die Plätzchen im vorgeheizten Ofen auf Sicht goldgelb backen. Mit dem Backpapier vom Blech ziehen und auskühlen lassen.

4
Jeweils 2 Plätzchen auf der glatten Seite mit Johannisbeergelee zusammensetzen. Die Taler dicht an dicht nebeneinander legen und dick mit Puderzucker besieben.

Linzer Plätzchen

Die sehr mürben, mit Johannisbeergelee gefüllten Plätzchen können Sie auch mit Puderzucker besieben und auf den Schokoladenüberzug verzichten.

MÜRBETEIG
- 170 g Mehl
- 100 g ungeschälte, gemahlene Mandeln
- 1 TL Zimt
- 1 Prise gemahlene Nelken
- 100 g Zucker
- 170 g weiche Butter

- ½ Glas Johannisbeergelee, glatt gerührt
- 150 g Kuvertüre oder 1 Becher Schokoladenglasur, geschmolzen
- enthäutete, gehackte Mandeln oder Pistazien zum Bestreuen

Backen: 10 Minuten bei 180 °C
Backblech, mit Backpapier ausgelegt

1
Für den Mürbeteig das Mehl in die Rührschüssel geben, die übrigen Zutaten zufügen. Mit dem Handrührgerät (Knethaken) kurz auf niedrigster, dann auf höchster Stufe rasch zu einem glatten Teig verarbeiten. Mit den Händen zur Kugel formen, in Folie wickeln und mindestens 1 Stunde kalt stellen.

2
Den Teig auf der bemehlten Arbeitsfläche 2 mm dick ausrollen. Gleichmäßige, runde Plätzchen ausstechen, auf das Backblech legen und kalt stellen.

3
Die Plätzchen im vorgeheizten Ofen auf Sicht goldgelb backen. Mit dem Backpapier vom Blech ziehen und auskühlen lassen.

4

Je 2 Plätzchen auf der glatten Seite mit Johannisbeergelee zusammensetzen. Mit der Schokoladenglasur oder Kuvertüre bestreichen und mit Mandeln oder Pistazien bestreuen.

Zimtgebäck

Legen Sie beim Verpacken der Plätzchen ein Butterbrotpapier zwischen die einzelnen Lagen.

MÜRBETEIG

- 200 g Mehl
- 65 g gemahlene Mandeln
- 100 g Zucker, 1 Ei
- 125 g weiche Butter

- Zimtzucker zum Bestreuen
- ½ Glas Johannisbeergelee, glatt gerührt
- Puderzucker, mit Zimt vermischt

Backen: 10 Minuten bei 180 °C
Backblech, mit Backpapier ausgelegt

1

Für den Mürbeteig das Mehl in die Rührschüssel geben, die übrigen Zutaten zufügen. Mit dem Handrührgerät (Knethaken) kurz auf niedrigster, dann auf höchster Stufe rasch zu einem glatten Teig verarbeiten. Mit den Händen zur Kugel formen, in Folie wickeln und mindestens 1 Stunde kalt stellen.

2

Den Teig auf der bemehlten Arbeitsfläche 2 mm dick ausrollen und runde Plätzchen mit gewelltem Rand ausstechen. Aus der Hälfte der Plätzchen in der Mitte kleine Motive oder ein Loch ausstechen und mit dem Zimtzucker bestreuen. Alle Plätzchen auf das Backblech legen. Kalt stellen.

3

Die Plätzchen im vorgeheizten Ofen auf Sicht goldgelb backen (ganze und gelochte Plätzchen haben unterschiedliche Backzeit!). Mit dem Backpapier vom Blech ziehen, auskühlen lassen.

4

Je 1 ganzes und 1 gelochtes Plätzchen auf der glatten Seite mit dem Gelee zusammensetzen und mit dem Zimtpuderzucker besieben.

Zimtecken

Die Zimtecken sollten mit Konfitüre zusammengesetzt werden, solange sie noch warm sind, dann haften sie besser. In die Kuvertüre taucht man sie dagegen erst nach dem völligen Auskühlen.

MÜRBETEIG

- 250 g Mehl
- 1 TL Zimt
- 110 g Zucker
- 150 g weiche Butter
- 1 Ei

- ½ Glas Johannisbeerkonfitüre, durchpassiert
- 200 g Kuvertüre, mit 20 g Pflanzenfett geschmolzen

Backen: 10 Minuten bei 180 °C
Backblech, mit Backpapier ausgelegt

1

Für den Mürbeteig das Mehl in die Rührschüssel geben, die übrigen Zutaten zufügen. Mit dem Handrührgerät (Knethaken) kurz auf niedrigster, dann auf höchster Stufe rasch zu einem glatten Teig verarbeiten. Mit den Händen zur Kugel formen, in Folie wickeln und mindestens 1 Stunde kalt stellen.

2

Den Teig auf der bemehlten Arbeitsfläche 3 mm dick ausrollen. Kleine, gleich große Dreiecke ausstechen, auf das Backblech legen und im vorgeheizten Ofen auf Sicht backen (Vorsicht, sie werden schnell dunkel und schmecken dann bitter). Mit dem Backpapier vom Blech ziehen.

3

Die noch warmen Plätzchen auf der glatten Seite mit der glatt gerührten Konfitüre zusammensetzen und trocknen lassen.

4

Die Ecken der Plätzchen in die Kuvertüre tauchen und auf Backpapier trocknen lassen.

Kipferl, Schleiferl, Sterne

Vanillekipferl

Für Nusskipferl ersetzen Sie die Mandeln durch gemahlene Haselnüsse.

MÜRBETEIG

- 280 g Mehl
- 1 Prise Salz
- 100 g enthäutete, gemahlene Mandeln
- 70 g Puderzucker
- 2 Päckchen Vanillezucker
- 210 g weiche Butter

- Puderzucker, mit 1 Päckchen Vanillezucker vermischt

Backen: 10–15 Minuten bei 180 °C
Backblech, mit Backpapier ausgelegt

1

Für den Mürbeteig das Mehl in die Rührschüssel geben, die übrigen Zutaten zufügen. Mit dem Handrührgerät (Knethaken) kurz auf niedrigster, dann auf höchster Stufe rasch zu einem glatten Teig verarbeiten. Mit den Händen zur Kugel formen, in Folie wickeln und mindestens 1 Stunde kalt stellen.

2

Von den Teigrollen kleine, gleichmäßig große Stückchen abschneiden und diese auf der Arbeitsfläche zu Kipferln formen. Auf das Backblech legen und kalt stellen.

3

Die Kipferl im vorgeheizten Ofen auf Sicht hell backen. Mit dem Backpapier vom Blech ziehen. Noch warm mit dem Vanillepuderzucker besieben.

Nugatkipferl

- 100 g weiche Butter
- 200 g Nussnugat, geschmolzen
- 1 EL Zucker
- 1 EL Vanillezucker
- 1 Messerspitze Salz
- 1 Ei
- 300 g Mehl
- ½ TL Backpulver

- 200 g dunkle Kuvertüre, mit 50 g Kokosfett geschmolzen

Backen: 8 Minuten bei 180 °C
Backblech, mit Backpapier ausgelegt

1

Die Butter mit dem Nugat glatt rühren. Nacheinander den Zucker, Vanillezucker, das Salz und das Ei unterrühren. Das Mehl zusammen mit dem Backpulver untermischen. Den Teig mindestens 1 Stunde kalt stellen.

2

Aus dem Teig auf der bemehlten Arbeitsfläche eine Rolle formen. Gleichmäßige Stückchen abschneiden, Kipferl formen und auf das Backblech legen. Kalt stellen.

3

Die Kipferl im vorgeheizten Ofen auf Sicht hellbraun backen. Vorsicht, zu trocken gebacken verlieren sie viel von ihrem Geschmack; eher dürfen sie noch etwas weich aus dem Ofen kommen. Mit dem Backpapier vom Blech ziehen und auskühlen lassen.

4

Nach dem Auskühlen die beiden Enden der Kipferl in die Kuvertüre tauchen und auf Backpapier trocknen lassen.

Schokoschleiferl

- _ 125 g weiche Butter
- _ 100 g Puderzucker
- _ Mark von ½ Vanilleschote
- _ 1 Prise Salz
- _ 1 ganzes Ei
- _ 1 Eigelb
- _ 220 g Mehl
- _ 1 EL Kakaopulver

SCHOKOLADENGLASUR

- _ 200 g Kuvertüre, zerkleinert
- _ 50 g Kokosfett

Backen: 10–12 Minuten bei 180 °C
Backblech, mit Backpapier ausgelegt

1

Die Butter mit dem Puderzucker, dem Vanillemark und Salz mit dem Handrührgerät (Rührbesen) schaumig rühren. Nacheinander das ganze Ei und das Eigelb unterrühren. Das Mehl mit dem Kakaopulver darüber sieben und mit dem Rührlöffel zu einem formbaren Teig vermischen.

2

Den Teig auf der bemehlten Arbeitsfläche portionsweise zu etwa 10 cm langen, dünnen Rollen formen. Daraus Schleifchen formen (wie die Zahl 8) und auf das Backblech setzen. Im vorgeheizten Ofen auf Sicht backen. Mit dem Backpapier vom Blech ziehen und erkalten lassen.

3

Für die Glasur die Kuvertüre mit dem Kokosfett auf dem Wasserbad schmelzen und die Schleifchen zur Hälfte in die Kuvertüre tauchen. Auf einem Kuchengitter abtropfen lassen.

Schokosterne

- _ 100 g gemahlene Mandeln
- _ 120 g gemahlene Haselnüsse
- _ 100 g Puderzucker
- _ 50 g Marzipanrohmasse, klein geschnitten
- _ 50 g Kuvertüre, gerieben
- _ 1 gehäufter TL Kakaopulver
- _ 50 g flüssiger Honig, 1 Eiweiß
- _ 1 Päckchen Vanillezucker, 1 TL Zimt

- _ gemahlene Mandeln zum Ausrollen
- _ 1 Eigelb zum Bestreichen
- _ Hagelzucker zum Bestreuen

Backen: 8–10 Minuten bei 180 °C
Backblech, mit Backpapier ausgelegt

1

Alle Zutaten in eine Schüssel füllen und mit dem Rührgerät gut vermischen. Die Masse kurz anziehen lassen.

2

Die Arbeitsfläche großzügig mit gemahlenen Mandeln bestreuen und die Masse etwa 1 cm dick ausrollen. Den Ausstecher kurz in Wasser tauchen, Sterne ausstechen und auf das Backblech legen. Das Eigelb mit etwas Wasser glatt rühren und die Sterne damit bestreichen. Mit Hagelzucker bestreuen.

3

Die Plätzchen im vorgeheizten Ofen braun backen. Sie sollen innen noch etwas weich sein. Mit dem Backpapier vom Blech ziehen und die zarten Plätzchen auf dem Papier auskühlen lassen.

Taler und Blumen

Nugattaler

Der Nugattaler hat es in sich: mittig ein Klecks Gelee, umkreist von zartem Nugat.

MÜRBETEIG

- 300 g Mehl
- 100 g gemahlene Mandeln
- 120 g Puderzucker
- 1 Päckchen Vanillezucker
- 1 Prise Salz
- abgeriebene Zitronenschale
- 1 EL Zitronensaft
- 2 Eigelb
- 250 g weiche Butter

ZUM FÜLLEN UND GARNIEREN

- 100 g Gelee (oder Hagebuttenmark)
- 200 g Nussnugat, auf dem Wasserbad geschmolzen
- gehackte Pistazien zum Bestreuen
- Puderzucker zum Besieben

Backen: 8–12 Minuten bei 180 °C Backblech, mit Backpapier ausgelegt

1

Das Mehl in die Rührschüssel geben. Die übrigen Zutaten zufügen und alles mit dem Handrührgerät (Knethaken) erst auf niedriger, dann auf höchster Stufe rasch zu einem Teig verarbeiten. Mit den Händen zur Kugel formen, in Folie wickeln und mindestens 1 Stunde kalt stellen.

2

Den Teig auf bemehlter Arbeitsfläche 3 mm dick ausrollen. Runde Plätzchen von 5 cm Ø ausstechen. Im vorgeheizten Backofen auf Sicht goldgelb backen. Mit dem Backpapier vom Blech ziehen und auskühlen lassen.

3

Auf die Hälfte der Taler auf der glatten Seite mittig einen Klecks Gelee setzen. Das Nugat in einen Spritzbeutel mit mittlerer Lochtülle füllen und einen Kreis um das Gelee spritzen. Mit einem leeren Taler zusammensetzen, die glatte Seite innen. Nach Belieben auf die Oberseite mit kleiner Lochtülle einen Streifen Nugat aufspritzen und den Streifen mit gehackten Pistazien bestreuen. Mit Puderzucker besieben.

Walnusstaler

MÜRBETEIG

- 240 g Mehl
- 160 g weiche Butter
- 160 g Zucker
- 160 g gemahlene Walnüsse
- ½ TL Zimt
- 1 Prise Nelken
- 1 Prise Salz

- 1 Eigelb, mit 1 EL Sahne verrührt, zum Bestreichen

Backen: 15 Minuten bei 180 °C Backblech, mit Backpapier ausgelegt

1

Das Mehl in die Rührschüssel geben. Die übrigen Zutaten zufügen und alles mit dem Handrührgerät (Knethaken) erst auf niedrigster, dann auf höchster Stufe rasch zu einem Teig verarbeiten. Mit den Händen zur Kugel formen, in Folie wickeln und 1 Stunde kalt stellen.

2

Den Teig auf der bemehlten Arbeitsfläche zu einer 3 cm dicken Rolle formen, davon Scheiben abschneiden, nachformen und auf das Backblech setzen. Mit dem Eigelb bestreichen und im vorgeheizten Ofen auf Sicht goldgelb backen. Nach dem Backen mit dem Backpapier vom Blech ziehen und auskühlen lassen.

Sterntaler

MÜRBETEIG

- 200 g Mehl
- 50 g gemahlene Mandeln
- 50 g Puderzucker
- 1 Päckchen Vanillezucker
- abgeriebene Zitronenschale
- 1 Eigelb
- 175 g weiche Butter

ZITRONENGLASUR

- 150 g Puderzucker
- 3 EL Zitronensaft, durchgeseiht
- etwa 20 g gehackte Pistazien zum Bestreuen

Backen: 10–15 Minuten bei 180 °C
Backblech, mit Backpapier ausgelegt

1

Für den Mürbeteig das Mehl in die Rührschüssel geben, die übrigen Zutaten zufügen und mit dem Handrührgerät (Knethaken) erst auf niedrigster, dann auf höchster Stufe rasch zu einem Teig verarbeiten. Mit den Händen zur Kugel formen, in Folie wickeln und mindestens 1 Stunde kalt stellen.

2

Den Teig auf der bemehlten Arbeitsfläche 3–4 mm dick ausrollen. Kleine Sterne ausstechen und auf das Backblech legen. Kalt stellen.

3

Die Sternchen im vorgeheizten Ofen auf Sicht goldgelb backen. Mit dem Backpapier vom Blech ziehen und erkalten lassen.

4

Für die Glasur den Puderzucker mit dem Zitronensaft zu einer dickflüssigen Masse verrühren und die Sterntaler damit bestreichen. Mit den Pistazien bestreuen, solange die Glasur noch feucht ist.

Weihnachtsblumen

MÜRBETEIG

- 300 g Mehl, 100 g Zucker
- 100 g gemahlene Mandeln
- Mark von ½ Vanilleschote
- 1 Ei, 200 g weiche Butter

FÜLLUNG UND GARNITUR

- 100 g rote Konfitüre, erwärmt
- 2 EL Johannisbeerlikör (Cassissée) oder Fruchtsaft
- 1 Becher Schokoladenglasur
- gehackte Mandeln
- Kakaopulver zum Besieben (nach Belieben)

Backen: 10–15 Minuten bei 180 °C
Backblech, mit Backpapier ausgelegt

1

Das Mehl in die Rührschüssel geben. Die übrigen Zutaten zufügen und alles mit dem Handrührgerät (Knethaken) erst auf niedriger, dann auf höchster Stufe rasch zu einem Teig verarbeiten. Mit den Händen zur Kugel formen, in Folie wickeln und mindestens 1 Stunde kalt stellen.

2

Den Teig auf der bemehlten Arbeitsfläche 3 mm dick ausrollen. »Blumen« ausstechen und auf das Backblech legen. Kalt stellen.

3

Die Plätzchen im vorgeheizten Ofen auf Sicht goldgelb backen. Mit dem Backpapier vom Blech ziehen und erkalten lassen.

4

Die Konfitüre mit dem Likör verrühren, je zwei Blumen damit zusammensetzen, die glatte Seite nach innen.

5

Die Schokoladenglasur erwärmen und glatt rühren, eine Blumenseite in die Glasur tauchen, mit Mandeln bestreuen, solange die Glasur noch feucht ist. Trocknen lassen und nach Belieben mit Kakaopulver besieben.

Regionale Favoriten

Mostkekse

Aus Oberösterreich.

MÜRBETEIG

- 200 g Mehl
- 2 TL Backpulver
- 75 g Puderzucker
- 150 g weiche Butter
- 3 EL Most (oder Weißwein)

ZUM FERTIGSTELLEN

- 100 g Marillenkonfitüre (Aprikosenkonfitüre), glatt gerührt
- 1 Eigelb, mit 1 EL Milch verrührt
- Puderzucker zum Besieben

Backen: 12–15 Minuten bei 180 °C
Backblech, mit Backpapier ausgelegt

1

Das Mehl in die Rührschüssel geben. Die übrigen Zutaten zufügen und alles mit dem Handrührgerät (Knethaken) erst auf niedriger, dann auf höchster Stufe rasch zu einem Teig verarbeiten. Mit den Händen zur Kugel formen, in Folie wickeln, 1 Stunde kalt stellen.

2

Den Teig auf der bemehlten Arbeitsfläche 3–4 mm dick ausrollen, mit einem gewellten Ausstecher von 6 cm Ø runde Plätzchen ausstechen. In die Mitte jeweils einen Klecks Konfitüre setzen. Die Ränder mit dem Eigelb bestreichen und die Plätzchen zu Halbkreisen zusammenklappen und andrücken. Kurz kalt stellen.

3

Die Kekse im vorgeheizten Ofen backen. Mit dem Backpapier vom Blech ziehen und auskühlen lassen. Dick mit Puderzucker besieben.

Mostkekse

Espressokracherle

- 60 g Espressobohnen

- 250 g weiche Butter
- 250 g Zucker
- 2 EL Kaffeelikör
- 400 g Mehl

Backen: 12 Minuten bei 170 °C
Backblech, mit Backpapier ausgelegt

1

Die Espressobohnen in einen Gefrierbeutel füllen und verschließen. Mit dem Rollholz darüber rollen und die Bohnen grob zerkleinern.

2

Die Butter mit dem Zucker mit dem Handrührgerät (Rührbesen) auf höchster Stufe schaumig rühren, bis sich der Zucker gelöst hat. Den Kaffeelikör untermischen. Die Hälfte des Mehles darüber sieben und kurz unterrühren. Das restliche Mehl zusammen mit den gehackten Espressobohnen auf niedrigster Stufe untermischen. Mit bemehlten Händen den Teig zur Kugel formen und etwa 30 Minuten kalt stellen.

3

Den Teig auf der Arbeitsfläche zu 3 cm dicken Rollen formen, nochmals kalt stellen. Von den Rollen ½–1 cm dicke Scheiben abschneiden, nachformen und auf das Backblech setzen. Im vorgeheizten Ofen auf Sicht goldgelb backen. Nach dem Backen mit dem Backpapier vom Blech ziehen und auskühlen lassen.

Mailänderli

MÜRBETEIG

- 350 g Mehl
- 350 g Zucker
- 1 Prise Salz
- abgeriebene Zitronenschale
- 350 g Butter
- 2 Eier
- 1 EL Rum

- 1 Eigelb, mit 1 EL Sahne verrührt zum Bestreichen

Backen: 15 Minuten bei 180 °C
Backblech, mit Backpapier ausgelegt

1

Das Mehl in die Rührschüssel geben. Die übrigen Zutaten zufügen und alles mit dem Handrührgerät (Knethaken) erst auf niedrigster, dann auf höchster Stufe rasch zu einem Teig verarbeiten. Mit den Händen zur Kugel formen, in Folie wickeln und 1 Stunde kalt stellen.

2

Den Teig auf der bemehlten Arbeitsfläche etwa 3 mm dick ausrollen. Beliebige Motive ausstechen. Die Plätzchen mit dem Eigelb bestreichen und im vorgeheizten Ofen goldgelb backen. Nach dem Backen mit dem Backpapier vom Blech ziehen und auskühlen lassen.

Ischler Schnitten

Die Köstlichkeit aus Bad Ischl gibt es in vielen Abwandlungen, auch als Törtchen mit cremiger Füllung.

MÜRBETEIG

- 270 g Mehl
- 180 g gemahlene Mandeln
- 120 g Puderzucker
- abgeriebene Zitronenschale
- 200 g weiche Butter
- 1 Eigelb

ZUM FERTIGSTELLEN

- 200 g schwarze Johannisbeerkonfitüre
- 2 EL Likör (Cassissée)
- 250 g dunkle Kuvertüre
- 50 g Kokosfett
- gehackte Pistazien zum Bestreuen

Backen: 12 Minuten bei 180 °C
Backblech, mit Backpapier ausgelegt

1

Das Mehl in die Rührschüssel geben. Die übrigen Zutaten zufügen und alles mit dem Handrührgerät (Knethaken) erst auf niedriger, dann auf höchster Stufe rasch zu einem Teig verarbeiten. Mit den Händen zur Kugel formen, in Folie wickeln und mindestens 1 Stunde kalt stellen.

2

Den Teig auf der bemehlten Arbeitsfläche portionsweise zu großen, 3 mm dicken Platten ausrollen. Schnitten von 4,5 × 2,5 cm Größe schneiden und eng auf das Backblech setzen, der Teig verläuft nicht. Kurz kalt stellen.

3

Die Schnitten im vorgeheizten Ofen auf Sicht goldgelb backen. Mit dem Backpapier vom Blech ziehen und erkalten lassen.

4

Zum Fertigstellen die Konfitüre mit dem Likör glatt rühren, jeweils 2 Schnitten damit zusammensetzen, die glatte Seite nach innen. Trocknen lassen. Die Kuvertüre mit dem Kokosfett schmelzen, abkühlen, aber nicht fest werden lassen. Die Oberfläche der Schnitten in die Kuvertüre tauchen. Mit Pistazien bestreuen, solange die Glasur noch feucht ist.

Ganz schnell

Mürbe Haferflockenplätzchen

RÜHRTEIG
- _ 200 g weiche Butter
- _ 200 g Zucker
- _ 1 Päckchen Vanillezucker
- _ 2 Eier
- _ 250 g Vollkornhaferflocken
- _ 100 g Mehl
- _ knapp ½ TL Backpulver

- _ 1 Becher Schokoladen-Kuchenglasur, geschmolzen
- _ gehackte Mandeln oder Pistazien

Backen: 15 Minuten bei 200 °C
Backblech, mit Backpapier ausgelegt

1

Die Butter geschmeidig rühren. Nach und nach den Zucker, Vanillezucker und die Eier, eines nach dem anderen, zugeben und schaumig rühren. Die Haferflocken untermischen. Das Mehl mit dem Backpulver vermischen und unterrühren. Ruhen lassen, bis die Haferflocken anziehen (wichtig!).

2

Mit zwei Teelöffeln kleine Häufchen mit Abstand auf das Backblech setzen. Im vorgeheizten Ofen auf Sicht goldgelb backen. Die Plätzchen mit dem Backpapier vom Blech ziehen und auskühlen lassen.

3

Die Plätzchen nach Belieben mit Kuvertüre oder Schokoladenglasur überziehen oder zur Hälfte in die Glasur tauchen. Mit Mandeln oder Pistazien dekorieren, solange die Glasur noch feucht ist. Auf dem Kuchengitter oder Backpapier trocknen lassen.

Mürbe Haferflockenplätzchen

Schneeflocken

Diese zarten Plätzchen tragen ihren Namen zu Recht. Wie Schneeflocken schmelzen sie auf der Zunge.

MÜRBETEIG
- _ 250 g weiche Butter
- _ 100 g Puderzucker
- _ 2 Päckchen Vanillezucker
- _ 80 g Mehl
- _ 230 g Speisestärke

Backen: 10 Minuten bei 190 °C
Backblech, mit Backpapier ausgelegt

1

Die Butter geschmeidig rühren und mit dem Puderzucker und Vanillezucker zu einer schaumigen Masse rühren. Das Mehl mit der Speisestärke untermischen. Den Teig zu einer Kugel formen, in Folie wickeln und mindestens 1 Stunde kalt stellen.

2

Den Teig auf der bemehlten Arbeitsfläche zu einer gut daumendicken Rolle formen, kleine Stückchen abschneiden und zu Kugeln formen. Die Zinken einer Gabel in die Kugeln drücken, mit Abstand auf das Backblech setzen.

3

Die Plätzchen im vorgeheizten Ofen auf Sicht lichtgelb backen. Mit dem Backpapier vom Blech ziehen und auf dem Papier auskühlen lassen.

Ohne Backen

Marillentaler

Wenn Sie keinen Fleischwolf haben, schneiden Sie die Früchte in Stückchen und pürieren sie im Mixer oder Blitzhacker. Die Masse wird dann allerdings ziemlich fest und muss anschließend geschmeidig gerührt werden.

APRIKOSENMASSE

- 250 g getrocknete Aprikosen (Marillen)
- 60 g Zucker
- 2 EL Aprikosenkonfitüre

MARZIPANDECKE

- 200 g Marzipanrohmasse
- 70 g Puderzucker

- Puderzucker zum Ausrollen

1

Für die Aprikosenmasse die Aprikosen zweimal durch den Fleischwolf drehen und in eine Rührschüssel füllen. Mit dem Zucker und der Aprikosenkonfitüre vermischen und mit den Knethaken des Rührgerätes so lange rühren, bis die Masse hell und geschmeidig geworden ist.

2

Für die Marzipandecke die Marzipanrohmasse mit dem Puderzucker verkneten. Die Arbeitsfläche mit Puderzucker bestreuen und das Marzipan 2 mm dick zu einem 15 cm breiten Band ausrollen.

3

Die Aprikosenmasse zu Rollen von 1½ cm Durchmesser und 15 cm Länge formen. Eine Rolle auf die Breitseite des Marzipans legen, darin einschlagen, das Marzipan glatt abschneiden, die Kanten gut andrücken und die Rolle rund nachformen. Weiter so verfahren, bis die ganze Aprikosenmasse verbraucht ist.

4

Die mit Marzipan umhüllten Aprikosenrollen auf einem Tablett, mit Butterbrotpapier bedeckt, in einen kühlen Raum stellen und erst vor der Verwendung in 1 cm dicke Taler schneiden.

Kuglerschnitten

Die Waffelblätter für diese ungarische Spezialität gibt es in türkischen Läden, aber auch in manchen Supermärkten.

- 4 große Waffelblätter (23 × 30 cm)

FÜLLUNG

- 200 + 150 g Zucker
- 200 g gehackte Haselnüsse
- 4 Eigelb
- 200 g Butter

- 300 g Kuvertüre, mit 50 g Kokosfett geschmolzen (nach Belieben)

1

Für die Füllung 200 g Zucker in einer großen Pfanne schmelzen, die Nüsse dazugeben und unter ständigem Rühren und Vermischen goldgelb karamellisieren. Vom Herd nehmen, auf Backpapier schütten, auskühlen lassen und grob zerkleinern. Portionsweise im Mixer oder Blitzhacker fein mahlen.

2

Die Eigelbe mit 150 g Zucker auf dem Wasserbad dickcremig rühren. Die Butter nach und nach darin zerlassen, die Nüsse untermischen und vom Wasserbad nehmen.

3

Die warme Nussmasse gleichmäßig auf 2 Waffelblätter streichen und mit je 1 Waffelblatt bedecken. Andrücken, mit einem Brett beschweren und an einem kühlen Ort fest werden lassen.

4

Nach Belieben die Waffeloberflächen mit Kuvertüre überziehen, sie schmecken aber auch unglasiert sehr fein. In schmale Schnitten schneiden.

Nach dem Backen geschnitten

»Speckkuchen«

MÜRBETEIG

- _ 250 g Mehl
- _ 65 g Zucker
- _ 125 g weiche Butter
- _ 1 Ei

FÜLLUNG

- _ 250 g gemahlene Mandeln
- _ 250 g Zucker
- _ 2–3 TL Zimt
- _ 150 ml frisch gepresster Zitronensaft (von etwa 4 Zitronen)
- _ abgeriebene Zitronenschale

- _ 1 Eigelb, mit 1 EL Sahne verrührt
- _ 50–100 g Zitronat, klein gehackt
- _ 1 EL Kandiszucker, fein zerstoßen

Backen: 30–35 Minuten bei 180 °C
Backblech, mit Backpapier ausgelegt

1

Die Füllung können Sie bereits am Vorabend zubereiten. Dafür die Mandeln mit allen Zutaten vermischen und zugedeckt über Nacht durchziehen lassen.

2

Für den Mürbeteig das Mehl in die Rührschüssel geben, die übrigen Zutaten zufügen. Mit dem Handrührgerät (Knethaken) kurz auf niedrigster, dann auf höchster Stufe rasch zu einem glatten Teig verarbeiten. Mit den Händen zur Kugel formen, in Folie wickeln und mindestens 1 Stunde kalt stellen.

3

Die Hälfte des Teiges auf der bemehlten Arbeitsfläche zu einem 3 mm dicken Rechteck ausrollen, mit dem Teigroller aufnehmen und auf dem Backblech wieder abrollen. Die Teigränder egalisieren. Die Füllung aufstreichen. Die zweite Teighälfte in gleicher Größe ausrollen, als Decke mithilfe des Teigrollers auflegen und mit der Eigelbsahne bestreichen. Die Platte dick mit Zitronat und anschließend mit dem Kandiszucker bestreuen.

4

Die Platte im vorgeheizten Ofen goldgelb backen. Noch warm in 4 × 4 cm große Quadrate schneiden.

Mandelrauten

Das Rezept für die Mandelrauten kommt aus Polen, sie heißen dort Mazurek.

MÜRBETEIG

- _ 350 g Mehl, 1/4 TL Salz
- _ 250 g Puderzucker
- _ 5 hart gekochte Eigelb, durch ein Sieb gestrichen
- _ Mark von 1 Vanilleschote
- _ 250 g weiche Butter

MANDELBELAG

- _ 1 Ei, 30 g Puderzucker
- _ 3 EL Sahne
- _ 150 g Mandelblättchen
- _ 300 g dunkle Kuvertüre, mit 75 g Kokosfett geschmolzen

Backen: 15–20 Minuten bei 180 °C
Backblech, mit Backpapier ausgelegt

1

Das Mehl mit allen Zutaten in einer Schüssel mit den Knethaken des Rührgeräts verrühren. Auf der bemehlten Arbeitsfläche zu einem glatten Teig kneten, zur Kugel formen, in Folie wickeln und mindestens 1 Stunde kalt stellen.

2

Den Teig etwa 1/2 cm dick in Blechgröße ausrollen. Mit dem Teigroller aufnehmen und auf dem Backblech wieder abrollen. Die Ränder egalisieren.

3

Für den Belag das Ei mit Puderzucker und Sahne verrühren und den Teig damit bestreichen. Die Mandelblättchen darüberstreuen und mit der Hand andrücken. Die Teigplatte im vorgeheizten Ofen auf Sicht hellbraun backen.
Mit dem Backpapier vom Blech ziehen und noch warm in Rauten schneiden.

4

Nach dem Auskühlen eine spitze Hälfte in Kuvertüre tauchen und auf einem Kuchengitter trocknen lassen.

Mandelrauten

Eischwer-Schokoschnitten

Die Schnitten aus feinem Eischwerteig müssen vorsichtig gebacken werden und sollen innen noch weich sein.

- _ 4 eischwer weiche Butter
- _ 4 eischwer Zucker
- _ 4 Eier
- _ 4 eischwer dunkle Kuvertüre, geschmolzen
- _ 4 eischwer Mehl

Backen: 20 Minuten bei 180 °C
Backblech, gefettet

1
Die Butter geschmeidig rühren. Nach und nach den Zucker und die Eier, eines nach dem anderen, zugeben und schaumig rühren, die Kuvertüre untermischen. Das Mehl darübersieben und mit dem Rührlöffel sorgfältig unter die Schaummasse mischen.

2
Den Teig auf das Backblech streichen und im vorgeheizten Ofen auf Sicht backen. Nach dem Abkühlen die Platte in kleine Schnitten schneiden.

Mandel-Schokoschnitten

RÜHRTEIG

- _ 200 g weiche Butter
- _ 200 g Zucker
- _ 5 Eier
- _ 1 EL Kakaopulver
- _ 1 EL Rum
- _ 100 g Schokolade, gerieben
- _ 200 g gemahlene Mandeln
- _ 80 g Mehl

- _ 200 g Kuvertüre, mit 50 g Kokosfett geschmolzen

Backen: 20–25 Minuten bei 180 °C
Backblech gefettet

1
Die Butter geschmeidig rühren. Nach und nach den Zucker und die Eier, eines nach dem anderen, zugeben und schaumig rühren. Gesiebten Kakao, Rum, Schokolade und Mandeln unterrühren. Das Mehl darübersieben und untermischen. Den Teig auf dem Backblech etwa 30 × 25 cm groß ausstreichen (hilfreich ist ein Backrahmen). Im vorgeheizten Ofen backen.

2
Die Platte kurz abdämpfen lassen. Nach dem Abkühlen mit der Kuvertüre bestreichen und in kleine Quadrate oder Rechtecke schneiden.

Londonschnitten

MÜRBETEIG

- _ 300 g Mehl
- _ 75 g Zucker
- _ 1 Prise Salz
- _ 150 g weiche Butter
- _ 3 Eigelb

- _ 4–5 EL Johannisbeerkonfitüre

MAKRONENMASSE

- _ 3 Eiweiß
- _ 1 TL Zitronensaft
- _ 150 g Zucker
- _ 150 g gemahlene Haselnüsse

Vorbacken: 10–15 Minuten bei 200 °C
Fertig backen: 10 Minuten bei 180 °C
Backblech, leicht gefettet

1
Für den Mürbeteig das Mehl in die Rührschüssel geben, die übrigen Zutaten zufügen. Mit dem Handrührgerät (Knethaken) kurz auf niedrigster, dann auf höchster Stufe rasch zu einem glatten Teig verarbeiten. Mit den Händen zur Kugel formen, in Folie wickeln und mindestens 1 Stunde kalt stellen.

2
Den Teig auf der bemehlten Arbeitsfläche in Größe des Backbleches ausrollen, mit dem Teigroller aufnehmen und auf dem Backblech wieder abrollen, die Teigränder egalisieren. Die Teigplatte mit der Gabel mehrmals einstechen. Im vorgeheizten Ofen goldgelb vorbacken. Anschließend die Ofenhitze reduzieren.

3
Für die Makronenmasse die Eiweiße mit dem Zitronensaft steif schlagen, den Zucker einrieseln lassen und fest aufschlagen; die Haselnüsse untermischen.

4
Die vorgebackene Platte mit der glatt gerührten Konfitüre bestreichen, die Makronenmasse darüberstreichen. Goldgelb fertig backen. Die Platte noch warm in Schnitten schneiden.

Schokolade

Die gute, alte und preiswerte Blockschokolade war früher in der häuslichen Bäckerei die Backschokolade schlechthin. Heute wird sie mehr und mehr von der geschmacklich feineren und leicht schmelzbaren Kuvertüre verdrängt. Grundsätzlich kann zum Backen wahlweise die eine wie die andere verwendet werden.

Schokoladenbusserl

- 120 g weiche Butter
- 140 g Zartbitterschokolade, geschmolzen
- 150 g gemahlene Haselnüsse
- 140 g Puderzucker
- 3–4 EL zarte Haferflocken

- 1 Eigelb, mit ½ EL Sahne verrührt zum Bestreichen

Backen: 40 Minuten bei 120 °C
Backblech, mit Backpapier ausgelegt

1

In einer Schüssel die Butter mit der geschmolzenen Schokolade verrühren, die Haselnüsse, den Puderzucker und die Haferflocken unterrühren. Die Masse kurz anziehen lassen. Ein Probeplätzchen backen. Wenn es zu sehr in die Breite verläuft, geben Sie noch etwas Haferflocken dazu. Den Teig 30 Minuten kalt stellen.

2

Den Ofen vorheizen. Aus der Masse kleine Kugeln formen, auf das Backblech setzen und mit dem verrührten Eigelb bestreichen. Die Schokoladenbusserl im Ofen mehr trocknen als backen.

3

Die sehr zarten Plätzchen mit dem Backpapier vom Blech ziehen und darauf erkalten lassen.

Schokowürfel mit Walnüssen

Schokowürfel mit Walnüssen

RÜHRTEIG

- 300 g weiche Butter
- 300 g Zucker
- 1 Päckchen Vanillezucker
- 4 Eier
- 225 g Mehl
- 300 g gemahlene Walnüsse
- 200 g Kuvertüre, gerieben
- 2 EL Rum

- 150 g Kuvertüre, mit 30 g Kokosfett geschmolzen
- Walnusskerne, halbiert (nach Belieben)

Backen: 15 Minuten bei 180 °C
Tiefes Backblech, gefettet und bemehlt

1

Die Butter geschmeidig rühren. Nach und nach den Zucker, Vanillezucker und die Eier, eines nach dem anderen, zugeben und schaumig rühren. Alle anderen Zutaten locker unterrühren. Die Masse auf das Backblech streichen. Im vorgeheizten Ofen auf Sicht hellbraun backen. Die Teigplatte soll innen noch etwas weich sein.

2

Die gebackene Teigplatte sofort mit der Kuvertüre bestreichen und in Würfel schneiden. Jeden Würfel mit einer Walnusshälfte belegen, solange die Glasur noch weich ist.

Schokoladenbrötchen

- _ 3 Eier
- _ 250 g Zucker
- _ 125 g Kuvertüre, gerieben
- _ 350 g gemahlene Mandeln
- _ 75 g Mehl
- _ 30 g Semmelbrösel
- _ 2–3 Tropfen Bittermandelaroma

- _ 100 g Puderzucker zum Überziehen

Backen: 20 Minuten bei 150 °C
Backblech, mit Backpapier ausgelegt

1

Die Eier und den Zucker mit dem Rührgerät schaumig rühren, die restlichen Zutaten daruntermischen. Die Masse kurz anziehen lassen.

2

Aus der Masse Kugeln formen, etwas größer als eine Kirsche. Die Kugeln in Puderzucker wälzen: Das geht am besten durch Hin- und Herwälzen in einer Schüssel und Abschütteln der Kugeln in einem Sieb. Die Kugeln sollen vollkommen weiß sein.

3

Die Kugeln mit ausreichend Abstand auf das Blech setzen. Im vorgeheizten Ofen sofort backen; innen sollen sie noch etwas weich sein. Mit dem Backpapier vom Blech ziehen und auskühlen lassen.

Schoko-Cookies

RÜHRTEIG

- _ 150 g weiche Butter
- _ 180 g Zucker (nach Belieben halb weiß, halb braun)
- _ 2 Päckchen Vanillezucker
- _ 1 Ei
- _ 180 g Mehl
- _ 1 Messerspitze Backpulver
- _ 100 g gehackte Haselnüsse
- _ 150 g Schokoladentröpfchen oder Raspelschokolade

Backen: 12–15 Minuten bei 180 °C
Backblech, mit Backpapier ausgelegt

1

Die Butter geschmeidig rühren. Nach und nach den Zucker, Vanillezucker und das Ei zugeben und schaumig rühren. Das Mehl mit dem Backpulver auf die Schaummasse sieben und zusammen mit den Nüssen und den Schokoladentröpfchen oder Raspelschokolade untermischen. Den Teig kurz anziehen lassen.

2

Mit angefeuchteten Händen walnussgroße Kugeln formen und mit großem Abstand auf das Backblech setzen. Etwa 1 Stunde kalt stellen.

3

Die Cookies im vorgeheizten Ofen hellbraun backen. Mit dem Backpapier vom Blech ziehen und auskühlen lassen.

Schoko-Mandel-Sterne

MÜRBETEIG

- _ 125 g Mehl, ½ TL Backpulver
- _ 100 g Zucker
- _ 1 Päckchen Vanillezucker
- _ 125 g gemahlene Mandeln
- _ 125 g Schokolade, gerieben
- _ 125 weiche Butter
- _ 1 Ei

ZITRONENGLASUR

- _ 100 g Puderzucker
- _ 1 EL Zitronensaft, durchgeseiht
- _ 1 EL lauwarmes Wasser

Backen: 10 Minuten bei 180 °C
Backblech, mit Backpapier ausgelegt

1

Für den Mürbeteig das Mehl in die Rührschüssel geben, die übrigen Zutaten zufügen. Mit dem Handrührgerät (Knethaken) kurz auf niedrigster, dann auf höchster Stufe rasch zu einem glatten Teig verarbeiten. Mit den Händen zur Kugel formen, in Folie wickeln und mindestens 1 Stunde kalt stellen.

2

Den Teig auf der bemehlten Arbeitsfläche 3 mm dick ausrollen. Sterne ausstechen und auf das Backblech legen. Kalt stellen.

3

Die Plätzchen im vorgeheizten Ofen auf Sicht backen; aber Vorsicht, sie werden schnell zu dunkel und verlieren dann viel von ihrem Aroma! Mit dem Backpapier vom Blech ziehen und auskühlen lassen.

4

Für die Glasur den Puderzucker mit dem Zitronensaft und Wasser verrühren; sie soll streichfähig und nicht zu dünn sein. Die Plätzchen damit bestreichen.

Marzipan

Marzipan-Haselnuss-Plätzchen

Dieses Gebäck ist eine wunderbare Alternative für Eilige, die nicht jedes Plätzchen einzeln ausstechen wollen.

MÜRBETEIG
- 250 g Mehl, 40 g Zucker
- 1 Päckchen Vanillezucker
- 1 Prise Salz
- 1 EL saure Sahne, 1 EL Rum
- 125 g weiche Butter

FÜLLUNG
- 100 g Marzipanrohmasse
- 100 g gehackte Haselnüsse, trocken geröstet
- 100 g Aprikosenkonfitüre

- 1 Eigelb, mit 1 EL Milch verrührt, zum Bestreichen

Backen: 15–20 Minuten bei 180 °C
Backblech, leicht gefettet

1
Für den Mürbeteig das Mehl in die Rührschüssel geben, die übrigen Zutaten zufügen. Mit dem Handrührgerät (Knethaken) kurz auf niedrigster, dann auf höchster Stufe rasch zu einem glatten Teig verarbeiten. Mit den Händen zur Kugel formen, in Folie wickeln und mindestens 1 Stunde kalt stellen.

2
Für die Füllung in einer Schüssel die Marzipanrohmasse mit einer Gabel zerkleinern und mit den Nüssen und der Konfitüre verrühren.

3
Die Hälfte des Teiges dünn zu einem Rechteck ausrollen. Mit dem Teigroller aufnehmen und auf dem Backblech wieder abrollen. Die Ränder egalisieren. Die Füllung gleichmäßig aufstreichen. Den restlichen Teig zu einem gleich großen Rechteck ausrollen, mit dem Teigroller aufnehmen und über der Füllung abrollen. Leicht andrücken, mit der Gabel mehrmals einstechen und mit dem Eigelb bestreichen.

4
Im vorgeheizten Ofen auf Sicht goldgelb backen. Auf dem Blech auskühlen lassen und in kleine Quadrate schneiden.

Eisenbahner

MÜRBETEIG
- 250 g Mehl, 50 g Zucker
- 125 g weiche Butter
- 1 Ei

- 200 g Kirsch- oder Aprikosenkonfitüre, durchpassiert

MARZIPANMASSE
- 130 g Marzipanrohmasse, zerkleinert
- 1 EL flüssiger Honig
- 1 EL Puderzucker
- 15 g Butter
- 1 Eiweiß

2 Die Marzipanmasse auf die Außenkanten jeder Bahn spritzen.

Backen: 10–15 Minuten bei 200 °C
Grillen: ½–1 Minute
Backblech, gefettet

1
Aus den angegebenen Zutaten einen Mürbeteig zubereiten, wie links bei Marzipan-Haselnuss-Plätzchen in Schritt 1 beschrieben.

2
Den Teig auf der bemehlten Arbeitsfläche zu einem Rechteck in Blechgröße ausrollen. Die Teigplatte mit dem Teigroller aufnehmen und über dem Backblech wieder abrollen. Mit der Gabel mehrmals einstechen und die Ränder egalisieren. Im vorgeheizten Ofen auf Sicht goldgelb backen.

3
Die Teigplatte auf dem Blech noch heiß in 6 gleich breite Längsbahnen schneiden und auskühlen lassen. Knapp ein

1 Die Hälfte der ausgekühlten Längsbahnen mit Konfitüre bestreichen.

3 Die Konfitüre zwischen die beiden Marzipanstreifen füllen.

Drittel der Konfitüre erhitzen und 3 Bahnen dünn damit bestreichen. Jede dieser Bahnen mit einer unbestrichenen Bahn bedecken und leicht andrücken. Die Bahnen auseinanderrücken, damit etwas Abstand entsteht.

4

Für die Marzipanmasse alle Zutaten zu einer relativ festen, jedoch spritzfähigen Masse verrühren. In einen Spritzbeutel mit mittelgroßer Sterntülle füllen und an den beiden äußeren Rändern jeder Bahn einen Streifen aufspritzen. Über Nacht antrocknen lassen.

5

Das Blech unter den vorgeheizten Grill schieben und die Spitzen der Marzipanstreifen leicht bräunen. Restliche Konfitüre aufkochen, in einen Spritzbeutel mit Lochtülle oder in ein Milchkännchen mit Ausgießer füllen und die Mitte der Bahnen mit der Konfitüre ausfüllen. Bei Bedarf mit einem Messer glatt streichen. Einige Stunden antrocknen lassen, erst dann in 2 cm breite Stücke schneiden.

Marzipan-Butterplätzchen

MÜRBETEIG

- 200 g Mehl
- 50 g gemahlene Haselnüsse
- 75 g Zucker, 1 Ei
- 120 g weiche Butter

MARZIPAN

- 200 g Marzipanrohmasse, zerkleinert
- 70 g Puderzucker

- Johannisbeergelee oder passierte Orangenmarmelade
- 150 g Kuvertüre, mit 30 g Kokosfett geschmolzen
- gehackte Pistazien zum Bestreuen

Backen: 8–10 Minuten bei 180 °C
Backblech, mit Backpapier ausgelegt

1

Für den Mürbeteig das Mehl in die Rührschüssel geben, die übrigen Zutaten zufügen. Mit dem Handrührgerät (Knethaken) kurz auf niedrigster, dann auf höchster Stufe rasch zu einem glatten Teig verarbeiten. Mit den Händen zur Kugel formen, in Folie wickeln und mindestens 1 Stunde kalt stellen.

2

Den Teig auf der bemehlten Arbeitsfläche 2 mm dick ausrollen. Runde, gleich große Plätzchen ausstechen und auf das Backblech legen. Kalt stellen.

3

Die Plätzchen im vorgeheizten Ofen auf Sicht goldgelb backen. Vorsichtig mit dem Backpapier vom Backblech ziehen und auskühlen lassen.

4

Für das Marzipan die Rohmasse mit dem Puderzucker glatt kneten, ebenfalls 2 mm dick ausrollen und Plätzchen in der gleichen Form und Anzahl ausstechen wie die gebackenen Plätzchen. Je 1 Mürbeteig- und 1 Marzipanplätzchen mit Gelee oder Marmelade zusammensetzen, glatte Seite nach innen. Die Marzipanseite mit der Kuvertüre bestreichen und mit gehackten Pistazien bestreuen. Trocknen lassen.

Marzipan-Geleeherzen

MÜRBETEIG

- 250 g Mehl
- 70 g Zucker
- 1 Päckchen Vanillezucker
- 1 Prise Salz
- 125 g weiche Butter
- 1 Ei

MARZIPANMASSE

- 250 g Marzipanrohmasse, zerkleinert
- 50 g Puderzucker
- 1 Ei

- Johannisbeergelee zum Füllen

Vorbacken: 5 Minuten bei 180 °C
Fertig backen: 12 Minuten bei 180 °C
Backblech, mit Backpapier belegt

1

Für den Mürbeteig das Mehl in die Rührschüssel geben, die übrigen Zutaten zufügen. Mit dem Handrührgerät (Knethaken) kurz auf niedrigster, dann auf höchster Stufe rasch zu einem glatten Teig verarbeiten. Mit den Händen zur Kugel formen, in Folie wickeln und mindestens 1 Stunde kalt stellen.

2

Den Teig auf der bemehlten Arbeitsfläche 3 mm dick ausrollen, Herzen ausstechen und auf das Backblech legen. Kalt stellen. Im vorgeheizten Ofen goldgelb vorbacken.

3

Für die Marzipanmasse alle Zutaten zu einer spritzfähigen Masse verrühren. In einen Spritzbeutel mit kleiner Sterntülle füllen und die Herzen vorsichtig umspritzen. Auf Sicht hellgelb fertig backen. Mit dem Backpapier vom Blech ziehen und auskühlen lassen.

4

Das Johannisbeergelee erhitzen, in ein kleines Milchkännchen mit Ausgießer füllen und in die Mitte der Herzen gießen. Trocknen lassen.

Makronen – aus schaumiger Baisermasse

WICHTIG

- Für gutes Gelingen der Baisermasse müssen die Geräte (Schlagschüssel und Schneebesen/Rührbesen) absolut fettfrei sein. Das Eiweiß darf keine Spur von Eigelb enthalten.
- Die zarten Makronen werden bei geringer Hitze (120–150 °C) mehr getrocknet als gebacken.
- Feinen Zucker oder gesiebten Puderzucker verwenden.
- Immer schon hat man Makronen auf Oblaten gebacken; es genügt aber einfach nur Backpapier. Man zieht sie mit dem Backpapier vom Blech und lässt sie darauf erkalten; dabei trocknen die noch weichen Plätzchen etwas nach.
- Die Baisermasse für die Makronen kann kalt oder auf dem Wasserbad warm geschlagen werden (siehe Seite 21). Die warm geschlagene Masse ergibt ein besonders schaumiges und luftiges Gebäck.
- Vor dem Backen mit nassen Fingerspitzen den Makronen »die Spitzen nehmen«.

Makronen ⊗

Mandelmakronen
Nussmakronen

_ 4 Eiweiß, 2 TL Zitronensaft
_ 300 g Zucker
_ 400 g gemahlene Mandeln oder Haselnüsse

Backen: 25 Minuten bei 140 °C
Backblech, mit Backpapier ausgelegt (oder Oblaten, 40–50 mm Ø)

1

Die Eiweiße mit dem Zitronensaft steif schlagen, den Zucker einrieseln lassen und zu einer schnittfesten, glänzenden Masse schlagen. Die Mandeln oder Nüsse unterheben.

2

Von der Makronenmasse mit zwei Teelöffeln Häufchen auf das Backpapier setzen. Die Makronen im vorgeheizten Ofen auf Sicht hell backen. Mit dem Backpapier vom Blech ziehen und darauf auskühlen lassen.

Mandel-
makronen

Kokos-Schaum-makronen ⊗

Das Wasser zum Schlagen der Baisermasse soll heiß sein, aber nicht kochen. Auch darf die Wasserbadschüssel nicht in das Wasser hängen.

- _ 4 Eiweiß
- _ 200 g feiner Zucker
- _ 1 EL Zitronensaft
- _ 200 g Kokosflocken

Backen: 30–40 Minuten bei 130 °C
Backblech, mit Backpapier ausgelegt (oder Oblaten, 40–50 mm Ø)

1
Die Eiweiße mit dem Zucker und dem Zitronensaft auf dem heißen Wasserbad mit dem Handrührgerät (Rührbesen) 6–8 Minuten schaumig schlagen. Vom Wasserbad nehmen und in wenigen Minuten kalt schlagen. Die Kokosflocken behutsam unterheben.

2
Den Ofen vorheizen. Von der Masse mit zwei Teelöffeln Häufchen auf das Backpapier setzen. Im Ofen auf Sicht hell backen. Die Makronen sollen außen fast weiß und innen noch etwas weich sein.

3
Die Makronen mit dem Backpapier vom Blech ziehen und darauf auskühlen lassen. Dabei trocknen sie noch etwas nach. In einer Blechdose bleiben die zarten Plätzchen längere Zeit frisch.

Mandel-Schoko-Wölkchen ⊗

- _ 200 g gehackte Mandeln
- _ 30 g Zucker
- _ 100 g Zartbitter-Schokolade
- _ 3 Eiweiß
- _ 1 Prise Salz
- _ 150 g Zucker
- _ 1 Päckchen Vanillezucker

Backen: 20–25 Minuten bei 140 °C
Backblech, mit Backpapier ausgelegt (oder Oblaten, 50 mm Ø)

1
Die Mandeln in einer beschichteten Pfanne ohne Zugabe von Fett trocken rösten, den Zucker darüberstreuen und unter beständigem Wenden leicht karamellisieren. Abkühlen lassen. Die Schokolade reiben oder fein hacken.

2
Die Eiweiße mit dem Salz steif schlagen, nach und nach den Zucker mit dem Vanillezucker einrieseln lassen und schnittfest schlagen. Die Schokolade und die Mandeln unterheben.

3
Von der Masse mit zwei Teelöffeln Häufchen auf das Backpapier setzen, im vorgeheizten Ofen hell backen; die Plätzchen zeigen an der Oberfläche Risse wie Wolken. Mit dem Backpapier vom Blech ziehen und darauf auskühlen lassen.

Dattelmakronen ⊗

- _ 100 g Datteln
- _ 2 Eiweiß
- _ 125 Puderzucker, gesiebt
- _ 125 g gemahlene Haselnüsse

Backen: 15–20 Minuten bei 150 °C
Backblech, mit Backpapier ausgelegt (oder Oblaten, 40 mm Ø)

1
Die Datteln vom Kern befreien und in sehr feine Streifen schneiden.

2
Die Eiweiße mit dem Puderzucker steif schlagen. Die Haselnüsse und die Datteln unterheben. Von der Masse mit zwei Teelöffeln kleine Häufchen auf das Blech setzen. Im vorgeheizten Ofen auf Sicht backen. Mit dem Backpapier vom Blech ziehen und darauf auskühlen lassen.

Dattelmakronen

Noch mehr Eiweißgebäck

Zimtsterne

Das Ausrollen der sehr weichen Masse sowie das Ausstechen der Sterne erfordert Sorgfalt und Geduld. Bestreuen Sie die Arbeitsfläche ausreichend mit gemahlenen Mandeln. Es ist hilfreich, zwischen Teigroller und Teig Frischhaltefolie zu legen.

_ 3 Eiweiß
_ 2 TL Zitronensaft
_ 250 g Puderzucker
_ 400 g gemahlene Mandeln, bei Bedarf etwas mehr
_ 1 TL Zimt

_ etwa 100 g gemahlene Mandeln zum Ausrollen

Backen: 10–15 Minuten bei 150 °C
Backblech, mit Backpapier ausgelegt

1

Die Eiweiße mit dem Zitronensaft steif schlagen, nach und nach den Puderzucker einrieseln lassen und zu einer schnittfesten, glänzenden Masse schlagen. Von der Schaummasse eine Tasse voll abnehmen, sie wird für die Glasur gebraucht. Unter die übrige Masse die Mandeln und den Zimt mischen. Bei Bedarf noch etwas mehr Mandeln untermischen, der Teig soll gerade ausrollbar sein. Lassen Sie den Teig 30 Minuten anziehen, dann lässt er sich besser verarbeiten.

2

Die leicht bemehlte Arbeitsfläche mit gemahlenen Mandeln bestreuen und die Masse portionsweise gleichmäßig etwa 7 mm dick ausrollen. Mit nassem Ausstecher Sterne ausstechen und auf das Backblech legen. Mit einem Messer mit der Schaumglasur bestreichen (zu dicke Glasur können Sie mit einem Tropfen Rum verrühren).

3

Die Sterne im vorgeheizten Ofen auf Sicht hell backen; die Glasur soll weiß bleiben, die Plätzchen sollen innen noch etwas weich sein.

4

Die Sterne mit dem Backpapier vom Blech ziehen und auskühlen lassen.

Zimtsterne

Mandelplätzchen mit Pinienkernen

- 2 Eiweiß
- 150 g Puderzucker
- 200 g geschälte, gemahlene Mandeln
- 50 g Pinienkerne zum Garnieren

Backen: 10–15 Minuten bei 180 °C
Backblech, mit Backpapier ausgelegt (oder Oblaten, 40 mm Ø)

1
Die Eiweiße steif schlagen und dabei den Puderzucker einrieseln lassen und schnittfest schlagen. Die Mandeln unterziehen.

2
Von der Mandelmasse mit 2 Teelöffeln Häufchen auf das Backblech setzen. Mit nassen Fingerspitzen nachformen. Auf jedes Häufchen 4–5 Pinienkerne setzen. Im vorgeheizten Ofen hellbraun backen – die Pinienkerne nehmen mehr Farbe an. Mit dem Backpapier vom Blech ziehen und auf dem Papier auskühlen lassen.

Kokolinchen

- 3 Eiweiß
- 150 g Zucker
- 1 Päckchen Vanillezucker
- 75 g Magerquark
- 200 g Kokosflocken
- 50 g getrocknete Cranberries, klein geschnitten

Backen: 20 Minuten bei 150 °C
Backblech, mit Backpapier ausgelegt (oder Oblaten, 40 mm Ø)

1
Die Eiweiße steif schlagen, dabei den Zucker und Vanillezucker einrieseln lassen und schnittfest schlagen. Den Quark, die Kokosflocken und die Cranberries unterheben.

2
Von der Masse mit zwei Teelöffeln Häufchen auf das Backblech setzen. Im vorgeheizten Ofen auf Sicht hell backen. Mit dem Papier vom Blech ziehen und darauf erkalten lassen.

Rosa Engelsküsschen

- 2 Eiweiß
- 1 TL Zitronensaft
- 100 g Zucker
- abgeriebene Zitronenschale
- 8 Tropfen rote Lebensmittelfarbe
- 60 g getrocknete Cranberries, fein geschnitten

Backen: etwa 40 Minuten bei 120 °C
Backblech, mit Backpapier ausgelegt (oder Oblaten, 40 mm Ø)

1
Die Eiweiße mit dem Zitronensaft steif schlagen, dabei den Zucker einrieseln lassen, tropfenweise die Lebensmittelfarbe zugeben und schnittfest schlagen. Die Cranberries unter den Eischnee heben.

2
Von der Masse mit zwei Teelöffeln Häufchen in großem Abstand auf das Blech setzen. Die Küsschen im vorgeheizten Ofen auf Sicht hell backen. Mit dem Backpapier vom Blech ziehen und darauf auskühlen lassen.

Macarons

Für die gefüllten französischen Makronen kann man schwärmen. Wenn man erst mit dem eigenen Ofen die perfekte Backtemperatur und -zeit herausgefunden hat, ist die Herstellung denkbar einfach. Wann immer Sie ein, zwei Eiweiße übrig haben – backen Sie Macarons. Sie lassen sich gefüllt oder ungefüllt prima einfrieren und sind überhaupt viel weniger empfindlich als sie aussehen.
Unser Basisrezept besteht aus zwei Eiweiß, sodass Sie die Zutaten teilen oder vervielfältigen können.
Färben Sie nach Herzenslust mit Lebensmittelfarben oder Kakaopulver.

PERFEKTE MACARONS

- Auch wenn der Eischnee schon steif ist: Rühren Sie noch 3 Minuten auf höchster Stufe weiter.
- Luftlöcher lassen sich vermeiden, wenn man das besetzte Backblech mit beiden Händen packt und heftig auf die Arbeitsfläche schlägt.
- Lieber mehr als weniger Farbe zugeben, die Farbe verblasst beim Backen. Achtung: Farbe macht süßer.
- Die Füllung muss spritz- bzw. streichfähig sein. Dosieren Sie die Flüssigkeitsmenge vorsichtig. Meist ist es hilfreich, die Creme kalt gestellt anziehen zu lassen.
- Entgegen vieler Behauptungen bleiben ungefüllte Macarons lange frisch, gefüllte im Kühlschrank 1 Woche. Am besten schmecken sie bei Raumtemperatur.
- Aufbewahren in Blech- oder Plastikbehältern zwischen Back- oder Pergamentpapier.
- Auch gefrorenes, aufgetautes Eiweiß lässt sich für Macarons verwenden.

Macarons

- 2 Eiweiß
- 1 Prise Salz
- 10 g Zucker
- einige Tropfen Lebensmittelfarbe (nach Belieben)
- 140 g Puderzucker
- 80 g geschälte, gemahlene Mandeln

Backen: etwa 20 Minuten bei 120 °C
Backblech und Backpapier (oder Silikonmatte)

1
Die Eiweiße mit dem Salz steif schlagen und dabei den Zucker einrieseln lassen. Nach Belieben mit Lebensmittelfarbe färben.

2
Den Puderzucker mit den Mandeln mischen und sieben. Mit dem Teigspatel behutsam unter den Eischnee heben. In einen Spritzbeutel mit großer Lochtülle füllen und gleichmäßig große Häufchen auf das Backblech spritzen. 30 Minuten trocknen lassen.

3
Die Macarons im vorgeheizten Ofen backen. Mit dem Backpapier vom Blech ziehen und erkalten lassen. Mit einer beliebigen Creme füllen.

Schokoladenmacarons

1 TL Kakaopulver unter die Puderzucker-Mandel-Mischung geben. Mit Schokocreme füllen.

Nussmacarons

Haselnüsse anstelle der Mandeln verwenden. Mit Nugatcreme füllen.

Füllungen

Macarons werden immer gefüllt, zwischen den glatten Seiten. Spielen Sie bei den Cremes mit Geschmack und Farbe. Es gibt kaum Grenzen! Am schnellsten geht das Füllen mit Spritzbeutel und mittlerer Lochtülle, ein Messer tut es jedoch auch. Aber Vorsicht: Die zarten Plätzchen vertragen keinen Druck. Setzen Sie möglichst zwei gleich große Exemplare zusammen.

Helle oder gefärbte Creme

- 150 g weiße Kuvertüre
- 100 g Sahne
- Lebensmittelfarbe (nach Belieben)

1
Die Kuvertüre im Wasserbad oder in der Mikrowelle schmelzen, die Sahne zugießen und sämig rühren. Die Creme nach Belieben fein dosiert mit Lebensmittelfarbe färben. Vor dem Aufspritzen oder -streichen etwas abkühlen lassen.

Schokocreme (Canache)

- 100 g Sahne
- 100 g dunkle oder helle Kuvertüre, grob zerkleinert

1
Die Sahne aufkochen, die Kuvertüre darin schmelzen. Mit dem Stabmixer 1 Minute (wichtig!) homogenisieren. Bei Raumtemperatur bis zur Spritz- oder Streichfähigkeit stocken lassen; dabei nicht umrühren, damit die Creme ihren typischen, feinen Schmelz behält.

Beerencreme

- _ 100 g weiche Butter
- _ 50 g frische oder TK-Beeren (Himbeeren, Erdbeeren, Heidelbeeren, Johannisbeeren)
- _ 5 EL roter Fruchtsaft oder Sirup

1 ______

Die Butter cremig rühren. Beeren und Flüssigkeit pürieren, durch ein Sieb streichen und löffelweise unter die Butter rühren.

Konfitürencreme

- _ 30 weiche Butter
- _ 1 EL Konfitüre, durchpassiert
- _ 1 EL Likör

1 ______

Die Butter cremig rühren, die Konfitüre und den Likör zugeben.

Zitronencreme

- _ abgeriebene Schale und Saft von 2 Zitronen
- _ 100 g Butter, 80 g Zucker
- _ 2 Eier

1 ______

In einem Topf den Zitronensaft und -abrieb mit der Butter und dem Zucker erhitzen. Den Topf zurückziehen. Die Eier einzeln einrühren. Unter beständigem Rühren in 1–2 Minuten cremig-dicklich einkochen. Kalt stellen.

Nugatcreme

- _ 50 g weiche Butter
- _ 100 g weicher Nugat
- _ 1 EL Mandellikör

1 ______

Alle Zutaten in der Schüssel cremig rühren.

Schoko-Ingwer-Creme

- _ 100 g Marzipanrohmasse
- _ 3 EL Orangensaft
- _ 60 g weiche Butter
- _ 1 EL Kakaopulver
- _ 2 EL Puderzucker
- _ ¼ TL gemahlener Ingwer
- _ 2 EL Orangenlikör

1 ______

Die Marzipanrohmasse mit dem Orangensaft und der Butter geschmeidig rühren. Das Kakaopulver und den Puderzucker sieben und mit dem Ingwer und dem Likör unterrühren.

Macarons

Teegebäck 1

Hausfreunde

Ein beliebtes, schnelles Gebäck für das ganze Jahr, das Sie statt mit Mandeln und Korinthen auch mit anderen Kernen und Trockenfrüchten zubereiten können.

- 3 Eier
- 3 eischwer Mehl
- 3 eischwer Zucker
- 3 eischwer Korinthen
- 3 eischwer ganze Mandeln

Backen: 20 Minuten bei 180 °C
Backblech, gefettet

1
Den Ofen vorheizen. In einer Schüssel alle Zutaten vermischen und auf dem Backblech verstreichen. Auf Sicht goldgelb backen.

2
Die Platte vom Blech gleiten lassen und sofort mit einem scharfen Messer in kleine Rauten schneiden.

Knuspriges Nussbrot

Dieses »Nussbrot« ist eigentlich ein knuspriger, dünner Zwieback, der sich in der Keksdose lange hält.

- 2 Eier
- 120 g Zucker
- 140 g gemahlene Haselnüsse
- 200 g Mehl

Backen: 30 Minuten bei 180 °C
Kastenform von 20 cm Länge, gefettet
Rösten: 10 Minuten bei 200 °C
Backblech

1
Den Ofen vorheizen. Die Eier mit dem Zucker mit dem Handrührgerät (Rührbesen) schaumig rühren. Die Haselnüsse und das Mehl unterrühren. Den festen Teig in die Form füllen, glatt streichen und backen. Das Nussbrot aus der Form lösen, sofort in ein feuchtes Kuchentuch wickeln und erkalten lassen.

2
Am nächsten Tag das Nussbrot in 3 mm dicke Scheiben schneiden. Die Scheiben nebeneinander auf das Backblech legen und rösten. Auskühlen lassen.

Cantucci

Cantucci

Toskanische Mandelkekse

Nicht nur Toskana-Urlauber schwärmen für die harten Mandelkekse, die gern zu einem Glas Wein geknabbert oder in den süßen Vin Santo getunkt werden. Die Herstellung ist einfach und schnell.

- 200 g Mandelstifte (oder halb Mandeln, halb Pinienkerne)
- 250 g Mehl
- 250 g Zucker
- 1 Prise Salz
- 3 Eier

Backen: 25 Minuten bei 180 °C
Nachbacken: 5 Minuten bei 180 °C
Backblech, mit Backpapier ausgelegt

1
Alle Zutaten mit den Knethaken des Rührgerätes zu einem elastischen Teig verarbeiten. Den Teig in 6 Portionen teilen. Jedes Teigstück auf der bemehlten Arbeitsfläche zu einer daumendicken Rolle formen, auf das Backblech legen und leicht flach drücken. Im vorgeheizten Ofen lichtgelb backen.

2
Die Rollen sofort auf einem Brett in 1,5 cm dicke Scheiben schneiden, zurück auf das Backblech legen und noch 5 Minuten nachbacken.

Amaretti

Der Name dieser tradtionellen italienischen Mandelmakronen leitet sich vom Bittermandelaroma ab – amaretto heißt »etwas bitter«. Die Eiweiß-Mandel-Masse ist schnell gerührt und wird zum Backen auf das Blech gespritzt. Man serviert die kleinen Makronen gern zum Espresso, Cappuccino oder einem süßen Wein. Zerstoßene Amaretti eignen sich gut zum Bestreuen von Kompott oder cremigen Desserts.

- 2 Eiweiß
- 1 Prise Salz
- 150 g Zucker
- 10 Tropfen Bittermandelaroma
- 200 g ungeschälte, gemahlene Mandeln

Backen: 25 Minuten bei 120 °C
Backblech, mit Backpapier belegt

1
Die Eiweiße mit dem Salz steif schlagen. Nach und nach den Zucker einrieseln lassen und weiterschlagen, bis der Eischnee schnittfest und glänzend ist. Die restlichen Zutaten vorsichtig untermischen.

2
Die Mandelmasse in einen Spritzbeutel mit Lochtülle füllen und haselnussgroße Tupfer auf das Backpapier spritzen. Im kühlen Raum einige Stunden trocknen lassen.

3
Die Amaretti im vorgeheizten Ofen hellbraun backen. Mit dem Backpapier vom Blech ziehen und auskühlen lassen. In einer Blechdose aufbewahren, so bleiben sie lange frisch.

Prophetenkuchen

Das Rezept für die feinen hellen Schnitten stammt von einer Freundin aus Jena. Kenner lieben das trockene und sehr zarte Knabbergebäck zu Tee oder Kaffee. In einer gut schließenden Keksdose aufbewahrt, bleibt es lange Zeit frisch.

- 65 g weiche Butter, 125 g Zucker
- 4 Eigelb, 2 ganze Eier
- abgeriebene Zitronenschale
- 500 g Mehl, 3 EL Arrak

- zerlassene Butter zum Bestreichen
- Puderzucker zum Besieben

Backen: 25 Minuten bei 180 °C
Backblech, gefettet und bemehlt

1
Die Butter geschmeidig rühren. Nach und nach den Zucker, die Eigelbe und die ganzen Eier zugeben und zu einer weißschaumigen Masse rühren. Die Zitronenschale, Mehl und Arrak unter die Schaummasse mischen. Den Teig auf das Backblech streichen und über Nacht kühl stellen.

2
Den Teig gut mit zerlassener Butter bestreichen und im vorgeheizten Ofen hell- bis goldgelb backen.

3
Die Platte nach dem Backen vom Blech nehmen, noch heiß mit Butter bestreichen und mit Puderzucker besieben. Die Platte in Schnitten von 8 × 6 cm schneiden und auskühlen lassen.

Teegebäck 2

Kürbiskernwürfel

MÜRBETEIG
- _ 400 g Mehl
- _ 100 g Zucker
- _ 1 Prise Salz
- _ 200 g weiche Butter
- _ 1 Ei

KÜRBISKERNMASSE
- _ 50 g Sahne
- _ 100 g Honig
- _ 100 g Butter, 150 g Zucker
- _ 200 g Kürbiskerne (oder gemischt mit Sesamsamen)

- _ 100 g Aprikosenkonfitüre zum Bestreichen

Vorbacken: 15 Minuten bei 200 °C
Fertig backen: 15–20 Minuten bei 180 °C
Backblech, mit Backpapier ausgelegt

1
Für den Mürbeteig das Mehl in die Rührschüssel geben, die übrigen Zutaten zufügen. Mit dem Handrührgerät (Knethaken) kurz auf niedrigster, dann auf höchster Stufe rasch zu einem glatten Teig verarbeiten. Mit den Händen zur Kugel formen, in Folie wickeln und mindestens 1 Stunde kalt stellen.

2
Für die Kürbiskernmasse in einem Topf die Sahne mit allen Zutaten aufkochen und etwas abkühlen lassen – die Masse soll nicht mehr flüssig, aber streichfähig sein.

3
Den Teig zu einem Rechteck in Blechgröße ausrollen, die Ränder egalisieren. Die Teigplatte mit dem Teigroller aufnehmen und auf dem Backblech wieder abrollen. Mit der Gabel mehrmals einstechen. Die Platte im vorgeheizten Ofen goldgelb vorbacken, dann die Ofenhitze reduzieren.

4
Die Aprikosenkonfitüre mit 1 EL Wasser erhitzen, durchpassieren und die vorgebackene Teigplatte dünn damit bestreichen. Die Kürbiskernmasse daraufstreichen. Auf Sicht hellbraun fertig backen. Mit dem Papier vom Blech ziehen; warm oder kalt in 2 × 3 cm große Würfel schneiden.

Kürbiskernwürfel

Krosse Mandelkekse

MÜRBETEIG
- _ 250 g Mehl
- _ 250 g brauner Zucker
- _ 1 TL Backpulver
- _ 100 g kalte Butter, in Stückchen
- _ 125 g ganze Mandeln, enthäutet
- _ 1 Ei

- _ grober weißer Zucker zum Wälz

Backen: 8–10 Minuten bei 18
Backblech, mit Backpapier ausgele

1
Das Mehl auf der Arbeitsfläche r
Zutaten rasch zusammenkneten
Rollen von 3–4 cm Durchmes
men. Die Rollen in dem grobe
wälzen, mit Folie bedecken u
tens 1 Stunde, besser noch i
kalt stellen.

2
Die Rollen mit einem schar
in möglichst dünne Scheibe
Auf das Backblech legen und vor dem Backen kalt stellen.

3
Die Plätzchen im vorgeheizten Ofen auf Sicht goldgelb backen. Mit dem Backpapier vom Blech ziehen und auskühlen lassen.

Friesenkekse

MÜRBETEIG
- 300 g Mehl
- 100 g gemahlene Mandeln
- 150 g Zucker, 1 EL Vanillezucker
- 250 g weiche Butter
- 2 Eigelb, 1 EL Rum

- Hagelzucker zum Wälzen

Backen: 10–15 Minuten bei 200 °C
Backblech, mit Backpapier ausgelegt

1
Das Mehl in die Rührschüssel geben, die übrigen Zutaten zufügen und mit dem Handrührgerät (Knethaken) erst auf niedrigster, dann auf höchster Stufe rasch zu einem Teig verarbeiten. Den Teig auf der bemehlten Arbeitsfläche zusammendrücken, in 2 Portionen teilen und daraus jeweils 1 Rolle von etwa 4 cm Ø formen. Jede Rolle stramm in Folie wickeln und nur etwa 10 Minuten kalt stellen; der Teig soll gerade so fest werden, dass man daraus schöne runde Plätzchen abschneiden kann.

2
Den Hagelzucker auf einen flachen Teller geben. Die Teigrollen aus der Folie nehmen und im Hagelzucker hin und her rollen, dabei mit der flachen Hand vorsichtig andrücken; der Hagelzucker soll am Teig haften. Von den Rollen gut ½ cm dicke Scheiben abschneiden und auf das Blech legen. Die Kekse hellgelb backen.

Florentiner

Florentiner

Florentiner fließen beim Backen gern in die Breite; sie müssen dann während oder gegen Ende der Backzeit rasch wieder in Form gebracht werden. Dafür einen runden Ausstecher oder einen Löffel kurz in Wasser tauchen und die Ränder damit wieder zusammenziehen. Das muss sehr rasch geschehen. Backen Sie deshalb nicht zwei Bleche gleichzeitig (Umluft).

- 130 g Sahne
- 40 g Butter
- 125 g Zucker, 50 g Honig
- 40 g Zitronat, fein gewürfelt
- 40 g Orangeat, fein gewürfelt
- 60 g enthäutete, gehackte Mandeln
- 200 g Mandelblättchen
- 3 EL Mehl

- etwa 10 rote Belegkirschen, geviertelt
- 200 g dunkle Kuvertüre, grob gehackt

Backen: 10–15 Minuten bei 180 °C
Backblech, mit Backpapier ausgelegt

1
In einem flachen Topf die Sahne mit der Butter, dem Zucker und dem Honig langsam erhitzen und aufkochen. Den Topf vom Herd nehmen. Das Zitronat, Orangeat und alle Mandeln untermischen. Das Mehl darüberstreuen und die Masse mit dem Rührlöffel gut und gleichmäßig vermischen.

2
Mit einem Teelöffel, jeweils 1 gehäufter Löffel voll, in großem Abstand Häufchen auf das Backblech setzen, mit nassen Fingern rund formen und etwas abflachen. Die Ränder nachformen. Jedes Plätzchen mit einem Stück Belegkirsche garnieren.

3
Die Florentiner im vorgeheizten Ofen auf Sicht goldgelb backen. Falls sie an den Rändern breit laufen sollten, können Sie sie sofort nach dem Backen auf dem heißen Blech mit einer angefeuchteten runden Ausstechform oder einem Löffel nachformen.

4
Mit dem Backpapier vom Blech ziehen und vollständig auskühlen lassen. Die Kuvertüre schmelzen und die Florentiner auf der Unterseite damit bestreichen. Sobald sie fest geworden ist, noch einmal Kuvertüre darüberstreichen, anziehen lassen und nach Belieben vor dem Erstarren mit einer Gabel wellenförmige Linien durchziehen.

Für Ingwer- und Gewürzfans

Ingwerherzchen

MÜRBETEIG

- 300 g Mehl
- 1 Messerspitze Backpulver
- 100 g Zucker
- 1 Päckchen Vanillezucker
- 200 g weiche Butter
- 1 Ei
- 30 g kandierter Ingwer, fein gewürfelt

- 1 Eigelb, mit 1 EL Sahne verrührt, zum Bestreichen
- 40 g kandierter Ingwer, fein gewürfelt, zum Bestreuen

Backen: 10 Minuten bei 180 °C
Backblech, mit Backpapier ausgelegt

1

Für den Mürbeteig das Mehl in die Rührschüssel geben, die übrigen Zutaten zufügen. Mit dem Handrührgerät (Knethaken) kurz auf niedrigster, dann auf höchster Stufe rasch zu einem glatten Teig verarbeiten. Mit den Händen zur Kugel formen, in Folie wickeln und mindestens 1 Stunde kalt stellen.

2

Den Teig auf der bemehlten Arbeitsfläche 3 mm dick ausrollen. Herzchen ausstechen (oder beliebige andere Formen) und auf das Backblech legen. Die Plätzchen mit der Eigelbsahne bestreichen und mit den Ingwerwürfelchen bestreuen. Kalt stellen.

3

Die Ingwerherzchen im vorgeheizten Ofen auf Sicht goldgelb backen. Mit dem Backpapier vom Blech ziehen und auskühlen lassen.

Anisplätzchen

Die zarten, goldgelben Anisplätzchen waren früher ein Traditionsgebäck, nicht nur zur Weihnachtszeit. In vielen Haushalten waren die Plätzchen mit dem ausgeprägten Anisgeschmack fast ständig vorrätig. War Schonkost oder Diät angesagt, z. B. bei Bauchweh, Magenverstimmung und anderen Wehwehchen, erlaubte die Mutter einen Griff in die Plätzchenbüchse.

EIERTEIG

- 4 Eier
- 250 g feiner Zucker
- etwa 375 g Mehl
- 1–2 TL Anissamen, zerstoßen
- 5 g Hirschhornsalz, in 1 EL Milch aufgelöst

Backen: 10–15 Minuten bei 180 °C
Backblech, mit Backpapier ausgelegt

1

Die Eier mit dem Zucker mit dem Handrührgerät (Rührbesen) auf höchster Stufe 4–5 Minuten sehr gut schaumig rühren. Das Mehl in 3 Portionen darübersieben und kurz unterrühren, dabei die Anissamen und das aufgelöste Hirschhornsalz unterrühren.

2

Den Ofen vorheizen. Mit zwei Teelöffeln in großem Abstand (die Plätzchen laufen in die Breite) kleine Häufchen auf das Backblech setzen. Goldgelb backen.

3

Die Plätzchen mit dem Backpapier vom Blech ziehen und darauf erkalten lassen. In einer gut verschlossenen Büchse bleiben sie lange frisch.

Ingwer-Cashew-Plätzchen

MÜRBETEIG

- 140 g Mehl
- 80 g Zucker, 1 Prise Salz
- 1 Prise gemahlener Kardamom
- 125 g Cashewnüsse oder Mandeln, gemahlen
- 125 g kandierter Ingwer, klein gewürfelt
- 80 g weiche Butter
- 2 Eigelb

- Cashewnüsse, quer halbiert
- kandierter Ingwer, klein gewürfelt

Backen: 12 Minuten bei 180 °C
Backblech, mit Backpapier ausgelegt

1

Für den Mürbeteig das Mehl in die Rührschüssel geben, die übrigen Zutaten zufügen. Mit dem Handrührgerät (Knethaken) kurz auf niedrigster, dann auf höchster Stufe rasch zu einem glatten Teig verarbeiten. Mit den Händen zur Kugel formen, in Folie wickeln und mindestens 1 Stunde kalt stellen.

2

Aus dem Teig auf der bemehlten Arbeitsfläche dünne Rollen formen. Kleine Stückchen abschneiden, zu kirschgroßen Kugeln formen und in ausreichendem Abstand auf das Backblech setzen. In die Hälfte der Kugeln ein Stück Cashewnuss, in die andere Hälfte ein Ingwerwürfelchen drücken. Kalt stellen.

3

Die Plätzchen im vorgeheizten Ofen auf Sicht goldgelb backen. Mit dem Backpapier vom Blech ziehen und auskühlen lassen.

Glühweinwürfel

Der Glühwein gibt nicht nur Aroma, sondern der Glasur auch eine himbeerrote Farbe.

GLÜHWEIN

- 250 ml Rotwein
- Schale und Saft von je 1 Zitrone und Orange
- 2 EL Zucker
- 2 Gewürznelken
- ½ Zimtstange

RÜHRTEIG

- 250 g weiche Butter
- 250 g Zucker
- 2 EL Vanillezucker
- 4 Eier
- 150 g geriebene Schokolade oder Kuvertüre
- 125 ml Glühwein
- 250 g Mehl
- 2 TL Backpulver

GLASUR

- 200 g Puderzucker
- 4–5 EL Glühwein

- 200 g gehackte, geröstete Mandeln zum Bestreuen

Backen: 25 Minuten bei 200 °C
Tiefes Backblech, mit Backpapier ausgelegt

1

Für den Glühwein den Wein mit allen Zutaten in einem Topf erhitzen, 10 Minuten ziehen lassen. Abseihen und auf Raumtemperatur abkühlen lassen. Die Hälfte davon für die Glasur beiseitestellen.

2

Für den Rührteig die Butter mit dem Zucker mit dem Handrührgerät (Rührbesen) auf höchster Stufe rühren, bis sich der Zucker gelöst hat. Nach und nach die Eier zugeben und jedes Ei ½ Minute rühren. Die Schokolade und den Glühwein unterrühren. Das Mehl mit dem Backpulver darübersieben und nur kurz unterrühren. Den Teig auf das Backblech streichen und backen. Auf dem Blech auf einem Kuchenrost erkalten lassen.

3

Für die Glasur den Puderzucker mit dem Glühwein glatt rühren, den Kuchen damit bestreichen, die Mandeln darüberstreuen und trocknen lassen.
Den Kuchen in Würfel schneiden.
In einer Gebäckdose aufbewahren.

Honigkuchen

Thorner Kathrinchen

Mit den Lebkuchen aus Thorn (heute Thorun, Polen) wurde traditionell am 25. November, dem Tag der Heiligen Katharina, mit der Adventsbäckerei begonnen. Es gibt vielerlei Ausstechformen dafür, man kann den ausgerollten Teig natürlich auch in Streifen schneiden.

HONIGTEIG

- 250 g Honig
- 75 g Zucker
- 75 g Butter
- ½ TL Zimt
- je 1 Messerspitze gemahlene Nelken, Ingwer und Kardamom
- 1 Ei
- 400–500 g Mehl
- 1 EL Hirschhornsalz, in 1–2 EL Milch aufgelöst

Thorner Kathrinchen

Backen: 12–15 Minuten bei 180 °C
Backblech, mit Backpapier ausgelegt

1
Den Honig mit dem Zucker in einem Topf erwärmen und rühren, bis sich der Zucker gelöst hat. Die Butter zugeben und unter Rühren zerlassen. Vom Herd nehmen und in eine Schüssel umfüllen.

2
Nacheinander die Gewürze, das Eigelb, das Mehl sowie das aufgelöste Hirschhornsalz zugeben und einarbeiten. Den Teig 1 Stunde bei Raumtemperatur zugedeckt ruhen lassen; er soll warm bleiben.

3
Den Ofen vorheizen. Den Teig 3 mm dick ausrollen. Mit einer Kathrinchenform (oder einer beliebigen anderen Form) Figuren ausstechen und in großem Abstand auf das Backblech legen.
Mit warmem Wasser bestreichen und backen. Wer mag, kann die Lebkuchen mit Zucker- oder Schokoladenglasur bestreichen.

Dominosteine

HONIGTEIG

- 450 g Mehl
- 1 Päckchen Backpulver
- 1 TL Zimt
- 1 Prise Nelken
- 1 Messerspitze Kardamom
- 375 g Honig, erwärmt und verflüssigt
- 3 EL Rum
- ½ TL Pottasche, in 1 EL Wasser aufgelöst

FÜLLUNG

- 200 g Powidl (Pflaumenmus)
- 1 Päckchen Mohnbackfüllung (250 g)

GLASUR

- 150 g dunkle Kuvertüre
- 150 g helle Kuvertüre
- 2 Becher Schokoladenglasur (300 g)

Backen: 25 Minuten bei 180 °C
Backblech, mit Backpapier ausgelegt

1

Für den Honigteig in der Rührschüssel das Mehl mit dem Backpulver und den Gewürzen vermischen. Den Honig, den Rum und die aufgelöste Pottasche dazugeben. Mit dem Handrührgerät (Knethaken) zu einem glatten Teig rühren. Den Teig auf der bemehlten Arbeitsfläche gut durchkneten, in Folie wickeln und mindestens 1 Stunde ruhen lassen.

2

Den Ofen vorheizen. Den Teig in drei gleich große Portionen teilen und diese auf der bemehlten Arbeitsfläche zu drei dünnen Platten von etwa 30 × 25 cm ausrollen. Eine Platte auf das Backblech legen, mehrmals mit einer Gabel einstechen und mit dem Pflaumenmus bestreichen. Die zweite Platte darüberlegen, einstechen und mit der Mohnbackfüllung bestreichen. Mit der dritten Platte abdecken und mehrmals einstechen. Goldbraun backen.

3

Das Gebäck aus dem Ofen nehmen, noch warm in 2,5 cm breite Streifen und diese in Würfel schneiden. Die Würfel leicht andrücken und erkalten lassen.

4

Für die Glasur die Kuvertüre klein hacken und zusammen mit der Schokoladen-Kuchenglasur auf dem heißen Wasserbad schmelzen. Die Kuchenwürfel mit einer feinen Gabel (Pralinengabel) aufnehmen, in die Glasur tauchen, abtropfen und auf einem Kuchengitter oder auf Backpapier trocknen lassen. Gut verpackt kühl lagern.

Gewürzrauten

Gewürzrauten

- 100 g Rosinen
- 50 g getrocknete Datteln, gehackt
- 100 g Orangeat, fein gewiegt
- 100 g Zitronat, fein gewiegt
- 3 EL Rum zum Marinieren
- 200 g weiche Butter
- 150 g flüssiger Honig
- 50 g Rübensirup
- 4 Eier
- 400–450 g Mehl
- 1 Päckchen Backpulver
- 40 g Kakaopulver, 1½ TL Zimt
- je ¼ TL Piment, Nelken und Ingwer, gemahlen
- 150 g gehackte Mandeln
- 150 g gehackte Walnüsse

ZITRONENGLASUR

- 200 g Puderzucker, 1 Eiweiß
- etwa 2 EL Zitronensaft

- Pistazien zum Bestreuen

Backen: 20 Minuten bei 180 °C
Backblech, mit Backpapier belegt

1

Am Vorabend die Trockenfrüchte in dem Rum marinieren.

2

Die Butter mit dem Honig und dem Sirup mit dem Handrührgerät (Knethaken) glatt rühren, die Eier, eines nach dem anderen, unterrühren. Alle anderen Zutaten und die marinierten Trockenfrüchte mit den Knethaken des Rührgerätes einarbeiten. Den Teig zu einer Kugel formen, in Folie wickeln und über Nacht kalt stellen.

3

Den Teig auf der bemehlten Arbeitsfläche 1 cm dick ausrollen, auf das Backblech legen und mit der Gabel mehrmals einstechen. Die Teigplatte im vorgeheizten Ofen backen. Mit dem Backpapier vom Blech ziehen und auskühlen lassen.

4

Für die Glasur den Puderzucker mit dem Eiweiß und dem Zitronensaft zu einer dickflüssigen Masse rühren und die Teigplatte damit bestreichen. Rauten von etwa 4 cm Kantenlänge (es dürfen auch Würfel sein) ausschneiden. Die Rauten mit gehackten Pistazien bestreuen, solange die Glasur noch feucht ist.

Lebkuchen

Das seit Jahrhunderten bekannte Gebäck zählt bis heute zu den beliebtesten Weihnachtsbäckereien. Die Rezepte stammen noch aus der Zeit, als Honig statt des kostbaren Zuckers zum Süßen verwendet und das teure Weizenmehl durch Roggenmehl ersetzt wurde. Der durch die langen Transportwege teure Pfeffer gab den Pfefferkuchen ihren Namen auch für Gewürze wie Piment, Nelken, Zimt und Kardamom, selbst wenn Pfeffer nicht im Teig war. Lebkuchen dürfen nicht zu trocken gebacken werden. Anfangs sind sie oft hart, werden aber, gut verpackt, nach 3–4 Wochen Lagerung in einem kühlen Raum weich.

Schnelle Lebkuchen

Diese einfachen Lebkuchenschnitten sind die idealen ersten Lebkuchen schon zum Nikolaustag. Sie sind im Handumdrehen gemacht, und – im Unterschied zu den üblichen Honiglebkuchen – sofort weich. Frisch gebacken schmecken sie auch am besten.

- 2 Eier, 220 g Zucker
- 60 g Butter, zerlassen
- je 2 Messerspitzen gemahlene Nelken und Piment
- 1/4 TL Zimt
- 3 EL Rübensirup
- 70 g Walnusskerne, gehackt
- 300 g Roggenmehl
- 1/2 Päckchen Backpulver
- etwa 150 ml Milch

- 200 g dunkle Kuvertüre, mit 50 g Kokosfett geschmolzen (oder 1 Becher Schokoladen-Kuchenglasur)

Backen: 20 Minuten bei 190 °C
Backblech, gefettet und bemehlt

1

Die Eier und den Zucker mit dem Rührgerät schaumig rühren. Die lauwarme Butter, die Gewürze, den Sirup und die Walnüsse einrühren. Das Mehl mit dem Backpulver, abwechselnd mit der Milch, unterrühren, jedoch nur so viel Milch zugeben, dass der Teig schwer vom Löffel fällt. Auf das Backblech streichen und im vorgeheizten Ofen backen.

2

Die Platte nach dem Auskühlen vom Blech ziehen, mit Kuvertüre oder Kuchenglasur bestreichen, in kleine Schnitten schneiden.

Schnelle Lebkuchen

Elisenlebkuchen mit Marzipan

- 100 g Marzipanrohmasse
- 175 g Zucker
- 220 g Eiweiß (etwa 7 Eiweiß)
- je 150 g gemahlene Haselnüsse und Mandeln, trocken geröstet
- 1 TL Lebkuchengewürz
- abgeriebene Zitronenschale
- je 80 g Orangeat und Zitronat, fein gewiegt
- 30 g Mehl
- 1 TL Hirschhornsalz, in 2 EL Rum aufgelöst

- 200 g Kuvertüre, mit 50 g Kokosfett geschmolzen (oder Zuckerglasur, Seite 119)

Backen: 20 Minuten bei 170 °C
Backblech
Backoblaten, 70 mm Ø

1

Die Marzipanrohmasse zerbröseln und mit dem Zucker zwischen den Händen verreiben. Nach und nach die Eiweiße zugeben und mit dem Rührlöffel glatt rühren. Alle übrigen Zutaten einarbeiten. Die Masse zugedeckt über Nacht anziehen lassen.

2

Die Oblaten auf dem Backblech verteilen. Aus der Masse mit zwei Teelöffeln Häufchen auf die Oblaten setzen, mit angefeuchteten Fingerspitzen nachformen und glätten. Im vorgeheizten Ofen hellbraun backen.

3

Überstehende Oblaten nach dem Auskühlen abbrechen. Die Lebkuchen mit Kuvertüre überziehen oder mit Punschglasur bestreichen. Vor dem Verpacken gut trocknen lassen.

Rum-Lebkuchen

Die würzigen Mandel-Nuss-Lebkuchen werden mit einer aromatischen Kakao-Rum-Glasur überzogen. Sie können frisch gebacken gegessen werden, schmecken aber auch nach 3 Wochen noch sehr fein.

- 5 Eier, 200 g Zucker
- 250 g gemahlene Mandeln
- 250 g gemahlene Haselnüsse
- je 100 g Zitronat und Orangeat, fein gewiegt
- 50 g Schokolade, gerieben
- ½ TL Zimt, ¼ TL gemahlene Nelken

GLASUR

- 200 g Puderzucker
- 3 EL Kakaopulver, gesiebt
- etwa 3 EL Rum
- 20 g Kokosfett, zerlassen

Backen: 20 Minuten bei 170 °C
Backblech
Backoblaten, 50–70 mm Ø

1

Die Eier und den Zucker mit dem Handrührgerät (Rührbesen) schaumig rühren. Alle übrigen Zutaten dazugeben und gut vermischen.

2

Das Backblech mit Oblaten auslegen. Aus dem Teig mit zwei Teelöffeln Häufchen auf die Oblaten setzen, mit nassen Fingerspitzen nachformen und glätten.

3

Die Lebkuchen im vorgeheizten Ofen auf Sicht hellbraun backen; sie sollen innen noch etwas weich sein. Vom Blech nehmen und auskühlen lassen. Überstehende Oblaten abbrechen.

Lebkuchentaler

4

Für die Glasur den Puderzucker mit dem Kakaopulver mischen, mit dem Rum und dem Kokosfett zu einer streichfähigen Masse verrühren. Mit einem Pinsel auf die Lebkuchen auftragen und auf Backpapier trocknen lassen.

Lebkuchentaler

- 225 g Mehl
- 150 g Grieß
- 2 TL Backpulver
- ¼ TL Zimt
- je 1 Messerspitze Nelken, Kardamom und Muskatblüte, gemahlen
- 1 Prise Salz
- 150 g Rübensirup
- 75 g brauner Zucker
- 125 g weiche Butter

GLASUR

- 150 g Puderzucker
- etwa 3 EL Wasser

Backen: 8–10 Minuten bei 200 °C
Backblech, mit Backpapier ausgelegt

1

Das Mehl mit dem Grieß, Backpulver, den Gewürzen und Salz mischen. Den Sirup mit dem Zucker und der weichen Butter mit den Knethaken des Rührgerätes verrühren, die Mehlmischung löffelweise unterrühren. Den Teig 20 Minuten ruhen lassen.

2

Mit dem Teelöffel Teigstückchen abstechen, Kugeln formen und mit der Hand flach drücken (oder den Teig 4 mm dick ausrollen und runde Plätzchen ausstechen). Mit Abstand auf das Backblech legen und im vorgeheizten Ofen hellbraun backen. Vom Blech nehmen und auskühlen lassen.

3

Für die Glasur den Puderzucker in einem Schälchen mit dem Wasser zu einer leicht flüssigen Masse verrühren. Die Lebkuchen bis zur Hälfte eintauchen und auf einem Kuchengitter abtropfen lassen.

Brot und Brötchen

Aus vollem Korn

Sauerteig

Zur Lockerung von Brotteigen werden traditionell Sauerteig und Hefe verwendet. Bei Roggenbroten sorgt der Sauerteig für eine stabile Krumenbildung, Weizenmehlbrote gehen mit Hefe schön locker auf. Sauerteig gibt es im Beutel fertig abgepackt im Supermarkt, Reformhaus oder beim Bäcker zu kaufen.
Wer ihn selber ansetzen möchte, geht folgendermaßen vor: 100 g Roggenmehl (Type 997) mit 100 ml warmem Wasser (40–45 °C) in einer Schüssel verrühren und zugedeckt 1–2 Tage an einem warmen Ort »gären« lassen. Weitere 100 g Roggenmehl und 100 ml Wasser gründlich einrühren und erneut zugedeckt 24 Stunden »gären« lassen. Beim dritten Mal 200 g Roggenmehl und 200 ml Wasser einrühren, zudecken und wieder 24 Stunden »gären« lassen.
Mit diesem Sauerteigansatz »lebt« man. Einfach etwa 100 g für das nächste Brot abnehmen und erneut wie oben ansetzen. Er hält sich im Kühlschrank bis zu 14 Tagen, lässt sich aber auch einfrieren.

Mehrkorn-Vollkornbrot

- 550 ml lauwarmes Wasser
- 1 Würfel frische Hefe
- 1 TL Zucker
- 750 g gemischtes Mehl (Weizenvollkorn-, Dinkel- und Roggenmehl)
- 50 g Vollkornhaferflocken
- 150 g Samen und Kerne (Sesamsamen, Leinsamen, Sonnenblumenkerne, Kürbiskerne)
- 2 TL Salz
- 1 Beutel Natursauerteig (150 g)

Backen: 50–60 Minuten bei 220 °C
Brotback- oder Kastenform, gefettet

1
In dem lauwarmen Wasser die Hefe und den Zucker auflösen und warten, bis sich Blasen bilden. Die Zutaten in eine große Schüssel füllen. Nach und nach das Hefe-Zucker-Wasser zugießen und mit den Knethaken des Rührgeräts zu einem festen Teig verarbeiten. Zugedeckt an einem warmen Ort gehen lassen, bis sich das Volumen verdoppelt hat.

2
Den Teig auf der Arbeitsfläche kräftig durchkneten, in die Backform füllen und nochmals zugedeckt gehen lassen. Den Ofen vorheizen.

3
Ein kleines, feuerfestes Gefäß mit etwas heißem Wasser in den Backofen stellen, das Brot backen. Aus der Form nehmen und die Oberfläche mit Wasser bepinseln.

Bauernlaib

- 375 ml lauwarmes Wasser
- 1 Würfel frische Hefe, 1 EL Zucker
- 100 g Weizenmehl Type 405
- 350 g Weizenvollkornmehl
- 175 g Roggenmehl, 2 TL Salz
- je 1 TL Kümmel und Koriander, gemahlen

Anbacken: 15 Minuten bei 230 °C
Fertig backen: 25 Minuten bei 200 °C
Backblech, leicht bemehlt

1
Den Teig zubereiten, wie im Rezept Mehrkorn-Vollkornbrot (links) unter Schritt 1 beschrieben.

2
Den Teig mit den Händen kräftig durchkneten, einen Laib formen, auf das Backblech legen und zugedeckt erneut gehen lassen. Der Laib soll sich deutlich vergrößern. Den Ofen vorheizen.

3
Ein kleines, feuerfestes Gefäß mit etwas heißem Wasser in den Backofen stellen, das Brot anbacken und bei reduzierter Hitze fertig backen.

Buttermilchbrot

- 250 g Weizenmehl Type 405
- 125 g Weizenschrot
- 125 g Roggenschrot
- ½ Würfel frische Hefe
- 500 ml lauwarme Buttermilch
- 200 g Samen und Kerne (Sesamsamen, Leinsamen, Sonnenblumenkerne, Kürbiskerne)
- 1½ EL Rübensirup
- 2 TL Salz

Backen: 2 Stunden bei 150 °C
Kastenform, gefettet

1
Für den Hefeteig das Mehl in eine Rührschüssel füllen und in die Mitte eine Mulde drücken. Die zerbröckelte Hefe in der Mulde mit 3 EL von der Buttermilch und etwas Mehl vom Rand zu einem weichen Vorteig anrühren und im warmen Raum zugedeckt kurz gehen lassen. Die restlichen Zutaten einarbeiten und mit den Knethaken des Rührgerätes zu einem geschmeidigen, glatten Teig abschlagen. Zugedeckt gehen lassen, bis er das Doppelte seines Volumens erreicht hat.

2
Den Teig auf der Arbeitsfläche kräftig durchkneten, in die Backform füllen und nochmals zugedeckt gehen lassen. Den Ofen vorheizen.

3
Ein kleines, feuerfestes Gefäß mit heißem Wasser in den Ofen stellen und das Brot backen; nach 1 Stunde die Form mit Alufolie abdecken.

Mehrkorn-Vollkornbrot und Bauernlaib

Brote aus anderen Mehlen

Buchweizenbrot

Es gibt spezielle Körbchen, mit deren Hilfe ein Laib Brot seine ausgeglichene, runde Form und ein hübsches Muster bekommt. Mit dem »Schüsseltrick« können Sie sich jedoch wunderbar behelfen: Sie stürzen den Teig aus einer Schüssel heraus direkt auf das Backblech.

- 1 Würfel frische Hefe
- 300 ml lauwarmes Wasser
- 1 EL Rübensirup
- 100 g Buchweizenmehl
- 400 g Weizenmehl Type 550
- 2 TL Salz

Anbacken: 15 Minuten bei 230 °C
Fertig backen: 20–25 Minuten bei 200 °C
Backblech, leicht bemehlt

1

Die Hefe in dem lauwarmen Wasser auflösen, den Sirup einrühren und warten, bis sich Blasen bilden. Die beiden Mehlsorten mit dem Salz in eine große Schüssel füllen. Nach und nach das Hefe-Sirup-Wasser zugießen und mit den Knethaken des Rührgerätes zu einem festen Teig verarbeiten. Zugedeckt bei Raumtemperatur gehen lassen, bis sich sein Volumen etwa verdoppelt hat.

Das Gärkörbchen gibt es zum Formen von runden und ovalen Brotlaiben.

2

Den Teig auf der bemehlten Arbeitsfläche kräftig kneten, zu einer Kugel formen, in das spezielle Körbchen oder in eine leicht gefettete und bemehlte Schüssel legen und erneut zugedeckt gehen lassen. Den Ofen vorheizen.

3

Den Teig vorsichtig aus dem Körbchen oder der Schüssel auf das Backblech stürzen. Ein feuerfestes Gefäß mit etwas heißem Wasser in den Ofen stellen, das Brot anbacken und bei reduzierter Hitze fertig backen.

Dinkelbrot

Dinkel zählt zu den ältesten Kulturformen des Weizens. Sein nussiger Geschmack ist besonders beim Brotbacken gefragt. Das kleberreiche Dinkelmehl kann wie Weizenmehl zum Backen verwendet werden.

- 500 g Dinkelmehl
- 1 Würfel frische Hefe
- ½ TL Zucker
- 500 ml lauwarmes Wasser
- 1 TL Salz, 1 EL Obstessig
- 100 g Kerne und Samen (Sonnenblumenkerne, Kürbiskerne, Sesamsamen, Leinsamen)

Backen: 75 Minuten bei 160 °C
Kastenform, gefettet

1

Für den Hefeteig das Mehl in eine Schüssel füllen und in die Mitte eine Mulde drücken. Die zerbröckelte Hefe in der Mulde mit dem Zucker sowie 3 EL von dem lauwarmen Wasser und etwas Mehl vom Rand zu einem weichen Vorteig anrühren und im warmen Raum zugedeckt kurz gehen lassen. Die restlichen Zutaten einarbeiten und mit den Knethaken des Rührgerätes zu einem geschmeidigen, glatten Teig abschlagen. Zugedeckt bei Raumtemperatur gehen lassen, bis er das Doppelte seines Volumens erreicht hat.

2

Den Teig auf der Arbeitsfläche kräftig durchkneten, in die Backform füllen und nochmals zugedeckt gehen lassen. Den Ofen vorheizen.

3

Ein feuerfestes Gefäß mit etwas heißem Wasser in den Ofen stellen. Das Brot backen, im ausgeschalteten Ofen noch weitere 15 Minuten ruhen lassen und anschließend aus der Form nehmen.

Kürbiszopf

Warum nicht einmal einen Kürbiszopf zum Frühstück reichen statt des üblichen Hefezopfes? Die reiche Kürbisernte im Herbst gibt Gelegenheit dazu. Sie können für diesen Zopf jeden beliebigen Kürbis verwenden. Außerdem können Sie den Kürbis-Hefeteig auch zu einem Brotlaib und – wie bei den meisten Brotrezepten – zu Brötchen oder Stangen formen.

HEFETEIG

- 500 g Weizenmehl Type 1050
- 300 g Kürbisfleisch
- 10 g Ingwer, geschält, klein gewürfelt
- 1 Würfel frische Hefe
- 1 EL Honig
- 2 TL Salz
- 20 g Butter, zerlassen
- etwa 140 ml lauwarmes Wasser

- 1 Eigelb, mit 1 EL Wasser verrührt, zum Bestreichen
- 2 EL geschälte Kürbiskerne

Backen: 40 Minuten bei 180 °C
Backblech, leicht bemehlt

1

Das Mehl in eine Rührschüssel füllen und in die Mitte eine Mulde drücken.

2

Das Kürbisfleisch klein würfeln, in einem Topf mit Dämpfeinsatz in etwa 10 Minuten weich dämpfen. Das Kürbisfleisch zusammen mit dem Ingwer fein pürieren und lauwarm abkühlen lassen. 4 EL davon mit der Hefe und dem Honig in einem Gefäß glatt rühren, in die Mehlmulde geben und mit etwas Mehl vom Rand verrühren. Mit Mehl bestauben und zugedeckt bei Raumtemperatur gehen lassen.

3

Das restliche Kürbispüree, Salz, Butter und das Wasser zugeben und mit dem Knethaken des Rührgerätes zu einem glatten Teig rühren. Zugedeckt erneut gehen lassen.

4

Den Teig auf der bemehlten Arbeitsfläche gut durchkneten und in 3 gleich große Portionen teilen. Diese zu Strängen von 40 cm Länge formen und nebeneinander legen. Von der Mitte aus bis zum einen Ende einen Zopf flechten, drehen und bis zum anderen Ende flechten (siehe Seite 44). Den Zopf auf das Blech legen und zugedeckt gehen lassen.
Den Ofen vorheizen.

5

Ein feuerfestes Gefäß mit etwas heißem Wasser in den Ofen stellen. Den Kürbis zopf mit dem verquirlten Eigelb bestreichen und mit den Kürbiskernen bestreuen. Goldbraun backen.

Spezialbrote – mit aromatischem Innenleben

Walnussbrot

Trocken geröstete, leicht karamellisierte Walnüsse (möglichst frisch geknackt) machen das Besondere dieses Brotes aus. Es ist der Renner, wenn mehrere Brote zur Auswahl stehen. Wie immer lohnt es sich, die doppelte Menge zu backen und einzufrieren, zum Beispiel für einen Brunch.

HEFETEIG

- 150 g Walnusskerne
- 1 EL Puderzucker
- 150 g Weizenmehl Type 550
- 100 g Roggenmehl
- 50 g Weizenschrot
- 1 Würfel frische Hefe
- 1 TL Zucker
- etwa 200 ml lauwarme Milch
- 1½ TL Salz

- Mehl zum Bestauben
- Milch zum Bestreichen

Backen: 30 Minuten bei 200 °C
Backblech, leicht bemehlt

1

Die Walnüsse grob hacken. In einer Pfanne ohne Fett trocken rösten, mit dem Puderzucker bestauben und leicht karamellisieren. Auf einem Teller abkühlen lassen.

2

Für den Hefeteig das gesamte Mehl in einer Schüssel vermischen und in die Mitte eine Mulde drücken. Die Hefe hineinbröckeln und mit dem Zucker, 3 EL von der lauwarmen Milch sowie etwas Mehl vom Rand zu einem weichen Vorteig anrühren. Zugedeckt im warmen Raum kurz gehen lassen. Die restliche Milch, das Salz und die Walnüsse einarbeiten und mit den Knethaken des Rührgerätes zu einem geschmeidigen Teig abschlagen. Zugedeckt gehen lassen, bis er das Doppelte seines Volumens erreicht hat.

3

Mit bemehlten Händen den Teig auf der Arbeitsfläche kräftig durchkneten, 2 längliche Laibe formen und auf das Backblech legen. Die Brote mit Mehl bestauben oder mit Milch bestreichen. Zugedeckt erneut gehen lassen, bis sie ihr Volumen fast verdoppelt haben. Den Ofen vorheizen.

4

Ein kleines, feuerfestes Gefäß mit heißem Wasser in den Backofen stellen und die Brote hellbraun backen.

Olivenbrot

Verwenden Sie nur beste schwarze Oliven, sie sind weicher und milder im Geschmack als die grünen.

- 300 g Weizenmehl Type 550
- ½ Würfel frische Hefe
- 1 TL Zucker
- etwa 200 ml lauwarmes Wasser
- 1½ TL Salz
- 2 EL Olivenöl
- 100 g schwarze Oliven mit Stein, vom Stein befreit, in Scheiben geschnitten
- klein gehackte Rosmarinnadeln

- 4 EL Olivenöl zum Beträufeln

Backen: 30 Minuten bei 200 °C
Backblech, leicht bemehlt

1

Für den Teig das Mehl in eine Schüssel füllen und in die Mitte eine Mulde drücken. Die Hefe hineinbröckeln und mit dem Zucker, 3 EL von dem lauwarmen Wasser sowie etwas Mehl vom Rand zu einem weichen Vorteig anrühren. Zugedeckt im warmen Raum kurz gehen lassen. Die restlichen Zutaten einarbeiten und mit den Knethaken des Rührgerätes zu einem geschmeidigen, glatten Teig abschlagen. Zugedeckt gehen lassen, bis er das Doppelte seines Volumens erreicht hat.

2

Mit bemehlten Händen den Teig auf der Arbeitsfläche kräftig durchkneten, kleine, längliche Laibe formen und auf das bemehlte Backblech legen. Zugedeckt noch einmal gehen lassen. Den Ofen vorheizen.

3

Ein kleines, feuerfestes Gefäß mit heißem Wasser in den Backofen stellen, die Brote mit dem Olivenöl beträufeln und knusprig hellbraun backen.

Bärlauch- oder Kräuterbrot

Frischen Bärlauch gibt es nur in den Frühlingsmonaten. Sie können genauso gut auch andere Kräuter für das Brot verwenden, etwa Sauerampfer, Petersilie oder Schnittlauch.
Auch mit einer Kräutermischung, zum Beispiel Thymian und Petersilie oder Rosmarin und Oregano, jeweils frisch gehackt und mit ein paar Esslöffeln Olivenöl vermischt, erzielen Sie ein wunderbares Ergebnis.

HEFETEIG

- 350 g Weizenmehl Type 1050
- ½ TL Zucker
- 1 TL Salz
- ½ Würfel frische Hefe
- 125 ml lauwarmes Wasser
- 125 ml Kefir, raumtemperiert

FÜLLUNG

- **1 Bund Bärlauch, fein gehackt**
- **100 g Frühlingszwiebeln, fein gehackt**

- **1 Eigelb, mit wenig Wasser verrührt, zum Bestreichen**

Backen: 40 Minuten bei 180 °C
Kastenform von 30 cm Länge, gefettet

1

Für den Hefeteig das Mehl in eine Schüssel füllen, mit dem Zucker und Salz vermischen und in die Mitte eine Mulde drücken. Die Hefe in dem lauwarmen Wasser auflösen. Das Hefewasser und den Kefir nach und nach in die Mehlmulde rühren und mit den Knethaken des Rührgerätes zu einem glatten Teig abschlagen. Den Teig anschließend auf der bemehlten Arbeitsfläche mit den Händen kräftig durchkneten. Zugedeckt an einem warmen Ort etwa 30 Minuten gehen lassen, bis sich das Volumen verdoppelt hat.

2

Den Teig zusammendrücken, auf der bemehlten Arbeitsfläche durchkneten und zu einem Rechteck von 30 × 40 cm ausrollen. Den Bärlauch und die Frühlingszwiebeln gleichmäßig darauf verteilen. Die Teigplatte von der schmalen Seite aus eng aufrollen (damit keine Zwischenräume entstehen) und in die Backform legen. Zugedeckt etwa 30 Minuten gehen lassen. Den Ofen vorheizen.

3

Die Rolle mit dem Eigelb bestreichen und goldgelb backen. Auf ein Kuchengitter stürzen und auskühlen lassen.

Bestes zum Frühstück – damit es ein guter Tag wird

Brötchen

Semmeln

Sie können vor dem Backen Sesamsamen, Mohn, Sonnenblumen- oder Kürbiskerne auf die Brötchen streuen und andrücken oder auch in den Teig einarbeiten.

HEFETEIG

- 400 g Weizenmehl Type 550
- 1 Päckchen Trockenhefe
- 1 TL Zucker, 2 TL Salz
- 250–300 ml lauwarmes Wasser

Backen: 20–25 Minuten bei 200 °C
Backblech, leicht bemehlt

1

In einer Schüssel das Mehl mit der Hefe, dem Zucker und Salz vermischen, langsam das Wasser zugeben und mit den Knethaken des Rührgerätes zu einem mittelfesten Hefeteig kräftig abschlagen. Den Teig zugedeckt gehen lassen, bis sich sein Volumen deutlich vergrößert hat.

2

Den Ofen vorheizen. Den Teig auf der Arbeitsfläche zusammendrücken und kräftig durchkneten. Etwa 12 runde oder längliche Brötchen formen und auf das Backblech legen. Nochmals zugedeckt kurz gehen lassen. Die Brötchen mit Wasser bepinseln, nach Belieben mit einem scharfen Messer längs oder kreuzweise 1 cm tief einschneiden. Goldgelb backen.

Rosinenbrötchen

Rosinenbrötchen

Aus dem Teig können Sie auch einen Zopf oder mehrere kleine Zöpfe flechten oder in der Kastenform ein Rosinenbrot backen.

HEFETEIG

- 500 g Weizenmehl Type 405
- 1 Würfel frische Hefe
- 3 EL Zucker
- 1 TL Salz
- 1 Ei
- etwa 250 ml lauwarme Milch
- 60–80 g Butter, zerlassen
- 100 g Rosinen

- 1 Eigelb, mit 1 EL Milch verrührt, zum Bestreichen

Backen: 20 Minuten bei 190 °C
Backblech, gefettet

1

Für den Hefeteig das Mehl in die Rührschüssel geben, die Hefe darüberverteilen. Die übrigen Zutaten und die lauwarme Milch zufügen. Mit dem Handrührgerät (Knethaken) kurz auf niedriger, dann auf höchster Stufe zu einem mittelfesten Teig rühren. Zum Schluss die Rosinen einarbeiten. Den Teig bei Raumtemperatur zugedeckt gehen lassen, bis er das Doppelte seines Volumens erreicht hat.

2

Den Teig zusammendrücken, auf der bemehlten Arbeitsfläche durchkneten, kleine Brötchen formen und auf das Backblech setzen. Erneut im warmen Raum zugedeckt gehen lassen.

3

Den Ofen vorheizen. Die Rosinenbrötchen mit dem Eigelb bestreichen und mit einem sehr scharfen Messer 1 cm tief einschneiden. Goldbraun backen.

Croissants

Selbstgemachter Plunderteig ist in seiner zarten Blättrigkeit unübertroffen. Wer die Mühe scheut, kann auf aufgerollten Plunderteig aus der Kühltheke ausweichen.

PLUNDERTEIG

- **500 g Mehl**
- **½ Würfel frische Hefe**
- **1 TL Salz**
- **40 g Zucker**
- **etwa 250 ml Milch, zimmerwarm**

BUTTERPLATTE

- **250 g kalte Butter, in Stücken**

- **1 Eigelb, mit 1 EL Milch verrührt, zum Bestreichen**

Backen: 20–25 Minuten bei 200 °C
Backblech, mit Backpapier ausgelegt

1

Das Mehl in die Rührschüssel geben, die Hefe darüberbröckeln und untermischen. Das Salz, den Zucker und die Milch dazugeben. Alles mit dem Handrührgerät (Knethaken) erst auf niedrigster, dann auf höchster Stufe zu einem glatten, geschmeidigen Teig verarbeiten. Den Teig auf der bemehlten Arbeitsfläche kräftig durchkneten, zur Kugel formen, in Folie wickeln und 2 Stunden kalt stellen.

2

Butterplatte: Die kalten Butterstücke auf Frischhaltefolie zu einem Quadrat legen und in Folie einschlagen. Mit der Hand etwas flach drücken und mit dem Rollholz auf etwa 1 cm Stärke ausrollen. Im Kühlschrank 20 Minuten ruhen lassen.

3

Den Hefeteig aus dem Kühlschrank nehmen, auf der bemehlten Arbeitsfläche zu einem Rechteck von etwa 25 × 40 cm ausrollen, die Butterplatte in die Mitte legen und in den Hefeteig einschlagen.
Touren schlagen: Das Teigpaket auf der bemehlten Arbeitsfläche zu einer 1 cm dicken, langen Bahn ausrollen. Ein Drittel des Teiges zur Mitte hin falten und das andere Drittel darüber schlagen. Den gefalteten Teig 30 Minuten kalt stellen. Diese Tour mit Ausrollen und Falten noch zweimal wiederholen, dazwischen jeweils im Kühlschrank ruhen lassen.

4

Den Plunderteig etwa 5 mm dick zu einem Rechteck von 40 cm Breite und beliebiger Länge ausrollen. Längs halbieren, sodass 2 Streifen von je 20 cm Breite entstehen. Aus den beiden Streifen spitze Dreiecke schneiden. Die Dreiecke von der Basis zur Spitze hin aufrollen, dabei etwas in die Länge ziehen, die Spitze soll am Schluss unten liegen. Mit Abstand auf das Backblech setzen und dabei in einem leichten Bogen zu Hörnchen formen. Mit einem Tuch abdecken und bei Raumtemperatur gehen lassen, bis sich ihr Volumen fast verdoppelt hat.

5

Den Ofen vorheizen. Die Croissants mit dem verquirlten Eigelb bestreichen. Auf der mittleren Schiene goldbraun backen.

6

Mit dem Backpapier vom Blech ziehen und lauwarm abkühlen lassen. Frisch gebacken schmecken sie am besten.

Brunch, Brotzeit, Party

Brezen

HEFETEIG
_ 500 g Weizenmehl Type 405
_ ½ Würfel frische Hefe
_ etwa 170 ml Wasser
_ 1 EL Zucker
_ 1 TL Salz

_ 2 EL Natron
_ 1 l Wasser
_ grobes Salz zum Bestreuen

Backen: 20 Minuten bei 220 °C
Backblech, mit Backpapier ausgelegt

1
Das Mehl in die Rührschüssel geben und in die Mitte eine Mulde drücken. Die Hefe hineinbröckeln und mit einigen EL lauwarmem Wasser, dem Zucker und etwas Mehl vom Rand zu einem weichen Vorteig rühren. Bei Raumtemperatur 15 Minuten gehen lassen.

2
Das Wasser mit dem Salz zugeben und mit dem Handrührgerät (Knethaken) kurz auf niedrigster, dann auf höchster Stufe zu einem glatten, mittelfesten Teig rühren. Bei Raumtemperatur zugedeckt 1 Stunde gehen lassen.

Aus den Rollen Brezeln schlingen, dabei nach dem Foto vorgehen.

3
Den Teig auf der bemehlten Arbeitsfläche kräftig durchkneten, eine Rolle formen und in 10 gleich große Stücke teilen. Jedes Stück zu einer langen Rolle drehen, zu den Enden hin dünner werdend, und zu Brezen formen wie auf dem Foto. (Teig und geformte Brezen brauchen nicht zu gehen).

4
Den Ofen vorheizen. Das Wasser mit dem Natron aufkochen, jeweils 2 Brezen 20–30 Sekunden in die Natronlauge tauchen und dabei bewegen; mit dem Sieblöffel herausnehmen und auf das Blech legen. Mit dem groben Salz bestreuen und braun backen. Genießen Sie die Brezen ofenfrisch mit Butter.

Pita

Fladenbrot

Diese Brotspezialität aus dem Balkan und dem Vorderen Orient wird mit Sesamsamen oder Kümmel aromatisch abgeschmeckt. Das Fladenbrot mit seinem unverwechselbaren mediterranen Charakter genießt man zum Abendbrot, zu pikantem Salat, zur Grillparty oder einfach mit einem Glas Wein oder Bier. Am besten frisch verzehren oder kurz aufbacken.

_ 500 g Weizenmehl Type 550
_ 1 TL Salz
_ 1 TL Zucker
_ 1 Päckchen Trockenhefe
_ 350–400 ml lauwarme Flüssigkeit (halb Milch, halb Wasser)
_ Sesamsamen oder Kümmel zum Bestreuen

Backen: 12 Minuten bei 220 °C
Backblech, leicht bemehlt

1
Das Mehl in der Rührschüssel mit dem Salz, Zucker und der Trockenhefe vermischen. In die Mitte eine Mulde drücken und nach und nach die lauwarme Flüssigkeit einrühren. Mit den Knethaken des Rührgerätes zu einem weichen Teig abschlagen und anschließend kräftig kneten. Zugedeckt an einem warmen Ort gehen lassen.

2
Den Teig auf der bemehlten Arbeitsfläche kräftig durchkneten. Den Teig in 4 Portionen teilen. Die Teigstücke zu kleinen, runden Laiben formen und flach drücken. Zugedeckt gehen lassen.

3
Den Ofen vorheizen. Die Teiglinge mit gespreizten Fingern untergreifen und so von der Mitte nach außen ziehen, dass ein wulstiger Rand entsteht. Auf das Backblech legen. Nach Belieben können Sie die Fladen mit dem Messer wie Tortenstücke einritzen oder mit der Gabel mehrmals einstechen. Mit Sesamsamen oder Kümmel bestreuen. Ein kleines Gefäß mit heißem Wasser in den Ofen stellen, die Fladen in den Ofen schieben und backen.

Focaccia

_ 450 g Weizenmehl Type 550, mit 50 g Weizengrieß vermischt
_ 1 Würfel frische Hefe
_ 1 Prise Zucker
_ etwa 350 ml lauwarmes Wasser
_ 1 TL Salz
_ 2–3 EL Olivenöl

_ grobes Salz zum Bestreuen
_ Olivenöl zum Beträufeln

Backen: 15 Minuten bei 200 °C
Backblech, bemehlt

1

Die Mehlmischung in eine Schüssel füllen. In die Mitte eine Mulde drücken, die Hefe hineinbröckeln und mit dem Zucker, einigen Esslöffeln von dem Wasser und etwas Mehl vom Rand zu einem Vorteig anrühren. Mit Mehl bestauben und zugedeckt an einem warmen Ort gehen lassen.

2

Salz, Öl und das restliche Wasser mit den Knethaken des Rührgerätes einarbeiten und anschließend auf der Arbeitsfläche zu einem glatten Teig kneten. Zugedeckt auf das Doppelte seines Volumens aufgehen lassen.

3

Die Luft aus dem Teig drücken und auf der bemehlten Arbeitsfläche kräftig kneten. 8 kleine Laibchen formen und erneut zugedeckt gehen lassen.

4

Die Laibchen mit der Hand flach drücken, zu runden Fladen formen, auf das Backblech legen und noch einmal kurz gehen lassen. Den Ofen vorheizen.

5

Mit den Fingern Vertiefungen in die Fladen drücken, mit Salz bestreuen und mit Olivenöl beträufeln. Goldgelb backen.

Brötchensonne

Eine Sonne, ein Rad oder einen Kranz aus Brötchen muss man nicht beim Bäcker vorbestellen – ein Hefeteig ist schließlich keine Zauberei und die Brötchen rund formen und aneinanderlegen erst recht nicht. Sie können das Roggenmehl auch mit etwas Weizenmehl mischen, sollten dann aber bei der Flüssigkeitsmenge vorsichtig dosieren.

- 400 ml Buttermilch
- 500 g Roggenmehl Type 997
- 2 Päckchen Trockenhefe
- 1 EL Essig
- 2 TL Salz

- Mohn, Kümmel, grobes Salz (oder Kerne) zum Bestreuen

Backen: 30 Minuten bei 200 °C
Backblech, gefettet

1

Die Buttermilch bei geringer Hitze lauwarm erwärmen. In einer Schüssel mit dem Mehl, der Hefe, dem Essig und dem Salz mischen und mit der Küchenmaschine oder dem Handrührgerät (Knethaken) verkneten. Den Teig zugedeckt an einem warmen Ort etwa 30 Minuten gehen lassen, bis er sein Volumen auf das Doppelte vergrößert hat.

2

Den Teig auf der bemehlten Arbeitsfläche kräftig durchkneten. Aus dem weichen Teig 16 kleine Brötchen formen, auf dem Backblech zur Sonne zusammensetzen. Mit einem Tuch bedecken und nochmals gehen lassen, bis sich die Brötchen deutlich vergrößert haben.

3

Den Ofen vorheizen. Die Brötchen mit Wasser bepinseln und abwechselnd mit Mohn, Kümmel und grobem Salz bestreuen. Auf der unteren Schiene backen.

Würzige Fladen und Brötchen

Kräuter-Speck-Fladen

Für einen reinen Kräuterfladen lassen Sie den Speck weg und geben stattdessen 2 EL Olivenöl an den Teig. Anstelle der getrockneten können Sie auch frische Kräuter der Saison verwenden.

HEFETEIG

- 500 g Weizenmehl Type 550
- 1 Würfel frische Hefe
- 1 TL Zucker
- 350–400 ml lauwarmes Wasser
- 1 EL Salz
- 100 g Speckwürfelchen, 2 EL Öl
- 2 EL getrocknete Kräuter der Provence

- 4 EL Olivenöl zum Beträufeln

Backen: 20–25 Minuten bei 200 °C
Backblech, leicht bemehlt

1
Für den Teig das Mehl in eine Schüssel füllen und in die Mitte eine Mulde drücken. Die Hefe hineinbröckeln und mit dem Zucker, 3 EL von dem lauwarmen Wasser sowie etwas Mehl vom Rand zu einem weichen Vorteig anrühren. Zugedeckt im warmen Raum gehen lassen, bis die Oberfläche Risse zeigt. Die restlichen Zutaten einarbeiten und mit den Knethaken des Rührgerätes zu einem geschmeidigen, glatten Teig abschlagen. Zugedeckt gehen lassen, bis er das Doppelte seines Volumens erreicht hat.

2
Auf der bemehlten Arbeitsfläche den Teig kräftig durchkneten, in 6 Stücke teilen. Jedes Stück mit stark bemehlten Händen mit dem Handballen zu einem etwa 2 cm dicken, runden Fladen formen und auf das Backblech legen. Zugedeckt noch einmal gehen lassen.

3
Den Ofen vorheizen. Ein kleines, feuerfestes Gefäß mit heißem Wasser in den Backofen stellen, die Fladen mit dem Olivenöl beträufeln und hellbraun backen.

Speck-Zwiebel-Brötchen

Diese würzigen Brötchen sind unsere Favoriten bei jedem Imbiss, Vorspeisenbüfett und Brunch. Wärmen Sie die Brötchen vor dem Servieren kurz auf.

HEFETEIG

- 75 g Schinkenspeck, 1 EL Öl
- 300 g Weizenmehl Type 550
- 100 g Roggenmehl
- 1 Würfel frische Hefe
- 1 TL Zucker
- etwa 300 ml lauwarmes Wasser
- 2 TL Salz
- 4–5 EL Röstzwiebeln (Fertigprodukt)

- Milch zum Bestreichen

Backen: 25 Minuten bei 200 °C
Backblech, leicht bemehlt

1
Den Schinkenspeck in sehr kleine Würfel schneiden. Im heißen Öl kurz ausbraten, abkühlen lassen.

2
Für den Teig das Mehl in eine Schüssel füllen und in die Mitte eine Mulde drücken. Die Hefe hineinbröckeln und mit dem Zucker, 3 EL von dem lauwarmen Wasser sowie etwas Mehl vom Rand zu einem weichen Vorteig anrühren. Zugedeckt im warmen Raum gehen lassen, bis die Oberfläche Risse zeigt. Das Salz, die Zwiebeln, die Speckwürfel mit dem Öl sowie das restliche Wasser zufügen und mit den Knethaken des Rührgerätes zu einem geschmeidigen Teig abschlagen. Zugedeckt gehen lassen, bis er das Doppelte seines Volumens erreicht hat.

3
Auf der bemehlten Arbeitsfläche den Teig kräftig durchkneten. Mit einem Esslöffel kleine Portionen abstechen und mit stark bemehlten Händen runde oder längliche Brötchen formen. Auf das Backblech legen, mit Milch bestreichen und noch einmal gehen lassen. Nach Belieben können Sie die Brötchen nach 10 Minuten Gehzeit kreuzweise einschneiden.

4
Den Ofen vorheizen. Ein kleines Gefäß mit heißem Wasser in den Backofen stellen, die Brötchen hellbraun backen.

Knäckebrot

Knäckebrot zu backen ist ganz einfach, und das Ergebnis schmeckt köstlich.

- 125 g Weizenschrot
- 125 g grobe Haferflocken
- knapp 400 ml Wasser
- 60 g Samen (Mohn-, Sesam- oder Leinsamen)
- 6 EL Öl, 1 TL Salz

Backen: 60 Minuten bei 130 °C
Backblech, mit Backpapier ausgelegt

1
Den Weizenschrot und die Haferflocken in dem Wasser 1 Stunde einweichen.

2
Den Ofen vorheizen. Die restlichen Zutaten in den Getreidebrei einarbeiten, die Masse auf das Backblech streichen und backen. Mit dem Papier auf die Arbeitsfläche gleiten lassen und noch warm in »Schnitten« schneiden.

Vinschgerl

Die würzigen Brotfladen aus dem Südtiroler Vinschgau genießt man einfach mit frischer Butter. Mit Wurst, Schinken, Käse, Gurkenscheiben und Salatblättern gefüllt, sind sie unterwegs eine willkommene Stärkung.

- 500 g dunkles Roggenmehl Type 1150
- 200 g Weizenmehl Type 550
- 1 TL Salz
- je 1 TL Kümmel, Koriander- und Fenchelsamen, im Mörser grob zerstoßen
- ½ Päckchen Trockenhefe
- ½ Päckchen Sauerteig (75 g)
- etwa 400 ml lauwarmes Wasser

Backen: 25 Minuten bei 220 °C
Backblech, leicht bemehlt

1

Das gesamte Mehl in einer Rührschüssel mit dem Salz, den Gewürzen und der Trockenhefe vermischen. In die Mitte eine Mulde drücken und darin den Sauerteig mit etwas lauwarmem Wasser verrühren. Nach und nach das restliche Wasser zufügen und mit den Knethaken des Rührgerätes zu einem weichen Teig abschlagen, anschließend kräftig kneten. Zugedeckt an einem warmen Ort gehen lassen, bis der Teig das Doppelte seines Volumens erreicht hat.

2

Auf der bemehlten Arbeitsfläche den Teig kräftig durchkneten. Mit einem Löffel faustgroße Teigstücke abnehmen und mit den Händen rund formen. In Roggenmehl wälzen, flach drücken und zu runden Fladen von 15 cm Durchmesser formen. Auf das Blech legen, mit einem Tuch bedecken und gehen lassen. Den Ofen vorheizen.

3

Ein kleines Gefäß mit heißem Wasser in den Ofen stellen und die Vinschgerl backen; dabei in den letzten 5 Minuten die Ofentür einen Spalt offen halten, das fördert die Krustenbildung.

Pizza, Quiche & Fingerfood

Rund um die Pizza

Fladenbrote sind – belegt oder unbelegt – Tradition in vielen südlichen Ländern. Die Pizza ist ein Abkömmling dieser Brote und inzwischen weltweit ein »Renner«. Die Mutter aller Pizzen, die Pizza Margherita, stammt aus Neapel und trägt mit dem klassischen Belag aus Tomatensauce, Mozzarella und Basilikum die Nationalfarben Italiens: Rot, Weiß und Grün.
Die Abwandlungen der Pizza sind vielfältig. Selbst eine Pizza »mit allem« kann ihrem Titel nie wirklich gerecht werden, so groß ist die Auswahl an allem, was aufgelegt wird: von A wie Ananas bis Z wie Zwiebel, jede Zutat hat ihre Fans. Der klassische Käse ist Mozzarella.
Unser Basisrezept, die Pizza Margherita, besteht aus Hefeteig und ergibt ein Blech. Für eine Springform genügt die halbe Menge. Sie können runde Pizzen auch einfach auf das Backblech legen. Sie können aus dem Teig auch viele Minipizzen formen.
Es gibt spezielle flache, runde Pizzableche und sogar extra Rädchen zum Schneiden. Nicht typisch, aber durchaus beliebt ist Pizza aus Fertig-Blätterteig. Gern werden auch Backmischungen verwendet – oft eine Rettung bei überraschendem Besuch.

Pizza mit allem, was gut schmeckt

Pizza Margherita

PIZZATEIG (HEFETEIG)

- 375 g Mehl
- ½ Würfel frische Hefe
- 4 EL Öl, 1 TL Salz
- etwa 250 ml lauwarmes Wasser

TOMATENSAUCE

- 3 EL Öl
- 1 Packung Pizzatomaten (360 ml)
- 1 Knoblauchzehe, klein geschnitten
- 1 TL Salz, Pfeffer
- 1 TL Zucker

BELAG

- Öl zum Bestreichen
- Basilikumblättchen
- 300 g Mozzarella, in dünne Scheiben oder Würfel geschnitten
- Salz, Pfeffer

Backen: 20 Minuten bei 220 °C
Backblech, gefettet

1

Für den Hefeteig das Mehl in die Rührschüssel geben, die Hefe darüberverteilen. Die übrigen Zutaten und das lauwarme Wasser zufügen. Mit dem Handrührgerät (Knethaken) kurz auf niedriger, dann auf höchster Stufe rühren, bis sich der Teig vom Schüsselboden löst und gleichmäßig glatt ist. Den Teig bei Raumtemperatur zugedeckt gehen lassen, bis er das Doppelte seines Volumens erreicht hat.

2

Für die Tomatensauce das Öl erhitzen, die Tomaten mit dem Knoblauch darin andünsten, mit Salz, Pfeffer und Zucker würzen. Im offenen Topf unter Rühren um etwa ein Drittel einköcheln lassen.

3 ___

Den Hefeteig ausrollen, auf das Blech legen, den Rand hochdrücken, mit Öl bestreichen. Die Tomatensauce daraufstreichen, mit Basilikumblättchen und Käse belegen. Salzen (wenig) und pfeffern. Kurz gehen lassen.

4 ___

Den Ofen vorheizen und die Pizza auf der unteren Schiene hellbraun backen.

VARIATIONEN FÜR DEN BELAG

Belegen Sie die Pizza nach Lust und Laune in der Reihenfolge der angegebenen Zutaten. Wo Mengenangaben notwendig sind, werden sie genannt.

Pizza Napoli: Tomatensauce, Sardellenfilets, Oregano, Mozzarella.

Pizza Romana: Frische Tomatenscheiben, Sardellenfilets, gehacktes Basilikum, Mozzarella, Olivenöl.

Pizza Funghi: Tomatensauce, Champignonscheiben (frisch oder aus dem Glas), Oregano, Mozzarella.

Pizza Prosciutto: Tomatensauce, gekochter Schinken, Oregano, Mozzarella.

Pizza Regina: Tomatensauce, gekochter Schinken, Champignons, Oregano, Mozzarella.

Pizza Carciofi: Tomatensauce, abgetropfte, geviertelte Artischockenherzen aus dem Glas, gekochter Schinken, Champignonscheiben, Knoblauchscheiben, Petersilie.

Pizza Salame: Tomatensauce, Salamischeiben, Peperoni, schwarze Oliven, Mozzarella.

Pizza Spinaci: Tomatensauce, 500 g aufgetauter TK-Blattspinat, mit Knoblauch in Olivenöl angedünstet und gewürzt, Mozzarella.

Pizza Carne: Tomatensauce, 250 g Hackfleisch, mit Zwiebel und Knoblauch angedünstet und gewürzt, Oregano, Mozzarella.

Pizza Marinara: Tomatensauce, 200 g Meeresfrüchte (TK oder Glas), Knoblauchscheiben, Petersilie.

Pizza Siciliana: Gedünstete rote Zwiebeln, Oliven, Sardellenfilets, Kapern, halbierte Cocktailtomaten, Kräuter, Pecorino.

Pizza Quattro Stagioni (vier Jahreszeiten): Jedes Viertel anders belegen.

Minipizza

Pizzabrot

Es müssen nicht immer Grissini sein. Warmer Pizzafladen ohne Belag schmeckt ausgezeichnet als knuspriger Zeitvertreib vor dem Essen oder einfach so zum Wein.

- **½ Rezept Pizzateig wie für Pizza Margherita (links)**
- **2 EL Olivenöl**
- **Salz, Oregano**

Backen: 15 Minuten bei 220 °C
Backblech, gefettet

1 ___

Einen Pizzateig zubereiten, wie bei Pizza Margherita (links) in Schritt 1 beschrieben.

2 ___

Aus dem Teig 2 dünne, runde Fladen formen oder ausrollen. Mit dem Olivenöl beträufeln und mit Salz und Oregano bestreuen. Zugedeckt gehen lassen.

3 ___

Den Ofen vorheizen. Die Fladen hellbraun backen. In Achtel schneiden oder brechen und frisch gebacken servieren.

Pizzabrötchen

Aus dem Pizzateig mit stark bemehlten Händen sehr kleine, längliche Brötchen formen. Nach dem erneuten Gehen bei 200 °C in etwa 30 Minuten hellgelb backen.

Calzoni

Calzoni sind zusammengeklappte, belegte Pizzen, die sich gut aus der Hand essen lassen. Aber Vorsicht! Man verbrennt sich leicht die Zunge an ihrem heißen Innenleben.

- **1 Rezept Pizzateig wie für Pizza Margherita und ein beliebiger Belag (links)**
- **1 Eiweiß und 1 Eigelb zum Bestreichen**

Backen: 25 Minuten bei 210 °C
Backblech, mit Backpapier ausgelegt

1 ___

Den Pizzateig zubereiten, wie bei Pizza Margherita (links) in Schritt 1 beschrieben.

2 ___

Aus dem Pizzateig 4 dünne, große Ovale von ½–1 cm Dicke ausrollen oder formen. Einen Belag nach Wahl auf die eine Hälfte der Teigfläche verteilen, dabei einen 1–2 cm breiten Rand frei lassen und diesen mit Eiweiß bestreichen. Die andere Teighälfte darüberklappen und die Ränder fest zusammendrücken. Die Calzoni umgedreht auf das Backblech legen und mit dem Löffelstiel im Abstand von 1 cm den Rand eindrücken, damit keine Füllung austreten kann. Mit Eigelb bepinseln und noch einmal kurz gehen lassen.

3 ___

Den Ofen vorheizen und die Calzoni hellbraun backen.

Würzige Kuchen – mit Zwiebeln, Speck und Käse

Zwiebelkuchen

QUARK-ÖL-TEIG
- 300 g Mehl
- 3 TL Backpulver
- ½ TL Salz
- 150 g Magerquark, im Sieb abgetropft
- 1 Ei
- etwa 5 EL Milch
- 6 EL neutrales Öl

ZWIEBELBELAG
- 1 kg Gemüsezwiebeln
- 30 g Fett (Schweineschmalz)
- 125 g saure Sahne
- 2 Eier
- Salz, Pfeffer, Kümmel
- 100 g Schnittkäse, frisch gerieben (Edamer, Tilsiter)
- 100 g Schinkenspeck

Backen: 30 Minuten bei 200 °C
Backblech, gefettet

Zwiebelkuchen

1

Für den Quark-Öl-Teig das Mehl mit dem Backpulver in die Rührschüssel geben. Die übrigen Zutaten zufügen und mit dem Handrührgerät (Knethaken) kurz auf niedrigster, dann auf höchster Stufe rasch zu einem Teig verarbeiten. Auf der Arbeitsfläche mit den Händen zu einem glatten Teig kneten. Den Teig in Blechgröße ausrollen und auf das Backblech legen, mit der Gabel mehrmals einstechen.

2

Für den Zwiebelbelag die Zwiebeln schälen, halbieren und in dünne Scheiben schneiden. Das Fett in einer großen Pfanne erhitzen und die Zwiebeln bei starker Hitze unter häufigem Wenden in etwa 15 Minuten glasig dünsten, vom Herd nehmen und abkühlen lassen.

3

Die saure Sahne mit den Eiern verrühren, mit Salz, Pfeffer und Kümmel würzen und den geriebenen Käse untermischen. Den Schinkenspeck in Streifen oder Würfel schneiden und beiseitestellen. Den Ofen vorheizen.

4

Die Zwiebeln auf dem Teig verteilen. Die Käse-Sahne-Mischung gleichmäßig darübergeben und den Schinkenspeck daraufstreuen. Den Kuchen goldgelb backen. Frisch gebacken aus dem Ofen schmeckt der Zwiebelkuchen am besten.

Zwiebel-Speck-Kuchen ⊗

Für einen reinen Zwiebelkuchen lassen Sie die Speckwürfel weg und schwitzen die Zwiebeln mit 5 EL Öl oder Butter an.

QUARKMÜRBETEIG

- **250 g Mehl, ½ TL Backpulver**
- **½ TL Salz, 125 g weiche Butter**
- **125 g Magerquark, im Sieb abgetropft**

BELAG

- **1 kg Zwiebeln**
- **2 EL Öl, 125 g Speckwürfel**
- **3 Eier, 3 EL saure Sahne**
- **Salz, Pfeffer, gestoßener Kümmel**

Backen: 35–40 Minuten bei 200 °C
Quicheform von 28 cm Ø (ersatzweise Springblech), gefettet

1

Für den Mürbeteig das Mehl in die Rührschüssel geben, die übrigen Zutaten zufügen. Mit dem Handrührgerät (Knethaken) kurz auf niedrigster, dann auf höchster Stufe rasch zu einem glatten Teig verarbeiten. Mit den Händen zur Kugel formen, in Folie wickeln und mindestens 30 Minuten kalt stellen.

2

Für den Belag die Zwiebeln würfeln. Das Öl mit den Speckwürfeln erhitzen, die Zwiebeln darin glasig schwitzen, abkühlen lassen. Die Eier und die saure Sahne mit dem Schneebesen verrühren, unter die Zwiebelmasse mischen und mit Salz, Pfeffer und Kümmel würzen.

3

Den Ofen vorheizen. Den Teig auf der bemehlten Arbeitsfläche ausrollen, in die Form legen und den Teigrand andrücken. Den überstehenden Teig abschneiden, den Boden mit der Gabel mehrmals einstechen.

4

Die Zwiebelmasse auf den Teigboden füllen, glatt streichen und goldgelb backen. Warm servieren.

Käsewähe

QUARK-ÖL-TEIG

- **250 g Mehl**
- **2 ½ TL Backpulver**
- **½ TL Salz**
- **125 g Magerquark, im Sieb abgetropft**
- **6 EL neutrales Öl**
- **6 EL Milch**

KÄSEBELAG

- **200 g Emmentaler**
- **100 g Greyerzer**
- **3 Eier**
- **150 g Sahne**
- **Salz**
- **Pfeffer**
- **Muskatnuss**

Backen: 35 Minuten bei 200 °C
Springblech von 28 cm Ø, gefettet

1

Für den Quark-Öl-Teig das Mehl mit dem Backpulver in die Rührschüssel geben. Die übrigen Zutaten zufügen und mit dem Handrührgerät (Knethaken) kurz auf niedrigster, dann auf höchster Stufe rasch zu einem Teig verarbeiten. Auf der Arbeitsfläche mit den Händen zu einem glatten Teig zusammenkneten.

2

Für den Belag beide Käse reiben. Die Eier und die Sahne in einer Schüssel verrühren, den Käse untermischen. Mit Salz, Pfeffer und Muskatnuss würzen.

3

Den Ofen vorheizen. Den Teig auf der bemehlten Arbeitsfläche etwas größer als die Backform ausrollen, die Form damit auslegen und einen 3 cm hohen Rand hochziehen. Die Käsemasse einfüllen, glatt streichen und goldgelb backen. Die Wähe möglichst frisch gebacken servieren.

Käsetörtchen

MÜRBETEIG

- **300 g Mehl**
- **½ TL Salz, 150 g weiche Butter**
- **1 Ei, 1–2 EL saure Sahne**

- **Käsebelag wie Käsewähe (links)**

Backen: 25–30 Minuten bei 200 °C
8 Tortelettsförmchen, gefettet

1

Für den Mürbeteig das Mehl in die Rührschüssel geben, die übrigen Zutaten zufügen. Mit dem Handrührgerät (Knethaken) kurz auf niedrigster, dann auf höchster Stufe rasch zu einem glatten Teig verarbeiten. Mit den Händen zur Kugel formen, in Folie wickeln und mindestens 30 Minuten kalt stellen.

2

Den Käsebelag wie rechts in Schritt 2 zubereiten. Den Ofen vorheizen.

3

Den Teig auf der bemehlten Arbeitsfläche dünn ausrollen und die Förmchen damit auslegen. Am Rand leicht andrücken, überstehende Teigränder abschneiden.

4

Die Käsemasse bis knapp unter den Rand einfüllen (sie geht beim Backen noch auf). Die Törtchen goldbraun backen und warm servieren.

Quiches & Co.

Die Teige sowie die Füllungen der Rezepte sind austauschbar. Quiches lassen sich leichter servieren, wenn sie in einer Form mit herausnehmbarem Boden gebacken werden. Alle salzigen Kuchen können Sie vorbereiten und vor dem Verzehr in der Mikrowelle oder im Ofen aufwärmen. Sie lassen sich auch gut einfrieren.

Schinkenkuchen ⊗

- 1 Rezept Mürbeteig wie für Quiche Lorraine (rechts)

FÜLLUNG

- 350 g gekochter Schinken, gewürfelt
- 125 g Emmentaler, frisch gerieben
- 1 kleine Zwiebel, gewürfelt
- 2 EL Semmelbrösel
- 2 Eier, 200 g saure Sahne
- Salz, Pfeffer

- Semmelbrösel zum Bestreuen
- 1 Eigelb, mit 1 EL Sahne verrührt, zum Bestreichen

Backen: 35–40 Minuten bei 200 °C
Springform von 26 cm Ø, leicht gefettet

1

Einen Mürbeteig zubereiten, wie bei Quiche Lorraine (rechts) in Schritt 1 beschrieben.

2

Für die Füllung den Schinken mit dem Käse, den Zwiebelwürfeln und den Semmelbröseln vermischen. Die Eier und die saure Sahne in einer Schüssel mit dem Schneebesen verrühren, die Schinkenmischung unterrühren und mit Salz und Pfeffer abschmecken.

3

Den Ofen vorheizen. Zwei Drittel des Teiges etwas größer als die Backform ausrollen und die Form damit auslegen, dabei einen Rand hochziehen. Den Boden mit der Gabel mehrmals einstechen und mit Semmelbröseln ausstreuen. Die Schinkenmasse einfüllen. Den restlichen Teig dünn ausrollen, als Decke auf die Füllung legen und den Rand andrücken. Mit der Gabel mehrmals einstechen und mit der Eigelbsahne bestreichen. Den Kuchen goldgelb backen.

Kräuter-Speck-Kuchen ⊗

- 1 Rezept Mürbeteig wie für Quiche Lorraine (rechts)

BELAG

- 150 g Emmentaler
- 150 g Speckwürfel
- 50 g Frischkäse oder Schmand
- 4 Eier
- 200 g Sahne
- Salz, Pfeffer
- reichlich frische Kräuter (Petersilie, Schnittlauch, Basilikum, Thymian)

Vorbacken: 20 Minuten bei 200 °C
Fertig backen: 35 Minuten bei 175 °C
Springform von 26–28 cm Ø, leicht gefettet

1

Einen Mürbeteig zubereiten und vorbacken, wie bei Quiche Lorraine (rechts) in Schritt 1 und 2 beschrieben.

2

Für den Belag den Käse reiben und mit den Speckwürfeln vermischen. Den Frischkäse oder Schmand mit den Eiern und der Sahne glatt rühren, die Käse-Speck-Mischung unterrühren und mit Salz (wenig) und Pfeffer abschmecken. Die Kräuter fein schneiden und erst am Schluss zugeben, damit sich die Masse nicht grün färbt.

3

Den Belag auf den vorgebackenen Boden füllen und glatt streichen. Den Kuchen goldgelb fertig backen.

Quiche Lorraine

MÜRBETEIG

- 220 g Mehl
- 110 g weiche Butter
- 1 Eigelb
- ½ TL Salz

FÜLLUNG

- 150 g durchwachsener Speck
- 200 g Hartkäse (Greyerzer, Emmentaler)
- 200 g Tomaten

GUSS

- 3 Eier
- 100 g Crème fraîche, 6 EL Milch
- Salz, Pfeffer
- 1 Prise Cayennepfeffer
- geriebene Muskatnuss

Vorbacken: 20 Minuten bei 200 °C
Fertig backen: 10 Minuten bei 200 °C
Quicheform von 28 cm Ø, leicht gefettet

1

Für den Mürbeteig das Mehl in die Rührschüssel geben, die übrigen Zutaten zufügen und mit dem Handrührgerät (Knethaken) erst auf niedrigster, dann auf höchster Stufe rasch zu einem Teig verarbeiten. Mit den Händen zur Kugel formen, in Folie wickeln und mindestens 30 Minuten kalt stellen.

2

Den Teig auf der bemehlten Arbeitsfläche etwas größer als die Form ausrollen, in die Form legen und dabei einen Rand hochziehen. Überstehenden Teig abschneiden, den Boden mit der Gabel mehrmals einstechen. Einen Streifen zerknitterte Alufolie an den Rand drücken, damit er nicht zusammenfällt. Den Boden vorbacken. Nach dem Backen die Alufolie entfernen.

3

Für die Füllung den Speck und den Käse fein würfeln. Die Tomaten blanchieren, kalt abschrecken, häuten, vierteln, den Stielansatz und die Samen entfernen, das Fruchtfleisch in kleine Würfel schneiden. Die Speck-, Käse- und Tomatenwürfel auf dem vorgebackenen Boden gleichmäßig verteilen. Für den Guss die Eier mit der Crème fraîche, der Milch und den Gewürzen verquirlen. Die Masse in die Form auf den vorgebackenen Boden gießen und fertig backen. Ofenwarm servieren.

Brokkoli-Quiche

Die Brokkoliröschen werden kurz blanchiert. So bleiben sie in Form und behalten ihre grüne Farbe.

QUARKMÜRBETEIG

- 250 g Mehl, 1/2 TL Backpulver
- 1/2 TL Salz
- 125 g weiche Butter
- 125 g Magerquark, im Sieb abgetropft

BELAG

- 750 g Brokkoli
- Salzwasser zum Blanchieren
- 2 EL Öl
- 1/2 Zwiebel, gewürfelt
- 1 Knoblauchzehe, gewürfelt
- 100 g gekochter Schinken, in Streifen geschnitten
- 250 g Crème fraîche
- 3 Eier, 200 ml Milch
- 2 EL geriebener Käse
- Salz, Pfeffer, Cayennepfeffer, geriebene Muskatnuss

Vorbacken: 20 Minuten bei 200 °C
Fertig backen: 40 Minuten bei 180 °C
Quicheform von 28 cm Ø (ersatzweise Springblech), gefettet

1

Für den Mürbeteig das Mehl in die Rührschüssel geben, die übrigen Zutaten zufügen. Mit dem Handrührgerät (Knethaken) kurz auf niedrigster, dann auf höchster Stufe rasch zu einem glatten Teig verarbeiten. Mit den Händen zur Kugel formen, in Folie wickeln und mindestens 30 Minuten kalt stellen.

2

Den Ofen vorheizen. Den Teig auf der bemehlten Arbeitsfläche etwas größer als die Backform ausrollen, in die Form legen und den Teigrand andrücken. Den überstehenden Teig abschneiden, den Boden mit der Gabel mehrmals einstechen. Einen Streifen zerknitterte Alufolie an den Rand drücken, damit er nicht zusammenfällt, und den Boden vorbacken. Die Alufolie entfernen. (Oder den Boden blind backen, wie auf Seite 11 beschrieben.) Die Ofentemperatur reduzieren.

3

Für den Belag den Brokkoli waschen, putzen, in Röschen teilen. In kochendem Salzwasser 3 Minuten blanchieren, herausheben, kalt überbrausen und abtropfen lassen.

4

Das Öl in einer Pfanne erhitzen, die Zwiebel, den Knoblauch und die Schinkenstreifen darin anschwitzen und auskühlen lassen. Die Crème fraîche in einer Schüssel mit den Eiern und der Milch glatt rühren, den Käse untermischen. Mit Salz, Pfeffer, Cayennepfeffer und Muskatnuss abschmecken.

5

Die Zwiebel-Schinken-Mischung und die Brokkoliröschen auf dem vorgebackenen Boden verteilen und die Eiermilch darübergießen. Die Quiche goldgelb fertig backen. Warm servieren.

Herzhafte Snacks – als Vorspeise oder Imbiss

Kräuterroulade mit Schafkäse

Dieses Rezept ergibt 2 Rouladen für eine warme Vorspeise oder einen kleinen Imbiss.

HEFETEIG

- 400 g Mehl
- ½ Würfel frische Hefe
- etwa 250 ml lauwarmes Wasser
- 1 TL Salz
- 4 EL Öl

FÜLLUNG

- 3 Handvoll gemischte Kräuter, gehackt
- 100 g Schafkäse (Feta), klein gewürfelt
- 125 g Crème fraîche
- 1 Zwiebel, klein gewürfelt
- 2 Knoblauchzehen, klein gewürfelt
- Salz, Pfeffer, Muskatnuss

Backen: 30 Minuten bei 200 °C
Backblech, mit Backpapier ausgelegt

1

Für den Hefeteig das Mehl in die Rührschüssel geben, die Hefe darüberverteilen. Die übrigen Zutaten und das lauwarme Wasser zufügen. Mit dem Handrührgerät (Knethaken) kurz auf niedriger, dann auf höchster Stufe rühren, bis sich der Teig vom Schüsselboden löst und gleichmäßig glatt ist. Den Teig bei Raumtemperatur zugedeckt gehen lassen, bis er das Doppelte seines Volumens erreicht hat.

2

Für die Füllung alle Zutaten vermischen. Den Hefeteig auf der bemehlten Arbeitsfläche durchkneten, 2 Rechtecke von etwa 30 × 25 cm ausrollen und mit der Kräuter-Käse-Füllung bestreichen.
Zu Rouladen aufrollen und mit der »Naht« nach unten auf das Backblech legen. Nochmals gehen lassen.

3

Den Ofen vorheizen, die Rouladen hellbraun backen. Nach dem Backen 20 Minuten ruhen lassen, mit einem Sägemesser schräg in Stücke schneiden und warm servieren.

Kräuterroulade mit Schafkäse

Räucherfischrolle

Gefüllt, aufgerollt und in Folie verpackt kann die Rolle im Kühlschrank warten, bis sie in den Ofen kommt.

- 275 g aufgerollter Blätterteig (Kühltheke)
- 250 g geräuchertes Forellenfilet
- 100 g Sahne, 1 EL Zitronensaft
- 150 g Räucherlachs, in Scheiben

- 1 Eigelb, mit 1 EL Sahne verrührt, zum Bestreichen

Backen: 25 Minuten bei 220 °C
Backblech, mit Backpapier ausgelegt

1

Den Ofen vorheizen. Den Blätterteig entrollen und auf der Arbeitsfläche ausbreiten.

2

Das Forellenfilet mit der Sahne und dem Zitronensaft mit dem Stabmixer pürieren, auf den Blätterteig streichen. Die Lachsscheiben auf der Forellenmasse auslegen. Den Blätterteig von der Längsseite aus vorsichtig aufrollen und auf das Backblech legen, mit dem Schluss nach unten. Mit der Eigelbsahne bestreichen und auf der mittleren Schiene goldgelb backen.

3

Die Rolle noch warm in fingerdicke Scheiben schneiden. Oder erkalten lassen, vor dem Verzehr in Scheiben schneiden, auf einer Platte anrichten und mit Holzspießchen servieren.

Flammkuchen

Die Rezeptmenge ist ausreichend für zwei Fladen.

BROTTEIG

- 300 g Weizenmehl Type 550
- 10 g frische Hefe
- 1 TL Salz
- 200 ml lauwarmes Wasser

BELAG

- 200 g Schmand
- 200 g Zwiebeln, geschält, in Halbringe geschnitten
- 150 g Speckwürfel
- Salz, Pfeffer
- geriebene Muskatnuss
- 2 EL Öl zum Beträufeln

Backen: 15 Minuten bei 250 °C
2 Backbleche, mit Öl bepinselt

1

Für den Brotteig das Mehl in die Rührschüssel geben, die Hefe darüberbröckeln und untermischen. Das Salz und das lauwarme Wasser zufügen. Mit dem Handrührgerät (Knethaken) kurz auf niedriger, dann auf höchster Stufe zu einem glatten Teig rühren. Den Teig mit Mehl bestauben, mit den Händen zu einer Kugel formen und in der Schüssel mit einem Tuch bedeckt gehen lassen, bis er das Doppelte seines Volumens erreicht hat.

2

Den Ofen vorheizen. Den Teig erneut durchkneten und halbieren. Auf der bemehlten Arbeitsfläche zu zwei dünnen Fladen ausrollen. Die Ränder rundum etwa 1 cm breit einschlagen, sodass sie leicht erhöht sind. Die Fladen umgedreht – mit dem eingeschlagenen Rand nach unten – auf die Bleche legen und mit einer Gabel mehrmals einstechen.

3

Den Schmand glatt rühren und die Teigfladen jeweils mit der Hälfte bestreichen, dabei die Ränder frei lassen. Beide Teigfladen erst mit den Zwiebelringen, dann mit den Speckwürfeln belegen. Den Belag mit Salz, Pfeffer und Muskatnuss würzig abschmecken und mit dem Öl beträufeln.

4

Die Ränder leicht mit Mehl bestauben und die Flammkuchen backen. Frisch aus dem Ofen servieren.

Käsewaffeln

- 200 g Mehl
- ½ TL Backpulver
- ½ TL Salz
- 4 Eier
- 200 g weiche Butter
- 100 g geriebener Käse
- 50 g Speckwürfelchen
- 8 EL Milch

ZUM ANRICHTEN

- 50 g Speckwürfelchen
- Schnittlauchröllchen

1

Alle Zutaten von Mehl bis einschließlich Butter in einer Schüssel zu einem glatten Teig rühren. Den Käse, die Speckwürfelchen und die Milch unterrühren.

2

Das Waffeleisen vorheizen und mit Öl bepinseln. Eine Portion Teig einfüllen, das Eisen schließen und die Waffeln nacheinander goldgelb backen. Einzeln auf ein Kuchengitter legen, bis alle Waffeln gebacken sind.

3

Zum Anrichten die restlichen Speckwürfelchen kross ausbraten und auf die Waffeln streuen. Mit Schnittlauchröllchen garnieren und frisch gebacken servieren.

Fingerfood 1

Gefüllte Teigtaschen

Diese Teigtaschen können Sie genauso mit einem salzigen Quarkmürbeteig, Quark-Öl-Teig oder Hefeteig zubereiten. Ganz einfach und schnell geht es mit Fertig-Blätterteig, denn die Füllung macht ohnehin nicht viel Mühe.

MÜRBETEIG

- 300 g Mehl
- ½ TL Salz
- 150 g weiche Butter
- 1 Ei
- 1–2 EL saure Sahne

FLEISCHFÜLLUNG

- 200 g Rinderhackfleisch (alternativ Kalbsbrät)
- 125 g Emmentaler, klein gewürfelt
- 2 Schalotten, gewürfelt, in 30 g Butter angeschwitzt
- Petersilie, gehackt
- Salz, Pfeffer
- 1 TL Senf

- 1 Eigelb, mit 1 EL Sahne verrührt, zum Bestreuen
- Kümmel zum Bestreuen

Backen: 20 Minuten bei 180 °C
Backblech, leicht gefettet

1

Für den Mürbeteig das Mehl in die Rührschüssel geben, die übrigen Zutaten zufügen. Mit dem Handrührgerät (Knethaken) kurz auf niedrigster, dann auf höchster Stufe rasch zu einem glatten Teig verarbeiten. Mit den Händen zur Kugel formen, in Folie wickeln und mindestens 30 Minuten kalt stellen.

2

Für die Füllung das Hackfleisch in einer Schüssel mit allen Zutaten gut vermischen und mit Salz, Pfeffer und Senf würzig abschmecken.

3

Den Ofen vorheizen. Den Teig dünn ausrollen und Kreise von 10–12 cm Durchmesser ausstechen. Die Ränder mit der Eigelbsahne bestreichen. Jeweils ein Häufchen Füllung in die Mitte setzen und den Teig zu Halbmonden zusammenklappen. Die Ränder mit dem Finger oder mit der Gabel andrücken, damit keine Füllung austreten kann. Die Taschen mit der restlichen Eigelbsahne bestreichen und mit Kümmel bestreuen. Goldgelb backen und möglichst frisch servieren.

VARIATIONEN FÜR DIE FÜLLUNG

Schinkenfüllung: 200 g gekochten Schinken klein würfeln. Mit 3 EL Crème fraîche und gehackter Petersilie vermischen und mit Salz, Pfeffer und Senf abschmecken.
Lachsfüllung: 200 g Räucherlachs und 2 Schalotten würfeln. Mit 2 EL Crème fraîche vermischen, mit Salz, Pfeffer und gehacktem Dill abschmecken.
Quarkfüllung: 250 g Quark abtropfen lassen. Mit 1 EL saurer Sahne, 1 Ei und gehackten Kräutern verrühren. Mit Salz und Pfeffer oder Paprikapulver abschmecken.

Piroggen

Kurländer Speckkuchen

Ergibt etwa 16 Stück

HEFETEIG

- 400 g Mehl
- ½ Würfel frische Hefe
- 1 Ei
- 1 TL Zucker, ½ TL Salz
- 60 g Butter, zerlassen
- 200–250 ml lauwarme Milch

FÜLLUNG

- 250 g Schinkenspeck
- 1–2 EL Öl
- 2 Zwiebeln, in Würfel geschnitten
- Petersilie, fein geschnitten
- 150 g saure Sahne

ZUM BESTREICHEN

- 1 Eiweiß
- 1 Eigelb, mit 1 EL Milch verrührt

Backen: 20 Minuten bei 190 °C
Backblech, mit Backpapier ausgelegt

1

Für den Hefeteig das Mehl in die Rührschüssel geben, die Hefe darüberverteilen. Die übrigen Zutaten und die lauwarme Milch zufügen. Mit dem Rührgerät (Knethaken) kurz auf niedriger, dann auf höchster Stufe zu einem mittelfesten Teig rühren. Den Teig bei Raumtemperatur gehen lassen, bis er das Doppelte seines Volumens erreicht hat.

2

Für die Füllung den Speck in Streifen oder Würfel schneiden. Das Öl in der Pfanne erhitzen, den Schinkenspeck mit den Zwiebeln darin anbraten, die Petersilie dazugeben. Die Pfanne zurückziehen und die saure Sahne einrühren.

3

Den Hefeteig auf der Arbeitsfläche kräftig durchkneten, etwa 5 mm dick ausrollen und Plätzchen von 10 cm Ø ausstechen, die Ränder mit Eiweiß bestreichen. In die Mitte je ein Häufchen Füllung setzen, zusammenklappen, den Rand andrücken. Die Piroggen mit dem Eigelb bestreichen und kurz gehen lassen.

4

Die Piroggen goldgelb backen. Mit dem Backpapier vom Blech ziehen und abdämpfen lassen. Frisch gebacken (oder aufgewärmt) servieren.

Kräuter-Muffins

HEFETEIG

- 125 g Mehl, 25 g Speisestärke
- 50 g gemahlene Mandeln
- 100 g geriebener Käse (Emmentaler, Bergkäse)
- 1 TL Trockenhefe
- ½ TL Salz
- ½ TL Paprikapulver, edelsüß
- 1 Prise geriebene Muskatnuss
- 1 Ei
- 100 g Butter, zerlassen
- etwa 100 ml lauwarme Milch
- 2 Bund (etwa 80 g) gemischte Kräuter, z. B. Bärlauch, Petersilie, Schnittlauch, Thymian, Rosmarin, Majoran, Basilikum

Backen: 25 Minuten bei 180 °C
Papierförmchen oder Muffinblech, gefettet

1

Für den Teig das Mehl mit der Speisestärke, den Mandeln und dem Käse in der Rührschüssel vermengen. Die Trockenhefe darüberverteilen und untermischen. Das Salz, die Gewürze, das Ei und die Butter zugeben, die Milch einrühren und alles mit den Knethaken des Rührgerätes zu einem Teig verarbeiten. Die Kräuter waschen, die Stiele entfernen, die Blätter fein schneiden und unterrühren. Den Teig an einem warmen Ort etwa 20 Minuten gehen lassen. Den Ofen vorheizen.

2

Die Förmchen nur zur Hälfte mit dem Teig befüllen; goldgelb backen. Nach dem Backen 10 Minuten ruhen lassen. Die Muffins aus der Form heben und zum Servieren in frische Papierförmchen setzen. Lauwarm (oder aufgewärmt) schmecken sie am besten.

Sauerkrauttörtchen

MÜRBETEIG

- 300 g Mehl
- 125 g kalte Butter, in Stückchen
- 1 Ei
- 1 EL saure Sahne
- ½ TL Salz

BELAG

- 450 g Sauerkraut, gut abgetropft
- 50 g Speckwürfel
- 1 EL Öl
- 1 kleine Zwiebel, gewürfelt
- Kümmel, gestoßen
- 3 Eier
- 100 g Sahne
- Salz
- Pfeffer

Backen: 20–25 Minuten bei 200 °C
Tortelettförmchen, gefettet

1

Für den Teig das Mehl auf der Arbeitsfläche mit allen Zutaten zusammenhacken und rasch zu einem glatten Teig kneten. Zu einer Kugel formen, in Folie wickeln und mindestens 30 Minuten kalt stellen.

2

Für den Belag das Sauerkraut auf dem Schneidbrett grob schneiden. Die Speckwürfel in dem heißen Öl ausbraten und die Zwiebeln darin anschwitzen. Das Kraut und den Kümmel zugeben, etwa 5 Minuten bei offenem Topf garen; es soll möglichst trocken werden. Leicht abkühlen lassen. Die Eier mit der Sahne verrühren, mit Salz und Pfeffer würzen und unter das Sauerkraut mischen.

3

Den Ofen vorheizen. Den Teig auf der bemehlten Arbeitsfläche ausrollen, Quadrate oder Kreise passend zur Größe Ihrer Förmchen ausschneiden und die Förmchen damit auskleiden. Die Ränder andrücken, überstehenden Teig abschneiden. Den Sauerkrautbelag einfüllen und die Törtchen goldgelb backen. Warm servieren.

Fingerfood 2

SALZIGE MUFFINS

- Halten Sie die Muffins klein. Bei Fingerfood mag man naschen und nicht ganz satt werden!
- **Mini-Muffins:** Nehmen Sie Pralinenförmchen. Die Backzeit ist etwas kürzer.
- Probieren Sie aus, wo Sie Ihre Muffins am besten **backen**; mittlere Schiene oder zweite Schiene von unten.
- Zum **Servieren** die Muffins aus den mitgebackenen Papier-Backförmchen lösen und in ein frisches Papierkleid setzen. Warm oder aufgewärmt servieren.
- Muffins sind das ideale **Mitbringgebäck**.
- **Weitere Tipps** finden Sie bei den süßen Muffins auf Seite 61.

Windbeutel mit Frischkäse

BRANDTEIG

- 125 ml Wasser
- 1 Prise Salz
- 50 g Butter
- 125 g Mehl
- 3 Eier

FÜLLUNG

- 400 g Doppelrahm-Frischkäse
- Salz, Pfeffer
- abgeriebene Schale von ½ Zitrone
- 1 TL Zitronensaft

ZUM GARNIEREN

- 100 g Forellenkaviar
- frischer Dill

Backen: 15–20 Minuten bei 220 °C
Backblech, mit Backpapier ausgelegt

1
Für den Teig in einem Topf das Wasser mit dem Salz und der Butter aufkochen. Das Mehl auf einmal (»im Sturz«) hineinschütten und mit dem Rührlöffel glatt rühren. Kräftig abrühren (»abbrennen«), bis sich ein Kloß bildet und der Teigboden mit einer weißen Haut überzogen ist. Vom Herd nehmen, den Teig in eine Rührschüssel füllen und leicht abkühlen lassen. Die Eier einzeln, eines nach dem anderen, unter den Teig rühren und jeweils vollständig einarbeiten. So lange rühren, bis ein geschmeidiger, glänzender Teig entstanden ist; er soll weich vom Löffel fallen.

2
Den Ofen vorheizen. Den Teig in einen Spritzbeutel mit mittlerer Sterntülle füllen. Auf das Backblech kleine Rosetten spritzen, dabei genügend Abstand halten, sie gehen beim Backen stark auf. Goldgelb backen. Die Windbeutel noch heiß mit der Schere quer halbieren und auskühlen lassen.

3
Für die Füllung den Frischkäse glatt rühren, mit Salz, Pfeffer, Zitronenabrieb und -saft abschmecken. In einen Spritzbeutel mit mittlerer Sterntülle füllen und flache Rosetten in die unteren Hälften der Windbeutel spritzen. Auf jede Rosette 1 Teelöffel Kaviar setzen und mit dem Dill garnieren. Die Deckel aufsetzen und die Windbeutel auf einer Platte anrichten. Frisch servieren.

Oliven-Rosmarin-Muffins

- 180 g Mehl
- 1 TL Backpulver
- 1 TL Salz
- 30 g geriebener Parmesan
- 80 g schwarze Oliven, ohne Stein, fein gewürfelt
- 1 EL Rosmarinnadeln, fein geschnitten
- 1 Ei
- 125 ml Milch
- 65 g Butter, zerlassen

Backen: etwa 20 Minuten bei 200 °C
Papierförmchen oder Muffinblech, gefettet

1
Den Ofen vorheizen. Das Mehl mit dem Backpulver, dem Salz und dem Parmesan in eine Schüssel geben. Die Oliven und den Rosmarin zugeben und alles vermischen. Das Ei mit der Milch verquirlen und abwechselnd mit der zerlassenen Butter unterrühren.

2
Die Förmchen nur zur Hälfte befüllen und die Muffins hellbraun backen. Machen Sie die Stäbchenprobe. Noch warm (oder aufgebacken) schmecken sie am besten.

Spinat-Muffins

- 200 g Mehl, 1 Päckchen Backpulver
- ½ TL Salz, Pfeffer
- 30 g Zwiebel, fein gewürfelt
- 50 g geriebener Käse (Bergkäse, Gouda)
- 2 Eier
- 50 g weiche Butter
- 100 g TK-Blattspinat, aufgetaut
- 150 ml Milch

Backen: etwa 20 Minuten bei 200 °C
Papier-Backförmchen oder Muffinblech, gefettet

1

Für den Teig das Mehl mit dem Backpulver, Salz und Pfeffer in der Rührschüssel vermengen. Die Zwiebel, den Käse, die Eier und die Butter zugeben. Den Spinat fein hacken, die Milch zugeben und alles mit dem Handrührgerät (Rührbesen) zu einem Teig verarbeiten. Die Förmchen nur zur Hälfte mit dem Teig befüllen. Die Muffins goldgelb backen.

2

Die Muffins nach dem Backen 10 Minuten ruhen lassen; zum Servieren in frische Papierförmchen setzen. Lauwarm (oder aufgewärmt) schmecken sie am besten.

Lachs-Cupcakes

- 200 g geräucherter Lachs
- 60 g Stangensellerie
- 50 g Frühlingszwiebeln
- 2 EL Kapern, gehackt
- ½ Bund grüner Dill, fein geschnitten
- 40 g saure Sahne, 1 Ei
- 1 EL Zitronensaft
- 30 g geriebener Bergkäse
- 80 g neutrales Öl
- 200 ml Buttermilch
- Salz, Pfeffer
- 200 g Mehl
- 2 ½ TL Backpulver

TOPPING

- 250 g Sahnequark
- abgeriebene Schale und Saft von ½ Zitrone
- Salz, Pfeffer
- grüner Dill und Lachsstückchen zum Garnieren

Backen: etwa 20 Minuten bei 200 °C
Papier-Backförmchen oder Muffinblech, gefettet

1

Den Ofen vorheizen. Eine halbe Scheibe Räucherlachs für die Garnitur beiseitelegen. Den Lachs, den Stangensellerie und die Frühlingszwiebel in kleine Würfel schneiden und in eine Schüssel füllen. Die Kapern, den Dill, die saure Sahne, das verquirlte Ei, den Zitronensaft und den Bergkäse zugeben. Das Öl und die Buttermilch mit der Masse gut vermischen, salzen und pfeffern. Das Mehl mit dem Backpulver darübersieben und gut mit der Masse vermischen. Nur so lange rühren, bis die trockenen Zutaten feucht sind.

2

Die Förmchen nur zur Hälfte mit dem Teig befüllen, glatt streichen. Im Ofen goldgelb backen. Die Cupcakes auf einem Kuchengitter erkalten lassen.

3

Für das Topping den Quark in einer Schüssel mit dem Zitronenabrieb und -saft glatt rühren, mit Salz und Pfeffer abschmecken. Die Cupcakes in frische Papierförmchen setzen; auf jedes einen Klecks Quarkcreme setzen (nehmen Sie den Spritzbeutel mit großer Sterntülle). Mit einem kleinen Stück des beiseitegelegten Räucherlachs und Dill garnieren.

Schnelle Mini-Quiches

Blätterteig, einfach in runde Förmchen gelegt, lässt sich mit dem Belag wunderbar herausheben und anrichten. Auch das Muffinblech ist geeignet.

- 270 g aufgerollter Blätterteig (Kühltheke)

BELAG

- 250 g Zucchini, grob geraspelt
- etwa 6 Kirschtomaten, halbiert
- 3 Eier
- 200 g Sahne
- 60 g geriebener Käse (Parmesan, Emmentaler)
- Salz, Pfeffer, Thymian

Backen: 20 Minuten bei 200 °C
Tortelettförmchen, gefettet

1

Den Ofen vorheizen. Den Blätterteig entrollen, in passende Quadrate schneiden und in die Förmchen legen. Die Ränder andrücken, überstehenden Teig abschneiden.

2

Die Zucchini auf dem Teig verteilen und mit jeweils einer Tomatenhälfte belegen. Die Eier mit der Sahne verrühren, den Käse daruntermischen, mit Salz, Pfeffer und Thymian würzen und über die Zucchini gießen. Goldgelb backen.

3

Die Quiches aus den Förmchen lösen und warm servieren.

Einfach und doppelt gerollt

Pikante Öhrchen

_ 275 g aufgerollter Blätterteig (Kühltheke)

FÜLLUNG

_ 30 g Möhre, 40 g Zwiebel
_ 1 Knoblauchzehe, 1 TL Öl
_ 50 g roher Schinken, klein geschnitten
_ 100 g Kräuterfrischkäse
_ 30 g geriebener Hartkäse
_ 1 Eigelb
_ Petersilie, fein geschnitten
_ Salz, Pfeffer

_ 1 Eiweiß zum Bestreichen

Backen: 18–20 Minuten bei 220 °C
Backblech, mit Backpapier belegt

1

Für die Füllung die Möhre, die Zwiebel und den Knoblauch sehr fein würfeln. Das Öl in einer Pfanne erhitzen und das Gemüse 3 Minuten anschwitzen, abkühlen lassen. In einer Schüssel das Gemüse mit den restlichen Zutaten vermischen, mit Salz und Pfeffer würzig abschmecken.

2

Den Blätterteig entrollen. Die Füllung auf der Teigplatte verstreichen, dabei ringsum 1 cm Rand lassen. Die Ränder mit dem Eiweiß bepinseln. Von jeder Breitseite her den Teig locker bis zur Mitte einrollen. In Klarsichtfolie wickeln. Im Tiefkuhlfach 45 Minuten kühlen, das erleichtert das Schneiden.

3

Die Rolle auswickeln, in 1 cm dicke Scheiben schneiden. Mit Abstand auf das Blech legen. 20 Minuten ruhen lassen. Im vorgeheizten Ofen auf der mittleren Schiene backen.

Salami-Käse-Schnecken

_ 275 g aufgerollter Blätterteig (Kühltheke)

FÜLLUNG

_ 2 Lauchzwiebeln, fein geschnitten
_ ½ grüne Paprika, fein gewürfelt
_ 6 schwarze Oliven, fein gewürfelt
_ 50 g Salamiwürfelchen
_ 100 g Sahnefrischkäse
_ 30 g geriebener Hartkäse (Bergkäse, Parmesan)
_ 1 TL Öl
_ 1 Eigelb
_ fein geschnittene Kräuter (Thymian, Petersilie, Oregano, Basilikum)
_ Salz, Pfeffer

_ 1 Eiweiß zum Besteichen

Backen: 18–20 Minuten bei 220 °C
Backblech, mit Backpapier belegt

1

Für die Füllung alle Zutaten in einer Schüssel vermischen. Mit Salz und Pfeffer abschmecken.

2

Den Blätterteig entrollen. Die Füllung auf der Teigplatte verstreichen, dabei an den Längsseiten 1 cm Rand lassen. Die Ränder mit dem Eiweiß bepinseln. Die Platte von der Längsseite her locker aufrollen und in Klarsichtfolie wickeln. Im Tiefkühlfach 45 Minuten kühlen, damit die Schnecken sich gut schneiden lassen.

3

Die Folie entfernen und die Rolle in 1 cm dicke Scheiben schneiden. Die Schnecken mit Abstand auf das Blech legen. 20 Minuten ruhen lassen. Im vorgeheizten Ofen auf der mittleren Schiene backen.

Sardellen-Oliven-Schnecken

_ 275 g aufgerollter Blätterteig (Kühltheke)

FÜLLUNG

_ 6 Sardellenfilets, in Salz eingelegt
_ 2 Knoblauchzehen, geschält
_ 80 g schwarze Oliven, entsteint
_ 1 kleine Chilischote, Samen und Scheidewände entfernt
_ 1 TL Kapern
_ 1 TL Zitronensaft
_ 1 EL fein geschnittene Kräuter (Salbei, Rosmarin, Thymian)
_ 50 ml Olivenöl
_ Salz, Pfeffer

_ 1 Eiweiß zum Bestreichen

Backen: 15–20 Minuten bei 220 °C
Backblech, mit Backpapier belegt

1

Für die Füllung die Sardellenfilets kalt abspülen, abtropfen lassen; mit dem Knoblauch, den Oliven, der Chilischote und den Kapern sehr fein hacken.
Mit dem Zitronensaft, den Kräutern und dem Olivenöl vermischen. Mit Salz und Pfeffer abschmecken.

2

Den Blätterteig entrollen und die Schnecken füllen, rollen und backen wie bei Salami-Käse-Schnecken (links) beschrieben.

Pikante Öhrchen und Salami-Käse-Schnecken

Krosse Kleinigkeiten – zu Bier und Wein

Pikantes Gebäck aus Käsemürbeteig oder Blätterteig können Sie gut auf Vorrat herstellen. In einer fest verschlossenen Dose bleibt es einige Tage frisch, außerdem eignet es sich hervorragend zum Einfrieren. Kurz vor dem Verzehr noch einmal aufgebacken, schmeckt es wie frisch.

Mürbes Käsegebäck

KÄSEMÜRBETEIG

- 250 g Mehl, ½ TL Backpulver
- ½ TL Salz
- 1 TL Edelsüßpaprika
- 150 g geriebener Käse (Emmentaler, Greyerzer)
- 125 g weiche Butter
- 1 Ei
- 4 EL saure Sahne

- 2 Eigelb, mit 1 EL Milch verrührt, zum Bestreichen
- enthäutete Mandeln, halbiert, zum Verzieren
- grobes Salz, Kümmel, Mohn, gehackte Pistazien, Sesamsamen zum Bestreuen

Backen: 12–15 Minuten bei 200 °C
Backblech, mit Backpapier ausgelegt

1

Für den Mürbeteig das Mehl in die Rührschüssel geben, die übrigen Zutaten zufügen. Mit dem Handrührgerät (Knethaken) kurz auf niedrigster, dann auf höchster Stufe rasch zu einem glatten Teig verarbeiten. Mit den Händen zur Kugel formen, in Folie wickeln und mindestens 30 Minuten kalt stellen.

2

Den Teig auf der bemehlten Arbeitsfläche etwa 4 mm dick ausrollen. Beliebig geformte Plätzchen ausstechen; wenn Sie es eilig haben, können Sie mit dem Teigrädchen auch Rauten oder kleine Stangen ausschneiden.

3

Die Plätzchen auf das Backblech legen und mit Eigelb bestreichen. Nach Belieben mit den Mandeln verzieren oder mit Salz, Kümmel, Mohn oder Sesamsamen bestreuen. Im vorgeheizten Ofen goldgelb backen.

Mürbes Käsegebäck

Grissini mit Sesam

Grissini mögen alle, und selbst gebacken schmecken sie ohnehin am besten.

- 10 g frische Hefe, 15 g Honig
- 150 ml lauwarmes Wasser
- 2 EL Sesamsamen, trocken geröstet
- 250 g Mehl, Salz
- 1 EL Olivenöl

- Olivenöl zum Bepinseln

Backen: 15–20 Minuten bei 200 °C
Backblech, mit Backpapier ausgelegt

1

Die Hefe und den Honig in dem warmem Wasser verrühren, zugedeckt 15 Minuten gehen lassen.

2

Alle übrigen Zutaten zum Hefewasser geben und mit den Knethaken des Rührgeräts zu einem geschmeidigen Teig kneten. Den Teig auf der bemehlten Arbeitsfläche zu einem flachen Quadrat von gut 15 × 15 cm drücken. Mit einem Tuch bedeckt 1 Stunde gehen lassen.

3

Den Ofen vorheizen. Die Luft aus dem Teig drücken, die Teigplatte in 4 Quadrate teilen und jeweils in 4–6 Streifen schneiden. Die Streifen mit den Händen auf der bemehlten Arbeitsfläche zu etwa 25 cm langen Stangen rollen und auf das Backblech legen. Die Stangen mit Olivenöl bepinseln, goldbraun backen. Frisch servieren oder vor dem Verzehr aufbacken.

Käsespiralen

- **275 g aufgerollter Blätterteig (Kühltheke)**

- **2 Eigelb, mit 1 EL Milch verrührt**
- **etwa 80 g Parmesan oder Bergkäse, frisch gerieben**
- **Salz, grob gemahlener Pfeffer**
- **Kümmel**

Backen: 15 Minuten bei 220 °C
Backblech, mit Backpapier ausgelegt

1

Den Ofen vorheizen. Den Blätterteig entrollen, die Teigplatte mit Eigelb bestreichen. Eine Hälfte mit dem Käse bestreuen, leicht salzen und mit Pfeffer bestreuen. Die andere Teighälfte darüberschlagen und mit dem Teigroller leicht darüberrollen, um die Teigschichten miteinander zu verbinden.

2

Mit dem Teigrädchen 1 cm breite Streifen schneiden. Die Teigstreifen an beiden Enden fassen und vorsichtig spiralförmig gegeneinander drehen, auf das Backblech legen. Die Käsespiralen mit dem restlichen Eigelb bestreichen und mit Kümmel bestreuen. Im Ofen goldgelb backen.

1 Die mit Käse bestreute Teigplatte mit der anderen Teighälfte bedecken.

2 Mit dem Teigrädchen Streifen ausradeln und zu Spiralen drehen.

Lachsspiralen

Statt Käse Räucherlachs nehmen, zu Spiralen drehen, backen.

Schnelle Partystangen

TK-Blätterteigplatten auf der Arbeitsfläche einzeln auftauen lassen, nicht ausrollen. Mit Eigelbsahne bestreichen und salzen. Nach Belieben mit Paprika, Kümmel, Käse, Thymian oder Oregano bestreuen. Sie können auch grobes Salz oder Kräutersalz verwenden. Den Teig in Streifen schneiden oder mit dem Teigrädchen ausradeln oder, wenn Sie Plätzchen möchten, die Streifen in kleine Stücke schneiden. 10–12 Minuten backen bei 220 °C.

Ratgeber

Der Backofen

Der moderne Elektroherd verfügt über mehrere Beheizungsarten. Die Wahl zwischen Umluft und Ober-/Unterhitze ist abhängig von der Teigart bzw. dem Gebäck. Für *Hefeteig, Rührteig* oder *Mürbeteig* ist die Beheizungsart nicht so entscheidend; sie gelingen gleich gut mit Ober-/Unterhitze wie mit Umluft. Luftiger *Biskuit* und *Muffins* mögen lieber Ober-/Unterhitze. *Brandteig-, Plunder- und Blätterteiggebäck* gehen am besten auf bei Umluft. Und Plätzchen können bei der Beheizungsart Umluft sogar gleichzeitig auf zwei bis drei Ebenen gebacken werden. Grundsätzlich kann man bei Umluft die Temperatur um 20 °C niedriger wählen als bei Ober-/Unterhitze, weil sich die Hitze durch einen Ventilator gleichmäßig verteilt; die Backzeit ändert sich nicht. Aber: Jeder Backofen ist anders; die eigenen Erfahrungen müssen berücksichtigt werden.
Vorheizen? Bei Ober-/Unterhitze muss immer vorgeheizt werden. Bei Umluft ist ein Vorheizen nicht nötig; es empfiehlt sich aber, wenn die Backzeit weniger als 30 Minuten beträgt.

TEMPERATUR- UND ZEITANGABEN

Wenn nicht anders angegeben, beziehen sich die Temperatur- und Zeitangaben in diesem Buch auf die Beheizungsart Ober-/Unterhitze. Bei der Beheizungsart Umluft ist die Temperatur im Durchschnitt um 20 °C niedriger zu wählen; die Zeiten bleiben gleich. Sie sind mehrfach erprobt, können jedoch je nach Gerät schwanken und oft sogar abhängig vom Alter der Geräte sein. Orientieren Sie sich an den Anleitungen des Herstellers.

EINSCHUBHÖHE

Teige in Backformen stellt man auf den Rost, nicht auf das Blech. Hohe und halbhohe Formen kommen auf die untere (bei 5 Schienen auf die zweite von unten), flache auf die mittlere Schiene, ebenso Blechkuchen, Kleingebäck und Plätzchen.

Backformen und Backbleche

Das Material beeinflusst die Backdauer und das Backergebnis entscheidend.
Schwarzblechformen, in die ein schwarzer Kunststofflack eingebrannt ist, nehmen die Hitze gut auf und geben sie sofort an das Backgut weiter.
Weißblechformen reflektieren die Hitze an der glänzenden Oberfläche und erzielen in Gasbacköfen, in denen die Hitzeeinwirkung intensiver ist, die besten Backergebnisse.
Formen mit Antihaftbeschichtung sind die Favoriten überhaupt. Besonders zu empfehlen sind sie für Teige, die leicht anbacken (Biskuitmasse), und für Formkuchen (Gugelhupf, Kranz- und Rehrückenform, Motivformen). Der Kuchen lässt sich gut aus der Form lösen. Reinigen Sie diese Formen nicht in der Spülmaschine, der Antihafteffekt kann darunter leiden. Die hochwertigen und im Trend liegenden »schweren Backformen« mit einer **Quarz-Emaille-Beschichtung** sind schnitt- und kratzfest, spülmaschinentauglich, fruchtsäurebeständig und haben eine besonders gute Antihaftwirkung.
Aluminiumformen mit ihrer guten Wärmeleitfähigkeit eignen sich für alle Herde und Herdarten.
Keramikformen speichern die Hitze langsam und geben sie dann an das Backgut weiter. Ein Vorteil: Die Kuchen können in den hübschen Formen sowohl gut transportiert als auch serviert werden.
Glasformen nehmen die Wärme langsam auf und geben sie auch behutsam weiter. Das Backgut wird nicht so stark gebräunt, dennoch aber gut durchgebacken.
Silikonformen geben die Hitze gut weiter. Sie sparen Platz im Schrank und sind spülmaschinenfest. Einfetten ist vor dem allerersten Gebrauch wichtig, danach genügt das Ausspülen mit Wasser. Zum Befüllen die Form auf den kalten Rost stellen und den gebackenen Kuchen mit dem Rost aus dem Ofen nehmen. Keine spitzen Gegenstände verwenden!

BACKBLECHE UND BACKFORMEN VORBEREITEN

Sie werden je nach Rezept mit Backpapier ausgelegt oder gefettet, damit sich das Gebäck gut aus der Form lösen lässt.
Motiv-, Guglhupfformen und **Muffinbleche** nach dem Einfetten kalt stellen; das erstarrte Fett bildet eine günstige Schutzschicht für das spätere Auslösen. Für besonders zarte Kuchen, z. B. Sandkuchen, legt man die Form gern mit Backpapier aus. Für die **Kastenform** gibt es im Handel fertig zugeschnittenes Backpapier. Bei einer **Springform** spannt man das Backpapier mit dem Formring ein, der Überstand muss nicht abgeschnitten werden.
Das **tiefe Backblech** mit höherem Rand nimmt man für hohe und besonders saftige Blechkuchen.

Springform mit Backpapier auslegen: Den Umriss auf Backpapier zeichnen, etwas größer ausschneiden, in den Ring einspannen.

Rührgeräte und Backhelfer

(siehe auch Abbildung Seite 266/267)

Ein **Handrührgerät** mit Rührbesen und Knethaken gehört zur Grundausstattung. Die Rührbesen nimmt man zum Schlagen von Eischnee und Sahne und zum Rühren weicher Teige und Massen. Mit den Knethaken rührt man mittelfeste und feste Teige wie Hefeteig und Mürbeteig.
Die **Küchenmaschine** leistet mehr. Sie bewältigt auch schwere Teige für Stollen oder Brot und vor allem größere Teigmengen. Durch die hohe Leistung können alle Teigarten jedoch schnell »überrührt« werden. In unseren Rezepten gehen wir von der Verwendung des Handrührgerätes aus.
Der **Stabmixer** püriert und mixt weiche Cremes, Füllungen und Früchte.
Küchenwaagen gibt es mit analoger oder digitaler Anzeige und Zuwiegefunktion. Eine Waage ist in der Küche und vor allem beim Backen unverzichtbar.
Ein **Messbecher** mit übersichtlicher Einteilung dient dem Abmessen von Flüssigkeiten. Er kann auch das Abwiegen von Zucker, Mehl und anderen Lebensmitteln ersetzen.
Ein variabel verstellbarer **Backrahmen** ist gut zum Backen weicher und hoher Teige für eckige Kuchen sowie zum Zusammensetzen von eckigen Kuchen, Torten und Schnitten. Ausgerollter Mürbeteig und Blätterteig bekommen mit dem Backrahmen eine rundum glatte Kante.

Standfeste **Rührschüsseln** und **Rührbecher** aus stabilem Kunststoff haben an der Unterseite einen Gummiring eingearbeitet, damit sie beim Rühren nicht wegrutschen. Man benötigt sie in verschiedenen Größen zum Rühren und Kneten von Teigen und zum Schlagen von Eischnee und Schlagsahne. Kuvertüre/Schokolade schmilzt man wegen der guten Wärmeleitung in einer Edelstahlschüssel auf dem warmen Wasserbad.
Ein verstellbarer **Tortenring**, am besten aus Metall, ist gut zum Füllen und Zusammensetzen von Torten. Er kann auch zum Backen von Tortenböden und Kuchen verwendet werden.

WICHTIG

Lesen Sie die Rezepte genau durch, bevor Sie einkaufen. Frage: Was habe ich vorrätig, was muss ich besorgen?

Tortenring einschlagen: Den Ring auf das großzügig ausgeschnittene Backpapier stellen und die Kanten gegen den Ring falzen.

Vor und nach dem Backen

Stellen Sie alles bereit, was benötigt wird: Waage und Messbecher, Schüsseln, Mehlsieb, Küchenmaschine oder Handrührgerät, Backform und Backpapier.
Fetten Sie die Form oder das Backblech oder belegen Sie es mit Backpapier.
Nehmen Sie die Backzutaten, die je nach Rezeptangabe weich sein bzw. **Raumtemperatur** haben sollen, rechtzeitig aus dem Kühlschrank.
Erst wiegen, dann rühren. Wiegen Sie nach Rezeptangabe die Zutaten einzeln ab, bevor Sie mit dem Rühren beginnen.

STÄBCHENPROBE/GARPROBE

Beobachten Sie das Gebäck schon gegen Ende der Backzeit. Machen Sie die **Stäbchenprobe,** indem Sie mit einem Holzspießchen das Gebäck an der dicksten Stelle einstechen. Bleibt das Stäbchen trocken, ist der Kuchen gar; andernfalls muss er weitergebacken werden.

NACH DEM BACKEN

Den frisch gebackenen Kuchen lässt man in der Form auf dem **Kuchengitter/Kuchenrost** etwa 10 Minuten abkühlen (abdämpfen); das verhindert, dass das Gebäck an der Unterseite zu schwitzen beginnt und feucht wird. Einen Biskuitboden löst man vom Formrand und stürzt ihn auf ein mit Backpapier belegtes Kuchengitter; das zarte Gebäck könnte sonst auf dem Gitter anhängen. Feuchte Kuchen wie Käsekuchen lässt man in der Form auf dem Kuchenrost erkalten.

Backrahmen: Den Backrahmen in der gewünschten Größe auf den ausgerollten Teig stellen und an den Kanten entlang ausschneiden.

Den Tortenring auf das Backblech stellen, die Masse einfüllen und glatt streichen. Den Ring vor dem Einfüllen der Masse nicht fetten.

Stäbchenprobe: Kurz vor Ende der Backzeit das Stäbchen einstechen. Kommt das Stäbchen trocken heraus, ist der Kuchen gar.

Backformen

① Springblech
② Tortenbodenform mit herausnehmbarem Boden
③ Verstellbarer Tortenring
④ Kuchengitter
⑤ Dauerbackfolie
⑥ Backpapier
⑦ Gugelhupfform
⑧ Teigroller
⑨ Plätzchenausstecher
⑩ Glatte Kranzform
⑪ Springform
⑫ Kastenformen
⑬ Silikon-Kastenform
⑭ Silikon-Muffinform

Hilfsmittel

① Teigschüsseln
② Spritzbeutel mit verschiedenen Tüllen
③ Einwegspritzbeutel mit Tüllen
④ Kuchenheber
⑤ Gewelltes Teigrädchen
⑥ Teighörnchen, Teigkarte
⑦ Garnierkamm
⑧ Streichpaletten, gekröpft
⑨ Streichpalette, gerade
⑩ Kuchenmesser mit Zahnung
⑪ Teigschaber (Gummispatel)
⑫ Backpinsel
⑬ Silikonpinsel
⑭ Schneebesen
⑮ Zestenreißer
⑯ Rührschüsseln
⑰ Küchenwaage
⑱ Handrührgerät
⑲ Stabmixer
⑳ Siebe

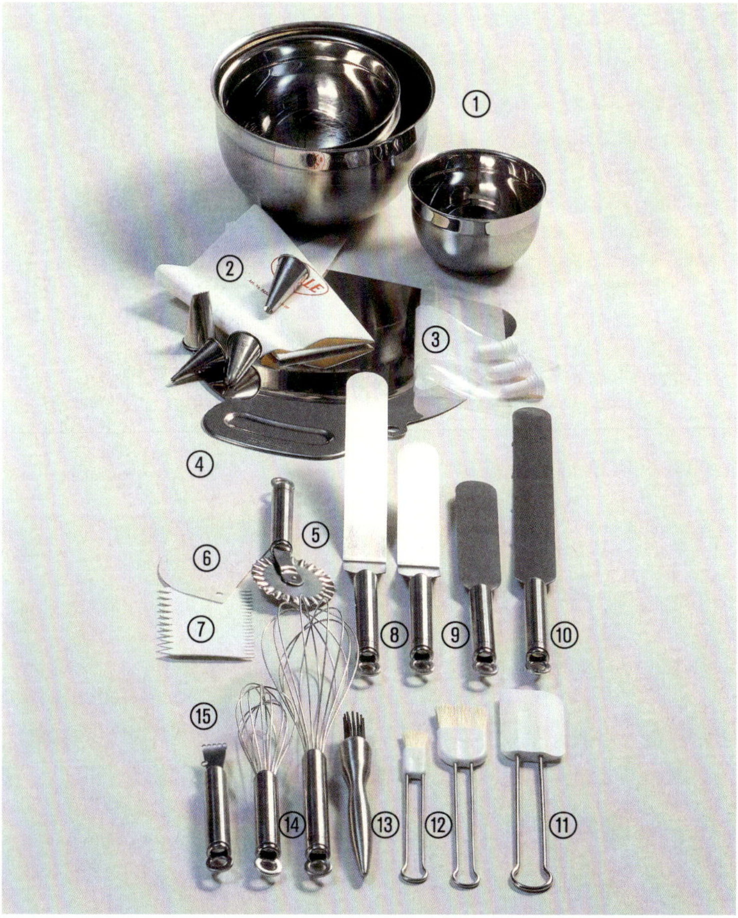

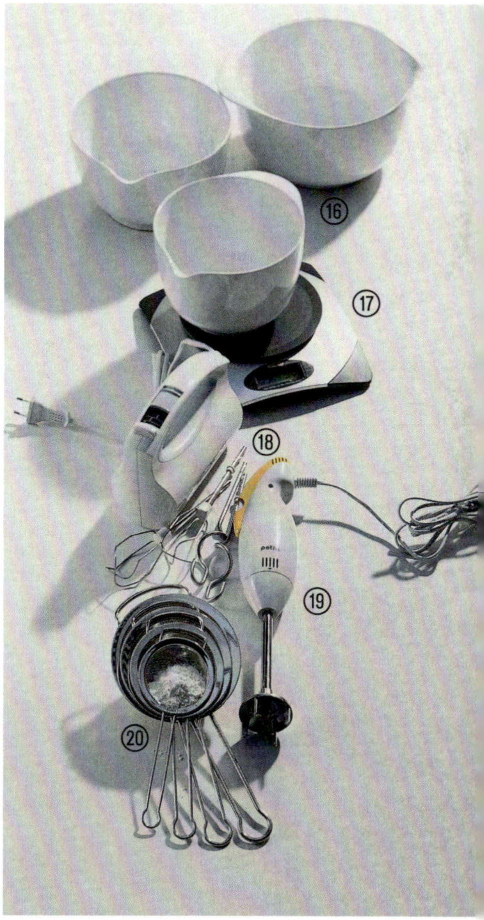

Wissenswert

Backoblaten

Die flachen Unterlagen gibt es rund und eckig in verschiedenen Größen; man verwendet sie hauptsächlich für Lebkuchen und Makronen. Bei Letzteren kann man – dank Backpapier – auch auf Oblaten verzichten. Beliebt sind auch die tortengroßen Scheiben, die unter sehr saftigen Belägen gute Dienste tun.

Backoblaten rund und eckig.

Eier – Frischeprobe

Ein Ei in ein Glas mit Wasser legen. Das frische Ei sinkt zu Boden, das eine Woche alte fängt an zu »stehen« und das zwei bis drei Wochen alte schwimmt im Glas.

Eischnee schlagen

Die Rührschüssel und die Schnee- oder Rührbesen müssen sauber und absolut fettfrei sein, das Eiweiß ohne Spuren von Eigelb. Mit einer Prise Salz wird der Eischnee besonders schnell steif. Den Zucker während des Schlagens einrieseln lassen. (Den Eischnee nicht auf einmal zugeben, wenn er unter eine Masse gehoben wird.)

Eischnee: Das Eiweiß fest aufschlagen, dabei den Zucker einrieseln lassen.

Fondant

Diese zart schmelzende, milchig-weiße Masse besteht aus stark eingekochtem Zucker. Sie wird als Glasur verwendet und wegen ihres Glanzes geschätzt. Fondant wird in guter Qualität als Fertigprodukt angeboten und nach Packungsanweisung verarbeitet. Achtung: Fondant nicht über 35 °C erwärmen, sonst geht der Glanz verloren, die Masse »stirbt ab«.

Gelatine

Die geschmacksneutrale, farblose oder rote Gelatine besteht aus tierischem Eiweiß. Sie bindet schnittfeste Gelees sowie zarte, standfeste Massen und Tortenfüllungen. Angeboten wird sie gemahlen und in Blattform. Leichter zu portionieren ist Blattgelatine.

Blattgelatine auflösen: Die Gelatine in kaltem Wasser 10 Minuten einweichen und quellen lassen. Die gequollene Gelatine ausdrücken und in etwas heißer Flüssigkeit auflösen.

Gemahlene Gelatine auflösen: Die Gelatine mit etwas kalter Flüssigkeit anrühren, 10 Minuten quellen lassen. In die heiße Speise rühren. Für kalte Speisen die gequollene Gelatine unter Rühren erwärmen, bis sie aufgelöst ist. Beachten Sie die Gebrauchsanleitung.

Kalte Creme/Flüssigkeit binden: Erst einige Esslöffel von der kalten Speise unter die lauwarme Gelatinelösung mischen und diese dann unter die kalte Masse rühren.

Achtung: Gelatinezubereitungen gelingen nicht mit frischer Ananas, Kiwis, Feigen und Papayas. Diese Früchte enthalten ein Enzym, das Gelatine auflöst. Die Früchte deshalb vorher blanchieren oder Dosenware verwenden, die Hitze zerstört das Enzym.

1 **Blattgelatine auflösen:** Die Blätter in kaltem Wasser einweichen und quellen lassen.

2 Die Gelatineblätter ausdrücken und in heißer Flüssigkeit oder in der Mikrowelle auflösen.

Haselnüsse enthäuten

Die Nüsse auf einem trockenen oder mit Backpapier ausgelegten Backblech im Ofen (Mitte) bei etwa 200 °C einige Minuten rösten, bis sich die braunen Häutchen abreiben lassen. Die heißen Nüsse in ein sauberes Küchentuch geben und die Häutchen durch kreisendes Reiben entfernen.

1 **Haselnüsse enthäuten:** Die Nüsse auf einem Blech im Ofen trocken rösten.

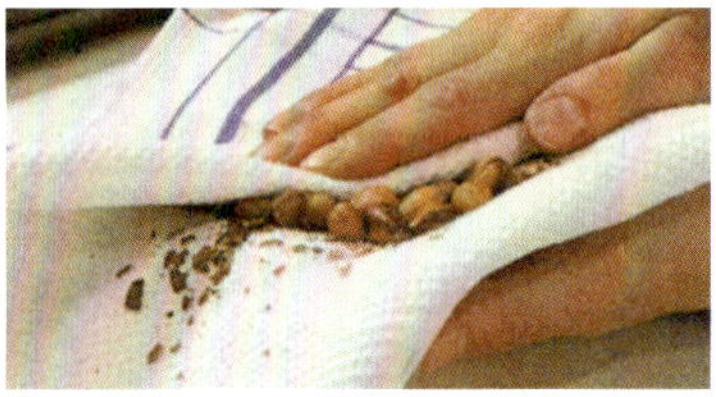

2 Die Häutchen sofort noch heiß in einem Küchentuch abreiben.

Kakaopulver

Stark entöltes, dunkles Kakaopulver eignet sich besser zum Backen als schwach entöltes. Zu viel Fett macht den Teig schwer und behindert das Aufgehen. Kakaopulver sieben, bevor es Teigen, Massen oder Cremes zugefügt wird.

Kekse zerkleinern

Für schnelle Bröselteige Kekse, Löffelbiskuits oder Zwieback portionsweise in einen Gefrierbeutel füllen, verschließen und mit dem Rollholz darüberrollen.

Krokant

Mit knusprig süßem Krokant, aus karamellisiertem Zucker und klein gehackten Nüssen oder Kernen werden Torten und Kuchen dekoriert. Dafür in einer kleinen Pfanne 20 g Butter und 2 EL Zucker erhitzen. 100 g gehackte Mandeln oder Haselnüsse zugeben und unter Rühren hellbraun karamellisieren. Auf einem Porzellanteller auskühlen lassen. In einen Gefrierbeutel füllen, verschließen, mit dem Rollholz darüberrollen und zerdrücken.

Mandeln enthäuten

Die ganzen Mandeln mit kochendem Wasser übergießen und 10 Minuten ziehen lassen. Das Wasser abgießen und die Mandeln mit den Fingern aus der Schale drücken.

1 **Mandeln enthäuten:** Die Mandeln in einem Topf mit kochendem Wasser überbrühen.

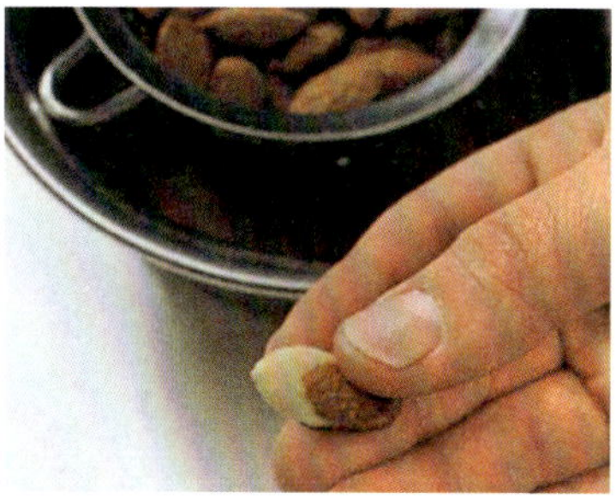

2 Ziehen lassen, abgießen und zwischen den Fingern aus den Häuten drücken.

1 **Marzipan anwirken:** Die raumtemperierte Masse in den Puderzucker krümeln.

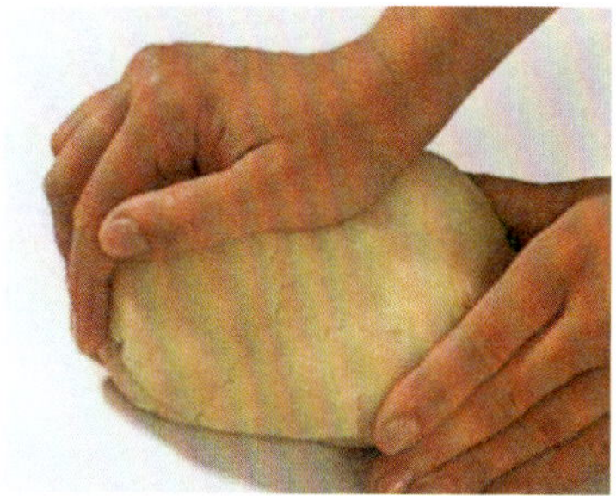

2 Beides rasch zu einem glatten, formbaren Marzipan verkneten.

Mandeln und Nüsse zerkleinern

Mandeln und Nüsse lassen sich im Blitzhacker beliebig fein zerkleinern. Oder auf einem Schneidbrett mit einem großen Messer grob hacken.

Walnüsse hacken: Die Messerklinge an beiden Enden fassen, die Nüsse hacken.

Marzipan

Marzipan besteht aus gemahlenen Mandeln, Puderzucker und Rosenwasser. Im Handel gibt es Marzipanrohmasse in 200-g-Päckchen. Marzipan kann man pur verwenden oder zum Formen mit Puderzucker verkneten (3 Teile Marzipan und 1 Teil Puderzucker), z. B. als Tortendecke, für Figuren, Rosen, Früchte, Marzipankartoffeln. Im Handel gibt es fertig ausgerollte Marzipandecken für Torten.

Nugat

Masse aus geschälten, gerösteten, sehr fein vermahlenen Haselnüssen (oder Mandeln) unter Zusatz von geschmolzenen Schokoladenerzeugnissen. Gut für feine Cremes und Füllungen.

Rosinen, Sultaninen, Korinthen

Rosinen sind ganz allgemein getrocknete Weintrauben. Je nach Sorte unterscheidet man die weichen Sultaninen, meist aus der Türkei, und die kleinen, festen Korinthen aus Griechenland. Beide sind kernlos. Für weiche Teige werden sie mit Mehl bestaubt, damit sie nicht zu Boden sinken.

Sahne steif schlagen

Die *gut gekühlte* Sahne in einem hohen Gefäß mit den Rührbesen des Handrührgeräts auf niedrigster Stufe anschlagen. Sobald sie beginnt steif zu werden, auf höchster Stufe weiterschlagen, bis die Sahne steif ist. Zucker kann man vor dem Schlagen in die flüssige Sahne streuen.

Schokolade und Kuvertüre

Zum Backen gibt es in einfacher Qualität die Blockschokolade. Heute wird, vor allem zum Überziehen, die leicht schmelzende, hochwertige Kuvertüre mit einem Kakaobutteranteil von mindestens 31 Prozent bevorzugt. Angeboten werden Vollmilch-, Zartbitter- und weiße Kuvertüre. **Kakao-Fettglasur** enthält neben Kakaobutter auch Milchfett und andere Fette. Diese preiswerten Glasuren sind noch einfacher zu verwenden und in der Praxis überaus populär.

Kuvertüre und ausgerollte Marzipandecke: Als Fertigprodukte im Handel erhältlich.

SCHOKOLADE SCHMELZEN

Schokolade und Kuvertüre mit einem großen, kräftigen Messer klein hacken und langsam schmelzen. Beim Schmelzen auf dem *Wasserbad* darf das Wasser im Topf unter der Schüssel nicht kochen; zu stark erhitze Schokolade wird »grieselig« und unbrauchbar zur Weiterverarbeitung (schmeckt aber noch). Es darf auch kein Tropfen Wasser in die Schokolade kommen, sonst stockt sie. Schüssel und Rührbesen müssen trocken sein. Verwenden Sie eine Metallschüssel, sie ist ein guter Wärmeleiter. Und: Verarbeiten Sie die geschmolzene Schokolade rasch.

SCHOKOLADE REIBEN

Gut gekühlt lässt sich die Schokolade besser reiben oder raspeln. Deshalb vorher in den Kühl- oder auch Gefrierschrank legen. Nehmen Sie statt Reibeisen den Blitzhacker.

Tiefgefrorenes Obst

Einzeln eingefrorene Beeren und Früchte (Schüttelpackung) können unaufgetaut mitgebacken werden.

Triebmittel

Backpulver lässt den Teig locker aufgehen. Es wird hauptsächlich für Rührteig und in kleinen Mengen auch für Biskuit verwendet. Immer mit dem Mehl mischen und sieben, nicht mit Flüssigkeit in Berührung bringen, damit die Triebkraft nicht vorzeitig ausgelöst wird. **Frische Hefe** als Lockerungs- und Triebmittel gibt es in 42-g-Würfeln; unangebrochen bleiben sie relativ lange frisch. Haltbarkeitsdatum beachten! Alternativ gibt es *Trockenhefe* in Tütchen, die etwa ein Jahr haltbar ist.
Hirschhornsalz und **Pottasche** hinterlassen einen typischen Geschmack und werden daher eher bei flachem, schwerem Gebäck wie Honiglebkuchen verwendet – da kann der Beigeschmack entweichen.

Vanilleschoten

Kaufen Sie nur weiche, biegsame Schoten. Vor Gebrauch mit dem Messerrücken klopfen, die Enden abschneiden, die Schote längs aufschlitzen und das Mark herausschaben.

Vanillezucker

Er besteht aus gemahlener Vanilleschote und Zucker – im Unterschied zum *Vanillinzucker,* der zu den so genannten »naturidentischen Aromastoffen« zählt. Am besten stellen Sie Vanillezucker selbst her: Ausgeschabte Vanilleschoten nicht wegwerfen, sondern in ein Schraubglas mit feinstem Zucker stecken und ziehen lassen.

Vanillezucker selbst herstellen: Die Vanilleschote in ein Glas mit feinstem Zucker stecken, verschließen.

Zitronat und Orangeat

Kandierte und glasierte Schalenhälften der Zedratzitrone und der Bitterorange. Ohne Glasur werden sie auch gewürfelt angeboten. Keine trockenen Reste vom Vorjahr verwenden, sie sind hart und ohne Geschmack.

Pannenhilfe

Der Teig klebt beim Ausrollen

- Den Teig zwischen zwei Lagen Klarsichtfolie ausrollen oder etwas Mehl einarbeiten.
- Die Arbeitsfläche und das Rollholz bemehlen.
- Angeboten werden auch Antihaft-Unterlagen, die das Ausrollen wesentlich erleichtern.
- Im Fachhandel gibt es einen speziellen Überzug, einen »Strumpf« für das Rollholz; er erleichtert das Ausrollen, vor allem bei Plätzchenteigen.
- Rollen Sie bei Mürbeteig das Rollholz nur leicht über den Teig. Streifen Sie mit der Palette oder einem großen Messer ab und zu leicht unter den Teig. Andernfalls in Frischhaltefolie wickeln und erneut im Kühlschrank fest werden lassen.

Das Backpapier verrutscht auf dem Blech

- Das Backblech mit Fett betupfen und das Backpapier dort »festkleben«.
- Oder das Blech mit etwas Wasser bepinseln.

Rührschüssel oder Blech »wandern« auf der Arbeitsfläche

- Ein feuchtes Tuch unterlegen.
- Für Schüsseln gibt es auch spezielle Haftringe sowie rutschfeste Unterlagen.

Der Eischnee wird nicht fest

- Einige Tropfen Zitronensaft und eine Prise Salz sind den Rettungsversuch wert. Sind allerdings Eigelbspuren der Verursacher, müssen Sie neue Eier verwenden (und auf absolut saubere, fettfreie Rührbesen achten).
  Rührschüssel und -besen müssen absolut fettfrei sein. Keine Eigelbspuren im Eischnee!

Die Sahne wird nicht steif

- In eine Metallschüssel umfüllen, nochmals kühlen und erneut schlagen. Allerdings darf die Sahne noch nicht geronnen und auch nicht zu alt sein.

Die Buttercreme gerinnt

- Die Creme in der Schüssel auf ein warmes Wasserbad oder kurz bei mittlerer Stufe in die Mikrowelle stellen, glatt rühren.
- Oder etwas heißes Kokosfett unterrühren.

Die Gelatine klumpt

- Über einem heißen Wasserbad vorsichtig glatt rühren.
- Bei Bedarf durch ein Sieb passieren.
  Häufige Ursache: Die noch warme Gelatine kam in eine zu kalte Umgebung. Besser zunächst ein paar Löffel der kalten Flüssigkeit zur aufgelösten Gelatine geben.

Der Kuchen geht nicht aus der Form

- In der Form weiter auskühlen lassen und den Rand mit dem Messer ablösen.
- Bei ganz hartnäckigen Fällen: ein feuchtes Tuch um die (gestürzte) Form wickeln und dann einen erneuten Versuch starten.
  Formen wie Gugelhupf, Tiere, Herzen, Muffinbleche besonders sorgfältig ausfetten und vor dem Füllen in den Kühlschrank stellen, damit die Butter erstarrt.

Der Mürbeteig wird nicht geschmeidig

- Etwas Flüssigkeit (1–2 EL kaltes Wasser, Milch, saure Sahne, Rum) erleichtert die Teigbereitung.
- Den Teig mit kalten, feuchten Händen zusammenkneten.
- Den Teig erneut kalt stellen.
  Den Teig nur kurz bearbeiten, mindestens 30 Minuten kalt gestellt ruhen lassen. Mandeln oder Haselnüsse immer sehr fein mahlen oder reiben. Grob gemahlene machen den Teig brüchig.

Der gebackene Mürbeteigboden bricht

- Den gebackenen Boden nicht sofort aus der Form oder vom Blech nehmen, sondern mit einem Messer nur vom Springformrand lösen und anschließend auf einem Kuchenrost erkalten lassen.
  Der frisch gebackene Mürbeteig ist weich und wird erst nach dem Auskühlen knusprig und fest.

Der gebackene Biskuit ist gewölbt

- Mit der Oberfläche auf ein mit Backpapier belegtes Kuchengitter stürzen, das flacht die Wölbung etwas ab. Ansonsten: waagerecht abschneiden und als Biskuitbrösel verwenden.
  Den Formrand nicht fetten.

Der Kuchen bräunt zu rasch

- Die Ofentemperatur reduzieren und/oder den Kuchen mit Alufolie abdecken.

Der Kuchen bröckelt beim Schneiden

- Beim Schneiden nicht drücken, sondern »sägen«.
  Tortenböden, die durchgeschnitten werden sollen, schon am Vortag backen.

Der Schokoladenguss bricht beim Schneiden

- Das Messer immer wieder in heißes Wasser tauchen.

Der Kuchen ist zu trocken

- Viele Male mit einem Holzstäbchen (Schaschlikspieß) einstechen und mit Fruchtsaft tränken.

Die Makronen sind etwas eingedrückt

- Ziehen Sie die frisch gebackenen, noch weichen Makronen mit dem Backpapier vom Blech und lassen Sie sie auf dem Papier erkalten; dabei trockenen sie ausreichend nach.

Glossar

Abbrennen Für Brandteig das Mehl »im Sturz« in kochende Flüssigkeit (Wasser, Milch) rühren, bis sich der Teig vom Topfboden löst und dieser mit einer weißen Haut überzogen ist.

Anwirken Die Marzipanrohmasse mit dem Puderzucker verkneten.

Anziehen lassen Gebundene Cremes oder Gelees erkalten lassen oder kalt stellen, bis sie beginnen fest zu werden.

Aromatisieren Eine Creme/Masse mit einer aromatischen Substanz wie Likör abschmecken.

Aufbacken Gebäck vor dem Servieren noch einmal erwärmen. Gut für unglasiertes Gebäck aus Hefe-, Plunder- und Blätterteig. Besonders zu empfehlen für aufgetautes Gebäck.

Ausbacken Teigstücke schwimmend in heißem Fett goldbraun backen.

Ausrollen Gleichmäßiges Austreiben eines Teiges mithilfe eines Rollholzes.

Brandig werden Teige, vor allem Mürbeteige, verlieren durch zu starkes Bearbeiten ihre Bindung und werden brandig.

Erstarren lassen Mit Gelatine gebundene Cremes oder Flüssigkeiten kalt gestellt fest werden lassen.

Gehen lassen Hefeteig mit Folie oder einem Tuch bedecken und an einen warmen, zugfreien Ort stellen, damit der Teig durch die von den Hefezellen ausgelöste Gärung sein Volumen vergrößern kann und das Gebäck locker wird.

Glasieren Gebäck mit einer Glasur überziehen, um es vor dem Austrocknen zu schützen bzw. ihm Glanz zu verleihen.

Guss Deckender Überzug für Gebäcke, er ist in der Konsistenz dicker als eine Glasur.

Hagelzucker Weißer, grob kristallisierter Zucker zum Bestreuen von Gebäck.

Karamell, karamellisieren Zucker durch Erhitzen bei ständigem Rühren schmelzen, bis er eine braune Farbe annimmt.

Passieren Eine kalte oder warme Masse durch ein Sieb streichen.

Puderzucker/Staubzucker Sehr fein gemahlener Zucker.

Raumtemperatur Die Teigzutaten sollen, wenn nichts anderes angegeben wird, Raumtemperatur haben, etwa 20 °C.

Reduzieren Flüssigkeiten, zum Beispiel Fruchtsaft, Wein, einkochen und verdampfen lassen, um den Geschmack zu konzentrieren und die Konsistenz dickflüssiger zu machen.

Schaumig rühren Einrühren von Luft, um eine lockere, schaumige Masse zu erhalten. Der gleichzeitig zugegebene Zucker löst sich dabei auf, es entsteht die typische, weiße Schaummasse, wie sie z. B. für Rührteige notwendig ist.

Schmelzen Feste Lebensmittel wie Schokolade oder Kuvertüre bei schwacher Hitze verflüssigen.

Schnittfest schlagen Eiweiß mit dem Schneebesen oder dem Rührgerät so lange schlagen, bis ein Schnitt mit dem Messer im Eischnee sichtbar bleibt.

Temperieren Schmelzen, Abkühlen und langsames Wiedererwärmen von Kuvertüre.

Tourieren Teige, in die die Butter in Schichten eingearbeitet werden soll, mehrfach zusammenschlagen und wieder ausrollen (Blätterteig, Plunderteig).

Tränken Befeuchten oder Durchfeuchten von Gebäcken mit einer aromatischen Flüssigkeit.

Unterheben Behutsames Vermischen zweier Massen, z. B. geschlagene Sahne oder Eischnee, mit dem Gummispatel oder Rührbesen unter eine andere Masse heben.

Unterziehen Lockeres Einmischen von gesiebtem Mehl oder Eischnee in eine Masse.

Warm- und Kaltschlagen Eine Masse unter Zufuhr von Hitze (auf dem Wasserbad) zu größerem Volumen aufschlagen. Dann ohne Hitzezufuhr weiter schlagen und dabei abkühlen lassen. Die Masse wird dabei besonders stabil und luftig (Baiser, Biskuit).

Wasserbad Ein mit etwas heißem oder kaltem Wasser gefüllter Topf, in den eine passende Schüssel mit abgerundetem Boden hängt, ohne das Wasser zu berühren. Zum Warm- oder Kaltschlagen von Cremes und zarten Massen wie Baiser oder Biskuit, zum Schmelzen von Schokolade und Kuvertüre.

Zesten Feine Streifen von Zitrusfrüchten, mit dem Messer oder dem Zestenreißer (siehe Foto Seite 267) abgeschält.

Register

Kursiv gedruckte Begriffe und/ oder Seitenzahlen beziehen sich auf Warenkunde und Küchenpraxis. Ein der Seitenzahl vorangestellter → verweist auf ein Rezept, das mit einer anderen Frucht variiert werden kann.

A

B

C

N

O

P

Q

Schnelle Rezepte

Es gibt Situationen, da muss es ganz schnell gehen, und es soll unbedingt Selbstgebackenes auf den Tisch kommen. Hier eine Auswahl unkomplizierter Schnellrezepte:

Löffelmaße

Da in den Haushalten sehr unterschiedliche Löffelformen in Gebrauch sind, sollten die angegebenen Maße nur als Mittelwerte verstanden werden.

Lebensmittel	1 EL gestrichen	1 EL gehäuft	1 TL gestrichen
Backpulver	10 g	–	3 g
Butter	10 g	–	–
Crème fraîche	15 g	–	5 g
Grieß	12 g	20 g	–
Haferflocken	8 g	12 g	–
Honig	20 g	–	6 g
Joghurt	15 g	–	6 g
Kakao	8 g	15 g	3 g
Mehl	10 g	20 g	–
Nüsse, Mandeln, gemahlen	8 g	15 g	3 g
Puderzucker	10 g	20 g	–
Salz	15 g	–	5 g
Semmelbrösel, Paniermehl	10 g	15 g	–
Speisestärke	10 g	20 g	5 g
Zucker	15 g	20 g	5 g

1 EL = 15 ml
7 EL = 100 ml
1 Schnapsglas = 20 ml = 2 cl

Impressum

Bibliografische Information der Deutschen Nationalbibliothek
Die Deutsche Nationalbibliothek verzeichnet diese Publikation in der Deutschen Nationalbibliografie; detaillierte bibliografische Daten sind im Internet über http://dnd.d-nb.de abrufbar.

5. überarbeitete Auflage, Neuausgabe

BLV Buchverlag GmbH & Co. KG
80797 München

Bildnachweis: **TEUBNER FOODFOTO**, Füssen; mit Ausnahme von: Kraft Foods Deutschland, Bremen: Seite 159; Union Deutsche Lebensmittelwerke GmbH (Unilever Bestfoods Deutschland): Seite 106, 197, 215, 222, 223, 231, 249, 254, 256

Umschlagkonzeption: Kochan & Partner, München
Umschlagfotos: Photocuisine/Fondacci/Markezana (Vorderseite); Christoph-A. Gramann (Rückseite)

Lektorat: Inken Kloppenburg Verlags-Service, München, Sarah Weiß
Herstellung: Ruth Bost
Satz: Uhl + Massopust, Aalen

Gedruckt auf chlorfrei gebleichtem Papier

Printed in Germany
ISBN 978-3-8354-1245-3

Hinweis
Das vorliegende Buch wurde sorgfältig erarbeitet. Dennoch erfolgen alle Angaben ohne Gewähr. Weder Autorinnen noch Verlag können für eventuelle Nachteile oder Schäden, die aus den im Buch vorgestellten Informationen resultieren, eine Haftung übernehmen.